막지 못하는 여자들

Good Girls

Hadley Freeman

먹지 못하는 여자들

마르고 싶은 욕구를 오인된 거식증에 관한 가장 내밀하고 지적인 탐구

해들리 프리먼 지음 / 정지인 옮김

아몬드

추천의 말

거식증에서 회복한 사람의 이 강렬한 회고록은 이 주제에 관심이 있는 사람이라면 꼭 읽어봐야 할 책이다. 용감하고 면밀하게 진실을 밝혀내는 저널리스트로서의 장점을 영리하게 활용해서 썼다.

〈가디언〉

특유의 명징함과 정확함과 위트로 자신의 이야기를 들려줄 뿐 아니라 다른 여성들의 거식증 경험을 꼼꼼하면서도 섬세하고 사려 깊게 소개함으로써 거식증에 시달리는 이들에게 큰 힘을 준다. 필사적으로 '축소된 세계'를 추구해왔던 저자가 결국 더 '넓은 지평선'을 찾아내는 데 성공했다.

〈뉴욕 타임스〉

프리먼은 거식증의 정신적 과정을 이례적으로 잘 표현해냈는데, 그의 이런 솔직함이 많은 이의 외로움을 덜어줄 것이다. 이 책은 일종의 열정적인 선언문이며 우리는 이를 중대하게 받아들여야 한다.

〈로스앤젤레스 리뷰 오브 북스〉

거식증에 관한 회고록은 언제나 많지만, 《먹지 못하는 여자들》은 선명한 서사와 탄탄한 탐구와 온화한 유머 덕에 특별한 매력을 발산한다. 거식증 당사자의 부모에게 필요한 조언도 살뜰히 담겨 있다.

〈월스트리트 저널〉

거식증이라는 야수와 싸워 이긴 사람만 뿜어낼 수 있는 통찰이 엿보인다. 프리먼은 자신의 경험과 거식증에 관한 연구 내용을 모아 거식증이 무엇이며 또 무엇이 아닌지 이야기한다. 거식증을 이해하고 싶은가? 걱정할 필요 없다. 이 책을 읽으면 되니까.

〈커커스 리뷰〉

프리먼은 거식증에 시달렸던 자기 인생의 이야기를 담아낸 이 회고록으로 우리가 거식증을 명료히 이해하게 해준다. 20년 넘게 자신을 장악하고 있던 이 병을 더 잘 이해하기 위해 입원 시기에 알고 지낸 다른 환자들을 만나 인터뷰하고, 의사나 상담사 등 전문가들과 이야기를 나누었다. 프리먼은 거식증이, 수동성을 강요당하는 여자아이들이 세상에 저항하는 한 방식이라고 말한다. 거식증은 "사실은 음식에 관한 문제가 아니라는 것을, 말로는 표현하지 못하는 무언가를 온몸으로 말하려는 시도라는 것을, 성애화에 대한 공포이자 여성성에 대한 공포라는 것, 슬픔과 분노에 관한 것이자 자신은 완벽할 것으로 기대되는 존재이므로 슬퍼하거나 분노하는 일이 허용되지 않는다는 믿음에 관한 것임을" 설득력 있게 풀어간다. 거식증을 이해하고 싶은 독자들에게 값진 통찰을 제공할 것이다.

〈퍼블리셔스 위클리〉

자서전과 저널리즘을 결합하여 십 대 여성의 거식증과 자기혐오라는 어두운 주제를 조명한다. 특유의 생동감과 위트로 써낸 이 책은 논의와 숙고의 계기를 제공할 것이다.

카사 폴리트, 시인·〈더 네이션〉 칼럼니스트

해들리 프리먼이 보기 드문 솔직함으로 들려주는 거식증 경험은 우리가 살아갈 의지를 찾아야만 하는 이유를 역설한다.

로렌 콜린스, 저널리스트

거식증은 당사자와 가족에게 너무도 잔인하고 헤쳐 나가기 어려운 병이다. 프리먼은 이런 병을 안고 살았던 자기 삶의 이야기를 가차 없고 통렬하게, 그리고 심층적으로 들려준다. 프리먼의 글에는 희망도 담겨 있다. 그리하여 이 강렬하고 생생한 회고록은 탈출기가 되었다.

마리나 하이드, 《방금 무슨 일이 있었나요》 저자

자신의 경험을 솔직하고 적나라하게 드러내 보이면서 거식증이 육체와 정신에 가하는 영향, 당사자들이 직면하는 차별과 편견, 그리고 길고 힘겨웠던 자신의 회복 과정을 이야기한다. 거식증 때문에 그의 자아 감각이 왜곡되는 과정은 마치 블랙홀에 빨려 들어가는 것처럼 위험해 보인다. 거식증의 세계와 거식증을 둘러싼 정신건강의 복잡함을 열어 보여주는 이 책은, 아직 제대로 된 연구가 너무 부족한 거식증의 복합적인 면을 보여주는 동시에 (저자 자신의 왜곡된 인식까지 포함하여) 거식증을 둘러싼 여전한 편견들도 보여준다.

수스와티 바수, 저널리스트

딸이 섭식장애를 앓고 있는 부모들에게 이 책은 닫혀 있던 이해의 문을 활짝 열어주는 필독서다.

케이틀린 모란, 《아마도 올해의 가장 명랑한 페미니즘 이야기》 저자

내가 영원히 그리워할
나의 사촌 캐이티 라자러스를 위하여

일러두기

1. 질병명은 '서울대학교병원 의학정보'에서 제시하는 표기법을 대체로 따랐
   으나 책에 등장하는 핵심 용어인 "신경성 식욕부진증anorexia nervosa"은 보
   편적으로 쓰이는 '거식증'으로 혼용해 표기했다.
2. 본문의 주는 모두 옮긴이의 것이다.
3. 본문 중 볼드체는 원문에서 강조한 것이다.

'네가 최고가 되려고 그토록 노력할 때,
조금만 덜 노력하면 안 될까?'

_'**여자인 게 어떤 느낌인지**What It Feels Like for a Girl', **마돈나**

'내 곁에 머물러, 세상은 어둡고 거칠어,
아이로 있을 수 있을 때 아이로 머물러.'

_'**내 곁에 머물러**Stay With Me', **스티븐 손드하임**

Good Girls

들어가는 말

일기, 1995년 12월 3일

지금까지 내 인생의 3년을 정신병원에서 보냈다. 그런데 왜 난 전보다 더 미쳐 있는 걸까?

✳

나는 열네 살 때부터 열일곱 살 때까지 여러 정신병동을 전전했다. 그 병동들은 모두 부모님이 주말에 숙제를 가져다줄 수 있을 만큼은 런던에 있는 우리 집에서 가까웠지만, 내가 학교에 다닐 수 있을 만큼 가깝지는 않았다. 어차피 학교에 가는 건 허락되지도 않았지만. 정신병동 입원이란 건, 내가 열세 살 때는 나도 부모님도 상상조차 할 수 없었던 일이다. 열세 살 때 나의 가장 큰 걱정은 프랑스어 시험 점수가 잘 나올지, GCSE(중등교육자격시험)* 과정에 집중하기 위해 바이올린 레슨을 그만둬야 할지 말지 정도였다. 그런데 열네 살 생일이 지나고 얼마 지나지 않아, 나는 너무나 갑작스럽게 먹는 일을, 아기들도 할 수 있는 인간의 가장 기본적인 활동을 그만뒀다. (그리고 아무것도 먹지 않은 결과 얼마 후 배설도 하지 않게 되었으니, 그 시점에 나는 태아 상태로 퇴화했다고 볼 수도 있겠다. 접합자. 원자 뭉치. 순수한 무無의 상태로.) 처음 병원에 입원했을 때 내 몸은 영양분을 찾아 나의 근육과 심장을 파먹고 있었다. 의사는 내게 신경성 식욕부진증(거식증)anorexia nervosa이 생긴 거라고 말했다. 거기까지는 의사의 말이 맞았지만, 거식증에 관해 그가 말한 나머지는 알고 보면 대부분 다 틀린 소리였다. 그 병에 걸린 이유나 그 상태가 주는 느낌이나 이른바 회복되면 삶이 어떤 느낌일지 같은 이야기 말이다. 심지어 신경성 식욕부진증이라는 이름, 그러니까 과민한 신경으로 인한 식욕 상실이라는 그 이름조차 틀렸다. 나는 신경질적이거나 과민하지 않았다. 불안하고 우울하고 조증적이고 절망적이기는 했지만 과민하지는 않았다. 게다가 나는 전혀 식욕을 잃지도 않았다(그럴 수만 있다면 얼마나 좋았을까!

---

* 영국의 학제는 초등 과정 6년, 중·고가 통합된 중등 과정 5년, 대학입시를 준비하는 2년간의 식스폼Sixth Form(중등학교 6년차라는 의미)으로 이루어진다. GCSE(General Certificate of Secondary Education)는 5년의 중등과정에 대한 졸업시험 성격을 띠며, 10~11학년은 이 시험을 준비하는 과정이다. 식스폼을 마칠 때 치는 A-레벨(GCE Advance Level)이 대학입학시험이다.

그랬다면 모든 일이 **훨씬** 쉬웠을 텐데). 여러 면에서 내가 전형적인 거식증 환자였다고 해도, 거식증을 앓는다는 건 언제나 끊임없이 사이렌을 울려대는 충격적인 일이므로, 여러분은 누군가가, 이 모든 게 어떤 결과를 가져올지 예상하고 내게 경고해주었으리라고 생각할지도 모르겠다. 하지만 그런 경고를 해준 사람이 없었던 걸 보면 아무도 그런 예상은 못했던 것 같다.

　나는 의사가 목표치로 정해준 체중에 도달해서 일단 병원을 나가기만 하면 모든 게 좋아질 거라고 생각했다. 치료는 체중을 올리는 데에만 집중됐으니 말이다("얘야, 체중만 올려, 그러면 다 달라질 거야." 이 역시 틀린 소리였다). 사람들이 거식증에 관해 내게 들려준 이야기는 전부, 치료를 받고 나면 그 후로는 모든 게 행복할 거라는 전망으로 끝났다. "우리 이웃의 언니의 변호사의 가장 친한 친구의 딸이 거식증을 앓았어. 한동안 세인트조지병원에 입원했었는데 지금은 케임브리지대학교에 다니고 있다니까!" 여자애들을 어딘가로 보내고 음식을 먹여라. 그러면 모든 게 완벽한 상태가 되어 돌아올 것이다. 그런데 왜, 치료를 받고 난 후 나는 내 방에만 틀어박혀 시간을 보내고, 손가락 관절의 피부가 벗겨질 때까지 강박적으로 손을 씻었던 걸까? 음식을 두려워하며 3년을 보낸 후, 이제는 내 피부를 두려워하며 하루에 몇 시간이고 피가 날 때까지 씻었고, 모든 곳에 피를 묻히고 다녔다. 옷에도,

깔개에도 그리고 물론 일기장에도. 일기장 갈피에 지금은 갈색 줄무늬로 변한 피의 흔적을 남겼다. **내가 여기 있었노라.** 일기 쓰기가 끝나면 세면대로 가서 다시 손을 씻었다. 일기장 종이에 닿는 동안 내가 무엇에 옮았을지 모르는 노릇이니까. 나의 지평선은 너무 협소했고, 너무 닫혀 있었다. 이후로 내내 행복할 거라던 그 드넓은 약속은 어디로 간 걸까?

이후 20년 동안 내게는 두 가지 풀타임 직업이 있었다. 기능하는 거식증 환자로 살아가는 일 그리고 기능은 하지만 극도로 강박적인 성인으로 살아가는 일이었다. 이건 아주 피곤했는데, 이 피곤함에는 내가 신문사에서 저널리스트로 일하는 세 번째 풀타임 직업까지 갖게 되었다는 사실이 적잖게 작용했다. 적어도 이 직업에서는 봉급과 휴가를 받을 수 있었는데, 이는 다른 두 직업에서 얻는 것에 비하면 훨씬 대단했다. 나는 오랫동안 아무에게도 내 과거 이야기를 하지 않았다. 내가 그토록 힘겹게 감추려 애쓰던 광기를 남들이 알게 될까 봐 두려웠으니까. 그러나 거식증은 흉터를 남긴다. 그 병 자체가 준 흉터와 치료 과정에서 입은 흉터가 내게 남긴 건 입원 경험과 트라우마 그리고 심한 발달 정지 상태였다.

거식증은 아마도 정신질환 가운데 가장 흔하게 논의되는 병일 텐데, 이는 미디어와 대중이 언제나 극도로 마른 여자아이들과 젊은 여자들에게 흥미를 느끼기 때문일 것이다. 동시에 거식증은 가장 제대로 이해받지 못한 정신질환이기

먹지 못하는 여자들

도 하다. 사람들은 거식증이 마른 몸이 되기를 바라는 일과 관련되어 있다고 생각한다. 환자에게 다시 음식을 먹이기만 하면 되고, 현대사회에서 생겨난 어떤 집착 반응 때문에 발생하는 현대의 질병이라고 생각한다. 하나같이 다 틀렸다. 신경성 식욕부진증이라는 용어는 19세기에 만들어졌지만, 청소년기 여자아이들이 먹기를 거부하는 현상은 1천 년 전부터 존재했다. 하지만 스스로 굶는 여자아이들이 모종의 병에 걸린 것인지, 아니면 극단적인 신앙심 때문인지 혹은 (더 현대적인 표현을 사용하자면) 과도한 완벽주의 때문인지는 오랫동안 아무도 확실히 알지 못했다. 하나같이 위에서 내려다보는 태도를 취하고 있는 이런 여러 가정에도 불구하고, 거식증은 모든 정신질환 가운데 사망률이 가장 높으며, 의사들은 아직도 어떤 환자가 회복하고 어떤 환자가 회복하지 못할지 예측하지 못한다. 나의 주치의는 어머니에게 혹시 모를 나의 죽음에 대비하라고 말했다. 나는 죽지 않았지만, 오랫동안 회복하지도 못했다. 나를 에워싼 잿빛 안개의 의미를 설명해주는 사람은 아무도 없었고, 그래서 나 역시 이해하지 못했다.

영국에서는 여성의 1퍼센트 미만이 거식증에 걸리고, 이 비율은 수십 년 동안 꾸준히 유지되었다.[1] 하지만 12세 미만 어린이들에게서 이 비율이 증가하고 있고,[2] 팬데믹 기간 동안 거식증으로 인한 병원 진료 의뢰 수가 증가했다.[3] 나는 이런 상황에 충격과 분노를 느낀다. 아이든 어른이든 여자들이 이런 고통을 겪어서는 안 되기 때문이다. 그리고 거식증 환자의 90퍼센트가 여성이라는 통계 수치가 바뀌지 않은 걸 보면, 여전히 그 고통은 대부분 여자들의 몫이다.

　오늘날 여자들은 힘겹게 분투하고 있다. 그들은 학문적으로 좋은 성과를 내고 있지만, 그 성공의 수면 아래에서는 미친 듯이 노를 젓고 있다. 2019년 《랜싯》에 실린 한 연구에 따르면 2000년 이후 여자아이들의 자해 비율이 세 배 증가했다고 한다.[4] 1만 5천 명의 중고등학교 학생들을 대상으로 한 2022년 연구에서는, 18세가 되었을 때 정신건강 문제에 시달릴 확률은 여학생이 남학생보다 두 배 높으며, 그 문제를 감추려 시도할 가능성도 더 큰 것으로 밝혀졌다.[5] 11세의 어린 여아들도 남아들보다 정신건강 문제를 겪을 가능성이 30퍼센트 더 크다.[6] 또한 여학생의 80퍼센트가 '해로운 완벽주의와 극단적인 자기통제'에 집착한다는 것도 밝혀졌다. 팬데믹 이전인 겨우 2년 전만 해도 그 수치는 20퍼센트였다. 극단적인 자기통제와 극기는 너무나 많은 여자아이들이 불안을 표현하는 방식이며, 거식증은 여자들 사이에서 너무나 흔한 바로 그 경향이 확장된 것이다.

　여자아이들에게서 흔히 완벽주의로 표출되는 극단적 불안의 유행은 워낙 보편적으로 인지되는 문제여서, 여자아이가 주인공으로 등장하는 가장 성공한 디즈니 영화 두 편이 바로 그 문제를 주요 줄거리로 삼고 있을 정도다. 〈겨울왕국〉

에서 엘사(불행하면 주변 모든 사람, 특히 자기 가족에게 상처를 입히는, 완벽하지만 다가갈 수 없는 공주)는 저 유명한 곡 '렛 잇 고Let It Go'의 서두에서 이렇게 노래한다. "사람들을 들여놓지 마, 그들에게 보이지 마 / 넌 언제나 착한 여자여야 해 / 감춰, 아무것도 느끼지 마, 그들에게 들키지 마." 〈엔칸토: 마법의 세계〉에서 완벽한 딸이자 모두에게 사랑받는 아이인 이사벨라는 '내가 또 무엇을 할 수 있을까What Else Can I Do'라는 노래에서 이렇게 이야기한다. "나는 연습으로 다져진 완벽한 포즈를 취하지 / 내 미소 뒤엔 얼마나 많은 게 숨어 있는지 / (…) / 완벽할 필요가 없다는 걸 진작 알았더라면 난 또 무슨 일을 할 수 있었을까?" 반면 백설공주와 신데렐라는 그런 답답함을 한 번도 표현한 적이 없다. 두 노래 모두 끝나는 부분에서 "그 완벽한 여자애는 이제 없어"(엘사) 그리고 "예쁜 건 진절머리가 나, 난 진실한 뭔가를 원해"(이사벨라)라며 진전된 모습을 보인다. 완벽주의가 자신의 힘과 재능의 목을 조이고 있었음을 깨달은 것이다. 하지만 두 영화 모두 그들의 불안이 외적인 근원에서 생긴 것인지 내면에서 생성된 것인지에 관해서는 질문하지 않는다. 또 대부분 어리거나 젊은 여성인 관객들에게 그들 역시 어떻게 하면 완벽해지려 애쓰는 걸 그만둘 수 있을지(엘사처럼 마법의 얼음 궁전을 짓는 것, 또는 이사벨라처럼 마법으로 선인장을 만들어내는 것은 극소수의 선택된 이들에게만 가능한 일이니)에 관한 조언은 하지 않는다. 게다가 이 두 인물이 아름답고 날씬하며 마술적 능력을 지니고 있다는 점은, 여자가 완벽하지 않아도 충분히 괜찮을 수 있다는 영화의 메시지를 어느 정도 훼손하는 면이 있다.

엘사와 이사벨라는 자신이 완벽하다는 걸 알고 있었고, 그 완벽함의 덫에 걸려 있다고 느꼈다. 나 또한 완벽하기를 갈망했고, 그 야심의 덫에 걸려 있었으며, 내 여러 결점에서 오는 수치심으로 마비될 것 같았다. 나는 먹지 않는 것이 내 목표를 이루는 데 도움이 되리라고, 아니면 적어도 나의 역겨운 불완전성을 변명하는 수단은 되리라고 생각했다. 주변 그 누구도 내 생각에 동의하지는 않았지만 말이다. 하지만 내가 마지막으로 퇴원한 1990년대 중반에 이르자 세상 사람들도 나와 같은 쪽으로 생각을 바꾸었다. 마약중독자처럼 보일 만큼 지나치게 마른 모델들이 우아함의 전형으로 제시되면서, 대충 '헤로인 시크heroin chic'라고 지칭되던, 엄청나게 깡마른 모델들이 인기를 끄는 풍조가 막 시작되고 있었다. 뒤이어 2000년대에는 여성 유명인들이 기존의 의상 사이즈에는 존재하지도 않았던 작은 옷을 자랑하면서 '사이즈 제로' 열풍이 불었다(자기삭제를 향한 여성의 욕망을 '사이즈 제로'보다 더 완벽하게 표현한 말이 있을까). 신문 사설들은 이런 유행이 거식증의 유행을 불러올 거라며 못마땅해했지만, 그런 글에서는 나 자신의 경험을 대변할 만한 것이 전혀 보이지 않았다. 나는 물에 빠져 허우적대고 있는데 그 사람들은 보슬비 이야기

먹지 못하는 여자들

를 하고 있었다. 종교, 모델, 소셜미디어 등 그동안 거식증의 원인으로 비난받은 요인들 모두 거식증에서 일정한 역할을 한다. 그 요인들은 모두 그 여자들이 살았고 또 살고 있는 문화의 일부이며, 따라서 그들 내면의 불행에 외적인 형태를 부여하기 때문이다. 그러니 그건 요인이기는 하다. 하지만 원인은 아니다. 그리고 근본 원인이란 잘 변하지 않는 법이다. 내 경험에서 보면 거식증이란 메시지와 표현 양상이 놀라울 정도로 한결같은 병이다. 고의적으로 그 사실을 이해하기 거부하는 사람들이 너무 많긴 하지만.

앞에서도 말했듯 나는 오랫동안 거식증에 관한 이야기를 회피했고, 책을 쓰는 일은 더 오랫동안 피했다. 세상에는 이보다 더 중요해 보이는 너무나 많은 일이 벌어지고 있는데, 자리에 앉아서 내 배꼽만 노려보고 있을 수는 없는 노릇이라고 생각했다. 게다가 여전히 나는 그 병을 앓는 동안 그리고 그 후로도 오랫동안 내가 얼마나 불안정한 사람이었는지를 드러내는 일이 두려웠다. 정말로 나란 인간은 사람들이 보는 앞에서 기꺼이 피를 토할 작정인 걸까?

✳

내가 마지막으로 퇴원한 뒤 25년이 흘렀고, 이제는 친구들 다수가 10대 자녀를 키우는 부모가 되었다. 이따금 나는 친구들에게서 조용히 메시지를 받는다. 성가시게 해서 미안하지만, 자기 딸이 언제부턴가 음식을 먹지 않는데, 너도 예전에 그랬다는 걸 안다고. 물론 네 경험은 아주 오래전 일이고, 어쩌면 네가 거의 기억하지 못할지도 모르며, 만약 자신의 말이 **조금이라도** 너를 불편하게 한다면 절대 답을 하지 말라고 한다. 친구들의 메시지는 불안할 정도로 지나치게 예의 바르고 그 속에는 절절한 고통이 담겨 있다.

나는 거식증을 앓은 일에 관한 모든 것을 기억한다. 당연하다. 그건 내 삶에서 나를 형성한 가장 강력하고 강렬한 경험이기 때문이다. 어머니가 아침으로 먹으라고 준 토스트를 꼭 먹겠다고 약속했던 것, 그러고는 마치 헨젤과 그레텔이 빵가루 흔적을 남기듯이 버스 정류장까지 걸어가는 동안 잘게 찢어서 뿌려 버린 일을 기억한다. 매주 내 몸무게를 잴 때 의사가 지었던 표정도, 내가 입원했던 여러 병실의 창밖 풍경도 또렷하다. 나는 일기를 썼다. 외로웠고 나를 이해하는 누군가와 이야기를 나누고 싶었으므로 나 자신과 대화를 나눴다. 어쩌면 내가 가장 생생하게 기억하는 것은 바로 그 외로운 감각일지도 모르겠다. 나는 내게 진짜로 무슨 일이 벌어지고 있는 건지 이해하지 못했는데, 그건 다른 사람들도 마찬가지였다. 그래서 나는, 결국 누군가의 외로움을 조금이나마 덜어줄 수 있을지도 모른다는 희망을 품고 이 책을 쓰기로 마음먹었다. 당시 내가 알았다면 좋았으리라 생각하는 것들을

먹지 못하는 여자들

알려주고, 현재가 평생 이어질 종신형이라고 볼 필요는 없다는 말, 상상할 수 없겠지만 상황이 좋아질 수 있다는 말을 들려주기로 했다. 삶을 단순히 견뎌내기만 하는 것이 아니라 즐길 수도 있다는 이야기도. 그리고 거식증 당사자 곁에 있는, 그들을 사랑하는 사람들을 위해서도 이 책을 썼다. 그들에게 희망을 주기 위해서이기도 하지만, 정신질환에 관해서 만큼은 깔끔하게 임무를 '완수'하는 식의 마무리는 거의 없으므로, 그 현실에 대비하도록 버팀목이 되어주기 위해서이기도 하다. 또한 거식증을 이해하고 싶은 사람들을 위해서도 썼다. 나는 사람들이 정말로 이해하고 싶어 한다고 생각한다. 그런데 거식증을 겪은 당사자가 기꺼이 입을 열어 말하지 않는다면 그들이 어떻게 이해할 수 있겠는가. 거식증이 사실은 음식에 관한 문제가 아니라는 것을, 말로는 표현하지 못하는 무언가를 온몸으로 말하려는 시도라는 것을, 성애화에 대한 공포이자 여성성에 대한 공포라는 것, 슬픔과 분노에 관한 것이자자신은 완벽할 것으로 기대되는 존재이므로 슬퍼하거나 분노하는 일이 허용되지 않는다는 믿음에 관한 것임을 그리고 세상에 의해 완전히 압도된 느낌이 들고 그래서 이해하기 쉬운 단 하나의 규칙('먹지 마')만을 갖춘 새롭고 더 작은 세상을 만들어내려는 일이라는 것을 어떻게 이해하겠는가.

　마지막으로 이 책을 쓴 건 나를 위해서이기도 하다. 내게도 거식증에 관해 아직 이해하지 못하는 것들이 남아 있기 때문이다. 똑같은 환경에서 자라고 똑같은 문화적 영향에 둘러싸여 있을 때조차, 왜 어떤 여자아이들은 거식증에 잘 걸리지 않는데 어떤 여자아이들은 거식증에 더 취약한 걸까? 내가 입원해 있던 시절 이후로 치료법이 바뀌었을까? 그리고 잘 봐줘야 초보적이었던 거식증에 대한 의학적 인식은 그 시절 이후 개선되었을까? 현재는 거식증 환자를 위한 병원 프로그램이 그때보다 더 개별화되었다는 이야기를 들은 적은 있다. 우리 때는 모든 사람에게 똑같은 음식을 주고 모두가 정확히 똑같은 속도로 체중을 불리기를 기대했었는데 말이다. 달라진 이유가 무엇일까? 지금의 의사들은 내가 치료받았던 방식에 관해 어떻게 생각할까? 무엇보다 내가 회복한 이유 그리고 내가 아는 다른 많은 이가 회복하지 못한 이유는 무엇일까? 이 질문들에 답을 구하기 위해 나는 내 삶의 두 반쪽(거식증 환자인 반쪽과 저널리스트인 반쪽)을 결합해, 마침내 나를 회복시켜준 훌륭한 정신과 의사인 재닛 트레저Janet Treasure 교수뿐 아니라 섭식장애와 청소년 정신의학, 신경학과 자폐장애 의료 분야에서 일하는 십여 명의 의사들과 인터뷰했다. 30년 전 나와 함께 입원했던 이들 중 몇 사람을 찾아내, 이후 그들의 인생이 어떻게 펼쳐졌으며, 그때의 경험을 지금은 어떻게 느끼는지도 알아보았다. 그뿐 아니라 오늘날 거식증에 시달리는 여자아이들과 젊은 여성들도 만나 이야기를 나누며 그들의 경험을 경청했다. 거식증과 그 동반질환을 다룬 의학 및 정신의학 연구 논문을 읽었고, 거식증 치료에 획기적인 변화를 몰고 온 여러 사례에 관한 자료도 찾아 살펴봤다. 조사하다가 알게 된 사실인데, 그중 한 연구는 내가 병원에 있을 때 아주 가깝게 지냈던 한 젊은 여성에게서 영감을 받은 것이었다. 또한 나는 마지막으로 입원했던 병원을 찾아가 그곳에는 어떤 변화가 있었는지 그리고 어떤 면이 변하지 않고 남아 있는지 알아보았다. 정신질환에 관해 이야기할 때는 특히 개인적인 경험이 중요하다. 하지만 그런 개인적인 경험에는 한계도 있다. 이 책을 쓰는 동안 나는 전문가들에게서 아주 많은 것을 배웠다. 그 덕에 (남아 있는 질문들 때문에 내 마음속에서는 계속 열려 있던) 내 인생의 거식증 시기로 이어지는 문이 이제는 마침내 닫혔다고 말할 수 있을 정도가 되었다.

이 책은 거식증에 관한 백과사전이 아니다. 제목과 부제가 말하듯 거식증에 관한 이야기이자 거식증의 가장 흔한 유형인 제한성 거식증에 걸린 여자들에 관한 이야기이다. 제한성 거식증이란 음식 섭취를 제한하고 대개 운동까지 하면서 체중을 줄이는 것을 말한다. 덜 흔한 거식증의 또 다른 유형은 폭식 후 게워내기purging(섭식장애에서 구토를 의미하는 용어다)를 하는 것인데, 폭식증bulimia 환자가 보통 평균적 체중인 데 비해 이들은 극도로 저체중이다. 거식증은 폭식증과 겹칠 수 있고, 나는 거식증을 앓다가 나중에 폭식증으로 넘어간 환자도 알고 있지만 여기서는 폭식증에 관해서는 쓰지 않았다. 두 장애를 한 묶음으로 다루는 경우가 많기는 하지만, 폭식증의 육체적 결과, 또 그에 따른 정신적 결과가 거식증의 경우와는 많이 다르기 때문이다. 나는 이 둘을 사촌지간 정도로 여긴다. 둘이 일부 DNA를 공유하며, 같은 시간에 같은 장소에 있는 경우도 많지만 둘의 차이는 이내 분명히 드러난다.

또한 나는 남성의 거식증에 관해서도 쓰지 않았다. 내가 치료받던 시기에 같은 병동에 남자 거식증 환자도 몇 명 있었고, 대부분의 거식증 환자가 그렇듯 그들은 친절하고 온화하고 슬픈 사람들이었다. 남성의 거식증이, 훨씬 흔한 여성 거식증과 동일한 뿌리를 공유하는 건 분명하지만 여러 측면에서, 특히 그 병을 대하는 대중의 태도에는 어마어마한 차이가 있다. 이 책은 내 개인적인 경험에 뿌리를 두고 있다. 내 경험은 많은 거식증 환자의 경험과 비슷한 매우 전형적인 사례이기 때문에, 모든 면을 다 다루려 노력하기보다 내 경험에 초점을 맞추기로 했다.

이 책의 어떤 이야기에 일부 독자는 동의하지 않을 수도 있다. 어떤 사람은 거식증에 관한 나의 해석을 싫어할지도 모른다. 충분히 그럴 수 있다. 정신질환이란 극도로 개인적인 일이기 때문이다. 누군가는 내가 현재 선호되는 표현인 '거식증 당사자'가 아니라 '거식증 환자anorexic'*라는 용어를 사용한

먹지 못하는 여자들

다는 점에 반대할 것이다. 나는 이 점에 관해 굉장히 깊이 생각했고, 전자의 표현이 지닌 장점도 물론 알고 있다. 사람은 단순히 어떤 질병이 아니며, 그 병을 넘어서는 고유의 정체성을 지니고 있음을 강조한다는 점 말이다. 이는 환자들이 기억해야 할 엄청나게 중요한 사실이다. 회복기에 그리고 특히 자라는 동안에, 부모에게서 독립해 자신이 어떤 존재인지 탐색하는 과정에서 이미 존재하던 정체성들(고스goth**부터 작jock***까지)을 취하고 따랐던 젊은이들에게 더욱 중요하다. 하지만 나는 '거식증 환자'라는 용어에도 가치가 있다고 생각한다. 왜냐하면 나의 경우 거식증이 (바이러스처럼 어디선가 내게 옮아온 외부적 힘이 아니라) 내 안에서부터 생겨난 것임을 이해했을 때 비로소 회복을 위한 통제력을 가질 수 있었

---

* Anorexic이란 단어를 우리말로 할 때 어색하지 않은 '거식증 환자'로 옮기긴 했지만, 영어 단어 형태를 그대로 살려 옮긴다면 '거식인'에 가까울 것이고, 사람과 병을 동일시하는 용어라는 점이 많은 이들에게 반발심을 유발한다(이 책에서 나오는 거식증 환자라는 단어에는 이런 동일시의 의미가 있음을 염두에 두고 읽어 주시길 바란다). 우리나라에서는 비슷한 이유로 거식증 환자보다는 거식증 당사자라는 표현을 써야 한다는 움직임이 있다.

** 고딕록과 고딕문학, 공포문학 팬들에게서 1980년대에 시작된 하위문화로, 새카맣게 염색한 머리, 검은 옷, 시체처럼 하얀 피부에 짙은 스모키 화장, 검은 매니큐어 등 어둡고 섬뜩하고 신비로운 스타일의 패션으로 소외를 표현한다.

*** 미국 청소년의 하위문화에서 전형적인 남성 운동선수를 가리키는 말. 운동 경기 중에 남성의 생식기를 보호하기 위해 입는 속옷인 작스트랩(jockstrap)에서 나온 것으로 보인다. 이후 미국 문화에서 '작'은 체육계 남성의 부정적인 고정관념을 가리키는 개념이 되었다.

기 때문이다. 알코올중독자alcoholics는 오래전부터 이 점을 이해하고 있었고, 이는 익명의 알코올중독자 모임이 "나는 아무개이며 알코올중독자입니다"라는 그 유명한 소개말로 시작하는 이유이기도 하다. 그리고 거식증과 중독은 일부 특징을 공유한다. 그리고 거식증의 절대적인 손아귀에 붙잡혀 있었을 때 나는 말 그대로 거식증 환자였다. 내 삶에 다른 건 아무것도 없었고, 거식증이 하루하루의 매초를, 입에서 나오는 모든 단어를, 머릿속을 스치는 모든 생각을 통제했다. 그때 나는 내가 아니었다. 거식증을 앓았던 사람, 혹은 그런 사람을 아는 사람은 그 변화를 몸소 목격했을 것이다. 그래서 나는 이 책에서 '거식증 환자'라는 단어가 내 경험을 반영한다는 판단이 서는 대목에서는 그 단어를 사용했다.

사람들은 거식증이 외부적인 영향력들 탓에 생기는 거라고 말한다. 그렇게 하면 여자가 느끼는 내면의 혼란과 죄책감, 수치심, 슬픔, 두려움과 분노에는 눈감아버릴 수 있기 때문이다. 또한 그렇게 원인을 돌려야 여자들이 그런 감정을 표현하는 것을 '여전히' 막고 있는 사회구조도 계속 보호하고 유지할 수 있다. 그래서 거식증에 걸린 여자들은 더욱 내면으로만 향하고, 자신과 자신을 사랑하는 모든 사람을 징벌한다. 이 책은 그 두려움과 분노의 원천에 관한 이야기다.

먹지 못하는 여자들

Contents

1장

계기

런던, 1992년 5~8월

어느 따뜻한 봄날, 나는 나 자신을 잃어버리고 어떤 낯선 존재에게 정신과 몸을 사로잡혔다. 그 변화는 1분 사이에 일어났다. 몸서리쳐지는 순수의 상실이었다. 그 변화를 촉발한 건 고작 한마디 말이었으나, 그 말은 내가 세상을 바라보는 방식을 영원히 바꾸어놓았다. 딸이 이와 유사한 변화를 겪는 모습을 지켜본 부모에게는 지금 내 말이 아무런 위로도 되지 않을 것이다. 그러나 아이의 이런 변화를 목격한 부모가 어리둥절함을 느꼈다면, 아이 자신은 훨씬 더 어리둥절했을 것이라고 장담할 수 있다.

그 일은 1992년 5월, 내 열네 번째 생일 직후에 일어났다. 여름이 막 시작되던 참이라 윗도리를 집에 두고 와도 될 만큼 따뜻해진 날씨였다. 학교 전체에는 긴 방학을 앞두고 찾아오는 느슨하고 가벼운 분위기가 감돌았다. 날씨가 좋았는데도 체육 수업을 실내 체육관에서 한다고 했다. 이는 좋은 소식이었다. 체육관에서 공을 던지는 일을 좋아하진 않았지만, 바깥에서 하키장을 이리저리 뛰어다니는 것보다는 훨씬 나았다. 주말마다 축구를 하고, 여름에는 수영 강습을 받고, 웅덩이에서 물장구를 치는 것만큼이나 자연스럽게 운동을 좋아하는 애들이 있다. 나는 그런 아이가 아니었다. 선생님들은 나를 두고 '책을 좋아하는 아이'라고 말했지만, 나는 그저 실내에 있을 때, 이상적으로는 책이나 영화를 보며 앉아 있을 때 가장 행복한 게으른 아이였을 뿐이다. 에너지를 쏟지 않아도 되는 일이기만 하면 내게는 별 불만이 없었다. 부모님도 마찬가지였다. 그래서 나는 운동이란 교회에 가거나 번지 점프를 하는 것처럼 다른 사람들이나 하는 나와는 상관없는 일이라고 생각하며 자랐고, 체육은 내가 제일 싫어하는 과목이었다. 역사적 사건이 벌어진 날짜나 프랑스어 불규칙동사 같은 걸 외우는 건 잘했지만, 내가 뛰면 천식에 걸린 닭처럼 변한다는 사실은 나로서도 어떻게 할 수가 없었다. 하지만 나는 체육 시간의 복장은 아주 좋아했다. 흰색 에어텍스 티셔츠와 빳빳한 회색 체육복 치마 그리고 무릎까지 오는 긴 양말. 나는 그 격식이 마음에 들었다. 뉴욕에서 학교에 다닐 때 체육복으로 입었던 엉성한 티셔츠와 파란 면바지와 비교하면 특히 더 그랬다.

먹지 못하는 여자들

우리 가족 그러니까 부모님, 여동생 넬 그리고 나는 내가 열한 살 때 런던으로 이사했다. 뉴욕의 친구들이 어렴풋이 그리웠고 두고 온 개는 너무도 보고 싶었지만, 그래도 나는 런던에 사는 게 좋았다. 새 학교의 고풍스러운 딱딱함이, 빅토리아풍 건물과 모든 학생에게 기대하는 바를 명확히 알려주는 엄격한 규칙이 좋았다. 나는 사다리의 가로대 같은 그 규칙에 매달렸다. 그 규칙들은 안정적인 기준을 알려주고 믿음직한 토대를 마련해주었으며, 내게 기대하는 바가 무엇인지 분명히 말해주었다. 무엇보다 내가 그 일을 잘해내고 있는지 아닌지를 알려줬다. 게다가 나는 런던에 사는 나도 좋았다. 맨해튼에 있던 학교에서는 내가 아무도 아닌 것처럼 느껴졌다. 그 학교에서는 인기 있는 아이와 동의어였던, 엄청나게 부유한 집안의 아이도 아니었고, 자동으로 멋진 아이들 무리에 들어갈 수 있는 운동을 잘하는 아이도 물론 아니었다. 나는 내가 그리 예쁘지 않다는 것도 그리고 수학은 늘 중간 정도를 맴도는 걸 보면 부모님이 하는 말과는 달리 내가 그리 똑똑하지 않다는 것도 알았다. 나는 나 자신을 하나의 부재不在로, 이도 저도 아닌 그저 평균적인 존재로, 전혀 특별하지 않은 존재로 여겼다.

　　맨해튼에 살 때 나는 내가 이해하지 못하는 규칙이 지배하는 세상 속으로 떠밀려 들어간 듯한 느낌이었다. 이사하기 전 여름, 내 친구들 한 무리가 캠프장의 오두막 뒤에서 셔츠를 벗고 남자애들과 키스하다가 걸렸다. 나는 여자아이가 왜 남자아이와 함께 셔츠를 벗고 있는지 그 이유는 몰랐지만, 그 애들 모두 호된 꾸지람을 들은 걸 보면 그게 큰 잘못이라는 건 알았다. 또 나는 뉴욕에 있을 때 방과 후 볼룸댄스 강습에 다녔다. 그건 우리가 살던 맨해튼 동네의 아이들이, 모두 아직 이디스 워튼의 소설 속에 살고 있다는 어퍼이스트사이드의 판타지*를 유지하기 위해 하는 일이었다. 마지막 춤을 출 때 남자애 하나가 내 엉덩이에 손을 댔다. 이번에도 나는 남자애가 왜 내 엉덩이를 만지고 싶어 하는지 알 수 없었지만, 내가 그걸 싫어한다는 건 알았다. 하지만 동시에 내가 그걸 싫어한다고 인정하면, 남자애가 내 가슴을 보고 싶어하는 이유를 모른다는 걸 인정하는 것과 마찬가지로 사람들이 나를 비웃으리라는 것도 알았다. 그래서 나는 그 애에게도, 아무에게도 아무 말도 하지 않았다.

런던에서는 이 모든 문제가 사라졌다. 나는 여전히 스포츠에 젬병이었지만, 미국 아이들에 비해 영국 아이들 사이에서 이건 대수롭지 않은 일이었다. 물론 여기서도 중간 수준인 수학 성적은 익숙한 괴로움을 안겼다. 하지만 마침내 내게도

---

* 이디스 워튼(1862~1937)의 소설은 미국 경제가 급성장하기 시작한 19세기 말 미국 상류사회의 삶과 문화, 도덕적 가치 등을 탐색한 작품으로 유명하다. 워튼에게 여성 최초로 퓰리처상을 안겨준 《순수의 시대》는 뉴욕 맨해튼 센트럴파크 동쪽의 전통적인 부촌 '어퍼이스트사이드'를 배경으로 한다.

하나의 정체성이 생겼다. 나는 '미국 여자애'였다. 물론 우리 반의 다른 여자애들은, 이를테면 '테니스의 귀재'라든가 '이중 언어 사용자'라든가 하는 더 분명한 정체성이 있는 듯했지만, 그래도 내게는 미국인이라는 정체성이 생겼다. 자신을 하나의 부재로 느낄 때는, 자신에게 형태를 부여할 수 있는 것이라면 그 어떤 정체성이라도 붙잡고 매달리게 된다. 비록 그게 자기만 그렇게 느끼는 것일지라도 말이다. 미국인 아웃사이더로 지내는 것은 배제당한다는 느낌을 주기보다, 아직 영국의 사회적 관례를 이해하지 못하는 나에게는 오히려 유리하게 작용했다. 영국의 계급적 속물성은 미국의 현란한 계급적 속물성보다는 훨씬 미묘해서 포착하기가 더 어려웠으므로 나는 아무것도 자각하지 못하는 행복한 무지의 상태로 뉴욕에서 나를 힘들게 했던 열등감을 유유히 지나칠 수 있었다. 아웃사이더라는 사실은 또한 내가 런던 사교계에 속하지 않는다는 의미이기도 해서, 처음 1~2년간 나는 웨스트런던에서 다양한 아이들이 참석하는 댄스파티에 초대받지 않았고 안전하게도 나의 엉덩이에는 아무의 손도 닿지 않았다.

하지만 그게 유지될 수 있는 건 그때까지였다. 체육관에서 체육 수업을 한 그날 오후로부터 몇 달 전, 우리 반의 한 여자아이가 지역 스포츠클럽에서 열리는 자기 생일 파티에 나를 초대했다. 처음에는 다 괜찮아 보였다. 여자애들과 남자애들은 신이 의도한 그대로 각자 방 안의 맞은편에 자리 잡고 서로를 미심쩍게 바라보고 있었다. 하지만 어른들이 나가고 누군가 불을 껐을 때, 그 방은 히에로니무스 보스의 그림처럼 변했다. 겨우 몇 분 전에 나와 이야기를 나누던 여자애들이 남자애들과 함께 간식이 차려진 식탁 밑으로 사라졌다. …… 뭐 하는 거지? 나로서는 알 수 없었다. 어쨌든 그런 짓이 마음에 안 들었다. 나는 파티장에서 나와 공중전화 박스가 보일 때까지 걸어가서 어머니에게 나를 데리러 와 달라고 전화했다. 몇 주 뒤 우리는 생물 시간에 생식에 관해 배웠는데, 반 친구들은 무척이나 흥미를 보였다.

"이것이 남성을 나타내는 상징입니다." 템플턴 선생님이 동그라미를 그리고 거기서 위로 뻗은 화살표를 그리며 말했다. "왜 그런지 아마 짐작이 갈 거예요." 내 주변의 모두가 발작적으로 웃음을 터뜨렸지만, 나로서는 왜 그러는지 어리둥절할 뿐이었다. 화살이 왜? 뭔데? 나는 선생님의 말을 못 들은 척하며 옆에 앉은 여자아이에게 다들 왜 웃느냐고 물었다. 그 애가 농담의 의미를 설명해주기를 바라면서. 그리고 얼마 지나지 않아 한 친구가 나에게 남자친구가 생겼다고 말했다. 나는 비밀로 숨겨둔 언니가 있다고 맞받아쳤는데, 이런 반응은 불행히도 아무 인상도 주지 못했을 뿐더러 맥락도 없었고 게다가 사실도 아니었다. 나는 나 자신도 설명할 수 없는 짓을, 이를테면 거짓말을 하거나 가게에서 좀도둑질을 하기 시작했다. 어른의 세계가 내게로 밀어닥치고 있었고, 괴물들이 밀어대는 통에 그 세계의 문은 들썩거리고 있었으며, 나는 그 문을 다시 닫으려 미친 듯이 안간힘을 썼다.

그날 체육 시간이 끝났을 때였다. 다행히 이제 더는 밧줄을 타고 올라가려는 시도도, 공에 맞지 않으려는 노력도, 혹은 그날 우리가 배운 어떤 중요한 삶의 기술도 구사할 필요가 없었다. 우리는 체육 시간이 끝날 때마다 그러듯 홀 선생님 주변에 동그랗게 둘러앉았다. 이날 나는 우연히 리지 보든 옆에 앉았다. 리지는 내가 그리 잘 아는 아이는 아니었지만 우리 반에서 리지의 정체성은 '가장 마른 아이'였다. 우리 반은 몸매에 굴곡이 있고 브라가 필요한 여자애 무리와 아직 러닝셔츠만 입는 마른 여자애 무리로 나뉘었다. 나는 마른 무리에 속하는 것이 기뻤는데, 그 이유는 전적으로 미적인 것만은 아니었지만 그렇다고 미적인 것과 완전히 무관하다고 할수도 없었다. 나는 앞으로 다리를 쭉 뻗고 앉았다. 나는 헐렁한 체육복 치마에서 내 다리가 뻗어 나오는 모습을 좋아했고, 무릎까지 오는 양말도 참 좋아했다. 나는 내가 이니드 블라이턴의 책에 나오는 잉크로 그린, 팔다리가 길고 가는 아이처럼 보인다고 생각했다. 하지만 리지의 앙상한 다리 옆에 놓인 내 다리는 코끼리 다리처럼 굵어 보였고, 리지의 허벅지는 내 종아리보다 더 가늘었다. 전에는 리지의 깡마른 몸에 관해 생각해본 적이 없었는데, "그렇게 몸집이 작으면 옷을 사기가 어렵지 않아?" 하고 묻는 순간 내 속에서 미세한 아픔이 느껴졌다. 상상해보라. 자기한테 맞는 사이즈의 옷이 없을 정도로 특별한 존재라니.

"맞아." 리지가 말했다. "나도 너처럼 평범하면 좋겠어."

내 안에서 시커먼 굴 하나가 하품하듯 활짝 열렸고, 나는 노웨어랜드로 떨어진 앨리스마냥 그 굴 안으로 굴러떨어졌다. '평범'이라. '날씬한' 것도 아니고, '마른' 것도 아닌, '평범함'이라니. 평범한 것은 평균적이고, 평균은 따분한 것이다. 평범한 것은 아무것도 아니다. 나는 아래를 내려다봤다. 내 허벅지가 언제 이렇게 무릎보다 굵어졌지? 나는 더 자세히 살펴보려고 몸을 앞으로 숙였다. 허벅지 안쪽이 원래 그래야 하는 대로 직선으로 곧게 뻗지 않고 드럼 스틱처럼 바깥으로 둥그스름하게 튀어나와 있었다. 점심때 먹은 스니커즈 초코바가 내 배 속에 멍처럼 버티고 있었다. 배 이야기가 나와서 말인데, 체육복 치마의 허리띠가…… 설마 조이는 건가? 이건…… 살이 쪄서 접힌 건가? 뉴스에서 본, 비만한 아이들이 해변을 걸어 다니던 모습이, 살이 크림처럼 접히고 포개진 그 아이들의 모습이 떠올랐다. 배에 이렇게 살이 말려 있는데 나는 어떻게 종일 학교에 앉아 있을 수 있었을까? 도대체 어떻게 집중이란 걸 할 수 있었던 거야?

최근에 나는 음식을 전보다 더 많이 먹었고, 스스로 그 사실을 의식하고 있었다. 학교에서 집에 오면 치즈 조각 여러 개와 시리얼 몇 그릇을 게걸스럽게 입에 쑤셔 넣었다. 어머니

먹지 못하는 여자들

의 친구 한 사람은 내가 드라마 〈이웃들〉을 보며 프로스티 두 그릇을 먹는 걸 보고는 "넌 어떻게 그렇게 많이 먹을 수 있니? 알다가도 모르겠구나!" 하고 말했다. 그때 나는 어깨를 으쓱하고 말았지만, 지금 그 말이 내 뇌 속을 쿵쿵거리며 돌아다니는 걸 보면 그냥 잊히지 않고 남아 있던 게 분명했다. 이 무렵 나는 전보다 더 배가 고팠는데, 부모님은 내가 자라고 있기 때문이라고 했다. 어머니는 내가 행운아이기 때문에 뭐든 다 먹고도 날씬한 몸을 유지할 수 있다고 종종 말했다. 그런데 이제 보니 어머니가 거짓말을 한 것이었다. 그날 체육 수업의 그 순간을 생각할 때면, 나 자신이 아니라 도자기 인형 하나가 떠오른다. 책꽂이에 안전하고 완벽한 모습으로 앉아 있다가, 나이 때문일 수도, 분위기가 주는 압력 때문일 수도, 아니면 그냥 나약한 내면 때문일 수도 있는, 아무도 정확히 모르는 까닭으로 갑자기 얼굴에 금이 가는 도자기 인형. 그렇게 한순간에.

의사들은 이걸 '촉매' 혹은 촉발 계기trigger라고 부른다. 거식증을 촉발하는 순간을 뜻하는 말이다. 실제로 나는 명백한 촉발 계기라고 여겨지는 일로 거식증이 촉발된 여자들을 알고 있다. 이를테면 가족사진을 보던 아버지에게 '좀 통통하게' 보인다는 말을 들은 딸, 친구와 똑같은 사이즈의 옷을 입고 싶은 10대. 하지만 훨씬 예측하기 어려운 계기로 거식증이 촉발된 다른 이들도 많이 안다. 내가 병원에서 만났던 한 사람은 식중독을 앓고 난 뒤 (혹시나 음식에 있을) 병균 걱정이 깊어졌다. 또 다른 이는 어머니가 돌아가신 뒤 누군가에게서 자기가 아버지를 돌봐야 한다는 말을 들었고, 그 말을 자기를 돌보는 일을 그만둬야 한다는 의미로 받아들이고는 음식 먹기를 중단했다. 아버지가 그를 병원에 데려갔을 무렵, 그는 너무 쇠약해져 걷지도 못하는 지경이었다. 나는 '평범하게' 보인다는 말을 들었다. 그 무엇이라도 우리를 촉발할 수 있다. 왜냐하면 거식증은 우리 내면에서 그저 적합한 순간을, 단 하나의 불꽃을, 터뜨려줄 것만을 기다리고 있던 폭탄이기 때문이다.

촉발 다음은 추락이다. 어떤 이들에게 추락은 고양이처럼 느린 속도로 다가온다. 어느 해에는 음식에 까탈을 부리다가, 다음 해에는 조깅에 빠지고, 10대 동안에는 간간이 체중 감량을 시도해보다가 대학에 가서 마침내 무너진다. 그러나 나의 추락은 현기증이 날 정도로 즉각적이었다. 나는 다이어트가 어떻게 작동하는지, 몸이 어떻게 작동하는지 전혀 모르는 채 자연식품 종류를 완전히 끊었다. 그다음에는 곡류를 끊었다. 나는 내가 세운 규칙을 기반으로 하나의 세계를 구축했는데, 평생 살면서 그보다 더 충실히 따른 규칙은 없었다. 한 달 만에 나는, 부모님에게 그날 있었던 일을 시시콜콜 떠들어대고 정원에서 롤러블레이드를 타며 MGM의 뮤지컬 노래들을 부르던 쾌활한 열네 살 아이에서, 매일 밤 엄마의 화장실 거울 앞에 발가벗고 서서 거울 속 자신을 이글거리는 눈으로 노려보는, 사납고 닿을 수 없는 청소년으로 변했다. 내가 알기로 뚱뚱함을 나타내는 신체 부위는 배였기 때문에 처음에는 배에만 집중했지만, 얼마 가지 않아 나는 내 몸에 그런 부위가 아주 많다는 것을 알게 되었다. 나는 혹시나 생길지 모를 이중 턱을 방지하려고 오프라 윈프리가 추천하는 턱 운동을 했다. 지역 헬스클럽에서 하는 '엉덩이와 배' 수업에도 등록했는데, 거기서 나는 다른 회원들과 적어도 30년은 차이 나는 가장 어린 회원이었다. 역기도 들었다. 열네 살 내 팔에서 박쥐 날개처럼 늘어진 팔뚝 살을 정리해줘야지! 나는 에어로빅 수업에서 깡충깡충 뛰고 러닝머신 위를 달렸다. 아주 많이 움직이며 정확히 같은 자리에 머무는 운동들이었다. 체육 수업에 빠지려고 다친 척하던 여자애가 이제는 매일 팔 벌려뛰기를, 윗몸일으키기를, 팔굽혀펴기를, 다리들기를, 스쿼트를 수백 개씩 했다. 여름 방학인 게 정말 아쉬웠다. 그렇지 않았다면 처음으로 체육에서 좋은 성적을 받았을 텐데. 에어로빅 강사는 지방을 태워야 한다고 소리쳤다. 잔 다르크는 남자처럼 옷을 입으라는 목소리를 듣고 그렇게 했다가 화형대에 묶여 온몸이 불태워졌다. 나 역시 새로운 내면의 목소리를 듣고 헐렁한 옷을 입기 시작했지만, 고강도 스텝 운동 수업에 가서 지방을 태우기만 하면 됐다. 그렇게 보면 나는 꽤 괜찮은 거래를 한 셈이다.

여자로 사는 일은 자기 몸을 상대로 끊임없이 싸우는 일 같아 보였고, 나는 일찍 시작함으로써 그 시스템에서 유리한 위치를 차지했다고 여겼다. 지금 한다면 최소한 내게는 엉덩이나 배나 턱이나 기타 없애버려야 할 여자의 신체 부위들이 없으리라는 생각이었다. 먼저 굶기를 시작한 다음 이어서 운동하는 건 내게 너무나 자연스러운 수순이었다. 둘은 같은 피학성에 속한 영역이니까. 운동을 싫어하는 사람에게 강박적으로 운동하는 것보다 더 큰 자기 징벌이 어디 있겠는가? 이봐, 몸뚱이야, 이틀 동안 먹이를 안 줘서 고통스럽다고 생각하는 거니? 그럼 내가 팔벌려뛰기를 천 번 하고 나면 어떤 느낌일지 한번 두고 봐. 나는 내 생각에서 도저히 탈출할 수가 없었다. 입술을 잘근잘근 씹으면 칼로리를 섭취하게 되는 걸까? 슈퍼마켓 앞을 지나가는 건? 나는 그저 확인하고픈 마음에 세인스베리 슈퍼마켓 앞 도로를 건너갔다. 입술은 괜찮다고 판단했지만 립밤은 절대 안 될 말이었고, 그래서 내 입술은 까지고 상처로 거칠거칠했다. 삶이 극심한 밀실공포증적 색채를 띠기 시작했는데, 마침 그해 여름 방학 학교에서 독서 과제로 제시한 책도 유난히 강렬했다. 《벨 자》, 《프랑스 중위의 여자》, 《에덴의 악녀》. 내 거식증을 존 파울스 탓으로 돌리려는 건 아니지만, 그가 내 거식증에 아주 효과적인 사운드트랙을 제공한 것은 사실이다.

7월에는 프랑스에 교환 학생으로 가서 머물던 집에서 나를 예정보다 일찍 집으로 돌려보냈다. 호스트 가족이 나를 책임질 수 없다고 판단했기 때문이었다. "Si je ne mange pas, je vais mourir(만약 내가 먹지 않는다면 나는 죽겠죠.)" 나는 가없은 그 가족에게 비장하게 이렇게 말했고, 그들은 당황하며 어깨만 으쓱했다. 나는 그저 날씬해지는 걸 원할 뿐이라고 말했지만, 보아하니 사람들에게 겁을 주고 싶기도 했던 모양이다. 그건 확실히 성공했다. 8월에는 프랑스 남부로 떠난 가족 휴가를 망쳐놓았다. 어머니가 어머니의 호텔 방에서 우는 동안 나는 내 호텔 방에서 윗몸일으키기를 했다. 동생은 너무 화가 나서 나와 말도 하지 않았고, 아버지는 뷔페에서 내 몫까지 먹으려고 추가로 몇 번을 더 가져다 먹었다. 이때 나는 현기증이 핑 도는 굶기의 단계에 접어들어 있어서 모든 감각이 더 예리하고 강렬해져 있었다. 30년이 지난 지금까지도 그 호텔 주방에서 나던 냄새가 기억난다. 몇 바퀴씩 돌며 수영하려고 풀장에 가는 길에 나는 그 주방 앞을 지날 수밖에 없었다. 뜨거운 지중해의 바람 속에서 진한 음식 냄새가 찐득찐득하게 몰려왔고, 내 코는 역겨움을 느끼는 동시에 매혹적인 그 냄새를 좇아 필사적으로 킁킁거렸다. 그 휴가 때 찍은 사진을 보면 나는 아직 해골 같지는 않지만, 얼굴의 피부는 한껏 잡아 당겨져 광대뼈가 만나는 부분의 선이 고스란히 드러나 있다. 미소를 지을 때도 눈은 두개골에 뚫린 눈구멍처럼 퀭한 상태였다.

"말랐으면 좋겠어", "나 뚱뚱한 거 같아". 그해 여름 나는 이 말들을 주문처럼 외고 다녔다. 하지만 몸에 대한 나의 이해는 정서적으로 미성숙한 열네 살 아이에게 기대할 수 있는 딱 그 수준이었다. 부모님에겐 저울이 없었다. 내가 판단 기준으로 삼을 수 있는 건 어머니 방 화장실 거울에 내 모습이 어떻게 비치는지 뿐이었다. 배가 얼마나 튀어나왔는지, 다리가 얼마나 굵어 보이는지, 내가 나 자신과 그 모든 살을 감당하면서 앉아 있는 걸 어디까지 견딜 수 있는지. 모두가 척도로 삼기에는 불완전한 방식이었다.

요즘은 마른 몸매가 야망과 섹시함, 부의 상징이 되었고, 이 때문에 많은 사람이 거식증은 모델이나 유명 연예인처럼 보이고 싶어 하는 것이라고 생각한다. 그러나 그만큼 자주 언급되지 않는 사실은 마른 몸이 오랫동안 스토아적 강인함과 조용히 인내하는 고통, 내면의 격분을 상징했다는 것 그리고 이는 시에나의 성녀 카테리나,* 리마의 로사,** 성녀 베로니카

---

* Santa Caterina da Siena(1347~1380년), 이탈리아의 도미니코회 제3회 소속 스콜라 철학자이자 기독교 신학자. 수년 동안 극단적인 금식 생활을 했고, 1380년 초부터는 물조차 입에 대지 못하다 건강 악화로 33세의 나이로 사망했다. 1461년에 시성되었으며, 1866년부터 아시시의 프란체스코와 함께 이탈리아의 공동 수호성인이 되었다.

** Rosa de Lima(1586~1617년), 로마 가톨릭 성녀이자 아메리카 대륙 최초의 성인. 도미니코회의 제3회원이었으며 남아메리카 교회의 선교사였다. 기도하기 위해 하루에 두 시간만 잠을 자고 극단적인 고행과 금식으로 병을 얻어 31세의 나이에 세상을 떠났다.

먹지 못하는 여자들

라고 알려진 오르솔라 줄리아니* 등 음식을 거부함으로써 신적인 존재가 된 수 세기 전 여성들이 잘 알고 있었듯이, 특히 여성들에게서 더 그랬다는 것이다.[1] 15세기의 여성과 21세기의 여성을 비교하는 건 불가능하므로 그 옛날의 성인들을 현대의 거식증 환자들과 나란히 비교하거나 논의해서는 안 된다고 주장하는 사람들도 있는데,[2] 물론 맞는 말이다. 그러나 여자들이 스스로 자신을 굶기는 현상이 수천 년 동안 계속되었다는 것 역시 사실이다. 그리고 그들이 모두 같은 증후군에 시달렸다고는 말할 수 없다 해도, 평소 항상 무력감을 느끼던 여자가 통제력을 쥘 수 있는 효과적인 방법이 '음식을 먹지 않은 행위'임을 깨달았다는 것 또한 사실이다. 섭식 거부는 언제나, 무언가가 옳지 않다는 것을 말로는 표현할 수 없다고 느낄 때, 아주 시각적으로 생생하게 표현할 방법이었다. 또한 그것은 도움을 요청하는 한 가지 방식이기도 하다. 물론 이 말이 격렬하게 고집을 부리는 아이를 상대로 매일 전투를 치르는 부모에게는 역설적으로 들리리라는 것을 나도 분명 알고 있다. 하지만 자기가 불행하다는 걸 부모에게 알리길 원치 않는 아이라면, 가족과 함께하는 식탁에서 공개적으로 음식

---

* Veronica Giuliani(1660~1727년), 이탈리아 카푸친 글라라회 수녀이자 신비주의자. 17세에 글라라회에 입회하여 후에 수녀원장이 되었다. 신에 대한 헌신과 예수의 고행을 함께한다는 의미에서 자기를 채찍질하고 단식하는 등 고행을 했다.

을 거부하거나 모두가 알아볼 수 있게 체중을 줄이는 식으로 표현하기보다는 조용히 자해를 하거나 몰래 약을 하거나 하는 식의, 더욱 사적인 언어를 선택할 것이다. "뚱뚱하다고 느끼는 것은 불안정하거나, 자신이 중요하지 않다고 느끼거나, 겁을 먹었거나, 불안하다고 느끼는 것을 가리키는 암호가 되었다. 거식증에 걸린 사람이 마음속 깊이 느끼는 감정은 더욱 극단적이며, 대체로 신체 언어로 암호화된 깊은 상처를 나타내는 경우가 많다." 정신분석가 힐데 브루흐Hilde Bruch가 1978년에 펴낸 거식증에 관한 기념비적 저서 《황금 우리The Golden Cage》에서 한 말이다. 이 책은 의료계에 거식증이 단순히 극단적인 다이어트가 아니라는 인식을 넓히는 데 일조했다. 물론 언론과 대중은 그런 (극단적인 다이어트라는) 믿음을 계속 고수했지만 말이다. 캐런 카펜터가 세상을 떠나기 겨우 2년 전인 1981년에 한 인터뷰가 BBC에서 방송되었다. 그의 병은 고통스러울 정도로 명백히 눈에 보였다. 턱은 너무나 날카롭고 뾰족했고, 바지 아래로 보이는 두드러진 무릎 관절은 손에 잡힐 듯 분명해 보였다. 진행자인 수 롤리는 그에게 "마른 사람들의 병인 거식증"을 앓았던 게 아니냐고 물었고, 캐런은 "아니오"라고 답하고는 어이없다는 듯 옆에 앉은 오빠 쪽을 보며 눈을 굴렸다.

1989년에 그의 짧은 삶을 담은 전기 영화 〈캐런 카펜터 스토리The Karen Carpenter Story〉가 처음으로 미국의 텔레비전

　　　　먹지 못하는 여자들

에 방송되었을 때 언론은 예의 바르고 긍정적인 반응을 내놓았고, 신경성 식욕부진증(거식증)이 무엇인지에 대한 논평가들의 순진한 설명(한 방송 리뷰에 따르면 "심각한 다이어트 장애")이 뒤따랐다.[3] 2017년에 거식증에 관한 넷플릭스의 픽션영화 〈투 더 본To the Bone〉이 공개되었을 때는 그 영화가 지닌 '촉발' 가능성을 두고 한 차례 격한 반응이 일었다.[4] 나는 1992년에 거식증에 걸렸고, 이 시기는 거식증을 바라보는 사람들의 관점이 '엇나간 다이어트'라는 시각에서, 식별 가능한 외부적 원인이 존재하는 심각한 정신건강 문제라는 시각으로 바뀐 전환기 직전이었다. 1990년대 중반에는 파리하고 쇠약한 모습이 멋지다고 여겨지며 유행했고, 이 시점에 갑자기 정치가들과 언론은, 패션업계가 젊은이들의 정신에 (거식증을) 촉발하는 영향을 미치고 있다며 심각한 우려를 표하기 시작했다. 하지만 아직은 그런 일이 일어나기 전이었다. 1992년은, 캐런 카펜터의 쇠약해진 가여운 심장이 결국 더 견디지 못하고 멈춰버림으로써 그가 겨우 서른셋의 나이로 세상을 떠난 지 9년째 되던 해였다. 사람들은 서서히 그리고 아주 느리게 그를 죽인 것이 다이어트만은 아닐지도 모른다는 사실을 받아들이기 시작했다. 그렇다면 무엇이 캐런을 죽였을까?

문화적으로 용인된 메시지들이 우리 주변을 광선처럼 날아다니며 행복한 삶을 사는 방법을 말해준다. 이를테면, 부자가 돼라! 인기 있는 사람이 돼라! 유명해져라! 술을 마셔라!

섹스를 많이 해라! 하지만 너무 많이 하지는 마라! 결혼을 해라! 그리고 아이를 가져라! 하지만 늙지는 마라! 하지만 학교 체육관에서 평범하다는 말을 들은 그 순간부터 내 머리에는 기다란 더듬이가 돋아났다. 그 더듬이는 나 자신을 가능한 한 작게 만들라고 말하는 메시지만을 포착하려 더듬거렸으며, 그 결과 그런 메시지들을 아주 많이 찾아냈다. 예전에 나는 신문가판대가 음악 잡지 〈스매시 히츠〉와 스니커즈 초코바를 살 수 있는 곳이라고 생각했다. 그런데 이제는 줄 지어선 다이어트와 피트니스 잡지밖에 보이지 않았다. 마치 그곳에 항상 있었지만 그때까지는 너무 태평해서 알아보지 못했던 비밀스러운 세상을 발견한 것 같았다. 그동안 얼마나 멍청했기에 삶의 유일한 목적이 마른 몸이 되는 것임을 몰랐을까?

　사람들의 주의는 대개 무엇이 거식증을 촉발했는지에 쏠린다. 자신을 굶기겠다는 이 결정이 너무 불가해하게 보이므로 당연히 그 이유를 알고 싶어 하는데, 이를테면 시험에 대한 불안이나 눈치 없이 외모를 평가하는 말, 패션모델을 향한 동경처럼 정답인 듯 보이는 단순한 촉발 계기가 언제나 존재하기 때문이다. 그렇게 후딱 수수께끼가 풀린다. 이런 관점이 거식증을 그렇게 사소한 것으로 일축해버리지만 않았다면, 나는 원인과 계기가 전혀 다른 것임을 이해하지 못하는 사람이 그렇게 많다는 사실을 그저 기묘한 일 정도로 받아들였을 것이다. 이렇게 생각하는 사람들은 거식증 환자를 한 번이라도 본 적이나 있을까? 정말로 그 지독한 피학성이 단순히 〈보그〉나 틱톡 때문에 생긴 거라고 여기는 건가? 자기 앞에 서 있는 것이, 예의상 붙어 있던 살들이 다 제거되고 남은, 분노와 비참과 공포라는 걸 정말로 보지 못하는 건가?

"사람들은 거식증을 식사 거르기나 강박적 운동과 관련된 행동 장애로 착각하는 실수를 범해요. 하지만 사실 우리 사회에서 그런 행동은 거식증이 없는 여자들 사이에서도 너무나 흔해졌지요." 런던에 있는 세인트조지병원의 섭식장애 부문 책임자인 허버트 레이시Hubert Lacey 교수가 들려준 말이다. "신경성 식욕부진증, 즉 거식증에는 특정 종류의 정신병리가 있는데, 그것은 바로 그 병으로 고통받는 사람들이 어떤 의미에서는 건강하게 보이는 것에 매우 뿌리 깊은 공포를, 심지어 공포증을 지니고 있다는 점입니다." 다시 말해서 거식증은 날씬해지고 싶은 욕망이 아니라, 아파 보이고 싶은 욕망이라는 것이다.

거식증 환자에게는 정신질환이 있지만 그렇다고 그들이 멍청한 건 아니다. 건강하게 마른, 그러니까 날씬한 사람들은 하루에 사과 두 개보다는 더 많이 먹고, 체중이 32킬로그램보다는 더 나가며, 한 번에 여섯 시간씩 운동하지는 않는다는 걸 그들도 안다. 그들이 그러는 건 날씬해지고 싶어서가 아니다. 그들은 수척해지기를 원한다. 이것은 거식증과 폭식증 사이의 큰 차이점 중 하나다. 폭식증이 있는 여자들은 대개 날씬해지기를 원한다. 거식증이 있는 여자들은 해골처럼 보이기를 원한다. 둘 다 자기혐오와 자기 징벌의 형태이기는 하지만, 그 표현이 매우 다르다. 그러니까 거식증 환자들이 아주 흔하지만 말도 안 되는 소리처럼 들리는 거식증 환자 특유의 선언을 할 때, 그러니까 평생 가장 야윈 모습을 하고 있으면서도 자신이 뚱뚱해 보인다고 말할 때, 그들은 진실을 말하는 것이다. 그들의 눈에 자신이 뚱뚱해 보이는 이유는 단 하나다. 그들이 원하는 모습보다는 더 뚱뚱하기 때문이다.

거식증 환자들 본인도 원인과 촉발 계기를 혼동하는데, 이는 그들의 뇌가 거식증에 사로잡혀 있을 때는 텔레비전에 나오는 깡마른 연예인들이든, 신문가판대에 진열된 다이어트 잡지든, 새로 유행하는 해독 방법이든 자신이 생각하는 굶어야 할 근거를 확인해주는 것이면 무엇이든 단단히 부여잡으려 하기 때문이다. 그들은 대체로 자신의 거식증을 촉발한 계기가 무엇인지는 아주 쉽게 말할 수 있는데, 그런 계기는 표면적이고 피상적이며 구체적이다. 반면 거식증의 실제 원인은 더 뿌리가 깊고 감춰져 있으며 복합적이다. 즉 거식증 환자가 "나는 뚱뚱해지기 싫어, 마른 몸이 되고 싶어"라고 말할 때, 그들이 말하려는 바는 "나는 내가 아니고 싶고, 나인 것은 불행해. 나는 다른 사람이 되고 싶어"와 같다. 그리고 일단 이를 이해하고 나면, 핵심은 계기가 아니라는 것을 깨닫게 된다. 한 사람이 불행할 때는 무엇이든 촉발 계기가 될 수 있

먹지 못하는 여자들

기 때문이다.

거식증 촉발에 대한 경고문은 2000년대가 되어서야, 처음에는 미국의 대학 캠퍼스를 중심으로 널리 퍼져나갔다. 원래 이런 경고문은 독자들에게 책 속에 담긴 잠재적으로 심란할 수 있는 내용을 경고하려는 의도로, 또 성폭력 희생자로 살아가야 하는 여성의 트라우마를 악화하지 않으려는 노력의 일환으로 사용되었다. 그런 경고문은 오늘날에는 흔히 볼 수 있지만 1992년 여성 잡지의 다이어트에 관한 기사에 "잠재적으로 촉발 계기가 될 수 있다"라는 경고문 같은 것은 당연히 없었다. 그리고 무슨 이유에선가 텔레비전 뉴스에서 섭식장애에 관한 이야기가 나오더라도 서두에서 "어떤 시청자에게는 이 내용이 불편할 수 있다"라는 말을 덧붙이는 일도 없었다.

만약 그런 것들이 있었다고 하더라도 나에게는 큰 차이가 없었을 것이다. 촉발 경고문에 관한 논의는 대중이 분별 있게 보호받고 있느냐 또는 지나치게 과보호받는 것은 아니냐 하는 논의로 나뉘는 편이다. 그러나 더 유용한 질문은 그런 경고문이 누구에게라도 실질적인 도움이 되는가 하는 것이다(그리고 연구 결과는 도움이 되지 않음을 보여주었다[5]). 하지만 나에게는 거식증에 관한 한 촉발 경고를 더욱 크게 반대하는 이유가 있다. 거식증의 잠재적 계기에 초점을 맞추는 것은 거식증을 통제하고자 함인데, 그런 통제력은 아예 존재하지 않기 때문이다.

〈해리가 샐리를 만났을 때〉는 내가 아주 좋아하는 영화다. 나는 거식증에 심각하게 빠져들기 얼마 전에 이 영화를 처음 보았는데, 그때 대사 하나가 마치 전기가 흐르는 전선처럼 강렬하게 내 뇌리에 새겨졌다. "저 여자가 먹는 걸로 할게요"나 "남자와 여자는 친구가 될 수 없어" 같은 게 아니라 그보다 훨씬 덜 유명한 대사다. 그 대사는 해리가 샐리에게 우연히 전처를 만난 일에 관해 말할 때 나왔다. "그 사람 다리가 진짜 무거워 보이더라고. 부기가 안 빠지는 게 틀림없어."

그건 웃기려는 대사였고, 해리는 가장 진부한 방식으로 전처를 깎아내림으로써 아픈 마음을 감추려 했을 뿐이다. 하지만 내게 들린 건 해리 같은 남자조차 여자를 외모로 판단한다는 것 그리고 내가 신경 써야 할 신체 부위가 또 하나 추가됐다는 것뿐이었다(게다가 물도 뚱뚱하게 만드는구나. 나만 몰랐어?). 몇 년 뒤, 내가 퇴원하고 십 년도 더 지났을 때 스트리츠의 〈1000파운드는 거저 안 생겨A Grand Don't Come for Free〉라는 앨범이 발매되었는데 그 앨범에서 가장 좋아한 곡은 마지막에 수록된 '빈 깡통Empty Cans'이었다. 그런데 이 노래의 마지막 줄 가사는 나를 울적하게 했다.

청바지가 좀 끼는 것 같네.
너무 뜨거운 물에 넣고 돌렸나 봐.
늦을 것 같아서 빨리 뛰어갔어.

먹지 못하는 여자들

상상해봐, 하고 나는 생각했다. 자기가 이 세상에서 차지하는 공간에 대해 얼마나 태평하면 청바지에 허리가, 자기 배가 끼는데도 그 즉시 자기혐오의 소용돌이에 빠지지 않고 한가하게 세탁기 생각이나 하고 있을까.

부모들은 이런 유의 이야기를 듣고 싶어 하지 않고, 나도 그 마음을 충분히 이해한다. 그들은 자기 아이를 보호할 확실한 방법을 알고 싶어 하고, 이걸 금지하거나 저걸 보여준다면 다 좋아질 거라는 얘기를 듣고 싶어 한다. 하지만 취약한 사람에게는 온 세상이 촉발하는 것 천지다. 어쨌거나 모델들의 사진을 보거나 자기가 '평범하게' 보인다는 말을 듣고도 거식증에 걸리지 않는 사람이 수백만이니, 문제의 핵심은 촉발 계기 자체가 아니라 촉발된 사람인 것이다. 어떤 말이 불안을 촉발하는 건 본인이 그 말을 불안하게 여길 때만 그렇다. 방송국에서 일하는 친구가 언젠가 내게 자기가 만드는 다이어트에 관한 프로그램이 섭식장애가 있는 사람들의 '마음을 불편하게' 할 거 같으냐고 물었는데, 내 대답은 '당연히 그렇다'였다. 하지만 스트리츠의 노래도, 노라 에프런*의 농담도 그 무엇이라도 역시 그럴 것이다. 날씬함과 성취를 동일 선상에서 생각하는 것은 거식증 환자든 아니든 많은 사람을

---

* 미국의 영화감독이자 각본가, 저널리스트. 〈해리가 샐리를 만났을 때〉 등의 각본을 쓰고, 〈시애틀의 잠 못 이르는 밤〉 등의 연출을 맡았다.

불행하게 만드는 생각이니 당연히 하지 않는 게 좋다. 하지만 늘 자신을 해하는 일을 정당화할 근거만 찾고 있는 사람들을 보호하려고 온 세상을 다시 만들 수도 없는 노릇이다.

그 체육 시간 이후 오랜 세월이 흐른 어느 날, 퇴근해 보니 내 아파트에 물이 고여 있었다. 러그는 물에 푹 잠겨 있었고 소파에도 이미 얼룩이 생겼으며 굽도리널을 따라 지저분한 찌꺼기들이 쌓여 있었다. 배관공은 위층의 누군가가 물이 새는 수도꼭지를 방치했고, 그 때문에 파이프에 금이 갔으며, 그 파이프 속에 있던 물이 천장을 뚫고 흘러내린 거라고 했다. 내가 눈물을 머금은 채, 그 작은 물방울이 새어나와 어떻게 이렇게 큰 손상을 입힐 수 있느냐고 묻자 그는 내게 망가진 파이프를 보여주었다. 파이프는 완전히 부식해 있었다. 수년간 응축된 녹이 금속을 갉아 먹었고, 그 속에 쌓여 있던 찌꺼기와 시커먼 오물이 틈새를 비집고 나왔다. 새는 물은 아주 미미했지만 세월이 지날수록 파이프에는 손상이 축적되었다. 만약 그 수도꼭지에서 물이 새지 않았다면 다른 어디선가 샜을 것이다. 그것이 파이프가 축적된 손상에 반응하는 방식이니 말이다. 물론 다른 파이프들은 그렇게 새는 물에도 아무 문제없이 너끈히 견딜 수 있다. 하지만 때론 남다른 반응을 보이는 파이프가 있는데, 그 이유는 정말이지 아무도 모른다. 그러나 그 이유에 갖다 붙이는 가설은 무수히 많다.

2장

가설들

다음은 여러 해에 걸쳐 의사들, 치료사들, 외부자들이 내가 거식증 환자가 된 이유라며 한 말들이다.

내가 제왕절개로 태어났기 때문이다.

내가 첫째 아이이기 때문이다.

내가 태어나기 전에 어머니가 일을 했기 때문이다.

내가 태어난 뒤로 어머니가 일을 하지 않았기 때문이다.

아버지가 일을 너무 많이 했기 때문이다.

부모님이 내게 너무 많은 걸 주었기 때문이다.

부모님이 내게 충분히 주지 않았기 때문이다.

부모님이 너무 엄격했기 때문이다.

부모님이 응석을 너무 받아주었기 때문이다.

부모님이 내 학교 성적에 너무 신경을 많이 썼기 때문이다.

부모님이 내 학교 성적에 충분히 신경 쓰지 않았기 때문이다.

나와 여동생의 나이 차이가 너무 작기 때문이다.

내게 남동생이 없기 때문이다.

내가 맨해튼에서 자랐기 때문이다.

내가 런던으로 이사했기 때문이다.

내가 사립학교에 다녔기 때문이다.

내가 여학교에 다녔기 때문이다.

내가 우리 학교에 다니기에는 너무 똑똑했기 때문이다.

내가 우리 학교에 다니기에는 충분히 똑똑하지 않았기 때문이다.

우리 학교가 너무 엄격했기 때문이다.

우리 학교가 너무 자율적이었기 때문이다.

내가 어렸을 때 발레를 했기 때문이다.

내가 채식주의자이기 때문이다.

내가 말로 표현하는 걸 지나치게 좋아하는 사람이기 때문이다.

내가 자신을 표현하지 못하기 때문이다.

내가 너무 많은 시간을 혼자 보내기 때문이다.

내 뇌에서 식욕을 조절하는 영역에 불균형이 생겼기 때문이다.

내 뇌에서 기분을 조절하는 영역에 불균형이 생겼기 때문이다.

내 뇌에서 자기인식을 조절하는 영역에 불균형이 생겼기 때문이다.

내 호르몬이 불균형하기 때문이다.

그냥 내가 불균형한 인간이기 때문이다.

내가 아기 때 독소에 노출되었기 때문이다.

내가 책을 너무 많이 읽기 때문이다.

내가 영화를 너무 많이 보기 때문이다.

내가 자신에게 너무 많은 압박을 가하기 때문이다.

내가 학교에 결석하고 싶었기 때문이다.

내가 자폐스펙트럼상에 있기 때문이다.

내가 나이에 비해 너무 조숙했기 때문이다.

내가 유대인이기 때문이다.

내가 홀로코스트의 트라우마를 물려받았기 때문이다.

내가 홀로코스트 희생자에게 생존자로서 죄책감을 느꼈기 때문이다.

내가 주목받기를 원했기 때문이다.

내가 사라지기를 원했기 때문이다.

내가 집단 괴롭힘을 당했기 때문이다.

내가 아름다워지기를 원했기 때문이다.

내가 못생겨지기를 원했기 때문이다.

내가 나르시시스트였기 때문이다.

내가 어렸을 때 학대를 당했기 때문이다.

내가 여름 캠프에서 성적 학대를 당했기 때문이다.

내가 우울증에 걸렸기 때문이다.

내가 양극성장애를 겪었기 때문이다.

내가 섹스에 집착했기 때문이다.

내가 섹스를 혐오했기 때문이다.

내가 동성애자였기 때문이다.

내가 남자아이가 되기를 원했기 때문이다.

내가 케이트 모스*가 되기를 원했기 때문이다.

내가 시대정신의 일부였기 때문이다.

내가 특권을 지녔기 때문이다.

내가 따분했기 때문이다.

내가 강인했기 때문이다.

내가 연약했기 때문이다.

내가 조숙했기 때문이다.

내게 어머니와 관련된 문제가 있었기 때문이다.

내게 아버지와 관련된 문제가 있었기 때문이다.

내가 버르장머리 없는 응석받이였기 때문이다.

내가 피학성애자였기 때문이다.

내가 가학성애자였기 때문이다.

내가 죽고 싶어 했기 때문이다.

---

* 영국의 패션모델이자 디자이너.

내가 아이로 남아 있길 원했기 때문이다.

내가 독립을 원했기 때문이다.

내가 그냥 누구나 거쳐 가는 단계를 지나고 있었기 때문이다.

내가 인기 있는 아이였기 때문이다.

내가 악마였기 때문이다.

내가 양처럼 순진했기 때문이다.

당신이라면 이런 10대 여자아이의 불행이라는 문제를 어떻게 풀겠는가?

3장

아동기

뉴욕과 런던, 1984~1992년

여섯 살 때 나는 고통스러운 사실을 알게 되었다. 내가 다리 찢기를 못 한다는 것이었다. 얼마 지나지 않아 더 나쁜 사실도 알았다. 제일 친한 친구 애비게일이 180도로 다리를 찢을 수 있다는 것이었다. 그 애가 그걸 하는 게 어찌나 수월해 보이는지 나도 할 수 있을 줄 알았다. 하지만 아니었다. 나는 바닥보다 한참 위에서 휘청거리는 컴퍼스처럼 다리를 V자로 벌리고 서 있다가 눈물을 터뜨렸다.

"어머나, 해들리, 왜 그러니?" 담임인 모스 선생님이 말했다.

"내가 애비게일이었으면 좋겠어요. 난 내가 싫어요!" 내가 흐느끼면서 말했다.

모스 선생님의 두 눈에 눈물이 차올랐다. "어머, 그런 말하면 못써! 다신 그런 말 하면 안 돼!"

흥미로웠다. 그전까지 내가 어른에게 이런 영향력을 발휘한 적은 한 번도 없었다. 물론 동생을 놀려먹다가 어머니를 화나게 한 적은 있었다. 하지만 어른이 우는 걸 본 건 처음이고, 하물며 내가 그 울음의 원인이 된 일은 말할 것도 없었다. 나는 머뭇머뭇 나의 새로운 힘을 시험해보았다.

"할 거예요. 나는 해들리가 싫어요." 나는 실제로 느끼는 것보다 더 격렬한 감정을 실어서 말했다.

"오, 아가!"

"난 내가 미워요."

"그럼 안 돼!"

가여운 모스 선생님. 선생님은 나이가 많아 봐야 스물네 살 정도였고, 아이를 좋아해서 교사가 된 분이었다. 그리고 나는 그런 선생님들이 좋아하는 부류의 아이, 그러니까 행실이 바르고 늘 어른의 인정을 갈망하는 아이였다. 나는 바르게 행동하면 칭찬받는다는 걸 재빨리 눈치챘는데, 어쩌다 갑자기 그 시스템에 결함이 생긴 것이다. 잘하겠다는 내 결심이 주변 어른들을 속상하게 하면 어떡하지? 나는 자기의 리틀 미스 선샤인이 어쩌다 사나운 먹구름으로 변했는지 어리둥절해 당황한 모스 선생님의 상냥하고 슬픈 얼굴을 바라보았고, 그때 얻은 교훈은 이랬다. 내가 진짜로 느끼는 마음을 사람들에게 절대로 얘기하지 마. 안 그러면 그게 그들을 파괴할 테니까.

나는 언제부턴가 말을 하려고 하는데 입에서 아무 소리도 나오지 않는 꿈을 반복해서 꿨는데, 그 꿈을 꾸려면 아직 10년은 더 지나야 할 터였다. 10대부터 30대 중반까지 그 꿈을 한 해에 몇 번씩, 때로는 한 주에 몇 번씩 꾸었다. 내 학창 시절의 기억은 인어공주처럼 걸을 수는 있지만 목소리는 나오지 않는 순간순간의 조각들로 이루어져 있다. 자기가 내 제일 친한 친구라고 말했던 여자애들이 나에게 못되게 굴 때, 그 애들한테 그러지 말라고 말해도 된다는 생각은 한 번도 하지 못했다. 나는 누군가 나를 좋아한다고 말하면 나도 그들을 좋아하는 게 의무라고 믿었다. "에번이 너 좋아한대." 내가 열두 살 때 여름 캠프에서 어떤 친구가 전해준 그 말에 나는 기뻐서 숨을 멈췄다. 에번이 누군지도 몰랐으면서 말이다. "비키니를 입고 자동차 위에 누워 있는 여자 포스터를 자기 침대 위에 붙여둔 아이야." 친구가 말했고 나는 기쁨에 겨워 손뼉을 쳤다. 만약 그 친구가 "그 애는 연쇄살인범인데 마을 곳곳에 적어도 세 가족은 죽여서 숨겨뒀을 거야" 하고 말했다 해도 나는 똑같이 손뼉을 쳤을 것이다. 어쨌거나 나는 그 에번이라는 아이의 마음을 상하게 하고 싶지는 않았을 테니.

부모님은 매일 내가 똑똑하고 특별하다고 말했지만, 그분들은 나의 부모님이니까 그 말을 온전히 믿을 수는 없었다. 선생님들(모스 선생님 일 이후로 나는 더 이상 선생님들이 완전무결하다고 생각하지 않았다)도 마찬가지고 친구들(내가 이따 금씩만 좋아했던)도 그랬다. 그래서 나는 그들을 제외한 모든 사람의 인정을 받고자 노력했다. 대화할 때 실제로 생각하는 바를 말하는 게 아니라 상대방이 어떤 말을 원할지 생각해 내느라 진을 뺐고, 그러다 보니 그 무엇에 관해서든 내가 어 떻게 생각하는지 전혀 알 수 없는 지경에 이르고 말았다. 하 지만 이런 삶의 접근법이 나에게는 잘 먹혔다. 대체로는 그랬 다. 나는 결코 멋진 아이는 아니었지만, 모두의 친구였기 때 문에 인기는 있었다. 여름 캠프에서도 내게는 남자친구가 없 었는데, 남자애들이 너무 가까이 다가오면 어떻게 줘야 하는 지도 모르는 뭔가를 내게 기대할 거라는 두려움에 지레 달아 났기 때문이었다. 하지만 내게는 조시나 세스, 잭 같은 이름 의 아이들이 내년 캠프에도 올 거냐고 묻는 몇십 년 된 편지 들이 있다. 누가 그 애들을 탓할 수 있으랴? 나는 고분고분하 고 명랑하며 내 진짜 감정은 전혀 표현할 줄 모르는 아이였으 니, 섹스에 공포를 갖고 있다는 점만 빼면 누구나 꿈꿀 만한 여자 친구 감이었다.

하지만 이런 순종적인 페르소나에는 무언가 나와 잘 맞 지 않는 면이 있었다. 때때로 가슴 속에서 화나고 불쾌하고 슬픈 감정이 치솟곤 했는데, 나는 그 감정을 달래는 비밀스 러운 방법을 찾아냈고 그 방법을 쓰려면 혼자 학교 화장실에 가야 했다. 내가 너무 자주 그랬는지, 선생님 한 분이 이를 알아차리고 어느 날 내 뒤를 밟았고 화장실 안에서 다리 사이로 작은 손을 미친 듯이 움직이는 나를 발견했다. "착한 여자애는 그런 짓 하는 거 아니야!" 선생님은 이렇게 소리치고는 나를 보건 선생님에게 데려가 "아랫도리에 발진이 없는지" 검사해보라고 했다. 이렇게 나는 쾌락이 수치스러운 것이라는 새로운 사실을 또 하나 배웠다.

이것이 나에게만 일어난 끔찍한 일은 아니었다. 결국 대부분의 여자애들은 어느 시점엔가 그런 메시지를 받게 된다. 그들 자신의 감정보다는 다른 사람들의 감정이 더 중요하며, 그들의 섹슈얼리티는 무시해야 한다는 메시지(이는 여자아이들이 항상 듣는 말인, 다른 사람들을 위해 섹시한 척해야 한다는 말과는 아주 다른 메시지다) 말이다. 자신의 모든 필요와 바람과 욕구는 억압해야만 한다. 이것이 여성성의 가장 기본적인 원칙이며, 어떤 여자아이도 그 가르침을 받게 되는 상황을 피할 수는 없다. 종종 여성 친척들에게, 때로는 친구들에게 그리고 항상 텔레비전 방송과 영화로부터 그 가르침을 받는다. 나의 성장기에 가장 유명했던 로맨틱 코미디는 〈귀여운 여인〉이었는데, 이 영화는 전형적인 여성성의 개념에 너무 단단히 묶여 있어서, 여자 주인공에게 자신의 욕망은 글자 그대로 전혀 존재하지 않을 정도다. 그 귀여운 여인은 무엇이 먹고 싶었을까? 남자가 자기를 위해 주문해준 것이면 무엇이든 좋다고 했다. 옷에 대한 취향은? 뭐든 그 남자가 좋아하는 것이다. 그 여인은 섹스를 원했을까? 물론이다. 단, 남자가 돈을 지불한다면. 남성성은 모두 능동적인 것과 관련된다. 행동하고, 성취하고, 힘으로 압도하는 것. 여성성은 수동성이다. 여성은 관찰되고 평가되며 선택된다. 여자아이가 어른이 되는 시기에 가까워질수록, 그 아이는 여성성을 점점 더 저주처럼 느끼게 된다. 남자아이나 남자 어른이 자신의 변해가는 몸을 바라볼 때마다, 그들에게 관찰당하고 평가받고 선택의 대상이될 때마다 그 저주를 상기하게 된다.

섭식장애가 그토록 불균형한 비율로 여성에게 치우쳐 발생하는 이유를 고심할 때 사람들은 여성성에 관해서는 말하지 않는다. 대신 다이어트 문화와 모델들에게 초점을 맞추는데, 이는 사람들이 '섭식' 부분에 주의를 빼앗겨 '장애'라는 더넓은 측면을 곧잘 망각하기 때문이다. 거식증 환자의 90퍼센트가 여성인 데는 문화적인 이유가 분명히 있다. 그렇다. 여자들에게 말랐다는 건 언제나 인기 있는 특징이고, 이런 트렌드 자체가 여성성에 뿌리를 두고 있다. 마름은 여성의 식욕결여를 보여주는 증거이며 보는 사람들에게 그의 신체적 연약함을 확인시켜주기 때문이다. 어떤 여자아이들은 여성성에 관한 메시지를 받으면 역겹다는 듯 뱉어내고, 어떤 여자아이들은 그걸 아무렇지 않게 받아 삼키고, 또 다른 아이들은 그 메시지 때문에 체한 듯 딸꾹질을 한다. 조그만 순응자였던 나로서는 내가 그 불합리한 개념들을 거부할 수 있다는

먹지 못하는 여자들

걸 알지 못했고, 따라서 여자아이들이 어떠해야 한다는 기대 자체에 잘못된 구석이 있다는 걸 이해하지 못한 채 대신 내게 뭔가 잘못된 구석이 있다고 생각해버렸다. 모스 선생님과의 사건과 학교 화장실 사건은 뇌에 화상처럼 각인되어 떼려야 뗄 수 없는 내 일부가 되었다. 종교인들은 영혼을 말하고, 과학자들은 DNA라는 말을 더 좋아하며, 또 어떤 사람들은 정체성이나 본질 같은 단어를 말한다. 하지만 나는 우리를 진정 우리로 만드는 것은, 우리에게 가장 깊이 파고들 경험을 선택하는 뇌 부위라고 생각한다.

부모님에게 그 사건들을 말한 적은 없다. 그 말을 입 밖으로 낼 수도 없었다(그 누구에게도 네가 진짜로 느끼는 감정을 말하지 마!) 나는 화장실 안에서 내가 하던 게 무엇인지도 몰랐고, 모스 선생님이 운 이유가 뭔지도 몰랐다. 내게 뭔가 나쁜 일이 일어난 게 아니라는 건 알았다. 우유갑 뒷면에서 읽은 아이들처럼 유괴를 당한 건 아니었으니까. 하지만 내가 나빴다는 것도 알았다. 화장실 사건이 있고 얼마 지나지 않아 나에게는 강박적인 틱 증상이 생겼다. 만약 내가 한 방향으로 뱅뱅 돌았다면, 반대 방향으로 다시 그만큼 돌아야만 했고, 그러지 않으면 배배 꼬일 것 같았다. 만약 도로에 생긴 금을 한 발로 밟았다면, 다른 발로도 금을 밟아야만 했고, 그러지 않으면 균형을 잃을 것 같았다. 밤에는 잘 잠들지 못했다. 자다가 침대에 오줌을 쌀지도 모른다는 두려움 때문에 계속 화장실을 들락거렸기 때문이다. 하지만 내게 모든 걸 주시는 부모님에게 어떻게 이런 이야기를 하겠는가?

어떤 부류의 여자애가 거식증 환자가 되는 걸까? 사람들은 유형을 정의하는 걸 좋아한다. 어느 시기에 나는 출생 순서에 특별한 관심이 있는 치료사를 여럿 만났다. 그들은 첫째 아이는 부모의 불안을 다 흡수하기 때문에 거식증 환자가 된다고 했다. 또 중간 아이와 쌍둥이는 스스로 자신의 정체성을 만들어내려 노력하기 때문에 거식증 환자가 된다. 아니다, 거식증에 걸릴 위험이 가장 큰 건 막내다. 막내들은 부모의 어린 아기로 계속 남으려 들기 때문이다. 이런 유의 가설 다수가 모든 상황에 간편하게 끼워 맞춰진다는 걸 나는 알아차렸다. 아무 규칙도 없는 집에서 자란 아이들은 체계를 찾으려 해서 거식증 환자가 되고, 규칙이 너무 많은 집에서 자란 아이들은 체계를 안전과 동일시해서 거식증 환자가 된다. 어느 정신과 의사는 내가 제왕절개로 태어났기 때문에 거식증에 걸렸다고 말했다. "넌 그래서 늘 쉽게 빠져나갈 방법을 찾으려는 거란다." 열다섯 살이었고 몸무게는 32킬로그램도 안 나갔으며 조증이 있고 너무나도 배가 고팠던 나는 그 의사를 보면서 생각했다. '이게 그렇게 쉬운 거 같아요? 이봐요, 직접 한번 해보고나 말해요.'

거식증에 관한 어떤 이론은 수천 년간 계속 이어졌다. "중세의 거식증 환자는 (…) 부유한, 심지어 귀족인 부모에게 태어난 행복하고 순종적인 아이, 언제나 사랑받는 아이다. 처음에는 독실한 부모가 아이의 영적인 충동을 격려한다. 하지만 금세 부모가 지닌 종교성이 관습적 성격을 띠고 있음이 명백해지고, [그러면 아이는] 부모의 세속성뿐 아니라 수녀원이라는 기존의 안이한 길마저 거부한다. (…) 이 성스러운 소녀는 다른 사람들에게는 유순하고 불평도 하지 않으며 심지어 굴종적이기까지 하지만, 자신의 영적인 세계에서는 고결한 성취를 이뤄낸다. (…) 고통, 피로, 성욕, 배고픔 같은 인간의 모든 감정을 제거하는 것은 자신의 주인이 되는 일이다."[1] 이는 굶는 소녀들이 보인 극기가 성스러움의 증거로 추앙되는 현상을 두고 역사학자 루돌프 M. 벨Rudolph M. Bell이 묘사한 말이다. 몇 세기 뒤에도 이런 식의 묘사는 거의 달라지지 않았다. 1880년에 내과 의사 새뮤얼 펜윅Samuel Fenwick은 "단식하는 소녀들"이 "매일의 노동으로 빵을 마련해야 하는 사람들보다 사회의 부유층에 훨씬 더 흔하다"라고 썼다.[2] 힐데 브루흐의 글을 읽어 보면 이런 인식은 그로부터 거의 1세기 후까지도 여전히 변함없었다. 브루흐는 1978년에 이렇게 썼다. "거식증에 걸린 대부분의 여자아이들은 상위 중산층과 상류층 가정 출신이다. 그들의 어머니는 대체로 양심적이고 헌신적이며 (…) [부모는] 불행하고 화가 나 있고 필사적인, 병에 걸린 그 아이가 착하고 똑똑하며 상냥하고 순종적이고 무척이나 협조적인 아이라고 [주장한다] (…) 이 아이들이 육체적으로, 물질적으로, 교육적으로 보살핌을 잘 받았다는 데는 의심의 여지가 없다."[3] 다시 말해서 거식증은 부유한 집안의 딸들에게 한정된 방종이라는 것이었다.

이런 원형은 여성이 스스로 굶은 사례에 관한 최초의 기록과 함께 형성되었다. 그 병에 걸린 이들 중에는 부유한 집 딸들뿐 아니라 공주도 한 명 있었다. 현재 그는 성 빌제포르타Saint Wilgefortis라 알려져 있는데, 이는 '비르고 포르티스virgo fortis' 즉 '강력한 처녀'에서 파생된 이름으로, 전하는 바에 따르면 서기 700년에서 1000년 사이에 살았던 인물이다.[4] 포르투갈의 왕인 아버지는 딸을 시칠리아의 왕과 결혼시키기로 했다. 그러나 처녀로 남기로 단호히 마음먹었던 빌제포르타는 결혼해야 한다는 사실에 경악하여 먹기를 그만두었고, 거식증 환자들에게서 자주 나타나는 현상으로 온몸과 얼굴에 털이 자랐다. 이 때문에 빌제포르타는 종교적 도상에서 턱수염이 있는 모습으로 자주 표현된다. 그러자 시칠리아의 왕은 청혼을 철회했고 분노한 아버지는 빌제포르타를 십자가에 매달았다. 사후에 빌제포르타를 숭배하는 사람들이 생겨났는데, 그들조차 그에게 귀리가 담긴 사발을 봉헌했다. 죽은 뒤까지 계속 음식을 먹으라고 잔소리를 해댄 것이다.

공주들은 지금도 거식증에 걸린다. 나이가 나와 거의 비슷한 스웨덴의 빅토리아 공주는 나와 거의 똑같은 시기에 거식증에 걸렸으며, 역시나 나와 똑같이 완전히 회복하여 지금은 결혼하여 아이들을 낳아 살고 있다. 아마도 만성 거식증을 앓는 가장 유명한 환자는 도나텔라 베르사체의 딸인 억만장자 상속녀 알레그라 베르사체일 텐데, 그의 외삼촌인 잔니 베르사체는 알레그라를 "나의 공주님"이라고 불렀다. 공주들뿐 아니라 오늘날의 거식증 환자에 관해 대중들이 갖고 있는 이미지는 중세 이후로 거의 변하지 않았다. 그들은 상위 중산층이고 백인이며 사립학교에서 교육을 받는다. 이는 미디어가 거식증을, 이를테면 조현병 같은 병보다 대체로 더 많이 다루는 이유이기도 한데, 거식증은 마르고 예쁜 젊은 여자의 사진으로 예시를 들어 설명하기가 더 쉽기 때문이다. 이런 이미지의 나쁜 면은 거식증을 테니스 엘보나 아빠 문제*처럼 어리석은 부잣집 딸들만의 문제로 축소할 가능성이 크다는 점이다. 킹스칼리지런던의 정신의학 유전학자 제롬 브린Gerome Breen 교수는 말했다. "내가 거식증에 관한 보도자료를 낼 때마다, 미디어는 대체로 큰 관심을 보입니다. 그때마다 나는 기자들에게 보도자료를 부적절한 사진과 함께 사용하지 않겠다는 약속을 꼭 받아내려고 하죠." 그러니까 거식증이 부유한 백인 여자들의 병이라는 상투적 고정관념을 이용하는 사진 말이다.

---

* 여성이 어린 시절에 아버지가 없었거나 아버지와 관계가 부정적이었던 결과로 성인이 되어 겪게 되는 심리적 문제를 일컫는 말이다.

거식증 환자의 상당수가 백인이라는 인식은 널리 퍼진 고정관념이지만, 이를 입증할 정확한 근거를 대는 사람은 아무도 없다. 어떤 의사들은 문화적인 이유 때문이라고 하고, 또 다른 의사들은 유전 때문이라는 의견을 내놓는다. 서구화된 나라일수록 섭식장애 비율이 높다는 판에 박힌 말은 폭식증에 관해서만 맞는 말이다.[5] 폭식증의 비율은 그 나라의 발전 및 현대화 정도와 나란히 가는 경향이 있으며, 서구 국가 내 흑인과 아시아인 공동체에서도 상당히 증가하고 있다. 전 세계에서 거식증은 줄곧 꾸준한 비율을 보였고, 모든 문화에서 나타나지만[6] 병원에 가서 치료를 받는 환자는 주로 백인이다. 내가 영국에서 입원해서 지내던 몇 년 동안 흑인 환자는 한 명밖에 못 만났다. 섭식장애 병동 책임자인 세라 맥거번Sarah McGovern은 내게 이렇게 말했다. "여기도 흑인, 아시아인, 소수 민족BAME (Black, Asian & Minority Ethnic) 환자들이 일부 있고, 인도계 혈통이 몇 명, 중국인 환자도 한두 명 있지만 그들은 여전히 소수에 속해요." 소수이기는 하지만 그들은 분명 존재한다. 그런데 가족, 학교, 의료 전문가가 거식증은 특정 유형의 여자아이들만 걸리는 병이라고 단정한다면, 그 유형에 맞지 않는 이들의 거식증은 놓치게 된다. "입원 환자로 들어온 BAME에 속하는 여성은 거식증이 백인 중산층의 병이라는 낙인과도 싸워야 하니 더 힘들어합니다." 맥거번의 말이다. "그들은 이렇게 말해요. '우리 집안사람들은 음식은 그냥 당연히 먹는 것이라 생각하고, 잡지 모델을 들여다보거나 엄청나게 날씬해지고 싶어 하지는 않아요. 그러니까 우리 집안에서 굶는 건 올바르지 못한 행실로 여겨지죠.'" 연구에서 섭식장애가 있는 백인이 다른 배경의 섭식장애 환자들보다 치료를 시도할 가능성이 훨씬 크다는 결과가 나오는 것도 바로 이 낙인 때문일지 모른다.[7] 이런 현실은 또한 섭식장애가 주로 백인의 병이라고 당연시하는 의사들의 확증 편향을 더욱 굳히는 결과를 낳는다.[8]

맥거번은 거식증이 있는 여자아이들이 주로 백인이며 부유하다는 고정관념에 대해, 자기 경험상 전자에는 대체로 동의했지만 후자는 그렇지 않다고 짚었다. "우리 병동 환자들의 대다수는 백인이지만, 모두가 상위 중산층이 아닌 건 확실하거든요."

"현재 거식증에서 사회계층 편향은 존재하지 않습니다. 어쩌면 우리 문화가 변했기 때문일 수 있겠죠." 세인트조지병원 허버트 레이시 교수의 말이다.

과거에는 거식증이 공주들만 가질 수 있는 특권이었을지도 모른다. 혹은 거식증 때문에 시성된 여자가 공주들뿐이었고, 거식증에 걸린 농민 여자에게는 아무도 주의를 기울이지 않아 그들은 알려지지 않은 채 조용히 세상을 떠났는지도 모른다. 상위 중산층 집안의 딸들은 돈이 많이 드는 사적 정신의료 서비스를 받을 수 있는 반면, 나머지는 공공의료서비스의 진료 대기 명단에 올라 한없이 기다리는 사이 쇠약해지거나 때로는 아무도 모르게 세상을 떠나는 오늘날의 사정도 그리 다르지 않다. 13~18세 여자아이들을 대상으로 한 어느 연구는 장애적 섭식 패턴이 사회경제적 지위가 높은 그룹보다 낮은 그룹에서 더 흔하다는 사실을 발견했다.[9] 맥거번은 말했다. "여기 환자들은 결코 부유한 가족 출신만 있는 건 아니에요. 다른 모든 정신질환 병동과 다를 게 없어요. 그런데 다른 몇몇 병동은 큰 기업들로부터 바우처와 기부를 아주 많이 받는다는 걸 알게 됐어요. 그건 좋은 일이죠. 하지만 우리 병동은 그런 걸 받지 못해요. 그들은 우리 병동에 도움을 줘야겠다는 생각은 하지 않는 것 같아요. 아마 우리 병동엔 부잣집 딸들로 가득하고 그들이 원하는 건 부모가 다 사줄 수 있다고 생각하는 게 아닐까 싶어요."

거식증은 사립학교에 다니는 백인 소녀들이 걸리는 병이라는 생각이 진부한 고정관념인 건 사실이지만, 그게 또 전적으로 틀린 이야기라고만은 할 수 없는 것이 나야말로 그 전형에 완벽히 들어맞기 때문이다.

나의 아버지는 하위 중산층 가족에서 성장했지만, 내가 태어날 무렵 기업금융 전문가로 성공한 터였고, 자녀들에게 본인이 어렸을 때보다 더 많은 걸 누리게 해주겠다고 결심했다. 그래서 나는 세 살 때부터 사립 교육기관에서 교육을 받았고, 뉴욕에서 다니던 학교에는 유명한 예술재단의 이름이

나 전국적으로 널리 알려진 베스트셀러 작가와 같은 성을 가진 여자아이들이 가득했다. 런던에서는 영국의 소소한 유명인사나 의원의 딸들과 함께 학교를 다녔다. 물론 나는 뉴욕에서 아파트의 모퉁이만 돌면 있는 학교에 다녔던 이방카 트럼프는 아니었지만, 대부분의 사람이 상상할 수 없는 삶을 살았다. 하지만 이방카와 달리, 부모님은 나를 기르면서 우리가 얼마나 운이 좋은지 알려주셨다. 그러니 내가 어떻게 불평할 수 있었겠는가?

한 사람이 성장한 환경과 그가 자라 결국 어떤 사람이 되었는지를 분리하는 것은 케이크에서 계란을 추출해내려는 시도와 같다. 계란은 모든 재료를 하나로 결합하는 원료다. 한동안 나는 내 배경이 병을 촉발했다고 생각했다. 이것 봐, 나는 **너무 많은 걸** 받았잖아, 그게 내가 받을 자격이 없는 존재라는 느낌을 심어줬다고(성인이 되어 돌이켜 보니, 청소년기에 거식증에 걸리는 것보다 자식 이기는 부모가 없다는 사실을 절실히 느끼게 하는 일도 없다). 내가 처음 사립병원에 입원했을 때는 그 생각을 믿기가 쉬웠다. 거기서는 다른 여자애들도 다 나와 비슷한 집안 배경 출신이었다. 그러나 내가 국민보건서비스NHS의 테두리 안으로 들어가 위탁 양육을 받고 자란 여자애들, 가난한 시골에서 온 10대 아이들, 노숙자로 지냈던 여자들과 함께 살아가다 보니 그 가설은 그리 정확하지 않아 보였다. '부잣집의 불쌍한 어린 딸들'이라는 전형적 표현은 부잣집 부모들이 아이들에게 장난감은 주지만 사랑은 주지 않는다는 생각을 기반으로 하는데, 나는 이 경우에는 해당하지 않았다.

꽤 오래전인 1980년대에 거식증이 여성에게 나타나는 자폐장애의 한 갈래일지 모른다는 가설이 있었다. "처음에는 이 가설을 의심하는 이들이 많았지만, 최근의 연구들은 치료 반응이 잘 나오지 않는 만성 거식증 환자 중 30~35퍼센트가 전면적인 자폐장애는 아니지만 자폐스펙트럼상에 놓여 있을 가능성을 보여주었습니다." 영국왕립정신의학회의 섭식장애 분과장 애그니스 에이턴Agnes Ayton 박사의 말이다. 자폐장애와 거식증 사이의 유사점을 알아보기는 어렵지 않다. 경직성과 강박성, 현실적인 자기인식의 결여, 세상과 거리를 두고 위축되어 있는 특징을 생각해보라. 킹스칼리지런던 심리학과의 섭식장애 전문 교수이자 《섭식장애가 있는 자폐인 지원하기 Supporting Autistic People with Eating Disorders》의 저자인 케이트 찬투리아Kate Tchanturia 교수는 이렇게 말했다. "자폐장애 진단을 받는 사람들은 주로 남성이고, 섭식장애 진단을 받는 이들은 주로 여성이에요. 하지만 여성은 자신의 자폐적 증상을 은폐하는 능력이 뛰어납니다. 그들은 사람들을 흉내 내고, 사회적 규칙을 반복적으로 따르며, 자폐적 특징들을 겉모습 뒤로 감출 수 있죠. 그러다 청소년기에 이르면 사회적 상호작용이 더욱 복잡해지면서 그렇게 은폐하기가 더욱 까다로워질 수 있고, 이럴 때 거식증으로 이어질 수 있다고 봅니다."

또 다른 의사들은 굶는 증상이 자폐 증상으로 오인될 수 있다고도 말한다. "거식증 때문에 증폭되는 성격 특성이 있을 수 있는데, 여기에는 자폐적 특성도 포함됩니다. 하지만 어떤 사람의 활동 역량이 굶은 결과 제한된 거라면, 이들의 증상을 해석할 때는 주의가 필요합니다." 제롬 브린 교수의 말이다. 섭식장애와 성별불쾌감(자신의 생물학적 성별이 실제 자신을 반영하지 못한다고 느끼는 상태) 관련 의료 분야에서 일하는 임상심리학자 애나 허친슨Anna Hutchinson은 이렇게 말했다. "거의 대부분의 의학 및 정신의학적 진단에서 그랬듯이, 역사적으로 여성은 부정확한 진단을 받았고, 자폐스펙트럼장애 진단 기준 또한 상당히 남성 쪽으로 편향되어 있습니다. 그래서 여성이 제대로 진단받지 못했다는 생각도 널리 퍼져 있지요. 하지만 곤란을 겪고 있고 그 곤란의 일부로 자폐스펙트럼장애 증상을 보이는 아이와, 제대로 진단받지 못했지만 신경다양성을 지닌 결과 곤란한 삶을 사는 아이를 구분하는 일은 쉽지 않습니다." 브린의 관점에서 보면 거식증은 자폐장애보다는 강박장애에 훨씬 더 가깝다.

거식증의 유전적 요인을 연구하는 브린은 이렇게 말했다. "거식증과 대사 요인들, 즉 식욕을 통제하는 여러 호르몬과 인슐린 등의 사이에는 매우 명확한 관계가 존재합니다. 여태까지 거식증을 성차별적 렌즈를 통해 보았음은 명백해 보이며, 그에 따라 거식증 환자들에게 나타나는 대사적 결함에 관한 소견들은 무시되었습니다." 다시 말해서 의사들이 '어리석은 여자애들이 몸에 과도하게 집착하는 것'이라는 생각을 너무 오랫동안 고수한 나머지, 잠재적인 생리적 요인을 간과했다는 말이다. 브린에 따르면 거식증이 있는 사람은 보통 대사율이 높으며 혈당이 낮다. "마치 2형 당뇨병을 거꾸로 뒤집어 놓은 것과 같죠. 그러니까 어쩌면 거식증에서는 대사 과정과 심리적 과정 사이의 상호작용이 존재할지도 모릅니다. 그들이 체중 감소를 보상으로 여기거나, 그들만큼 대사가 좋지 않은 사람들에 비해 체중 감소에 훨씬 강력하게 반응할 수 있다는 점에서 말이죠."

킹스칼리지런던의 정신의학, 심리학, 신경과학 연구소 섭식장애 분과 책임자이자 정신의학과 교수 재닛 트레저는 가장 마지막으로 나를 치료한 정신과 의사였다. 트래저는 늘 화가 나 있고 호전적인 여자들로 가득한 병동에서도 항상 차분하고 유쾌했다. 세계적으로 유명한 섭식장애 전문가였음에도 마치 친절한 사서처럼 따뜻하고 사려 깊은 태도를 지닌 덕에 나는 그에게 단 한 번도 두려움을 느낀 적이 없었다. 그 점은 여전했다. 25년 동안 만난 적이 없었지만, 이 책을 쓰기 위한 조사차 이야기를 나눌 수 있겠는지 묻는 이메일을 보냈을 때, 트레저 교수는 즉각 좋다고 답장을 보냈고 우리는 곧 화상 대화를 나눴다(코로나 팬데믹으로 록다운 중이었다). 나는 지금은 내가 거식증을 앓던 때에 비해 거식증의 원인을 이해하는 수준과 폭이 더 나아졌느냐고 물었다.

"아마 가장 큰 차이 중 하나는, 대사적 측면과 심리적 측면 사이에 겹치는 부분이 있다는 발견일 거예요. 섭식장애스펙트럼상 어느 위치에 있느냐에 따라 겹치는 정도는 다양하게 나타나지만, 어쨌든 그건 거식증이 일종의 심신상관적 질병이라는 걸 보여주죠. 다시 말해서 거식증이 생기려면 유전적 토양과 환경적 촉발물이 다 있어야 한다는 거예요."

몇몇 연구에서는 섭식장애가 있는 사람들의 뇌에서 나머지 인구 집단과 다른 특정한 신경생물학적 차이를 발견했다.[10] 예를 들어 거식증 경향이 있는 사람들은 뇌 내 세로토닌 농도가 높고, 이것이 더 큰 불안과 강박성으로 이어진다는 것이 여러 건의 연구에서 밝혀졌다.[11] 굶는 일은 세로토닌 수준을 떨어뜨리고 감각을 차분하게 만든다.[12] 하지만 이렇게 될 때 뇌는 세로토닌 양을 증가시킴으로써 벌충하려 한다.[13] 이는 그 사람이 차분함을 되찾으려면 더 굶어야만 한다는 뜻이다. 마약으로 취한 상태에 도달하기 위해 마약 사용량을 늘려야만 하는 상황이 섭식장애에서도 똑같이 일어나는 셈이다. 또 다른 연구들은 거식증이 뇌의 도파민 과잉에서 기인한다는 의견을 제시했는데,[14] 이는 거식증에서 나타나는 높은 수준의 불안과 활동 과다, 그리고 쾌락을 주는 것, 예컨대 가장 명백한 예로 음식을 포기할 수 있는 능력을 설

명해준다.[15]

거식증에 관한 견해 중에는 거식증 환자들이 불쾌해하지 않을 만한 것들도 많다. 그중 하나가 거식증은 똑똑한 사람들만 걸린다는 것이다. "우리 환자들 다수는 아주 머리가 좋은데, 그 지능을 자신에게 불리한 쪽에 쓰죠." 세라 맥거번의 말이다. 온 세상이 알아주는 천재인 나는 이 가설을 겸허하게 지지하는 바이다.

"마른 여자들이 거식증에 걸린다"라는 것 역시 또 하나의 인기 있는 견해이며, 거식증 환자들 중 이 견해에 반발할이는 별로 없을 것이다. 만약 애초에 마르게 타고났다면, 당신은 대사 속도가 상대적으로 빠를 가능성이 크고, 이는 다시 체중 감소 속도를 높일 것이다. 하지만 이런 가설들의 다수가 그렇듯 반대 견해도 존재한다. "섭식장애 발생의 가장큰 위험 요인을 꼽자면 여성인 것, 신체 이미지에 대한 불만, 다이어트 행동인데, 이런 행동은 체중이 많이 나가는 사람들에게서 가장 흔하죠." 임페리얼칼리지 정신의학과에서 아동 및 청소년 정신의료 연구팀을 이끄는 다샤 니콜스Dasha Nicholls 박사의 말이다. "그러니까 과체중인 아이가 과도하게 열성적인 다이어트 행동을 보이면 거식증이 생기고, 그러다 거식증이 해결되면 폭식증이 생기는 겁니다."

충분히 많은 수의 섭식장애 전문가들과 이야기를 나눠보면, 지금까지도, 이 모든 세월이 흐른 뒤에도, 수많은 여성이 이 병에 걸려 사망한 후에도 누가 왜 거식증에 걸리는지에 대한 결정적인 답이 사실상 존재하지 않는다는 걸 깨닫게 된다. 그래도 내가 확실히 아는 몇 가지는 있다. 나는 자폐장애가 없으며, 날씬한 편이었지만 충격적일 정도로 심하게 마른 적은 없었다('평범했다'). 그리고 음식을 먹지 않는 것이 엄밀히 말해 나를 차분하게 했다고도 말하지 않겠다. 먹지 않는 것은 주로 내게 피곤하고 춥고 비참한 느낌을 주었다. 하지만 동시에 항상 떠나지 않는 불안으로부터 주의를 돌리게 해주었고, 내 생각에는 이것이 요점인 것 같다. 그리고 내가 그 병을 앓는 동안에는 먹지 않는 일이 먹는 일보다는 분명히 나를 훨씬 차분하게 해주었다. 그러니까 어처구니없어 보이는 그 충동을 따르지 않는 것은 상상도 할 수 없는 일이었다는 점에서 그건 일종의 강박장애와 비슷한 느낌이었다. 하지만 내게 그렇게 급작스럽게 거식증이 생긴 이유를 이해해보려고 노력할 때는, 인구통계나 유전은 점점 덜 생각하게 되고 그보다 내 성격에 관해 더 많이 생각하게 된다. 만약 내 배경이 나를 전형적인 거식증 환자로 만들었다면, 내 성격은 거식증에 걸맞도록 실험실에서 맞춤 제작한 듯한 느낌이 들기 때문이다.

"오래전부터 임상에서 관찰한 결과, 성격과 섭식장애의 상호관련성이 드러났고, 연구들은 한결같이 거식증(폭식증 증상이 없는 환자들의 경우에 특히)이 내향성, 순응성, 완벽주의, 경직성, 강박성 같은 성격 특성과 관련이 있음을 밝혔다." 드류 웨스틴Drew Westen과 제니퍼 한든피셔Jennifer Harnden-Fischer가 《미국정신의학저널》에 쓴 말인데, 마치 나에 관한 체크리스트를 읽는 느낌이 든다.[16]

분명 어떤 인구통계학적 특성과 환경은 다른 것에 비해 그러한 성격 특성을 더 부추긴다. 그리고 어쩌면 바로 이런 환경이 사회적 지위와 문화라는 요소가 작용하는 지점일 것이다. 뉴욕에 있을 때 나는 그 도시에서 가장 학업 성적이 우수한 여학교 중 한 곳에 다녔고, 거기서는 항상 내가 충분히 똑똑하지 않다는 속상한 기분을 느꼈다. 아마 다수의 다른 학생들도 그랬을 테고, 대부분 자신만의 대처법을 찾아냈을 것이다. 여덟 살부터 열 살까지 내가 쓴 작전은 글씨를 가능한 한 작게 쓰는 것이었다. 선생님들은 내 숙제를 읽을 수 없어 좀 짜증을 내기는 했지만, 숙제를 깔끔하게 해왔다며 나를 칭찬해주었다. 한 아이가 자기를 보이지 않을 만큼 작게 축소하려 애쓰는 걸 이상하게 생각하는 사람은 아무도 없는 듯했다.

사립 여학교는 거식증과 관련해 여전히 평판이 나쁘다. 2016년의 한 연구는 남학생보다 여학생이 많은 학교에 다니며 부모의 교육 수준이 높은 여학생이 거식증에 걸릴 확률이 높다는 걸 알아냈는데[17] 사립 여학교에 다니는 학생들은 대체로 그 두 가지 기준 모두에 부합한다. 하지만 내 교육 과

먹지 못하는 여자들

정을 돌아보면 학교와 관련한 다른 요인들도 어떤 역할을 하지 않을까 하는 궁금증이 생긴다. 내가 아는 사립 여학교들은 학생들에게 무엇이든 될 수 있다고 말하는 데 큰 긍지를 느끼며, 그 학생들이 지닌 특권을 생각해보면 그건 틀린 말이 아니다. 하지만 '무엇이든' 될 수 있다는 말은 불안한 성향을 지닌 아이들에게는 네가 받은 모든 것을 정당화할 수 있는 무언가가, 정말 특별한 어떤 존재가 되어야 한다는 말처럼 들리고, 그건 무시무시한 느낌을 줄 수 있다. 그런 학교들은 순응성도 매우 강조하는데, 이 때문에 일부 학생은 규칙이나 체계가 없는 삶을 두려워하게 될 뿐 아니라, 그러한 가르침에는 언제나 옳은 답이 존재한다는 생각이 내포되어 있어 일부 학생에게 실수에 대한 공포 혹은 엄격한 규범에서 벗어나는 데 대한 공포를 불어넣는다. 사립학교들은 외부 세계의 현실을 차단함으로써 학생들을 보호한다. 그래서 나는 오랫동안 외부 세계를 미지의 세계, 상상도 못할 만큼 위협적인 곳이라 여겼다. 어떤 면에서 나에게 거식증은 애착 담요 같은 것이었다. 내가 세상으로부터 숨도록 해주고, 규칙과 체계를 제공하며, 언제나 한 가지 명료한 답, 바로 "먹지 마"라는 정답을 제시해주었으니 말이다.

거식증에 걸리기 전에도 나는 완벽주의자였고, 지나치게 생각이 많았으며, 강박장애도 있었다. 이는 모두 불안이 표현되는 양상인데, 나는 확실히 불안한 아이였다. 모스 선생님 사건 이후로 나는 다른 사람의 감정을 다치게 하는 일을 두려워했고, 나도 모르게 반 친구의 기분을 상하게 했다고 생각한 날이면 울면서 집에 돌아오곤 했다(그러면 어머니가 그 친구의 어머니에게 전화를 걸어 대신 사과했는데, 그럴 때마다 한결같이 친구도 그 어머니도 내가 무슨 소리를 하는지 전혀 몰랐다). 어머니는 내가 "마음이 여리다"라고 말했다. 다른 아이들이라면 아무렇지 않게 털어버릴 일에도 나는 완전히 무너졌기 때문이다. 인어가 왕자의 마음을 얻지 못해 죽어서 파도 위의 물거품으로 변해버리는, 한스 크리스티안 안데르센의 좀 가학적인 동화 《인어 공주》를 읽은 후로는 그 모든 죽은 인어들(바닷물 거품)이 너무 충격적이어서 바닷가에 가는 걸 아주 싫어했다. 영화가 조금만 우울해도 (《메리 포핀스》는 마지막에 메리가 떠나니까, 〈카이로의 붉은 장미〉는 미아 패로가 제프 대니얼스와 함께 달아나지 않으니까!) 나는 그 비디오테이프를 집에 두는 것조차 용납할 수 없었고, 할 수 없이 어머니는 그걸 동네 자선 가게에 갖다 줘야 했다. '구획화'*나 '폭넓은 시야를 유지하는 일' 같은 개념은 내게 중국어만큼 낯설었고, 검은 동그라미 바탕에 작은 점이 수없이 박힌 매직 도트 그림을 열심히 응시하면, 눈을 다른 데로 돌려도 그 광학

---

* 충돌하는 생각이나 감정 혹은 경험에서 오는 불편함을 피하기 위해 의식적으로 그것들을 별개의 '구획'으로 분리하거나 떨어뜨려놓는 방어기제.

적 착시 때문에 눈이 어질어질한 것처럼 내가 무언가를 두고 걱정할 때면 내 정신은 그 걱정 외 다른 것에는 전혀 초점을 맞출 수 없었으며, 그래서 무엇이 현실이고 무엇이 현실이 아닌지를 더는 구분할 수 없었다. 그게 너무 심해져서 내가 여덟 살 때 어머니는 나를 소아정신과 전문의 셰퍼 선생님에게 데려갔다. "내 안에 어떤 공간이 있는데 난 그게 항상 슬플 거라는 생각이 들어요." 내가 그에게 말했다. 선생님은 부모님에게 나를 환자로 받아줄 수는 없지만 감정을 묘사하는 내 능력에 깊은 인상을 받았다고 말했다. 나는 감정을 묘사할 수는 있었지만 통제할 수는 없었다. 내 불안을 해소해주던 한 가지 방법, 화장실 안에서 은밀하게 문지르던 그 일이 금지된 일임을 알게 된 것도 문제 해결을 더 어렵게 만들었다.

내가 네 살 나이에 채식주의자가 된 것도 바로 이러한 과도한 예민함 때문이었다. 어느 날 나는 어머니에게 고기가 어디에서 오느냐고 물었는데 어머니 설명을 들은 후, 더 이상 육고기나 생선을 먹을 수 없었고 어머니는 그런 나를 존중해주었다. 도대체 동물이나 물고기가 나를 위해 죽는 것을 내가 어떻게 정당화할 수 있단 말인가? 채식주의가 일반적인 시절이 아니었고, 더구나 어린아이의 채식주의는 더더욱 일반적이지 않았던 1980년대였으니, 다른 사람의 집에 놀러 갈 때면 언제나 작은 소동이 벌어졌다. 아이고 이런, 해들리는 뭘 먹는다지? 친구 어머니들은 이렇게 초조하게 말했다. 당연히 치킨 너겟이나 피시 핑거는 괜찮겠지? 물론 그것들은 괜찮지 않았다. 남들의 기분을 맞추려는 본능과 예민함이 서로 싸웠지만, 음식에 관한 한 늘 후자가 이겼다. 나는 내 까다로운 식습관이 반 친구들에게서 주목받고("넌 치즈버거도 안 먹는다며?"), 그 애들의 부모에게서는 심한 짜증이 뒤섞인 찬탄을 끌어낸다는("어린애가 생각이 깊기도 하지! 하지만 걔가 미트로프는 좀 먹었으면 좋겠는데.") 사실이 좋았다.

"거식증 환자들은 보통 표현을 명료하게 할 줄 알고, 대단히 지적이며, 뛰어난 재능을 지니고 있어요. 하지만 그들은 자기만의 채소밭을, 그러니까 자기만의 정체성을 찾는 아이와 같죠." 내가 거식증을 앓을 때 나를 돌봐준, 지금도 여전히 내 주치의인 조지스 케이Georges Kaye 박사가 한 말이다. 그런 놀이 모임이 열리는 날이면 까다로운 식습관이 나의 정체성이었다.

채식주의는 섭식장애가 아니지만, 여러 연구는 섭식장애가 있는 사람이 그렇지 않은 사람보다 채식주의를 시도할 확률이 훨씬 높다는 것을 보여준다.[18] 물론 채식주의는 음식을 건강하게 먹는 방식일 수 있지만, 또한 음식을 배제하는 걸 정당화하는 방법일 수도 있다. 나는 금세 주요 식품군들을 식생활에서 제거하는 일에 익숙해졌고, 음식을 쾌락보다는 불안 및 반감과 더 깊이 연관시켰다. 나로서는 한때 소의 일부였던 것을 먹는다는 건 생각만 해도 정말 역겨웠는데, 다른 사람들은 왜 그렇게 생각하지 않는지 알 수 없었고, 반대로 그렇게 많은 사람이 그러지 않는데 나만 그렇게 생각하는 이유도 알 수 없었다. 내 경우 채식주의가 거식증으로 이어질 초기 신호 같은 역할을 한 것은 거의 분명하다. 내게 채식주의는 내가 음식을 자기정체성 및 통제와 연관 짓고 있다는 것이 최초로 겉으로 표현된 양상이었으니 말이다. 하지만 만약 어머니가 내게 채식주의를 금지하고 억지로 버거를 먹였다면, 음식에 대한 나의 역겨움은 더 심해지기만 했을 것이다. 그러니 아마 무엇으로도 내 거식증을 막을 수는 없었을 것이다.

　모든 정신질환 가운데 거식증은 가장 흔하게 외부적 원인에 의해 촉발되는 것처럼 이야기된다. 그 외적 원인이 시험을 앞둔 불안이든, 깡마른 모델 조디 키드의 허벅지를 보고 생긴 불안이든 말이다. 그러나 실제 상황은 그 반대다. 제롬 브린 교수는 이렇게 말했다. "성격장애, 우울증, 조현병이 트라우마가 원인이 되어 발생할 수 있다는 것은 상당히 잘 확립된 개념입니다. 하지만 거식증은 트라우마와 연관성이 가장 적어요." 내가 살면서 만났던 수많은 거식증 환자 중에는 오빠에게 학대를 당한 사람이 한 명 있었고, 또 한 사람은 자동차 사고로 뜻하지 않게 자기 쌍둥이 형제를 죽게 했다. 하지만 범위를 아주 넓혀서 살펴보면, 우리 중 누구도 어마어마하게 끔찍한 일을 당한 적은 없었다. 우리의 거식증은 단지 '평범하게 끔찍한' 삶의 자잘한 경험들이 누적된 것을, 대부분의 사람과는 다르게 소화한 결과일 뿐이었다.

세라 맥거번은 이렇게 말했다. "우리 환자들 중에는 과거의 트라우마가 있는 이들이 다수 있어요. 하지만 그건 누구에게나 명백하게 트라우마로 보이는 트라우마는 아닐 수 있어요. 사람들은 성폭력이나 신체적 폭력을 당하지 않았다면 트라우마를 겪은 게 아니라고 생각하는 편이죠. 하지만 트라우마는 그보다 더 사소해 보이는 일일 수도 있어요. 특히 학교에서 당한 괴롭힘 같은 일들일 수도 있죠. 환자는 그런 일이 자신의 삶에 영향을 미쳤다는 점에 창피함을 느낄 수 있고, 그런 경우 그 일에 관해 절대로 말하지 않죠. 거식증은 상당히 많은 부분이 억압된 대화와 관련이 있어요."

나는 신체적 연약함이 내가 억압해둘 수밖에 없던 무언가를 표현할 아주 좋은 방법이라는 걸 알게 되었다. 열두 살 때 여름 캠프에서 보낸 어느 밤, 나는 화장실에 가고 싶어 잠에서 깼다. 매일 스포츠 활동을 해야 한다는 사실보다 더 나쁜, 캠프의 가장 나쁜 점은 바로 화장실이 바깥에 있다는 점이었다. 할 수 없이 나는 잠옷 차림으로 오두막에서 나와 젖은 풀밭을 가로질러 걸어갔다. 볼일을 마친 뒤, 밤새 내린 비에 젖은 야외 화장실 계단을 내려오다가 미끄러졌고 계단에 등을 세게 부딪힌 다음 풀밭 위에 대자로 뻗었다. 움직일 수 없었고, 도와달라고 소리칠 만큼 숨을 끌어올릴 수도 없었다. 그래서 나는 한 시간 정도 거기 누운 채 해가 떠 누가 나를 발견하기를 기다렸다.

어쨌든 나는 괜찮았다. 등을 좀 찧었고 숨쉬기가 좀 어려웠을 뿐, 그게 다였다. 하지만 그곳은 미국이었고, 캠프 측은 부모님이 소송을 걸까 봐 두려워했다. 그래서 나에게 일주일 동안 양호실(실내 화장실이 있는 곳!)에서 잠을 자고 남은 여름 내내 스포츠는 하지 않도록 조치했다. 그것은 하나의 계시였다. 아픈 것, 단순히 목이 아프다고 꾀병을 부리는 게 아니라 진짜 아픈 것 또는 신체적으로 손상되는 것 덕분에 나는 하기 싫은 일에서 벗어났고, 아무도 나를 비난하지 않았다. 그건 내가 원해서 일어난 일이 아니고 따라서 내 잘못이 아니었기 때문이다. 그리하여 체육 수업에서 빠지려고 손목을 접질린 척하고, 있지도 않은 생리통이 있는 척하는 뻔뻔한 시절이 시작되었다(내게 거식증만 생기고 뮌하우젠증후군*은 생기지 않은 것이 정말이지 놀랍다). 내가 하기 싫은 일에서 빠져나가려고 의도적으로 나 자신을 아프게 만들기 시작했다는 말은 아니다. 엄밀히 말해서 그런 건 아니다. 그보다는 어떤 일을 하기 싫다는 말을 어떻게 해야 할지 몰랐고, 그래서 하기 싫다는 말은 하지 않으면서도 그 일을 피할 방법을 찾아낸 것이

---

* 꾀병이나 자해로 관심을 끌고자 하는 정신과적 질환.

다. 그래야 배은망덕해 보이지 않을 테니까. 다시 말해서 그래야 내 잘못이 아닐 테니까. 그러니까 그 정신과 의사의 말이 맞았을 수도 있다. 나는 정말로 쉽게 빠져나갈 방법을 찾고 있었는지도 모른다. 다만 나는 그걸 달리 표현한다. 내가 어렵게 빠져나갈 방법을 찾고 있었던 거라고.

재닛 트레저 교수에 따르면, 거식증은 여러 가지의 혼합물이다. "유전적 성향이 있고, 약간의 뇌 장애와 몇몇 대사적 요인이 있어요. 그밖에 발달 및 시간과 상호작용하는 요소들이 있는데, 이를테면 완벽주의가 있거나 높은 성취를 추구하거나 몇 가지 사회적 문제를 갖고 있는 것 등이죠."

나는 트레저 교수에게 내가 전형적인 거식증 환자였느냐고 물었다. 그는 대답을 좀 망설이다가 "당신이 대단히 비전형적이었다고는 생각하지 않아요"라고 말하고는 웃었다.

그러니까 그게 열네 살의 나라는 여자아이였다. 특권층이며 불안해하고 남들의 기분에 맞추려 하며 약간의 강박장애가 있는 나. 강박적이고 음식에 초점을 맞추며 병이라는 버팀목 뒤에 숨는 것 말고는 불행을 표현할 줄 몰랐던 나 말이다. 이 작은 볼링 핀들은 아주 아름답게 배열되어 있었다. 그런데 이제 사춘기라는 볼링공이 굴러와 그것들을 모두 산산조각 내버린다.

이걸 알게 된다고 해도 엄청나게 놀랄 사람은 아무도 없겠지만, 나는 신체적으로도 감정적으로도 발달이 느린 아이였다. 열네 살 때까지도 내게는 아직 데오도란트가 필요하지 않았고, 생리는 연금만큼이나 내 삶과는 무관해 보였다. 하지만 이런 것들은 그때의 내가 인정하고 싶지는 않았겠지만 분명히 임박한 일이었고, 내게 거식증이 생긴 것이 바로 그 증거다.

다샤 니콜스 박사의 말을 들어보자. "사춘기의 호르몬 변화는 거식증 촉발에 일정 역할을 하지만, 그 호르몬들의 스위치가 갑자기 켜져서 섭식장애가 생기는 식은 아니에요. 그 과정에 개입하는 메커니즘들이 있지요. 청소년기에 닥쳐오는 사회적·감정적 어려움 역시 그러한 요인에 속하고요. 감정 지능이 높은 아이들조차 청소년기는 혼란스럽게 느껴요. 청소년기의 상호작용은 미묘하고 고약하기가 마치 지뢰밭과도 같아서 이 시기에 사람들과의 관계에서 어떤 일이 일어나고 있는지 잘 이해하지 못한다면 완전히 혼란에 빠질 수 있기 때문이죠. 또 하나 큰 문제는 청소년기에 일어나는 신체적 외형의 변화 그리고 여기서 기인하는 공포감입니다."

세인트조지병원에서 1천 명의 거식증 환자를 대상으로 실시한 설문 조사 결과를 두고, 허버트 레이시 교수는 이렇게 말했다. "18세 이후에 거식증이 시작된 사람은 단 한 사람도 없으니, 그건 확실히 청소년의 질병인 셈이죠. 문제가 불거지는 건 더 나중 일일 수 있지만, 처음 시작되는 건 확실히 청소년기입니다." 내가 이야기를 나눠본 몇몇 의사들은, 점점 더 어린 여자아이들이 거식증을 진단받는 이유 중 하나는 그들이 점점 더 어린 나이에 사춘기에 접어들기 때문일 거라고 말했다.[19]

✳

한때 확고하고 예측 가능했던 세상이 뒤틀리고 있는데, 내 두 발은 나를 단단히 받쳐줄 지반을 찾지 못했다. 이와 유사하게 나의 몸도 통제를 벗어난 느낌이었고, 한때 단단했던 것이 물러지고, 한때 안전했던 것이 위험해졌다. 이런 판국에서 내가 통제할 수 있는 단 한 가지를 통제하려 하고, 내가 아는 단 하나의 방법으로 시간을 되돌리려 한 것이 과연 놀라운 일일까? 이따금 나는 여자 청소년이 거식증에 걸리는 비율이 겨우 1퍼센트라는 게 기적이라는 생각이 들 때가 있다. 나머지 아이들은 파도가 그렇게 갑자기, 그토록 높이 솟아오를 때 어떻게 물에 빠지지 않고 계속 떠 있는 것일까?

이 관점에서 보면 내가 거식증에 걸린 것은 불가피한 일처럼 보인다. 곧은 철로를 따라 직통으로 침실을 향해 달려오는 그 기차를 어떻게 아무도 알아보지 못했을까? 하지만 이 이야기에는 이에 못지않게 진실인 또 하나의 관점도 존재한다.

열네 번째 생일을 앞둔 몇 달은 내게 아주 행복한 시기였다. 우리는 3년째 런던에 살고 있었고, 그해 2월에는 런던에 제대로 된 눈이 내려서 마침내 런던의 겨울도 내가 뉴욕에서 익숙했던 종류의 겨울 같은 느낌이 들었다. 여동생과 나는 새로 기르기 시작한, 내가 정말 사랑했던 우리 개를 데리고 공원에 갔고, 눈밭에 누워 팔다리를 움직여 천사 모양을 만들며 루크 페리가 더 좋은지 제이슨 프리스틀리*가 더 좋은지 이야기를 나누었다. 당시 내게는 에스더라는 제일 친한 친구가 있었는데, 우리는 거의 진짜 사랑이라고 할 수 있을 만큼 서로에게 집착하는 열세 살짜리 여자아이들답게 더할 수 없이 가까워서 종일 학교에서 함께 지내고는 저녁에도 집에 와내내 전화로 이야기를 나눴다. 게다가 얼마 전에는 근처에 사는 새로운 친구 무리도 생겼고, 나는 이 친구들과 함께 통학버스를 타고 학교에 오가며 버스 뒤쪽에 앉아 큰 소리로 노래(이스트17의 '스테이 어나더 데이Stay Another Day'와 폴라 압둘의 '러시 러시Rush Rush'였다)를 부르며 다른 모두를 짜증 나게 했지만 우리끼리는 더할 나위 없이 즐거웠다. 이건 내가 할 수있는 최대한으로 짓궂은 행동이었고, 그런 짓을 하는 건 아주 짜릿했다. 또 내게는 나만의 새로운 관심사도 생겨났는데, 주로 부모님이나 선생님들이 알지도 못하고 관심도 갖지 않

---

* 텔레비전 드라마 〈베벌리힐스 아이들Beverly Hills 90210〉의 두 남자 주인공을 연기한 배우들.

을 만한 것들을 찾았다. 채널 4에서 방송하는 즉흥 코미디 쇼 〈근데 이거 누구 대사야?Whose Line Is It Anyway?〉에 푹 빠져서 금요일 밤마다 토니 슬래터리와 마이크 맥셰인, 조시 로런스 중 누가 그 주의 승자가 될지 지켜보느라 혼자 늦게까지 깨어 있었다. 또 영화 잡지 〈엠파이어〉를 구독해서 쿨한 애들이 〈NME〉*를 탐독하듯 꼼꼼히 읽었는데, 내게는 그 잡지에 글을 쓰는 저널리스트들이 그들이 인터뷰한 연예인들보다 더 흥미로웠다. 나는 혼자서 극장에 가도 된다는 허락을 얻었고, 그래서 자유로운 오후에는 항상 근처에 있는 오데온 극장에 가서 〈그린 카드〉, 〈마이 걸〉, 〈로빈 후드: 도둑들의 왕자〉 같은 1990년대 클래식 영화를 보았다(나는 〈로빈 후드〉에서 터크 수사를 연기한 배우가 마이크 맥셰인이라는 걸 알고 깜짝 놀랐다. 내가 가장 좋아한 두 문화가 하나의 수사복 안에서 충돌하고 있었다). 그러다 나는 영화에 관한 나의 생각을 〈엠파이어〉 평론가들의 생각과 비교해보고, 그들을 따라 생각을 바꾸고는 나도 줄곧 그렇게 생각했다고 나를 설득했다. 그리고 나는 안전하게도 성별을 초월한 것처럼 보이는 연예인들(키아누 리브스, 리버 피닉스, 조던 나이트)에게 반했고, 매일 밤 그들의 포스터에 입을 맞췄다. 나는 그냥 한 명의 어린애, 버스에서 노래를 부르고 삼각법을 어려워하는 완전히 평균적인

---

* 인디록을 중심으로 한 영국의 음악 전문 잡지.

어린애였다. 좋아하는 음식은 파스타였고, 팬케이크는 특별한 아침 식사였으며, 제일 좋아하는 책은 《제인 에어》, 제일 좋아하는 가수는 마돈나였다. 인생에서 가장 큰 걱정거리는 프랑스어 성적이 한 등급 떨어질지도 모른다는 것 정도였다. 나는 그보다 더 평범할 수 없었다. 모든 게 괜찮아 보였다. 모든 게 아주 좋았다! 나는 서서히 뉴 키즈 온 더 블록을 졸업하고 너바나로 넘어가기 시작했다. 그렇게 유년기에서 청소년기로 넘어가는 문턱에 아주 가까이 다가가고 있었다. 그러다가 어느 오후 체육 시간에 나는 무너지고 말았다. 그러자 나의 작고 사랑스러운 세상은 박살 났고, 지금까지 말한 모든 건 이제 아무런 의미도 없어졌다.

4장

분열

1992년 9월

"문제가 하나 있는 것 같은데, 그렇지 않니?" 가을 학기 첫날, 영어를 가르치는 클로버 선생님이 신랄하게 나를 아래위로 훑어보며 말했다. 나는 짜증이 나는(난 문제가 없다고요, 클로버 선생님!) 동시에 짜릿했다(야호, 클로버 선생님은 내게 문제가 있다고 생각하네!). 나는 여름 동안 체중의 3분의 1을 줄였지만, 학교의 다른 사람들은 아무도 눈치채지 못했거나, 아니면 적어도 내게 그에 관해 말한 사람은 아무도 없었는데, 이는 안도(휴, 사람들이 몰라보는구나)이자 짜증스러움(알아차리지 못하는 거야?)이었다. 제일 친한 친구인 에스더조차 아무 말도 하지 않았다. 하지만 에스더는 분명 눈치챘을 것이다. 전에는 늘 점심시간마다 매점에 가서 초코바를 사서 책상에 돌아와 함께 먹었으니까. 이제 나는 눈을 커다랗게 뜨고 에스더가 초코바를 먹는 모습을 쳐다보기만 했고, 에스더가 그걸 다 먹고 나면 그 애가 먹는 걸 계속 볼 수 있도록 하나 더 사라고 졸라댔고, 그러는 내내 배가 안 고프다고 우겨댔다. 하지만 무언가 잘못되었다는 건 나도 분명 알았다. 어느 날 점심시간에 나는 학교 도서관에 가서 거식증에 관한 책을 찾아달라고 했다. 그때까지는 한 번도 거식증이란 단어를 말해본 적이 없었다. 내 입으로 그 단어를 발음하니 이상했고, 마치 혀 위에 커다란 구슬이 놓여 있는 느낌이었다. 사서가 무슨 생각을 했는지는 알 수 없지만, 그는 내게 모린 던바가 자기 딸에 관해 쓴 《캐서린: 신경성 식욕부진증으로 사망한 어린 소녀 이야기Catherine: The Story of a Young Girl Who Died of Anorexia Nervosa》라는 책을 건네주었다. 나는 도서관 구석에서 조용히 그 책을, 열네 살에 거식증에 걸려 스물두 살에 세상을 떠난 이의 일대기를 읽었고, 나는 겁에 질린(내가 이렇다고?) 동시에 신이 났다(내가 이래!).

거식증에 걸렸을 때 내게는 내적 분열이 일어났다. 전에는 언제나 내가, 오직 나만이 온전히 내 몸 안에 존재했는데, 이제는 내 머릿속에 내가 나 자신에게 하려 하는 일에 희열을 느끼는 아픈 나와, 옆에 물러서서 관찰하며 흥미로워하고 충격을 받고 두려움을 느끼는 멀쩡한 내가 있었다. 병이 오래 이어질수록 멀쩡한 나는 점점 사라져갔다. 문이 닫힐 때 문틈으로 새어 들어오던 빛이 점점 작아지듯이. 그것은 마치 지

먹지 못하는 여자들

각이 흔들리는 것 같은 엄청난 자기분열이어서, 1992년 여름을 돌아볼 때면 거의 내가 쪼개지던 소리가 귓가에 들리는 것만 같다. 너무 배가 고픈데도 친구들에게 배가 고프지 않으니 피자를 먹으러 함께 가지 않겠다고 말해 나 자신마저 놀랐던 6월의 그 점심시간. 빠지직! 부모님과 함께 동네 이탈리아 레스토랑으로 걸어가며 어머니에게 파스타가 살이 찌는지 물어봤던 그 따뜻한 저녁, 와장창! 학교에서 읽을 책을 사러 갔다가 대신 음식마다 칼로리를 알려주는 책 《칼로리 체크북》을 사 왔던 8월의 그 나른한 날, 콰광!

"세상에 태어난 모든 사람은 건강한 사람들의 왕국과 아픈 사람들의 왕국에 속하는 이중 시민권을 갖고 있다." 수전 손택이 《은유로서의 질병》에서 쓴 말이다. 이때 나는 두 나라에 양다리를 걸친 채, 아직 전자의 언어를 말할 수는 있었지만 후자의 관습을 엄격히 따랐다. 우리 가족이 프랑스에서 여름휴가를 보내고 온 뒤, 그러나 아직 개학은 하기 전에 어머니는 나를 우리 주치의인 조지스 케이 박사에게 데려갔다. 그분은 신체 사이즈 외에도 내게 또 다른 문제가 있다는 걸 알아봤다. 후에 케이 박사는 내게 이렇게 말했다. "그건 분리였어요. 당신 안에 또 다른 영혼 또는 존재가 있는 것 같았죠. 마치 쌍둥이와 함께 세상에 온 것처럼. 그리고 당신은 그게 자신과 어떤 관계가 있는지 알지 못했어요. 아주 깊은 단절의 감각이 있었죠. 마치 당신에게서 무언가를 절단해낸 듯했어요. 그리고 그 무언가는 타협할 수 없는 것이었어요." 또 다른 의사가 내게 느끼는 바를 그림으로 그려보라고 했을 때, 나는 한 사람의 윤곽선 안에 더 작은 사람이 들어 있는 그림을 그렸지만, 내가 내부의 에일리언에게 통제되는 더 큰 인물인지, 괴물 안에 갇힌 더 작은 인물인지는 알 수 없었다.

나는 항상 몹시 피곤했음에도 내 방에서 끊임없이 팔벌려뛰기를 했고, 그러다 보니 우리 집을 토대부터 흔들었다. 은유적으로 우리 가족에게 저지르는 짓을 실제로도 구현한 셈이었다. 윗몸일으키기는 더 큰 문제였다. 내 척추는 등에서 마치 물고기의 등지느러미처럼 툭 불거졌는데, 척추가 바닥과 마찰할 때면 주변의 살이 찢어져 피가 났다. 어머니에게 그 상처에 밴드를 붙여달라고 부탁한다면 어머니가 분명 울 것임을 알았기 때문에 대신 교복 블라우스 위로 피가 배어나오지 않도록 안에 검정 티셔츠를 받쳐 입었다. 물론 이런 일들도 매일 윗몸일으키기 하는 걸 막지는 못했고, 할 때마다 피부는 더 찢어질 뿐이었다. 정해진 횟수를 채운 뒤 너무 아파서 더 할 수 없을 때는 다리들기나 스쿼트를 하거나 팔벌려뛰기를 더 했다. "운동을 더 많이 할수록 대사는 더 빨라져서 더 많이 먹을 수 있지만 그래도 여전히 체중은 줄 것이다!" 다이어트 잡지들이 이렇게 장담했으므로, 나는 끊임없이 운동했고, 거기 더해 아무것도 먹지 않음으로써 체중이 줄 가능성을 두 배로 높였다. 하지만 때로는 학교에서 수업을 받아

먹지 못하는 여자들

야 할 때처럼 운동하기가 어려운 상황도 있었다. 또 부모님과 함께 식사하는 척하면서 사실은 우리 개(열심히 나를 돕는 협조자였다)가 먹도록 바닥에 음식을 떨어뜨릴 때도 있었다. 그럴 때 나는 다리를 흔들고, 까치발을 들었다 내렸다 하고, 손가락들을 오므렸다 폈다 하기를 반복했다. 한마디로 잠시도 가만히 있지 않고 퍼덕이는 새 같았다. 평화로운 순간은 결코 없었다. 내면에서는 그저 칼로리를 태워야 한다는 죄책감 서린 목소리가 끊임없이 소리쳐댔다. 이전부터 항상 칼로리를 태우고 있었어야 했는데 앉아서 지내며 낭비한 그 모든 시간을 생각하면 참을 수가 없었다.

원래도 풍성한 적이 없었던 내 머리카락은 이제 뭉텅뭉텅 빠져나갔다. 주로 정수리와 머리 앞부분이어서 특히 더 눈에 잘 띄었다. 이는 체중이 갑작스레 줄어들 때 흔히 일어나는 현상인데, 어떻게든 남아서 버틴 얼마 안 되는 머리카락들은 영양결핍으로 부석부석하고 볼썽사납게 양옆으로 늘어져 있었다. 하지만 나는 그런 사실도 알아차리지 못했다. 뚱뚱함에만 초점을 맞췄지 얼굴에는 주의를 기울이지 않았기 때문이다. 그러다가 어느 날 길에서 어떤 여자가 나를 멈춰 세우고는 암에 걸렸냐고 물었을 때에야 알았다. 그래도 신경 쓰지 않았다. 마른 몸이 되는 대가가 죽음처럼 보이는 것이라면 그러라지 뭐. 머리가 벗겨지고 솜털이 보송보송하게 돋는 죽음. 두피는 갈수록 민머리가 되어갔지만, 내 팔과 배,

등에는 부드러운 솜털이 자라났다. 마치 내부의 어떤 메커니즘에 혼선이 생겨 내 몸이 털을 자라게 해야 할 장소가 어디인지 잊어버린 것 같았다. 후에 많은 사람이 내게 물었던 것처럼, 내가 더 예뻐 보이려고, 케이트 모스처럼 보이려고 거식증 환자가 된 것이었다면 나는 목적을 달성했다고 말할 수 없다. 케이트 모스 역시 피를 흘리고, 머리가 벗어지고, 몸을 움찔거리고, 털이 보송보송한 엉망인 상태가 아니었다면 말이다.

　무엇이든 예전에 내가 느꼈던 기쁨은 모조리 사라졌다. 오색찬란하던 오즈 나라가 흑백의 캔자스로 바뀌었다. 세상은 핀홀 카메라의 작은 구멍만 한 크기로 쪼그라들었다. 그 시기의 내 기억에는 주변 시야가 전혀 존재하지 않는다. 오직 광기 어린 근시안적 초점이 내 바로 앞의 작은 풍경에만 맞춰져 있었을 뿐이다. 마치 한 걸음 앞으로 내딛는 것조차 나의 모든 에너지를 앗아가는 일인 것처럼. 나의 최종 목표는 정확히 뭐였을까? "나는 먹고 싶은 걸 먹고도 살이 찌지 않을 만큼 충분히 마른 몸이 되기만 하면 돼." 나는 그렇게 생각했다. 하지만 '충분히 마른' 게 어느 정도인지 스스로 물었던 적은 한 번도 없다. 그때 내 뇌는, 비록 구체적인 수치를 정해두지는 않았지만 아무튼 마법 같은 그 체중에 도달했을 때 먹을 토피 크리스프 초코바, 구운 크럼핏 빵, 메이플 시럽을 뿌린 팬케이크 같은 음식에 관한 에로틱한 판타지를 탐닉하느라 너무 바빴기 때문이다. 그러니까 나는 원하는 대로 먹고도 살이 찌지 않기 위해 극도로 마른 몸이 되어야 했다. 이만하면 꽤 논리적이지 않은가? 나는 신문 부록에서 찢어낸 레시피를 모아 노트 사이에 소중하게 끼워두었고, 침대에 누워 포르노그래피를 보듯 눈을 커다랗게 뜨고 흥분한 상태로 그 레시피를 읽었다. 세상은 먹으라는 부추김과 먹지 말라는 경고로 가득했고, 나는 둘 다에 매혹되었다. 키아누 리브스의 포스터가 있던 자리에 음식에 관한 기사들("당신이 좋아하는 과일에는 당분이 얼마나 들어 있을까? 놀람 주의!")을 붙였다. 가족들이 다 잠든 밤이면 살금살금 아래층으로 내려가 냉장고 문을 열고 그 불빛 앞에서…… 아니, 폭식은 하지 않았다. 폭식 생각은 단 한 번도 떠오른 적이 없다. 그건 사람들이 낙하산도 없이 비행기에서 뛰어내리겠다는 생각을 하지 않는 이치와 똑같다. 대신 나는 냄새를 실컷 맡았다. 아이스크림 통과 치즈를 코앞에 갖다 대고 탐욕적으로 냄새를 들이마셨다. 나의 미뢰들아, 기대감을 느껴라! 아니, 안 돼. 이건 모두 냉장고 안으로 돌아갈 거야. 너에게는 또 한 번의 실망스러운 밤이겠지. 나는 몇 주 동안 매일 밤 이런 짓을 했다. 이윽고 내 뇌가 그 일에서 너무 많은 쾌락을 얻고 있다고 판단했고, 내면의 검은 뱀은 냄새로 흡입하는 음식 입자에도 칼로리가 들어 있다고 속닥였다. 그 후로는 한 번도 그런 짓을 하지 않았다.

"노래를 부르며 집 안을 뛰어다니던 내 어린 딸은 어디로 간 거니?" 어머니가 눈물을 머금고 물었다. "걘 이제 없어요." 나는 사납게 쏘아붙였다. 하지만 나는 마음 상한 부모님을 보는 것도, 매번 식사 시간마다 두 분과 싸우는 것도 너무 싫었다. 그럴 때면 죄책감이 들었지만, 나도 어쩔 수 없었다. 엄마 아빠는 내가 그럴 수밖에 없다는 걸 이해하지 못하는 건가? 나는 내게 무슨 일이 일어나고 있는지 전혀 몰랐고 그해 1992년 여름의 초입, 절실한 마음에 어머니에게 내 생각을 조금 털어놓았다. 어느 저녁 어머니는 억지로 꾸민 티가 역력한, 아무 일도 아니라는 태도로, 가족이 모두 함께 내가 제일 좋아하는 레스토랑에 갈 거라고 말했다. 내 생일이나 특별한 일이 있을 때만 가던 곳이었다. 아버지와 동생은 모든 게 괜찮은 척하며 둘이서 이야기를 나누었고, 그 사이 어머니는 내 옆자리에 앉아서 물론 음식에 대해 불안해하는 내 마음을 이해한다며, 엄마도 지금의 나보다 그리 나이가 많지 않았을 때 그런 불안을 느꼈다고 말했다. 하지만 너는 음식을 이해할 필요가 있단다, 파스타 한 접시를 먹는다고 살이 찌지는 않아, 그런 일은 없어. 그리고 네가 자라고 있는 지금은 특히 더 살이 찌지 않는단다. 그저 네 키를 더 커지게만 하는데, 그건 정말 멋진 일이 아니니? 나는 어머니를 바라보았다. 너무나도 간절히 어머니를 기쁘게 하고 싶었고, 또 하루를 망치기보다 그 시간을 가족의 멋진 저녁 외식으로 만들고 싶었다.

먹지 못하는 여자들

게다가 나는 배가 고팠다. 정말이지, 너무 배가 고팠다. 그래서 나는 제일 좋아하는 요리를 주문했고, 나도 모르는 사이에 그걸 거의 다 먹어버렸다. 그러다 잠깐 멈추고 숨을 돌리며 텅 빈 그릇을 보는데 내 안에서 비명이 들려왔다. 가족들은 행복한 표정으로 나를 보며 미소를 지었고, 부모님은 '됐어, 다 해결됐어' 하는 표정으로 서로를 바라보았다. 부모님이 만족했고, 그건 두 분이 나 때문에 화를 내는 것보다는 나았다. 하지만 나중에 침대에 누웠을 때, 나는 차마 배에 손을 댈 수도 없었고, 내게 있는지도 몰랐던 깊은 강도의 혐오를 나 자신에게 퍼부었다. 그리고 가족의 분노를 감당하기보다 나 자신의 분노를 감당하기가 더 어렵다는 걸 깨달았다. 우리는 다음 주에도 그 레스토랑에 갔는데, 이번에 나는 그 무엇도 먹기를 거부했다. 지난주에 겪은 고통을 다시는 반복할 수는 없었다. 동생은 매몰차게 나를 무시했고, 아버지는 식탁만 뚫어지게 응시했으며, 어머니는 눈물을 글썽였다. "넌 내가 생각했던 것만큼 그 음식을 즐기지 않았던 모양이구나" 하고 어머니가 말했다. 그때 나는 어머니가 더 이상 나를 이해하지 못한다는 걸 깨달았다. 먹는 일에 관해서는 즐기는 게 요점이 아니라는 걸 어떻게 모를 수 있지? 계곡 위 다리 위에서 내 발을 받치고 있던 널빤지가 떨어졌는데, 적어도 처음에는 떨어지고 싶지 않았던 나는 어머니의 손을 붙잡았고 어머니는 계곡 위에 매달린 내 손을 꽉 붙잡았다. 하지만 그 레스토랑에 두 번 다녀오는 동안, 겨우 일주일 사이에 나는 어머니의 손을 놓고 어두운 계곡으로 떨어져 사라졌다. 그건 어머니의 잘못이 아니었다. 일단 추진력이 작동하기 시작했으니 추락은 피할 수 없었다.

나는 먹는 것을 멈추기 위해 온갖 종류의 수법을 생각해냈다. 상상할 수 있는 가장 역겨운 생각을 떠올리는 것(누군가 이 케이크에 대고 재채기를 했다, 이 케이크는 콧물 범벅이다, 케이크에서 콧물이 뚝뚝 떨어진다)부터 내가 느끼는 이것은 배고픔이 아니라 그냥 사람들이 항상 느끼는 감각이라고 나 자신에게 말하는 것까지. 나는 이런 수법들을 내가 고안했다고 생각했지만, 거식증 환자들은 항상 그런 생각을 한다.[1] 그러니까 이 생각들은 내게 저절로 떠오른 것처럼 보이기는 해도, 사실 그 생각을 내 뇌에 집어넣은 것은 지금 내 뇌를 단단히 옭아매고 있는 굵고 검은 뱀이었다.

여자들의 몸이 갑자기 나를 매혹했다. 매혹하면서 또한 반감을 일으켰다. 나는 딱 붙는 옷을 입은 여자들을 쳐다봤다. 허리띠가 살을 파고들고, 소매가 팔을 꽉 조였다. 저 사람들은 저걸 어떻게 참을 수 있지? 내가 가장 좋아한 건 헐렁한 옷을 입은 마른 여자들이었다. 그들의 다리는 바지 안에서 사라졌고, 소매는 팔 주변에 둥둥 떠 있었다. 그게 내가 원했던 것이다. 내 몸이 그 무엇에도 닿지 않는 것, 내 몸이 존재하지 않는 느낌이 드는 것. 사이즈 제로.

먹지 못하는 여자들

학교에서 나는 모두의 친구에서 친구가 한 명도 없는 아이가 되었다. 음식과 운동과 체중 외에는 이야깃거리가 하나도 생각나지 않았는데, 알고 보니 반 친구들은 그런 주제에 관심이 별로 없었다. 아이들이 대중음악, 이웃, 드라마 〈홈 앤드 어웨이Home and Away〉에 관한 이야기를 할 때, 내게 그들의 목소리는 점점 줄어들다가 아예 들리지 않았고, 내가 그 친구들이 그날 학교 식당에서 점심으로 먹을 것들(매시드 포테이토일까? 콜리플라워 치즈? 아니면 크럼블?)에 관해 공상하는 동안 세상은 사라졌다. 나는 굶는 일에 중독됐고, 모든 중독자가 그렇듯 내 집착의 대상 외에는 아무것도 생각할 수 없었다.

"애야, 네 기분을 나아지게 해줄 정신과 의사를 만나보면 어떨까? 어떻게 생각하니?" 하고 어머니가 물었다. 나는 생각했다. 지금 윗몸일으키기를 해야 해. 그리고 팔벌려뛰기도. 그런 생각을 할 여유는 없어. 난 음식 생각만 하기에도 바쁘니까. 나는 또 생각했다. 난 너무 피곤하고 비참해서 이렇게 계속할 수 없을 것 같아. 기분이 지금보다 더 나쁠 수는 없을 거야. 제발 나를 도와줄 누군가가 있으면 좋겠어. 제발 누가 나 좀 도와줄 수 없나요? 그래서 나는 좋다고 말했다. 내 뇌는 결핍으로 너무 어질어질한 상태여서 의사가 나를 '나아지게' 해줄 거라는 어머니의 말이 '더 살찌게' 해줄 거라는 뜻이란 걸 알지 못했다.

＊

　복작거리는 대기실을 가로질러 우리의 눈이 마주쳤다. 그 순간 우리는 우리가 서로를 기다렸음을 알았다. 우리가 정신병원에 있는 게 아니었다면, 그것은 러브스토리의 시작이 될 수도 있었을 것이다. 그의 이름은 닥터 R, 유명한 사립 병원인 병원1의 섭식장애 분과장으로 키가 195센티미터가 넘었다. 나를 더 작게 느껴지게 하는 그의 큰 키가 좋았다. 병원1로 차를 타고 가는 동안, 나는 그 병원이 창에는 막대 창살이 있고 안에서는 비명이 들려오는 고딕풍 감옥 같은 곳이기를 바라기도 했고 또 그런 곳일까 봐 두렵기도 했다. 그러나 그곳은 통풍이 잘 안 되는 저택처럼 보였고, 내부는 한쪽 벽에서 반대쪽 벽까지 빈틈없이 깔아둔 베이지색 카펫과 마른 양치식물들이 담긴 커다란 꽃병들로 가득해 조잡한 호텔 같았다. 대기실은 위층에 있었고, 실망스럽게도 수의를 입은 정신이상자들은 보이지 않았다. 모두가 점잖고 정상적으로 보였으며, 단호히 누구와도 눈을 마주치지 않으려는 듯 고개를 숙이고 오래된 〈헬로!〉 잡지만 들여다보고 있었다. 시계가 정각을 알리자 문이 활짝 열리고 한 무리의 남자들이 안으로 걸어 들어왔는데, 갑작스러운 술렁임으로 보아 그들은 접수계원들에게 자신들의 다음 환자가 누군지 확인하러 온 의사들, 그러니까 이 병원의 유명인사들, 우리의 구원자들, 위대한 백기사들인 게 분명했다. 큰 키 때문에 닥터 R이 곧바로 내 눈에 들어왔고, 그는 방 안을 눈으로 훑으며 그럴듯한 상대를 찾고 있었다. 그의 눈이 어머니와 함께 앉아 있는 내게 닿자마자, 그는 나를 알아봤고 그리고 그때 그가 나를 보는 태도를 보고 나 역시 그를 알아봤다.

심리치료에 관한 그 많은 소설과 영화와 농담 중에서, 나는 아직도 좋은 의사 찾기가 얼마나 어려운 일인지를 제대로 표현한 것을 하나도 보지 못했다. 영화에서 우리는 소파에 누워 애니 홀이 자기와 섹스를 충분히 많이 하지 않는다고 불평하는 우디 앨런과, 맷 데이먼에게 사랑에 관한 가르침을 들려주는 로빈 윌리엄스를 볼 뿐이다. 치료사는 언제나 차분한 지식의 샘이요, 평정의 복구자다. 그러나 괜찮은 치료사를 찾는 일은 연애 상대를 찾는 것과 비슷하며, 좋은 상대를 찾기까지는 나쁜 데이트 상대를 많이 만나 봐야 한다. 하지만 당시 나는 그걸 몰랐고, 그래서 닥터 R의 진료실 벽에 걸린 의료 자격증들을 한 번 쓱 보고는 생각 없이 그의 환자가 되었는데, 이는 마치 어떤 사람의 헤어스타일이 마음에 든다는 이유로 결혼하기로 동의하는 것과 같은 일이었다.

우리에게 할당된 시간은 30분이었는데, 내게는 그 시간이 좀 짧아 보였지만 내가 뭘 안다고 그걸 판단하겠는가. 게다가 그가 아무것도 받아 적지 않는다는 점도 내게는 좀 이상했지만, 그에게는 의료 자격증이 있었고 내게는 없었다. 나는 닥터 R에게 캐서린 던바에 관한 책을 읽었는데 그 얘기가 내 일처럼 들리는 것으로 보아 나도 거식증에 걸린 것 같다고 말했다.

"아, 내가 그 환자를 치료했었죠!" 갑자기 생기를 띠며 그가 말했다.

나는 속으로 '하지만 그 사람은 죽지 않았나요?' 하고 생각했다. 그러나 자기가 유명한 사람과 관련이 있다는 걸 너무 흡족해하는 그의 모습을 보면서 내가 요점을 잘못 짚은 모양이라고 생각했다. 나는 기분이 어떤지 그리고 내 뇌가 어떻게 잘못 작동하는 것 같은지 설명하려 노력했지만, 닥터 R은 내가 저울에 올라간 뒤 그 숫자를 보고서야 관심이 동하는 듯했다. 내 체중은 또래 평균 체중에서 19킬로그램이나 모자랐다. 닥터 R은 밖에 있던 어머니에게 들어오라고 했다.

"네, 뭐, 이 아이는 거식증이네요." 그는 '우리 모두 이미 알고 있는 얘기잖아요'라는 투로 말했는데, 그야 맞는 말일 수 있지만 그래도 어쩐지 좀 퉁명스럽게 느껴졌고, 특히 그 말에 어머니가 눈물을 터뜨렸을 때는 더욱 그랬다. 그는 내가 체중이 위험할 정도로 적게 나가기는 하지만, 자기가 제시하는 식사 계획을 내가 잘 지킬 수 있다면 나를 외래환자로 치료해보겠다고 했다. 그걸 지키지 않는다면 나는 48시간 뒤에 병원에 입원해야 하고, 거기서는 하루에 여섯 끼를 주는데 제공하는 모든 음식을 다 먹어야만 한다고 했다. 공포에 질린 내 심장이 블라우스를 뚫고 나올 정도로 쿵쾅거리는 걸 느꼈다. 두려움을 느끼는 것도 칼로리를 태울까? 내 뇌를 사로잡은 또 하나의 의문이었다.

"그 식사 계획이 뭔데요?" 내 입에서 나오는 단어들에 코웃음이 날 지경이었다.

"처음에는 아침과 오후 간식으로 비스킷을 하나씩 먹어야 하고, 집에 돌아갔을 때도 하나 먹어야 한다." 닥터 R이 말했다.

"좋아요, 괜찮네요!" 어머니가 억지로 쾌활한 목소리를 내며 말했고, 나는 어머니가 속으로 무슨 생각을 하는지 알 것 같았다. '쿠키 하나라고! 그거 괜찮네. 해들리는 항상 쿠키를 좋아했잖아. 우리한테는 그냥 뭘 해야 하는지 알려줄 의사가 필요했던 거야. 집으로 가는 길에 오레오를 좀 사야겠어. 그러면 다 괜찮아질 거야.' 어머니는 눈물 젖은 눈으로 나를 보며 미소를 지었고 나도 어머니에게 미소로 답했지만, 이어서 닥터 R과 눈이 마주쳤을 때 나는 그도 나도 일이 그런 식으로 풀리지 않으리란 걸 알고 있음을 감지했다.

나는 열한 살쯤 되었을 때 '조현병'이라는 단어를 처음으로 들었다. 부모님이 나와 동생을 반 고흐 전시회에 데려갔을 때, 해설자가 고흐는 어쩌면 조현병을 앓았던 건지도 모른다고 말했다.

"그게 뭐예요?" 하고 내가 물었다.

"그건 어떤 사람들이 자기 머릿속에서 목소리가 들린다고 생각하는 정신질환이란다." 아버지가 말했다.

그건 그리 큰 문제가 아닌 것 같았다. 당연히 성가시기는 하겠지만, 그게 그냥 머릿속에서 나는 목소리일 뿐이란 걸 안다면 그냥 무시해버리면 되잖아? 나는 의아했다. 흠, 그런데 내가 거식증 환자가 되고 보니 그제야 알 수 있었다.

거식증은 조현병이 아니다(조현병 환자의 1~4퍼센트가 거식증에도 시달리기는 하지만[2]). 그러나 나는 닥터 R을 처음 만난 그날, 내 뇌 속에 또 다른 목소리가 있는 것 같고 그 목소리가 나 대신 모든 생각을 하고 있는 것 같으니 내가 조현병에 걸린 것 같다고 말했다. 내가 더 이상 예전의 나처럼 생각하지 않는다고요, 하고 나는 말했다.

굶는 것은 뇌를 변화시킨다. 이를 뇌 위축 또는 '굶주린 뇌'라고 하는데, 거식증을 심하게 앓을 때 백색질과 회색질의 부피가 줄어들어 뇌가 외관상으로도 쪼그라드는 것이다. 이런 현상은 유독 해마에서 분명히 나타나는데, 해마는 기억과 학습, 시각 및 공간 처리를 관장하며, 어쩌면 음식 섭취를 조절하는지도 모를 뇌 부위다.[3] 이 때문에 거식증 환자에게는 종종 기억과 학습 결손이 생긴다. 또한 굶기는 (최소한으로 표현해도) 스트레스가 심한 일이므로 스트레스 호르몬인 코르티솔을 증가시키고 그에 따라 세로토닌을 감소시킨다. 굶는 일이 사람을 상당히 우울하게 만드는 일이라는 건 명백하

먹지 못하는 여자들

지만, 단순히 거기서 그치지 않는다. 굶기는 뇌의 화학작용에 변화를 일으켜 한층 더 우울하고 감정적으로 만들며 사고를 혼란스럽게 한다. 연쇄반응의 결과가 원인을 더 악화한다. 다시 말해 거식증은 심리 문제로 시작해서 신체의 문제가 되고, 그 신체 문제가 심리 문제를 더욱 악화하는 악순환의 고리를 만드는데, 반대의 경우도 마찬가지다. 트레저 교수가 내게 말했던 것처럼, "굶는 것은 변화를 위해 필요한 기관을 손상시킨다." 도저히 풀 수 없게 얽혀 있는 매듭은 어떻게 풀어야 하는 걸까.

우리 집 손님방 침대에는 파란색과 흰색의 바둑판무늬 누비이불이 깔려 있었는데, 한때 나는 거기 누워 몇 시간씩 닌텐도 게임을 했다. 그러다 내가 재미를 느끼던 일에 더 이상 재미를 느끼지 못하고 오로지 나를 마르게 할 것에만 신경이 쏠리면서, 종일 '슈퍼 마리오 브라더스' 게임만 하던 습관은 종일 운동만 하는 습관으로 바뀌었다. 그것은 힘겨운 노력이었지만, 어쨌거나 나는 용케도 비디오게임보다 더 심한 시간 낭비인 취미를 찾아내고야 말았다. 손님방은 아래층 주방 옆에 있었다. 어머니는 내가 운명을 결정할 그 쿠키를 홀로 조용히 먹을 수 있도록, 동생이 없는 그 방으로 나를 데려갔다. 우리는 침대 위에 앉았고 어머니가 내게 오레오를 내밀었다.

말도 안 돼.

이걸 먹어. 아니면 병원에서 주는 음식을 하루에 여섯 번씩 먹어야 하잖아!

나도 알지만 먹을 수 없어요.

먹을 수 없다고.

그럴 수 없어.

"못 먹겠어요." 정말로 내 입과 그 쿠키는 서로 밀어내는 같은 극 자석들처럼 서로를 밀어내는 느낌이었다. 그 밀어내는 힘은 나 자신에게 느끼는 공포이기도 했다. 그걸 먹는다면 내가 얼마나 불안해질지 그리고 얼마나 자신을 혐오하게 될지 가늠이 되지 않는 공포. 세상에, 그걸 먹은 뒤 몇 분 후를 생각해보라고. 내가 한 일로 인해 느끼는 끔찍함, 이제 그 일에 손쓸 방법이 하나도 없다는 두려움, 이후 몇 시간이나 미친 듯이 빠르게 계속 걸으리라는 예상, 지방이 내 몸에서 자라는 느낌, 서로 맞닿아 쓸리는 허벅지 안쪽, 튀어나와 허리띠를 압박하는 내 배. 나는 이런 미래의 가정들을 견딜 수 없었다. 생각도 할 수 없었다! 따라서 그 쿠키는 먹을 수 없었다. 거식증의 아주 많은 부분은 바로 이렇게 다음 식사, 성인기 같은 미래를 향한 '두려움'과 자신이 그 미래에 대처할 수 없을 것 같다는 '믿음의 결여'에서 동력을 얻는다.

어머니는 그날 두 번째로 내 앞에서 울었지만, 나로서는 어머니를 도울 방법이 없었다. 나는 그 쿠키를 먹지 않을 터였다. 하지만 내가 곧잘 그러듯, 여기서도 또 다른 어떤 일이

먹지 못하는 여자들

동시에 일어나고 있었다. 나는 병원에 가고 싶었다. 하루에 여섯 번씩 먹는 건 결코 원치 않았지만, 나는 가족과 떨어져 있을 필요가 있었다. 그들이 슬퍼하는 걸 더는 견딜 수 없었다. 내게는 나를 책임져줄 다른 누군가도 필요했다. 긴장이 나를 소진시켰기 때문이다. 집에서는 내가 나를 통제했다. 그건 마치 내 머릿속에서 육군 하사 한 명이 끊임없이 내게 운동을 더 하고 아무것도 먹지 말라고 소리치는 것과 같았다. 그 목소리를 키 큰 의사 목소리로 바꾸면 안 될까? 바둑판무늬 침대 위에서 울고 있는 어머니를 보고 있자니 기꺼이 시도해볼 마음이 생겼다. 나는 루드비히 베멀먼즈의 그림책 《마들린느》 시리즈에서 마들린느가 맹장 수술을 한 병원을 머릿속에 그렸다. 너무 좋은 곳이어서 마들린느의 친구들이 자기들도 입원했으면 좋겠다고 했던 그 병원 말이다. 내가 종일 혼자 누워 있을 수 있는 편안한 침대가 있고, 이따금 죽사발을 가지고 오는 간호사를 제외하면 아무도 나를 방해하지 않을 하얀 병실. "천장에 난 금은 때때로 / 토끼 모습을 흉내 내는 버릇이 있었고 / 바깥에는 새들과 나무와 하늘이 있었어. / 그래서 열흘이 금세 지나갔지." 나는, 그냥 잠깐의 휴식일 뿐이야, 하고 말했다. 괜찮을 거야.

우리가 병원에 도착했을 때도 그럴 것처럼 보였다. 부모님과 나는 섭식장애 병동으로 안내받았다. 그곳은 모두 간호사 스테이션을 보고 있는 병실 다섯 개가 늘어선, 아니 더 정확히 말하자면 다섯 병실을 모두 보고 있는 간호사 스테이션이 있는, 카펫이 깔린 작은 복도였다. 나에게는 나만의 병실이 있었고, 그 병실은 침대와 책상, 심지어 세면대도 있는 훌륭한 방이었다. 이 병원은 사립 병원이었고, 이후 몇십 년 동안 나는 이 입원으로 부모님이 얼마나 많은 돈을 썼을지에 마음이 쓰였다. 수천 파운드? 수백만 파운드? 이 책을 쓰기 시작한 후에야 감히 부모님에게 그걸 물어볼 용기를 낼 수 있었는데, 답은 한 푼도 안 들었다는 것이었다. 나는 아버지의 직장에서 제공하는 건강보험의 적용을 받았다. 물론 그 역시 특권이기는 하지만, 쓸데없는 죄책감과 불안으로 오랜 시간을 낭비하긴 했다.

멍청한 꽃무늬 커튼과 무미건조한 파스텔 색채 배합을 보니 부모님이 나를 호텔에 데려온 게 아닌가 싶은 느낌이 들었다. 그러다 모퉁이에 놓인 의자에 쿠션 대신 변기 시트가 있고 그 밑으로 둥근 용기가 매달려 있는 걸 발견했다. 간호사가 나를 욕실로 데려가더니 설사약이나 자해할 용도의 면도날을 가져오지 않았는지 확인하려고 내 몸을 뒤졌다. 둘 다 그전까지는 생각도 해본 적 없는 것들이었다. 간호사는 내 등에 패인 상처를 보고는 쯧쯧 혀를 차더니 부드러운 손길로 소독하고 반창고를 붙여주었다. 약간 긴장이 풀렸다. 간호사는 사람들이 기다리는 병실로 다시 나를 데려갔다. 닥터 R은 창가에 꾸며진 좌석에 앉아서(창가 좌석이라니! 여긴 우리 집에 있는 내 방보다 더 좋잖아!) 내게 자기를 마주 보고 침대에 앉으라고 말했다. 내가 다리를 너무 흔드는 바람에 침대가 들썩거렸다. 어쨌든 이 일이 운동 시간을 잡아먹고 있으니 어쩔 수 없지.

"너는 여기서 12주를 지내게 될 거야." 닥터 R이 말했다.

지금까지는 아주 좋다.

"네가 결코 자신을 해할 수 없도록 해야 하니 외부 화장실 사용은 허락되지 않는다. 대신 네 방에 있는 침실용 변기를 사용하게 될 거고, 네가 본 용변은 모두 그 밑에 있는 통으로 들어갈 거야. 간호사가 하루에 두 번 그걸 점검하고 비워 줄 거고."

찝찝해. 하지만 뭐, 아무렴 어때. 어차피 난 설사약이나 면도날, 구토 같은 방안을 떠올려본 적은 없었다. 병원에 들어온 지 아직 한 시간이 채 되지 않았는데, 벌써 새로 배운 게 아주 많았다.

"너는 침대 요양을 하게 될 텐데, 이 말은 항상 침대에 누워 있거나 아니면 의자에 앉아 있을 수만 있다는 뜻이야. 그리고 네가 운동을 하지 않는지 감시할 수 있도록 방문은 항상 열려 있을 거야."

그건 선생님 생각이시고요.

"처음 한 주 동안은 2분의 1인분으로 시작할 거야."

좋았어.

"그다음에는 1인분을 다 줄 거고, 식사는 간호사가 지켜보는 가운데 네 방에서 하게 될 거야."

그건 두고 봅시다.

"그리고 넌 정해진 체중에 도달할 때까지 여기 머물게 될 거다." 그리고 그는 어떤 숫자를 말했다.

갑자기 그 방이, 창가 좌석까지 포함해 모든 게 사라졌다.

내가 볼 수 있는 건 교복 구두 위로 불룩 튀어나온 종아리와 교복 스웨터 소매 솔기가 벌어질 정도로 두꺼운 팔뚝, 교복 치마의 허리 밴드 위로 둥글게 말리는 지방질 뱃살, 교복 블라우스의 칼라 위에서 물결치는 여러 겹의 턱뿐이었다.

몇 달 만에 처음으로 내 안에서 분열이 일어나지 않았다. 왜냐하면 닥터 R이 그 숫자를 말했을 때, 나의 아픈 부분이 거대하게 부풀어 점점 줄어들고 있던 건강한 자아의 흔적마저 완전히 소멸시켰기 때문이다. 나는 바닥에 몸을 던지고 히스테리컬하게 울면서 부모님에게 애원했다. 저를 집에 데려가주세요, 쿠키 한 봉지 다 먹을게요, 약속해요, 제발, 제발, 제발요, 날 여기 두고 가지 마세요, 부탁이에요, 나한테 이런 건 필요 없어요, 의사가 나를 예전보다 더 뚱뚱하게 만들 거예요, 제발 나를 집에 데려가주세요, 제발요, 뭐든 다 할게요, 제발. 내가 느낄 수 있는 건 딱 하나, 절대적이고 뜨거운 공포뿐이었다.

5장
첫 번째 입원

1992년 9~12월

세상은 내게 무서울 정도로 거대했고 그래서 나는 아주 어려서부터 세상을 더 작게 만들 방법을 찾으려 했다. 채식주의를 실천하는 건 도움이 됐다. 그건 우리 가족이 외식하러 갈 때마다, 특히 1980년대와 1990년대에는 내가 선택할 수 있는 메뉴의 범위를 제한해주었기 때문이다. 대체로 한 곳의 메뉴판에서 내가 선택할 수 있는 음식은 두 가지 정도뿐이었고, 운이 좋을 때는 하나뿐이었다. 같은 이유로 나는 항상 제도 안에 있을 때 편안했다. 학교, 여름 캠프, 유대교 예배당. 그런 제도들은 세상의 변수들을 일정 범위 안으로 제한해주었다. 전체 인구를 익숙한 몇몇 얼굴로 줄이고, 삶의 광범위함을 오늘 누가 병가를 냈고 누군가가 의자를 훔쳐 갔다는 정도의 사소한 드라마로 줄여주니 말이다. 어떤 사람들은 그런 걸 갑갑하게 여긴다. 짐작건대 그들은 정글을 누비는 인디애나 존스처럼 살기를 꿈꿀 것이다. 하지만 내게는 언제나 닥터 존스일 때의 그가 훨씬 매력적이었다. 먼지 쌓인 대학에서 학생들을 가르치고, 안경을 끼고 안전한 실내에서 인간에게 어울리는 장소인 책상 뒤에 앉아 있는 닥터 존스.

나중에 내가 성인이 되어 만난 한 치료사는 첫째로 태어난 사람들이 흔히 자유를 두려워한다고 말해주었다. 부모들이 첫 아이를 낳았을 때 너무 불안해하기 때문에 바깥세상은 위험으로 가득하다는 부모의 생각을 아이가 배운다는 논리였다. (셋째 아이를 낳았을 즈음이면 부모들은 너무 지쳐서 아이가 칼을 갖고 놀아도 그냥 내버려둔다.) 부모님이 나를 두고 비상식적인 두려움을 느꼈다고는 생각하지 않지만, 아주 어렸을 때부터 내가 세상에 압도되는 느낌을 받았던 것은 분명히 기억한다. 나는 잘못된 결정을 내릴 것이 걱정되어 결정하기를 아주 싫어했고, 집에서 너무 오래 떨어져 있으면 물에서 끄집어낸 물고기처럼 심한 향수병에 시달렸다.

거식증은 세상을 줄이기 위해 내가 찾아낸 모든 수단 가운데 가장 효과적인 방법으로 남아 있다. 거식증이 시작된 뒤로 나는 아침에 일어나 "아, 맙소사, 오늘 프랑스어 시험 보는 날이네, 아침에 토스트를 먹어야 할까 아니면 시리얼을 먹어야 할까, 오늘 새 스카프를 두르는 게 좋을지도 몰라, 세라가 어제 점심시간에 내가 자기랑 같이 안 앉았다고 아직도 토라져 있을까, 에이미가 다음 주 생일 파티에 나를 초대할까?" 같은 생각은 더 이상 하지 않았다. 대신 내가 하는 생각은 하나뿐이었다.

먹지 마.

그거야.

먹지 말라고!

세상이 단 하나의 메시지로 바뀌었고, 전쟁 속 단역이 케이지 속 주역으로 바뀌었다. 거식증에는 어떤 모호함도 미묘한 뉘앙스도 없다. 당신은 언제나 자기가 잘하고(안 먹고) 있는지 잘못하고(먹고) 있는지 안다. 그것은 명상을 위한 은둔처를 광고하는 문구가 될 수도 있다. "당신의 삶을 단순하게 만드세요. 먹지 마세요. 그러면 나머지 모든 근심이 떨어져나갈 거예요."

그러니 정신병원에 갇혀 있는 것은 나에게 무척이나 잘맞는 일이었다. 당시의 대다수 섭식장애 병동과 마찬가지로 병원1의 시스템은 대단히 위계적인 동시에 우스울 정도로 가부장적이었다. 남자 전문의가 왕이었고, 전적으로 여자들만으로 이루어진 간호사들이 그에게 보고했으며, 우리, 그러니까 여자 환자들은 거물 남자와 그의 여자 부하들이 시키는 대로 하는 비천한 소작농들이었다. 여기까지 와서 이 어리석은 여자애들에게 살아갈 방법을 말해주는 남자가 있다니 얼마나 감사한 일인지. 내가 보기에 닥터 R은 병동에 와서 경쾌

한 걸음으로 성큼성큼 걸어 다닐 때, 자기가 유난히 바쁜 일정에서 억지로 시간을 짜내 우리를 보러 왔으며, 그때까지 우리는 시들시들 활기를 잃어가며 자기가 올 때만을 기다리고 있었다고 생각하는 듯했다. 하지만 그러든 말든 나는 개의치 않았다. 이제 나의 관심사는 그날 어느 간호사가 당직일지, 일반 화장실 사용을 허락받을 만큼 내가 충분히 잘하고 있는지로 제한되었고, 아주 금세 이런 상태를 편안해하게 되었다. 엄격하게 관리되는 나날과 모두가 철저한 감시를 받으며 지내는 상황. 이따금 밖에 경찰차가 와서 또 한 명의 환자를 내려놓고 가는 일과 내가 샤워를 할 때마다 누군가 나를 지켜보고 있다는 점만 빼면 캠프 생활과 아주 비슷했다. 문제는 오직 음식뿐이었다.

첫날 저녁으로 그들이 나에게 무엇을 먹이려고 했는지는 전혀 기억나지 않지만, 그날 밤 내가 그 일을 일기에 기록하지 못할 정도로 발작적인 상태였던 것만은 분명하다. 하지만 다음 날 아침은 정확하게 기록되어 있다. '반탈지우유를 부은 콘플레이크 미니 박스 반 통, 오렌지주스 반 잔, 토스트 한 조각, 그것도 **버터를 발라서! 지금 나 놀리는 거야???**' 간호사는 내가 반드시 그걸 다 먹어야 한다고 했고 나는 거부했다. 그렇게 게임이 시작됐다.

정신질환 중에서도 거식증은 성격 측면에 관한 평판이 그리 좋지 않다. 영화에서 알코올중독자는 대체로 파티에 생기를 불어넣는 중심적 인물처럼 (전혀 그렇지 못한 상태가 되기 전까지는) 그려지고, 양극성장애가 있는 사람은 좋은 날들(과 매우 매우 나쁜 날들)을 보내는 모습을 볼 수 있다. 그러나 거식증 환자에게는 재미있는 순간이 존재하지 않는다. 그들은 조용하고 비참하거나, 아니면 흔히 완곡하게 '까다롭다'라고 표현하는데, 이 말은 실제로 사람을 조종하고, 사납게 날뛰며, 고집이 세고, 전적으로 믿을 수 없다는 뜻이다. 거식증 환자들이 거짓말을 하는 건 사실이다. 그들은 항상 거짓말을 한다. 그날 음식을 먹었는지에 관해, 체중이 늘었는지, 운동을 얼마나 했는지에 관해. 그런 거짓말을 하지 않으면 사람들이 음식을 더 먹이니 어쩔 수 없지 않은가? 하지만 그건 단순히 거짓말이라는 행위에 그치지 않는다. 거식증 환자를 돌보는, 특히 거식증 환자에게 음식을 먹이려 애쓰는 불운을 겪어본 사람이라면 그들 내면에 있는 격렬한 불길을 만나게 된다. 그 불이 내 안에 있었을 때 나는, 〈고스트버스터즈〉에서 데이트를 위해 자기를 데리러 온 빌 머레이에게, 고대의 영물에게 빙의되어 "데이나는 없어, 주울zuul뿐이지" 하고 으르렁대는 시고니 위버 같았다. 여기에 해들리는 없어, 오직 거식증뿐이지. 그리고 나는 모든 사람에게 나를 내버려 두라고 으르렁거렸다.

거식증 환자와 말씨름할 때 당신이 만나는 건 내면의 영물이 아니라 의지의 힘이다. 이 의지의 힘은, 자신이 당신보다 더 강하고 당신보다 더 똑똑하며 이 게임에서 당신을 이기리라는 너무나 뚜렷이 느껴지는 확신에 감싸여 있다. 부분적으로 이는 그들 자신의 경험에서 온다. 그들은 자신을 굶길 수 있다는 것을 스스로 증명했고, 그래서 무엇이든 이길 수 있다고 느낀다. 하지만 그 의지의 힘은 또 다른 무엇으로부터도 온다.

거식증은 사회적으로도 정신적으로도 사람을 몹시 고립시킨다. 거식증 환자 주변에 있는 것은 무서운 일이니 우선 친구들이 점점 곁에서 사라진다. 그리고 본인도 더 이상 남들 곁에 있기를 원치 않는다. 팔벌려뛰기를 해야 하고 레시피 책을 읽어야 할 때는 특히 그렇다. 게다가 먹지 않는다는 사실을 친구들이 알아차릴 위험이 있으니 늘 거리를 두는 게 최선이다. 그래서 거식증 환자는 자기 머릿속에서 사는 법을 배운다. 거식증 환자였을 때 나는 소리 없이, 또는 소리 내서 항상 나 자신과 이야기를 나눴다. 내가 세운 계획표에 없는 윗몸일으키기를 추가로 해냈을 때의 달콤한 승리감을 나 말고 누가 이해해주겠는가? 드레싱을 빼달라고 **분명히** 요구했는데도 내 샐러드에 **드레싱**이 얹혀 나온 걸 보았을 때 느끼는 격분을 달리 누가 공감해주겠는가? 웨이터가 말로는 나에게 다이어트 콜라를 주었다고 하는데, 확실히 보통 콜라의 맛이 날 때 그 타들어가는 마음을 다른 누구에게 호소할 수 있겠는가? 나는 아무도 신뢰하지 않았으니 내가 나의 유일한 동맹이었다. 나와 내가 손을 맞잡고 온 세상과 대치한 상황이었으니 우리에게는 다른 누구도 필요치 않았다. 다른 사람들은 점점 더 희미하게 지워지고 점점 더 알 수 없는 존재들이 되어갔다. 나는 그들이 어떻게 사는지 혹은 어떤 생각을 하는지 전혀 이해하지 못했고, 그들 역시 나에 관해 똑같이 느낀다는 것도 알았으므로, 따라서 그들의 의견은 내게 아무 의미도 없었다. 굶어 죽어가는 나 자신의 몸을 무시할 수 있는 건 오로지 나뿐인데, 도대체 내가 왜 남의 말을 듣겠는가? 저들은 나를 통제할 수 있다고 생각하는구나, 싶어 입원 첫날 밤 내심 놀랐다. 당신들은 누굴 상대하고 있는지 모르고 있군, 하고 나는 응수했다.

대치는 이틀 동안 계속됐다. 그들은 나를 먹게 만들지 못해, 하고 나는 생각했다. 내가 잘못 생각했다. 튜브로 환자의 몸에 포도당과 지방을 곧바로 주입하는 강제 급식을 의사들은 '윤리적인 이유'로 오랫동안 꺼림칙하게 여겼지만, 거기엔 또 다른 이유도 있었다. 거식증에 신경성 식욕부진증이라는 이름을 붙인 19세기 의사 윌리엄 걸William Gull은 강제 급식을 비웃었다고 전해지는데, 자신의 '도덕적 권위가 항상 [환자들을] 이길 것'이라고 생각했기 때문이었다. (거식증의 역사에는 여성 환자들에게 자신의 권력을 행사하는 일을 더없이 편안히 받아들인 남자들이 수두룩하다.) 그런데도 강제 급식은 1980년대까지도 상당히 흔히 행해졌고, 극단적인 사례에서는 아직도 행해지고 있으며, 이때 의사가 도덕적 권위를 얼마나 많이 지녔는지는 아무 상관이 없다. 내가 처음 입원한 시기는 마침 난폭한 물리적 접근법보다는 좀 더 치유적인 접근법으로 점차 흐름이 바뀌던 때였으므로 처음부터 튜브의 힘을 빌리지는 않았다. 하지만 튜브는 내 머리 위로 사형수의 올가미처럼 걸려 있었다.

내게 방문을 닫는 것은 허락되지 않았다. 프라이버시가 1센티미터만 생겨도 내가 제자리 뛰기로 1.6킬로미터 정도는 거뜬히 달린다는 걸 닥터 R이 알았기 때문이다. (하지만 나는 금세 내 병실의 맨 구석 모퉁이에서는 복도를 지나다니는 사람들이 나를 발견하는 것보다 먼저 내가 그들을 볼 수 있다는 걸 알게 됐고, 그래서 병동이 조용할 때면 항상 팔벌려뛰기를 미친 듯이 하다가 사람 그림자 귀퉁이만 보여도 바로 침대로 뛰어들었다.) 나는 팔다리를 아주 광적으로 움직였으므로 아마 리히터 지진계에도 잡혔을 것이다. 비록 간호사들이 나를 멈추게 하려고 손을 뻗으면 그 손에 잡히지 않도록 재빨리 몸을 움직여야 했지만 말이다. 더 나쁜 건 간호사들이 전보다 더 많은 음식을 담은 쟁반을 들고 내 방에 들어오기 전에는 부드럽게, (그리고 내가 느끼기에는) 반쯤 조롱하듯이 문을 두드리는 것이었다. 마치 내게 그들이 들어오는 걸 거부할 힘이라도 있는 것처럼. 똑똑. 안에 있니? 네가 먹을 백만 칼로리를 가져온 간호사야. 꺼져. 싫어. 농담도 잘하시네!

먹지 못하는 여자들

처음에 그들은 부드럽게 구슬렸다. 그러다 흥정을 했다. 이것만 먹으면 널 혼자 내버려둘게. 하지만 그들은 나와는 흥정이 불가능하다는 걸 이해하지 못했다. 무엇이라도 먹는다는 것은 내가 입원하지 않았을 때보다 더 많이 먹는 것을 의미하므로, 그것은 공정한 일이 아니었다. 게다가 그러면 내가 나를 어떻게 용서할 수 있겠는가? 그러지 말고, 생각해 봐, 너 여기에 온 지 이틀 됐어. 이건 어리석은 짓이야. 넌 먹어야 해. 싫어요, 안 먹어요. 그러면 네 코에 튜브를 꽂아야 할 거야. 그게 네가 원하는 거니? 원하느냐고? 언제부터 내가 원하는 게 고려 사항이 됐지? 어쨌거나 나는 미성년자였으니 그건 내가 아니라 부모님의 결정에 달려 있었고, 부모님은 이미 내 목숨을 구하기 위해서라면 무슨 일이라도 하겠다고 밝힌 터였다. 나는 상상해보았다. 간호사들이 내 팔을 내리누르고 튜브를 몸에 밀어 넣으려 하고, 나는 플라스틱 튜브가 목구멍으로 내려가는 동안 컥컥거린다(플라스틱에도 칼로리가 있을까? 분통 터지게 간호사들이 내《칼로리 체크북》을 빼앗아가는 바람에 확인할 수 없게 됐다). 내게 끊임없이 칼로리가 주입되는 동안 나는《찰리와 초콜릿 공장》에서 거대한 블루베리로 부푼 바이올렛 뷰리가드처럼 부풀어 오른다. 그들은 주스 짜는 방으로 데려가기 위해 나를 데굴데굴 굴려야 하겠지. 그런데, 그런데, 그런데 말이야. 튜브가 제일 좋은 선택일지도 몰라. 결국 내가 통제할 수 없는 상황이 되는 거니까 말이야. 그래, 그래,

나는 통제력을 갖지 않겠어! 나는 구석에 몰린 생쥐였고, 히스테리컬해졌다. 나도 내가 그렇게 됐다는 걸 알았고, 또 느낄 수 있었다. 괴로움과 공포와 자포자기가 한데 뭉쳐 빙빙 도는 덩어리가 됐다. 그리고 나는 빌어먹을 멍청한 간호사들과 빌어먹을 멍청한 의사가 너무 싫었다. 빌어먹을 멍청한 의사는 내게 빌어먹을 멍청한 치료가 필요하다고 결론을 내렸다. 그는 나의 부모님에게 ECT라고 부르는 전기경련치료를 제안했다. 다른 말로 하면 내 뇌에 전압을 흘려보낼 것을, 그러니까 내게 바로 지난달에 《벨 자》에서 읽었던 대로 실비아 플라스에게 너무나 심한 트라우마를 안긴 그 치료를 받으라고 제안한 것이다. 하지만 이번에도 닥터 R에게는 내 부모님의 허락이 필요했고, 감사하게도 두 분은 그 치료만은 허락하지 않았다. 콧구멍으로 튜브를 넣는 건 몰라도, 전기로 하는 뇌 처치라니 그건 좀 심하지 않은가. 그래서 대신 닥터 R은 처방전 종이를 꺼내 프로작과 리튬을, 그러니까 각각 나를 쾌활하게 만드는 약과 진정시키는 약을 처방했다. 이 약들은 우울증과 양극성장애 치료에 쓰는 약인데, 나는 우울증에 걸리지 않았고 양극성장애도 아니었다. 나는 그저 먹지 않기를 원할 뿐이었다. 아마도 내게 필요한 약이 아니어서였겠지만 그 약들은 닥터 R이 원한 효과를 내지 못했다. 대신 내게 평생 처음으로 대발작*이 일어났다. 앞으로 쓰러지고 방 안이 깜깜하게 변하는 순간, 찰나지만 나는 내 소원이 이루어졌다는 느낌을 받았다. 마침내 병원을 떠나게 됐다고.

발작은 내 뇌에 뿌리를 내리더니 평생 주기적으로 일어났다. 내 발작은 그 약들 때문에 촉발된 걸까? 나로서는 결코 답을 알 수 없다. 확실히 리튬은 양극성장애가 있는 아이들에게 처방하면 안전하다(그렇지만 앞에서 내가 한 말이 충분한 확신을 주지 못했을지도 몰라 다시 말하자면 내게는 양극성장애가 없었다). 프로작의 경우는 얘기가 달라서, 그때 이후로 의사들은 어린이와 청소년에게 항우울제를 주는 것은 "득보다 실이 크다"라고 말한다. (역시나 앞에서 말했을지도 모르지만, 내게는 우울증이 없었다). 하지만 나는 어린이가 아니었고, 극도로 저체중이었으며, 저체중 상태는 연령 못지않게 뇌 화학물질에 큰 영향을 미친다. 런던에서 성인 섭식장애 프로그램을 이끄는 페니 닐드Penny Neild 박사는 이렇게 말했다. "리튬은 프로작만큼이나 부작용이 아주 많으며, 저체중으로 인해 신체에 비축된 자원이 몹시 부족한 사람은 어떤 약을 쓰든 치료 과정뿐 아니라 부작용에서도 다른 사람보다 훨씬 심한 영향을 받습니다. 거식증이 있는 사람은 신체적 자원의 결핍 때문에 단순한 바이러스 감염으로 인한 사망 위험부터 약물 부작용까지 여러 다양한 부정적 영향에 취약해지죠." 이

---

* 근육의 수축과 강직, 의식 소실이 동반되는 발작의 형태로 뇌의 비정상적인 전기활동으로 인해 발생한다.

런 이유가 부분적으로 작용하여, 거식증에 관해서는 승인된 약리학적 치료법이 존재하지 않는다. "NICE*의 지침은 아주 명확합니다. 거식증을 치료하는 특정 약물은 없다는 것이죠." 애그니스 에이턴 박사의 말이다. "하지만 동반질환율은 정말 높습니다. 전체 연령대에 걸쳐 70퍼센트까지 올라갈 수도 있는데, 그런 병들은 약물로 치료할 수 있죠." 동반질환이란 거식증과 나란히 존재할 수 있는 다른 정신질환, 이를테면 우울증, 강박장애 등을 뜻한다. 하지만 그런 동반질환은 굶어서 생기는 증상과 구별하기가 아주 어렵다. 그리고 일부 거식증 환자들은 그냥 거식증만 있어서, 의사들에게는 안된 일이지만 이런 경우에는 마법을 걸듯 약으로 증상을 없애버릴 수가 없다.

그 발작(그리고 30년 넘게 이어진 발작)이 끼친 긍정적인 영향은 내가 너무 깊은 두려움을 느껴 병원에서 체중을 불려야 한다는 사실을 받아들이게 되었다는 점이다. 확실히 그걸 피할 방법은 없었다. 하지만 내게는 계획이 있었다. 나는 이게 나만의 독창적인 계획이라고 생각했지만, 병원에 입원한 적 있는 거식증 환자라면 거의 모두가 고려해보는 계획이다. 가능한 한 빨리 체중을 불려 퇴원하고, 그런 다음 불렸던 체

---

* 영국 보건의료 우수증진기관National Institute for Health and Care Excellence, NICE.

중을 도로 다 빼고, 거기다 특별히 그 의사에게 보복하는 의미로 체중을 더 빼는 것이었다. 병원에 있는 내내 나는 이 음모를 꼭 끌어안고 있었고, 내 배가 점점 밖으로 차오르고, 두 허벅지가 굵어지며 서로 더 가까워지고, 팔뚝이 굵어져 더 이상 엄지와 검지로 감아쥘 수 없게 되는 것을 지켜보는 동안 그 음모가 나를 위로해주었다. (팔다리가 흔들거려? 태워버려!) 심지어 칼로리 셰이크를 하루에 두 번 먹어야 할 때도 불평하지 않았다. 네 개 줘! 일곱 개! 이건 다 일시적인 일일 뿐인데 왜 신경을 쓰겠는가? 내 거식증 자아 뒤로 진짜 자아가 사라졌던 것처럼, 이제 거식증 자아는 크럼블과 케이크를 먹어치우며 음모를 꾸미는 자아 뒤에서 당분간 쉬고 있어야 했다. 하지만 거식증 자아는 아직도 간간이 헐떡이며 의견을 토해냈다. "난 지금 **너무** 뚱뚱해. 지방이 말 그대로 내 몸에 주렁주렁 **매달려 있다고.**" 입원 3주째에 내가 일기장에 쓴 말이다. 그리고 다음 문장을 이렇게 덧붙였다. "등에 붙인 반창고를 갈아야겠어. 아직도 해골 같은 부분이 적어도 일부는 있네."

훌륭한 계획을 비밀스레 세워둔 덕에 상황을 받아들이고 나자, 이제는 긴장을 풀고 병원1의 엄격해서 믿음직한 일정을 따를 수 있게 되었다. 당시 대부분의 섭식장애 병동이 그랬듯 병원1도 단순한 보상과 처벌 시스템에 따라 움직였다. 늘어난 체중만큼 특권을 얻게 되는데, 이를테면 자기 방에서 나갈 수 있거나, 24시간 감시에서 벗어나거나, 전화를 걸거나, 화장실을 사용하거나, 그룹 치료에 참석하거나, 방문객을 받는 것이 허용됐다. 그리고 체중이 줄면 특권도 잃었다. 나는 이미 체중을 하나의 재화로, 그러니까 패배함으로써 획득할 수 있는 재화로 여겼고, 이제는 그것이 내가 참여하는 경제 활동 전체가 되어 있었다. 이만큼의 킬로그램으로 나는 얼마나 얻을 수 있을까요? 의사 선생님, 이번 부모님의 방문으로 내가 얼마나 갚아야 하나요? 나의 체중은 나와 완전히 분리된 것, 단지 교환에 사용할 수 있는 무정형의 무엇이 되었고, 이런 식의 해리는 체중을 불리는 데는 도움이 되었지만, 분명 나를 정상화한 것은 아니었고, 오히려 체중이 따가운 목도리나 악몽처럼 병원을 떠나기만 하면 곧장 벗어버릴 수 있는 것이라는 믿음을 더욱 부추겼다.

우리는 모두 똑같은 음식을 받았고, 똑같은 일정에 따랐으며, 누구 혹은 무엇도 예외는 없었다. 채식주의를 하는 건 허용되었지만, 개인적 취향은 완전히 무시됐다. 버섯을 안 좋아한다고? 마멀레이드도? 안 됐네. 우리는 그들의 틀에 자신을 끼워 맞춰야만 했으며, 뭔가를 싫어하는 건 거식증 증상이라 간주되어 무시되었다. 나는 항상 계란을 싫어했지만 그들은 내게 오믈렛과 키슈를 억지로 삼키게 했고, 이는 달걀 요리에 대한 내 감정을 나아지게 하는 데 아무런 도움도 되지 않았다. 하지만 여기서는 그게 요점이 아니었다. 초점은 전적으로 체중 증가에만 맞춰졌고, 심리치료는 최소한의 부차적인 부분으로만 유지됐다. 한 사람의 몸이 그토록 망가져 있을 때 구태여 그의 정신에 신경을 쓰는 것은 아무 의미도 없다는 것이 공식적인 이유였고, 그렇게 하는 데는 어느 정도 장점도 있었다. 그러나 진짜 이유는 심리치료가 시간을 너무 많이 잡아먹는다는 것이었다. 심리치료는 몇 년이 걸릴 수도 있으니 입원 치료는 사실상 치명적 위험에 처한 환자들을 먹게 해서 세상으로 다시 떠밀어 보내는 게 다였다. 심리치료는 그런 다음에야 그들이 어떻게든 스스로 체중을 유지하리라는 모호한 희망을 품고서 시작하는 일이었다. 이는 밧줄 위에 사람을 떨궈놓고는 그들이 어떻게든 균형 잡는 법을 알아내리라고 가정하는 것과 비슷하다.

"징벌적 접근법은 잘못된 개념에 기반한 겁니다." 애그니스 에이턴 박사의 말이다. "[환자가 극단적인 저체중이어서] 특정한 위험이 존재한다면, 그런 일을 허용하지 않는 이유를 환자에게 설명해야 해요. 그렇게 지금은 징벌적 접근법 대신 환자 개개인의 상황에 초점을 맞추는 치료로 바뀌었어요. 모든 사람에게 똑같은 접근법을 취하기보다 개개인을 바라보죠. 우리는 환자들의 나이와 과거사를 살펴보고, 그들이 치료에 더욱 적극적으로 참여하도록 유도합니다."

옥스퍼드대학교 정신의학과 명예교수인 크리스토퍼 페어번Christopher Fairburn은 거의 반세기 동안 현대적인 섭식장애 치료법을 발전시키는 일에 이바지했다. 1970년대에 섭식장애가 있는 사람들과 일하기 시작한 이래, 페어번과 그의 연구팀은 강화 인지행동치료Cognitive Behavioural Therapy Enhanced(CBTE)라는 치료법을 개발했는데, 이는 전통적인 인지행동치료CBT처럼 환자가 파괴적인 사고 패턴을 깨트리도록 돕는 치료법이다. 여기서 '강화'된 부분은 일괄적 방식을 제시하지 않고 환자 개개인의 필요에 맞춘 점이다. 2015년에 잉글랜드의 국민보건서비스와 최고의료책임자는 섭식장애가 있는 환자에게 강화 인지행동치료를 제공할 것을 권고했고, CBTE는 현재 뉴질랜드부터 미국까지 세계 곳곳에서 활용되고 있다.

페어번 교수는 말했다. "적대적 태도를 보이거나 저항한다고 하더라도 당사자를 참여시킬 필요가 있습니다. 그들을 참여시키고, 그들의 관점을 이해하고, 그들이 자신의 어떤 점을 바꾸기 원하는지 물은 다음 그 생각을 기반으로 식이 계획을 세워야 합니다. 이는 입원환자와 외래환자 모두에게 통용됩니다. 어떤 사람들은 거식증을 뇌의 장애 또는 생물학적 장애라고 보고, 어찌해야 할지 고심하다가 약물 치료를 선택하거나 그냥 다시 음식을 먹이려고 합니다. 또 가족 기반 접근법도 있는데, 이 방법을 지지해야 할 증거가 많긴 합니다. 특히 병에 걸린 지 1~2년 정도 된 10대들에게 유익한 방법이라고 알려져 있죠. 가족 기반 접근법은 부모에게 간호사처럼 행동하고 아이에 대한 통제력을 되찾도록 가르칩니다. 하지

먹지 못하는 여자들

만 나는 이 방식을 강력히 반대합니다. 나는 섭식장애가 통제와 관련된 것이라고 믿는데, 통제와 관련한 문제로 힘들어하는 사람은 그 통제를 먹는 일에 적용할 수 있거든요. 그런데 가족 기반 접근법은 그 점을 인정하지 않고 당사자의 통제력을 강화하는 게 아니라 오히려 빼앗습니다. 강화 인지행동치료에서 우리는 사람들이 자신의 섭식을 건강한 수준으로 통제하도록, 그러니까 먹는 일이 가장 중요한 일이 되도록 하기보다는 스스로 무대 뒤에서 묵묵히 관리할 수 있도록 돕는 데 초점을 맞춥니다. 부모가 통제할 때는 먹는 일이 무대 중앙에 머무르게 되지요."

거식증 환자들에게 자폐적 특징이 많이 나타난다는 사실 때문에 여러 섭식장애 병동은 특정한 소음과 색깔, 맛에 대한 민감성을 더 잘 의식하게 되었다. 또한 징벌적 접근법이 일부 사례에서는 거식증을 없애기보다 오히려 부추긴다는 인식도 있다.

"어떤 사람들은 자기가 싫어하는 음식을 먹는 쪽을 더 선호하는데, 그러면 확실히 음식과 즐거움의 연관을 끊을 수 있기 때문이에요. 자신을 벌하는 한 방식인 셈이죠." 섭식장애 병동 간호사 세라 맥거번의 말이다. "그래서 이제 우리는 개개인에 따라 다른 식사 계획을 세워요. 그리고 환자들이 자기가 진짜로 싫어하는 음식이 무엇이고 그냥 두려워하는 음식이 무엇인지 생각해보도록 유도하죠. 왜냐면 누구나 싫어하는 게 있고 그건 자연스러운 거니까요. 그렇게 하면 자기가 즐기는 음식이 무엇인지 생각해보게 돼요. 이건 큰 진전이지요."

환자들이 운동이나 게워내기 같은 거식증 행동을 계속하도록 허용하는 병동들도 있다. 맥거번은 이렇게 말했다. "운동과 게워내기를 완전히 그만두는 걸 몹시 버거워하는 사람도 있고, 강제로 그걸 그만두게 하는 게 효과적이지도 않아요. 하루에 대여섯 번 게워냈던 사람의 경우 화장실 감독을 받는다면, 그러니까 감독자가 화장실까지 따라간다면 그 행동을 멈추겠죠. 하지만 일단 감독을 그만두면 그냥 다시 시작해버릴 거예요. 우리는 점진적 방법을 쓰고 환자들도 그 방법을 더 지속 가능하다고 여깁니다. 이를테면 게워내기의 경우 우리는 이렇게 말해요. '아침을 먹은 다음에는 게워내기를 안 하도록 시도해보고, 그러면 어떻게 되는지 한 번 볼까요?' 아니면 '화장실에 가서 게워내기 전에 휴게실에 앉아 5분만 더 기다려보면 어떨까요? 이제 그걸 5분 더 해보면 어때요?' 그리고 운동에 관해서는 이렇게 말해요. '걸음 수를 천 보만, 아니 오백 보만 줄여보면 어떨까요?' 어느 수준으로 걸음 수를 줄여야 환자가 편안하게 받아들일 수 있는지 알아내기는 어렵지만, 그래도 환자와 함께 알아내는 수밖에요. 중요한 건 의료진이 모든 책임을 지는 상태와 환자가 점진적으로 책임을 도로 가져가는 일 사이에서 균형점을 찾는 거예요."

먹지 못하는 여자들

1992년에 우리는 이런 종류의 치료와는 아주 거리가 멀었다. 그보다 우리는 징벌적 방식을 엄격히 고수하며 도축을 위해 살찌워지는 농장의 동물들이었다. 그들은 매일 아침 7시에 우리를 깨웠다. 나처럼 강박적으로 운동을 하는 사람이나 자살 위험이 있는 사람은 24시간 내내 감시한다. 욕실에 갈 때는 간호사가 동행하며 샤워하는 동안 팔벌려뛰기를 하지 않는지 감시한다(하지만 그들은 우리의 하반신은 볼 수 없으므로 다리들기 운동은 몰래 좀 해도 알아차리지 못한다). 간호사들은 우리를 관찰하고 먹이고 꾸짖고 구슬리고 위로했다. 병동이 왕국이고 의사들이 신이라면 간호사들은 여왕이었다. 간호사들은 모두 북아일랜드 아니면 카리브제도 출신이었고, 나는 누가 언제 일하는지 파악하려고 금세 그들의 근무 일정을 다 외워버렸다. 특히 내가 제일 좋아했던 마리(벨파스트 출신)와 조슬린(트리니다드 출신)의 일정을 다 외웠는데, 그들은 엄격하면서도 친절했고 나를 이해하면서도 멍청하지 않아 좋았다. 그들은 확실히 닥터 R보다는 더 똑똑했고 남의 마음을 이해할 줄 알았다. 그들은 한 번도 음식을 숨긴다며 나를 부당하게 비난한 적이 없었지만, 내가 음식을 숨기려고 할 때마다 빠짐없이 알아채고 제지했다. 거식증 환자는 자기가 다른 이들보다 똑똑하다고 생각하는 경향이 있는데, 자신의 거식증에 관한 한 늘 영리하게 다른 사람들을 속일 수 있어서다. 그 때문에 안심이 되기도 하지만, 동시에 진이 빠지고 외롭기도 하다. 그러니 자기 머리 꼭대기에 있는 사람을 발견하면 안도감이 든다. 이제 그들에게 책임을 넘겨버리고, 더는 스스로 모든 책임을 지지 않아도 되기 때문이다. 더 이상 자기 잘못이 아닌 것이다.

닥터 R이 약속했던 대로 하루에 세 코스로 구성된 세 번의 식사와 세 번의 간식이 꼬박꼬박 나왔고, 식사는 간호사들의 감독하에 각자의 병실에서 먹고 간식은 텔레비전 휴게실에서 먹었다. 어째선지 텔레비전에서는 항상 〈디스 모닝〉이 나오고 있는 듯했고, 30년이 지난 지금까지도 그 프로그램의 주제곡을 들을 때마다 병원에서 오전 오후 간식으로 주던, 메스껍도록 달고 목이 멜 듯한 칼로리 셰이크의 맛이 느껴진다. 하루하루가 안도감이 들 정도로 예측 가능했고, 정신적으로 도전할 거리가 전혀 없었으며, 편안하게 마비되는 느낌이었다.

우리 병동은 중독 병동과 같은 층에 있어서, 저녁이면 술을 끊는 중인 알코올중독자들과 금단 증상에 시달리며 간간이 소파에서 발작을 일으키는 헤로인중독자들과 함께 텔레비전을 보았다. 자기가 듣는 지리학 수업이나 주말에 있을 누군가의 생일 파티에 관해 이야기하는 반 친구들이 아주아주 멀게 느껴졌다. 깜짝 놀랄 정도로 짧은 시간 만에 나는 그 친구들을, 한때는 나에게 온 세상과 같았던 그들을 전혀 생각하지 않게 되었다. 심지어 나는 제일 친한 친구 에스더 생각도 하지 않았다. 에스더는 몇 번 전화를 했는데, 계속 왜 내가 병원에 있는지 이해가 안 된다는 말을 했고, 나는 이 말을 에스더가 나를 많이 말렸다고 생각하지 않는다는 의미로 고깝게 받아들였는데, 나중에는 내가 도대체 이런 짓을 왜 나에게, 우리에게 하는 건지 물었던 것임을 이해했다. 처음에는 몇몇 친구가 병문안을 와서 침대에 누워 있는 나를 조심스럽게 바라보아서 나는 마들린느 판타지를 실제로 경험했다. "그들이 걸어 들어오더니 / 장난감과 사탕 / 그리고 아빠가 주신 인형의 집을 보고는 '우와아아아' 하는 소리를 냈다. / 하지만 아이들이 무엇보다 놀라워했던 건 / 마들린느의 배에 / 흉터가 있다는 것이었다!" 나는 '아픈 아이'라는 새 정체성에 우쭐했지만, 친구들은 내가 기대한 것만큼 대단하게 여기지 않는 듯했다. 곧 그들에게는 주말에 45분이나 기차를 타고 정신병원에 찾아오는 일보다 더 재미있는 일들이 많아진 것 같았다. 나는 친구들이 무슨 수업을 듣고 있을지를 더 이상 생각하지 않았고, 그들이 나를 기억하기나 할지 염려하는 것도 그만뒀으며, 이제 내 불안정한 정신의 풍경은 동료 입원환자들로 가득 찼다. 마치 내가 도로의 격자 철망 틈으로 미끄러져 떨어진 느낌이었다. 처음에는 내 머리 위로 평범한 일상을 살아가는 사람들이 분주히 지나가는 모습을 바라보면서, 나 자신의 평범한 일상을 당연하게 여기지 않았다면 좋았겠다고 생각했다. 하지만 금세 그들은 희미해져 배경으로 밀려났고, 나는 그들이 존재했다는 사실마저 잊어버렸다.

　내가 환자들 중 제일 먼저 의식하게 된 사람은 어린아이 같고 쾌활한 레슬리였다. 레슬리는 아래층에서 조현병 환자들과 함께 생활하고 있었지만, 병원의 최장기 입원환자인 덕에 원하는 어디든 돌아다니는 게 허용됐다. 소문에 따르면 레슬리는 거기서 60년 넘게 살았고, 레슬리를 돌보기 싫었던 그의 가족이 병원비를 댔으며, 언젠가 그 병원에서 죽게 될 거라고 했다. 레슬리를 찾아오는 방문자가 아무도 없었던 걸 보면, 그는 가족이 정신적으로 문제가 있는 혈육을 정신병원에 떠넘기던 시대와 현재를 이어주는 연결고리였다. 레슬리는 매일 병원 곳곳을 돌아다니며 모든 간호사의 이름을 부르며 인사를 건네고, 구내식당에 가서 모든 주방 직원을 만나고 그날 메뉴는 무엇인지 묻는 일로 나날을 채웠으며, 그렇게 쪼그라든 자신의 세계 안에서 행복해 보였다.

　내가 있던 층에는 크리스라는 이름의 아주 잘생기고 아주 상류층다운 스물네 살의 코카인 및 헤로인중독자가 있었다. 그가 켄싱턴 하이스트리트 근처에 살았다고 말했을 때 나는 내가 살던 곳에서 조금만 돌아가면 바로 거기였다고 들떠서 대답했고, 그는 켄싱턴에 사는 사람들 외에는 만나본 적 없는 사람이 보일 법한 전혀 놀라울 것 없다는 따분한 태도로 응수했다. 그를 정말 놀라게 하려면 페컴에 살았다고 말했어야 했을 것이다. 하지만 나는 우리가 이웃이라는 점에 대해 아주 많이 생각했다. 내가 등교하던 길에 크리스의 집으로 가던 마약상을 본 적이 있었을까? 내가 개를 산책시키다가 마약에 취한 크리스가 있는 그의 집 앞을 지난 적은 없었을까? 병원에 입원하기 전에 나는 마약은 한 종류만 있으며, 위드(마리화나), 크랙(크랙 코카인), 코크(코카인)처럼 영화에서 들은 각종 마약 이름은 마약의 여러 별명이라고 생각했다. 그런데 이제는 마약상들과 과다 복용의 의미를 알아가고 있었다. 이건 내가 GCSE를 준비하는 첫해에 받으리라 예상한 종류의 교육은 아니었다. 크리스에게는 극도의 권리를 편안히 받아들이는 특권 의식과, 자신이 이미 인생에서 실패했음을 알고 있는 사람의 공허한 슬픔이 있었다. 그는 여자친구에게 버림받았고(여자친구가 너무 잔인하네, 하고 나는 결론지었다) 나는 텔레비전 휴게실에서 그가 몇 시간씩 그 얘기를 하는 걸 들었다. 그는 자기 허벅지를 바라보다가 때때로 고개를 들고 나머지 우리를, 간호사들과 레슬리와 나를, 자기가 하는 말에 귀를 쫑긋 세우고 듣고 있는, 이 바싹 마르고 거의 대머리에 가까운 아이를 둘러보았고, 그때 분명 그는 쿠르슈벨이나 모리셔스에서 여자친구와 코카인을 하고 있어야 할 시간에 자기가 왜 여기 있는지 의아해했을 것이다. 그에게는 무언가 내 흥미를 끄는 구석이 있었는데, 지금 생각하니 그건 그의 유약함이었다. 나는 겨우 열네 살이었고, 채 32킬로그램도 안 되었으니 호르몬 작용 때문은 아니었다. 하지만 이

만남이 나라는 사람을 형성하는 데 일조한 것은 분명하다. 20대 대부분과 30대 초기에 크리스와 유사한 여러 버전의 남자들과 사귀었던 걸 보면.

＊

중독 병동에서 크리스 외에 내가 대화를 나눈 유일한 사람은 조라는 이름의 남자아이였다. 그는 열여섯 살로 그 병원에서 나와 나이가 가장 비슷했다. 나는 조가 왜 중독 병동에 있는지 도무지 알 수 없었다. 자기 말로는 병원에 있는 이유가 자살을 시도했기 때문이라고 했으니 말이다. 그는 우리 학교와 아주 가까운 학교에 다녔고, 내가 만나본 사람 중에 시가 좋아 시를 읽는 최초의 사람이었다. 조는 검은 머리에 동그란 금속테 안경을 썼는데, 에이드리언 몰*과 비슷하지만 그보다는 훨씬 덜 웃고, 세상 모든 사람의 멍청함에, 특히 한 번도 찾아오지 않은 자기 부모의 멍청함에 분개했다. 조는 나와 어울리는 걸 좋아하는 듯했지만 나는 그의 분노를 잘 이해하지 못하고 제발 좀 밝아지라고 말하곤 했는데, 돌이켜 보면 불과 얼마 전에 목을 매어 자살을 시도했던 10대 소년에게 엄청나게 도움이 되는 말은 아니었던 것 같다. 그는 두 달

---

* 수 타운센트의 책 《에이드리언 몰의 비밀 일기》의 주인공.

먹지 못하는 여자들

후에 병원을 떠났고, 우리는 연락이 끊겼다. 하지만 4년 뒤, 내가 대학에 들어간 첫날, 그 모든 나쁜 일과 미친 과거를 떨쳐내고 새 삶을 시작할 수 있겠다고 생각한 그때, 누군가 내 어깨를 톡톡 쳤고, 돌아보니 조가 서 있었다. 처음에 우리는 서로의 비밀을 지켜주며 얼마간 함께 시간을 보냈다. 하지만 몇 달 뒤 전해 듣기로, 그는 지도 교수와 싸우다가 학교에서 쫓겨났다고 했고, 이후 다시는 그를 보지 못했다.

병원에서 사는 것은 영화 촬영장에서 일하는 것과 비슷한 느낌이다. 함께 생활하는 사람들과 아주 빠르게, 믿을 수 없이 강렬한 관계를 맺게 되는데 그러다 갑자기 그 사람들이 사라지고, 마치 사라진 그들에게 자기 자신을 그렇게 많이 내어준 적이 없다는 듯 계속 아무렇지 않게 살아가야 한다.

나의 거식증 환자 동료들은 섭식장애 병동 복도에 나란히 늘어선 병실에서 살았다. 셀레나와 앨리슨과 켈리. 이들은 나의 이웃이자 새로 사귄 제일 친한 친구들이자 자매들이자 엄마 같은 사람들이다. 후에 나는 누가 가장 체중이 적게 나가는지를 두고 경쟁하고, 음식을 감추어서 똑같이 그러지 않는 사람들의 마음을 켕기게 하고, 자기가 건강할 때나 아플 때나 남들을 괴롭히는 거식증 환자들을 만났다. 하지만 이 세 사람은 순하고 친절했으며, 자기들 역시 돌봄이 필요한데도 나에게 간호사 같은 존재가 되어주었다. 그들은 모두 나보다 다섯 살에서 열 살쯤 많았고, 내가 처음 입원했을 무렵에는 그곳에서 꽤 지냈을 때였는데도, 한 번도 나를 새로 굴러들어온 어린 침입자처럼, 어리석은 어린애처럼 대하지 않았다. 우리는 작은 패거리로 뭉쳐다녔다. 그들은 두 번째나 세 번째 입원 중이어서 내가 병원의 낯선 면들에 적응하도록 도와주고, 간호사 스테이션 어디에 주간 식단표가 보관되어 있는지도 알려주었다. 우리 넷은 매일 그 식단표 주변에 모여 서서, 눈의 힘으로 그 글자들을 지우기라도 하려는 듯 앞으로 나올 식사의 세세한 내용을 뚫어져라 들여다보았다. 그렇게 오랫동안 나 혼자만의 생각 속에 고립되어 있다가 나처럼 생각하는 다른 사람들을 발견하니 경이로웠다. 이것이 병원과 관련해 가장 좋은 기억이었다. 나를 이해하는 사람들과 함께한다는 순수한 안도감.

3킬로그램을 불린 후 내게는 병원 밖 벤치에 혼자 몇 분간 앉아 있을 수 있는 특권이 생겼다. 어느 다이어트 잡지에서 앉아 있는 건 칼로리 소모가 너무 적다는 걸 읽었기 때문에 나는 거의 앉아 있지 않았다(서 있을 수 있을 때는 절대 앉지 말고, 앉아 있을 수 있을 때는 절대 눕지 마라). 그래서 나는 그 벤치 옆에 서서 눈을 감고 몇 주 만에 처음으로 내 얼굴에 불어오는 산들바람을 느꼈다. 섭식장애 병실은 모두 그 벤치 쪽을 향해 창이 나 있었는데, 내가 다시 안으로 들어가면 앨리슨이 켈리와 셀레나 앞에서 내게 말했다. "내가 창밖을 내다보는데 이런 생각이 들지 뭐야. 벤치 옆에 저 작대기는 뭘

하고 있는 거지? 그러다 깨달았어. 아, 저건 해들리로군!" 그러고 앨리슨은 내게 미소를 지었다. 어머니는 늘 나를 나쁜 의미로 작대기에 비유했고, 그런 말을 할 때마다 울었다. 하지만 앨리슨은 칭찬으로 그 말을 했고, 내가 자기 말을 칭찬으로 받아들일 테고 다른 사람들에게도 그렇게 말해주길 바란다는 걸 알았다. 나는 환하게 웃었다. 얼마 전까지 그토록 외로웠던 내게 다른 환자들과의 예기치 못한 이 연대는 정말 경이로웠다. 너무 기적 같아서 사랑에 빠지는 느낌과도 약간 비슷했다.

가장 눈에 띄게 아파 보이는 사람은 얼굴이 너무 말라 해골처럼 보이던 셀레나였다. 셀레나는 튜브로 음식을 공급받았고, 그 사실을 알고 나자 내가 충분히 아프지 않다는 불안감이 엄습했다. 나는 튜브로 음식을 공급받지는 않았으니 말이다. 그런 불안감은 처음이었지만 결코 마지막은 아니었다. (병원에서 비슷한 부류의 사람들을 만나는 일에서 불리한 면중 하나가 이제는 자신을 평가할 기준이 되는 사람들이 생긴다는 것이다.) 셀레나는 20대 중반이었지만, 그보다 세 배는 더 나이 들어 보였다. 거식증은 어린 여자아이 시절로 돌아가려는 시도일 수 있지만, 저울 위의 어느 시점을 지나면 방향을 반대로 틀어 노인처럼 보이게 만든다. 셀레나는 육체적 손상 못지않게 마음에 입은 손상도 겉으로 드러났다. 셀레나의 인생은 여러 차례의 끔찍한 가족적 비극으로 산산조각이 났고,

그래서 자신의 슬픔 속에 너무 깊이 빠져 있어서 내게는 셋 중 가장 거리감이 드는 사람이었다. 하지만 어떻게 해서인지 셀레나는 비참함의 안개 속에 있다가도 이따금 간호사가 내가 적당하다고 생각하는 양보다 음식을 더 많이 먹여 울고 있는 나를 보면 다가와 위로해주었다. 나는 셀레나가 우는 걸 딱 한 번 보았는데, 그가 주말에 너무나 간절히 바랐던 엄마와의 시간을 보내고 돌아온 뒤였다. 병원 저울로 재어 보니 셀레나의 체중이 1킬로그램 줄었는데, 이는 다시는 그런 주말 외출이 허락되지 않을 거라는 뜻이었다. 울고 있던 셀레나는 내가 복도에서 자신을 안는 걸 가만히 내버려뒀고, 나는 한순간 그가 내 품 안에서 긴장을 푸는 걸 느꼈다. 그러다 셀레나는 갑자기 멈칫하더니, 급한 약속이라도 기억난 듯 서둘러 자기 방으로 들어가 문을 닫아버렸다. 나는 아직도 때때로 소셜미디어 사이트나 구글을 통해 셀레나를 찾는다. 내가 비교적 낙관적인 상태일 때면, 셀레나가 젊었을 때는 누리지 못했던 종류의 인생을 누리며 오프라인에서 행복하게 살고 있는 모습을 상상한다.

켈리는 다른 상황이었다면 나의 베이비시터가 될 수도 있을 사람처럼 느껴졌다. 당시 열아홉 살이었던 켈리는 말투가 부드럽고 늘 다른 사람을 기쁘게 해주려 애쓰는 사람으로, 항상 다른 사람들을 불쾌하거나 화나게 하지 않으려고 신경을 썼다. 그는 자기 안에 살고 있는 거식증에게 단단히 목줄을 채워둔 상태를 유지할 수 있었다. 먹는 걸 원치 않았지만, 자신에 대해 느끼는 어떤 부정적 감정도 표면으로 새어 나오게 두지 않았다. 켈리는 내가 입원한 지 한 달이 지났을 때 집으로 돌아갔고, 간호사들에게 전해 들은 마지막 소식은 다시 체중이 줄기 시작해 부모가 다른 입원 시설을 찾고 있다는 얘기였다.

앨리슨은 20대 초반이었고, 나에게는 엄마 닭 같은 존재였다. 자기도 적어도 나만큼은 아픈 상태였을 텐데도 나를 안아주고 내가 자기에게 기대어 울도록 받아주었다. 자기 얘기는 한 번도 하지 않으면서도, 내가 인생과 과거에 관해 말하도록 격려해주던 앨리슨은 유난히 다정한 선생님 같았고, 나는 그런 앨리슨에게 꼭 달라붙었다. 앨리슨은 나보다 열 살이나 많았으나 한 번도 위협적으로 느껴진 적이 없었다. 너무나 명백한 앨리슨의 취약성 때문에 나이로 벌어진 차이가 좁혀졌기 때문일 것이다. 앨리슨은 결정 내리는 것을 너무나 두려워해서 텔레비전에서 무슨 프로그램을 볼지 선택하는 데조차 몇 시간이 걸릴 정도였다. 병원에 너무 오래 입원했기 때문에 앨리슨에게는 문을 열어두기만 한다면 감독받지 않고 식사하는 일도 허용됐다. 어느 저녁 나는 앨리슨보다 먼저 식사를 마치고 텔레비전 휴게실로 걸어가던 길에 그의 방 앞을 지나다 손을 흔들어 인사하려고 안을 들여다보았다. 하지만 앨리슨은 나를 보지 못했다. 자기 접시에 있는 음식 일부를 서랍 뒤에 숨겨둔 비닐 쇼핑백에 긁어 담고 있었기 때문이다.

*

입원한 지 두 달이 지났을 때 또 한 명의 환자가 들어왔다. 열아홉 살인 어맨다였다. 전에도 입원했던 사람이었는데, 간호사들이 스테이션과 바로 마주 보는 방에 그를 넣은 걸 보니 특별히 어려운 환자인 듯했다. 그건 항상 지켜보겠다는 뜻이니까. 셀레나처럼 어맨다도 너무 어린 나로서는 짐작할 수 없는 방식으로 불행한 듯했고, 나보다 겨우 다섯 살이 많았을 뿐인데도 어맨다 옆에서 나는 서너 살짜리 아기처럼 느껴졌다. 그건 어맨다가 조용하지만 강렬한 슬픔의 분위기를 발산하고 있었기 때문인데 돌이켜보면 그게 우울증이었다는 걸 이제는 안다. 그렇지만 이따금 내가 이야기를 나누고 싶다는 이유로 식사 중일 때 그의 방에 들어간다든지 하는 어쭙잖은 행동을 해도 어맨다는 항상 나를 친절하게 대해주었다. 그리고 나중에 알게 됐지만 우리 둘 다 이후로도 서로를 전혀 잊지 않았다.

우리는 모두 닥터 R의 환자였다. 하지만 외부자라면 그런 사실을 알지 못했을 수 있다. 그가 우리를 보는 일이 거의 없었기 때문이다. 닥터 R은 일주일에 한 번 병동에 나타나 평

먹지 못하는 여자들

균적으로 우리 중 한 명하고만 개인적으로 대화했고, 그러면 나머지 환자들은 자기가 뭘 잘못했는지 궁금해했다. 그는 한 번도 우리의 상태를 메모하는 일이 없었다. 당시 나는 너무 어려서, 내가 닥터 R에게 반하는 것이 당연한 일로 예상된다는 걸 알지 못했다. 이는 환자 대부분과의 관계에서 그가 즐기는 역학이었고, 나는 셀레나와 켈리가 자기들 방문 앞에서 그가 20분 정도, 아니 10분, 5분이라도 말을 나눠주기 바라며 그를 기다리고 있을 때 닥터 R의 키가 조금 커진다는 걸 알아챘다. 그들과 달리 나는 그를 내 인생에 터무니없을 정도로 큰 통제력을 행사하는 이상한 늙은 남자라 여겼고, 내가 그에게 그랬듯 그 역시 내게 별로 호감이 없었다. 언젠가 윗몸일으키기를 하고 있을 때 닥터 R이 내 방에 들어왔는데 나를 보고는 그냥 어깨를 으쓱했다. 당시 나는 그것이 존중의 표시라고, 이제는 그가 나를 충분히 잘 알게 되어 간호사들의 깐깐한 규칙으로 나를 옭아매지 않는 것이라 생각했다. 하지만 지금 생각해보면 그는 아마 내가 어떻게 하든 개의치 않았던 듯하다. 한때는 내가 이렇게 된 이유를 그가 깨우쳐주기를, 그의 명석함과 카리스마가 나의 거식증을 압도하여 더 이상 내 머릿속에서 검은 뱀의 목소리가 들리지 않게 해주기를 바랐다. 그 뱀의 목소리 대신 그의 풍부하게 울리는 목소리를 들었으면 했다. 하지만 그의 목소리는 따분하고 단조로운 톤이었고, 그는 명석하지도 않았고 카리스마도 없었다. "나는 그가 듣고 싶어 하는 말을 그에게 해주는데, 그 말에 만족하는 것 같다. 왜냐면 그는 멍청이니까." 입원 두 달째에 접어들었을 때 일기장에 쓴 말이다. 닥터 R의 눈에 나는 모든 해당 사항이 체크된 또 한 명의 거식증 환자, 하나의 통계 수치, 하나의 클리셰, 하나의 돈벌이 수단일 뿐이었다. 우리의 대화는 겉핥기식이었고, 우리는 서로에게 전혀 관심이 없었다. 그는 그러면 안 되지만 나는 그래도 괜찮았다. 적어도 나는 그에게 정신과 의사가 되어주는 대가로 돈을 요구하지는 않았으니까.

이따금 그가 병동에 한 번도 오지 않고 지나간 주면, 우리 넷은 금요일 저녁에 창밖으로 직원 주차장을 내려다보면서 그가 자기 차(물론 우리는 어느 차가 그의 것인지 알았고, 매일 아침 그가 도착하는 모습도 봤다)에 올라 차를 빼고, 병원에서 보내는 주말이라는 긴 터널 앞에 멍하니 서 있는 우리를 남겨둔 채, 가족이 기다리는 행복한 집으로 돌아가는 모습을 지켜보았다. 그 장면은 매번 우리 내면을 조금씩 죽였다. 그가 우리를 잊은 것이다. 그건, 레슬리처럼, 우리도 이 쪼그라든 세상에서 영원히 살게 되리라는 뜻이었을까?

6장
앨리슨 이야기

앨리슨은 내가 병원1에서 가장 많이 의지했던 환자이며, 엄마 같은 인물상에 가장 가까운 사람이었는데, 이 말은 내가 모든 불안을 앨리슨에게 부려놓았지만 그는 내게 한 번도 자기 불안의 짐을 지운 일이 없었다는 뜻이다. 이는 앨리슨과 나, 둘 다가 정확히 원했던 바였다. 나는 나르시시스트에다 자기 얘기만 하고 싶어 하는 미성숙한 10대였고, 앨리슨은 보이지 않는 존재가 되기를 바라며 자기를 드러내지 않는 젊은 여자였다. 병원에 입원한 지 6주 만에 앨리슨이 떠나자 나는 비탄에 빠졌고 내가 고집스럽게 앨리슨의 방이라고 생각한 병실에 입원한 여자에게 깊은 분노를 품었다. (20대 후반인 제시카라는 사람으로, 끊임없이 담배를 피우고 설사약을 남용해 내게 흥미와 역겨움을 동시에 안겼다. 수년이 지난 뒤에도 나는 담배 냄새를 맡으면 설사약과 설사를 연상했다.)

나는 앨리슨이 그리웠지만 그와 연락하며 지낼 생각은
해보지 못했다. 앨리슨은 어른이고 나는 아이라고 생각했기
때문에, 앨리슨에게 편지를 보낸다면 선생님에게 편지를 보
내는 것처럼 이상할 것 같았다. 하지만 나는 결코 앨리슨을
잊지 않았고, 이 책을 쓰기로 마음먹었을 때 앨리슨의 근황
을 알아볼 때가 되었다는 느낌이 들었다. 마침내 그를 찾아
냈을 때, 우리는 문자 메시지로 평일 오후 런던 중심가의 한
바에서 만나기로 약속을 잡았다. 우리 둘 다 30년이 지난 뒤
에도 서로를 알아볼 수 있을지, 할 말이 있기는 할지 확신할
수 없었다. 하지만 길에서 서로를 발견했을 때 우리는 동시에
"옛날이랑 완전히 똑같네" 하고 말했다. 앨리슨은 정말로 그
랬다. 우리가 자리를 잡고 앉아 나눠 마실 탄산수 한 병을 주
문하고 나서야 나는 그가 왜 그렇게 하나도 안 변해 보이는
지 이해했다.

　앨리슨은 이제 쉰두 살이었고 아들 둘을 둔 엄마였다. 나
는 앨리스가 집에서 왔으리라고 생각했지만 아니었다. 최근
재발한 후 낮병원 환자로 다니고 있는 섭식장애 센터에서 오
는 길이라고 했다.

　"재발했을 때 내 나이 때문에 엄청 부끄러웠어. 너무 늙
어서 말이야. 그런데 어느 의사가 그러는데 예전에 거식증에
걸렸던 사람이 나이가 들어서 호르몬에 변화가 생길 때 재발
하는 일이 꽤 흔하다고 하더라고. 내 생각에 나이 든 거식증

환자 중에는 도움을 구하지 않는 사람이 많아서 이 사실이 더 안 알려진 것 같아. 사람들은 그냥 나이 들고 깡마른 여자라고만 생각하겠지." 이렇게 말한 앨리슨은 말을 멈추고는 너무 자기 얘기만 해서 미안하다고 사과했다. 내가 이 책을 위해 자기 인생에 관해 질문하려고 만났다는 걸 알면서도 말이다. 앨리슨은 자꾸만 나에 관한 이야기로 화제를 돌리려 했다. 아이가 몇 명인지, 아이들이 몇 살인지 같은 이야기. 열네 살 때의 나르시시스트 자아로 다시 돌아가 내 얘기만 하며 시간을 다 보내지 않으려면 내가 더 노력해야 했다. 수줍게 자기에게서 관심을 돌리려는 이 태도 중 어느 만큼이 앨리슨이고 어느 만큼이 거식증일까? 그리고 전자가 후자를 부추겼을까, 아니면 그 반대일까? 30년 동안 거식증에 시달린 앨리슨에게 그 얽힌 매듭을 푸는 건 불가능한 일이었다.

앨리슨은 언제나 불안한 아이였다. "엄청나게 수줍고, 항상 언니 뒤에 숨는 아이, 사람들의 기분을 맞추려는 사람, 완벽주의자였어. 거식증 환자의 전형적인 모든 특징을 갖춘 셈이지." 앨리슨이 수줍게 미소 지으며 말했다.

이 모든 특징은 앨리슨이 네 살 때 부모가 별거한 후로 더욱 심해졌다. 이혼 가정의 많은 아이가 그렇듯 앨리슨은 아버지가 자기 어머니를 떠났듯이 자기를 떠나지 않게 하려면 아버지를 기쁘게 해야만 한다고 생각했다.

"나는 내가 아버지를 실망시켰다고 믿었고, 아버지가 나 때문에 떠난 것이라고 걱정했어. 그래서 자신감은 더욱 줄어들었고. 아버지에게 좋은 인상을 심어줄 유일한 방법은 공부라고 생각했어. 그래서 대입 시험에서 예상한 만큼 좋은 성적을 받지 못했을 때 아버지를 정말로 실망시켰구나 싶더라고. 아버지에게 뭔가를 증명해 보이려는 마음이 너무 필사적인 나머지 나를 너무 심하게 몰아세웠어."

앨리슨은 아버지에게 자신이 얼마나 유능하고 성숙한지 보여주려 노력하는 동시에, 어머니를 집에 남겨두고 떠나는 일을 끔찍하게 여겼다. 성인이 되려는 충동과 유년에 머무르려는 충동 사이에서 갈등하던 앨리슨은 스무 살이던 1990년에 체중이 줄기 시작해 처음으로 병원1에 입원했다.

"전부 해서 나는 병원1에 아홉 번인가 열 번 입원했어. 우울증으로 정말 힘들었던 시기에는 주말 동안만 입원했던 때도 있고, 6개월 동안 머문 때도 있었지. 마지막 입원 때는 결국 전기경련치료까지 받았어. 하지만 지금 돌아보면 정말 그런 게 필요했는지 모르겠어. 그건 너무 극단적이니까. 게다가 당시 나는 정말 저체중이었거든. 그러니 그때 내가 우울증이나 불안장애였는지 어떻게 확신할 수 있겠어?"

오랫동안 나는 병원1에 대한 나의 기억이 전반적으로 행복했다는 점 때문에 죄책감을 느꼈다. 정신병원에 입원해 있던 시기를 어떻게 애틋한 마음을 품고 돌아볼 수 있는 걸까? 하지만 나는 그랬다. 앨리슨과 셀레나와 켈리와 내가 휴게실에서 누워 텔레비전을 보며 같이 빈둥거리던 일을, 또는 그들과 함께 길을 걸어가 비디오테이프를 빌려오던 일을, 우리가 항상 서로를 걱정해주는 작은 팀 같다고 느꼈던 일을 기억한다. 앨리슨이 내게 자기도 같은 마음이라고 말했을 때, 나는 그가 내게 작대기 같다고 말했던 때와 같은 기분을 느꼈다. 마침내, 여기 나를 이해하는 사람을 찾았어. 그러니까 나는 괴물은 아니었던 거야.

"병원에서 즐거웠지. 이렇게 말하면 잘못된 일처럼 들리겠지만, 진짜로 그랬어. 그렇지 않아? 병원에 있을 때 나는 먹어도 된다는 허락을 받은 느낌이었어. 나라면 결코 내게 허락하지 않을 일이었지. 그리고 거기엔 경계가 분명했고, 내가 갈망했던, 어렸을 때 우리 집에서는 찾을 수 없었던 안전함이라는 감각도 있었어."

나는 학교에 다니던 중에 아팠기 때문에, 약간은 가짜 돈으로 게임을 하는 듯한 느낌이었다. 병원에 입원해 있음으로써 내가 잃은 건 진짜 시간이 아니라고. 입원하지 않았다면 그저 학교에서 보냈을 시간일 뿐이고, 그러니 나중에 따라잡을 수 있다고. 당시 나는 어른이 아픈 것은 더 심각한 의사표시라고 생각했다. 숙제를 추가로 아무리 더 한다고 해도 일터에서 벗어나서 지낸 몇 년을 벌충할 수는 없을 터였다. 나는 앨리슨에게 20대에 입원한 사이사이의 시기에는 무엇을 하며 보냈는지 물었다. "아무것도 안 했어. 그냥 부모님과 함께 살았지. 내가 10대 때 두 분이 다시 합치셨거든. 그리고 자원봉사 일을 약간 했어. 그런데 서른 번째 생일 즈음에 뭔가가 딸깍 맞춰지는 것 같더니, 내 인생이 병원에서 체중을 불리고 집에 와서 다시 빼는 일로 돌아가는 게 정말 진저리가 나더라. 그러다 할아버지가 돌아가셨고, 나는 할아버지가 하늘에서 나를 내려다보며 '맙소사, 앨리슨이 나 때문에 더 나빠졌어' 하고 생각하시는 건 원치 않았어. 할아버지가 아셨다면 분명 정말 슬퍼하셨을 테니까. 또 우리 언니가 아기를 낳기도 했고. 난 아홉 살 때부터 아이를 원했고, 그래서 조카들에게 홀딱 빠졌지. 그 후로 나는 체중을 아주 낮기는 하지만 병원에 들어가지는 않을 정도로 유지했어. 언니가 어떤 남자랑 소개팅을 주선해줬는데, 그 사람 과거가 그리 좋지 않다는 건 알았지만, 나는 사랑받고 싶은 마음이 절실했어. 내게 더 나은 사람을 만날 가치가 있다는 생각도 안 들었고. 그래서 그 사람과 결혼했는데 일 년 만에 갈라섰어."

지금 앨리슨은 초등학교에서 보조 교사로 일하고 있는데, 특유의 온화한 태도와 부드러운 목소리로 그 일을 하는 모습을 쉽게 상상할 수 있다. 이혼 후 앨리슨은 지금의 남편 마이클을 만났고, 얼마 지나지 않아 임신했다.

"나는 그 누구에게서도 나 때문에 아기가 작다거나 뭐 그런 소리를 듣고 싶지 않았어. 그래서 식이 제한을 그만뒀지. 그런데도 여전히 팔다리 둘레를 재는 건 계속했어. 아기를 위해 체중을 불리기는 하지만, 그 체중으로 내 몸만 불리고 있는 건 아니라는 걸 확실히 해두고 싶었거든. 이게 말이 되는 소리인진 모르겠지만. 당시에도 여전히 닥터 R에게 치료를 받고 있었는데, 그는 앞으로 벌어질 일을 걱정했어. 거식증 환자가 대체로 아기를 가진 후에 많이들 힘들어하기 때문이었지. 하지만 나는 그냥 너무 신이 났어. 정말로 엄마가 되길 원했거든. 나는 워낙 계획적인 사람이라 잘 개켜둔 양말까지 집 안에 아기를 위한 모든 걸 준비해뒀어. 우리는 아기가 아들이란 걸 알고는 찰리라는 이름을 지어 부르고 있었고, 나는 '여기 아기만 빼고 전부 다 준비돼 있단다' 하고 계속 말했어. 진통이 시작되던 날 밤, 마이클은 몇 시간 눈을 붙이겠다고 했는데, 나는 너무 흥분해서 도저히 잠을 잘 수가 없더라고. 아기가 도착하는 게 너무 기다려져서. 이런데 잘못될 일이 있을 거라고는 상상도 안 되지 않아?"

앨리슨은 분만 때 복잡한 문제가 생겼다. "그런데 아기에게 심장마비가 일어난 거야. 그러고는 아기가 죽어버렸어." 이렇게 말한 앨리슨은 충격을 먹은 내 얼굴을 보더니 덧붙였다. "미안해. 안 울고도 이 얘기를 할 수 있을 줄 알았는데 아닌가 봐."

병원 측은 아기가 "충분히 고통받았다"라면서 검시를 하지 말라고 조언했고, 충격에 빠진 앨리슨과 마이클은 그 말에 동의했다. 앨리슨은 자기 잘못이라고, 자기가 어떻게 해선지 자기 몸을 망치고 그럼으로써 아기까지 죽게 만들었다고 확신했고, 사실을 확인하기 위해 사립 산부인과를 찾아갔다. 그런데 이 산부인과 의사는 찰리에게 잘못된 점이 있었다고 생각하지 않는다고, 만약 제왕절개 수술을 했더라면 아기가 살았을 거라고 말했다.

앨리슨은 아기를 잃은 트라우마를 꾹 억누르고, 엄마가 되려는 필사적인 마음에 마이클과 함께 아들을 둘 더 낳았다. 조시와 조였다.

"그 후로도 한동안은 닥터 R을 만났는데, 그는 내 비통함을 알아보지 못하는 것 같았어. 그러니까 서리에서 좋은 남편과 두 아들과 살고 있으니 표면적으로는 모든 게 다 괜찮아 보였겠지만, 그 아래에서 난 물에 빠지지 않으려고 필사적으로 허우적거려야 했고, 그러다가 정말 심각한 강박장애가 생겼어. 놀이방의 모든 게 색깔별로 맞춰 정리되고 제 상자에 들어 있어야 했어. 누군가 뭔가를 엉뚱한 장소에 두면 나는 아무 말도 안 했지만 나중에 그걸 제자리에 갖다 뒀지. 아이들이 어지럽히는 건 괜찮았어. 아이들이 자러 간 다음에 내가 정리할 수만 있으면 말이야. 하지만 만약 누군가가 '이 난장판을 일주일 동안 가만히 내버려둬야만 해'라고 했다면 난 절대 견딜 수 없었을 거야."

작은아들을 낳고 난 뒤 앨리슨은 이제 자신이 찰리의 죽음에 의문을 제기할 만큼 충분히 강해졌다고 느꼈다. 마침내 사인을 밝히기 위한 조사가 진행됐고 문제는 아기가 아니라 출산 과정에 있었음을 시사하는 결과가 나왔다.

"마이클과 나머지 가족은 그걸로 일이 마무리되었다고 느꼈어. 비난할 누군가가 생긴 거니까. 하지만 찰리가 살 수도 있었다는 걸 알게 되자 나에게는 오히려 그때부터 악몽이 시작됐어. 살릴 수 있었다는 사실이 무엇보다 소화하기 어려웠지. 그 시점부터 서서히 내리막을 걷기 시작했어. 너무 오래 거식증을 안고 살아온 사람은 인생에서 일이 잘 풀리지 않을 때 어떻게 대처해야 하는지 알기가 정말 너무 어렵잖아. 기분이 심각하게 가라앉으면, 체중이 줄 때 느끼던 그 고양감을 밀어내기도 어렵고."

이즈음 우리는 두 시간 넘게 이야기를 나눈 참이었는데, 앨리슨과는 늘 그랬지만 내게는 없는 큰언니와 이야기를 나눈 느낌, 나와 똑같은 경험을 너무 많이 한 사람, 마치 내 마음처럼 그 심리적 과정이 잘 이해되는 사람과 이야기를 나눈 느낌이었다. 그러니까 만약 내 아기가 피할 수도 있었을 죽음을 맞이했다면 나는 어떻게 반응할까? 아기가 죽었을 때 어떻게 내가 먹는 것을 정당화할 수 있을까? 그리고 그 슬픔을 어떻게 견딜 수 있을까? 차라리 굶고 그 생각은 안 하는 게 나을 것이다. 물론 앨리슨은 체중이 줄었다. 그건 거울에 비친 내 모습을 보는 것만큼이나 분명히 보였다.

"내 아이들이 [나의 거식증에] 영향을 받는 것은 원치 않지만, 나로서는 도저히 감당할 수 없었어. 하지만 심지어 내 나이에도 회복은 가능하고, 회복이란 모든 사람에게 다 다른 모습으로 당도하지. 병원에서 사람들이 거식증 환자는 폭식증 환자의 꿈이고 폭식증 환자는 거식증 환자의 악몽이라고 말하던 게 기억나. 그들이 무슨 뜻으로 한 말인지 알아. 거식증은 통제에 관한 것이고, 통제는 포기하기 어려우니까." 앨리슨이 말했고 나는 웃었다. 나 역시 그룹 치료사가 그 말을 했던 걸 기억하고 있었기 때문이다. 우리에게는 거식증 환자를 칭찬하는 말처럼 들렸기 때문에 그 긴 세월이 흐른 뒤에도 우리는 여전히 그 말을 기억 속에 고이 간직하고 있었다.

내가 아이들이 기다리는 집으로 돌아가야 해서 우리는 함께 그 바에서 나와 거리로 나섰다. 우리는 아이들이 우리에게 그리고 거식증을 대하는 우리의 태도에 미친 영향에 관해 이야기를 나눴다.

"마이클과 우리 아이들을 이 세상 무엇보다 사랑하는데도, 그들조차 병이 재발하는 걸 막지 못했지. 하지만 내가 회복하기를 바라는 이유는 마이클과 아이들 때문이야. 비록 내 안의 어떤 목소리가 '그래, 하지만 어느 정도의 체중까지만'이라고 말하기는 하지만, 그래서 나 자신이 정말로 믿기는 하지만 말이야."

앨리슨은 어린 시절의 자신과 지금 두 아들의 차이를 알 수 있다. 며칠 전 한 아이가 새 학교에 다닐 일 때문에 불안하다고 앨리슨에게 털어놓았다고 했다. "그런데 사실 나는 아주 기뻤어. 물론 걔가 불안을 느껴서는 아니야. 내가 어렸을 때 그랬듯이 불안을 마음속에만 담아두는 게 아니라 나에게 말해도 된다고 느꼈다는 게 기뻤지. 학교 다닐 때 지독한 복통을 앓곤 했던 기억이 나. 불안감을 모두 내면에 억눌러뒀기 때문에 생긴 복통이었지. 하지만 학교는 그걸 위험 신호로 보는 대신 '아, 진짜 아픈 게 아니라 그저 아프다고 착각하는 거야'라는 식이었어."

나는 앨리슨에게 아이들이 엄마의 병에 관해 알고 있는지 물었다.

"내가 할 수 있는 한 그 병으로부터 아이들을 보호하려고 노력했지만, 지금은 애들이 내가 아프다는 걸 분명히 아는 것 같아. 아이들은 정말 이해하려고 애쓰지만, 나도 알아. 거식증처럼 비논리적인 병은 이해하기가 어렵지." 앨리슨은 조용히 말했고, 나는 그의 손을 꼬옥 잡았다. 두 엄마는 그렇게 함께 그 길을 걸어갔다.

7장
어머니들과 여자들

　뉴욕에서 런던으로 이사했을 때 우리 가족에게는 많은 변화가 있었다. 아파트에서 살다가 주택으로 옮겼고, 뉴욕에 개 한 마리를 두고 왔고 새 개 한 마리를 데려왔으며, 정도는 각자 달랐지만 모두 미국식 영어 대신 영국식 영어로 말하기 시작했다. 심지어 우리끼리 얘기할 때도 '베이크드 포테이토' 대신 '자켓 포테이토'라고 하고, 영화관은 '시네마'라고 했다. 가장 예상하지 못했던 변화는 어머니가 '초콜릿 바'를 먹기 시작한 일이었다. 그건 바로 '바운티 초코바'였고 게다가 그건 어머니가 아주 오래 고대해왔던 일이었다. "내가 30년 넘게 이걸 못 먹었다는 거 아니니!" 나중에 어머니는 웃으며 그렇게 말했다. 그 말은 사실이었다. 그때까지 나는 어머니가 디저트를 먹는 것을 한 번도 본 적이 없었다.

　어머니는 언제나 아주 날씬했다. 어머니 동생인 리비 이

모는 어머니의 '깡마른 와스프'* 친구들을 두고 놀려대곤 했는데, 어머니에게 과체중인 친구들이 많았다면 그게 더 놀라운 일이었을 것이다. 왜냐하면 어머니 본인이 이야기하듯 어머니에게는 항상 '체중에 관한 뭔가'가 있었기 때문이다. 당시 뉴저지 주지사로 과체중인 크리스 크리스티가 2015년 대통령 선거에 출마했을 때, 어머니는 '저렇게 통제력이 없어 보이는' 사람에게는 절대 표를 줄 수 없다고 말했다. 지금 어머니는 70대이고 체중을 재는 법이 없지만, 지난 40년 동안 항상 같은 치수의 옷을 입었고, 만약 옷이 조금 끼이는 느낌이 들기 시작하면 '음식을 제한해야 할 때'라는 걸 알아차린다고 하신다.

어머니는 대학교 1학년 때 거식증이 생겼다. "나는 그냥 음식을 좋아하지 않아서, 내 방에서 베이글만 먹곤 했지" 하고 어머니는 말했다. "그리고 양쪽 허벅지가 서로 닿지 않는 것도 참 좋았고." 어머니는 생리가 멈췄고, 그 시절의 사진을 보면 어머니의 다리는 마른 다리에서 말라비틀어진 다리로 변해갔다. 결국 외조부모님이 어머니를 의사에게 보냈는데, 마침 그 의사는 어머니의 남자 사촌이기도 했다. 믿을 수 없게도 그 사촌이 어머니의 생리가 멈춘 이유를 확인하기 위한

---

* 앵글로색슨계 미국 신교도(white anglo-saxon protestant)의 두문자를 따서 줄인 말로 흔히 미국 주류 지배계급을 뜻한다.

먹지 못하는 여자들

부인과 검사를 실시했을 때 어머니는 '창밖으로 뛰어내리고' 싶었다고 한다. 어머니는 그 소름 끼치는 경험에 기겁한 나머지, 그런 일이 다시 벌어지는 것을 막기 위해 먹어야만 한다면 먹겠다고 결심했다. 결국 거식증은 "그냥 없어졌고 생리는 다시 돌아왔는데, 사실 생리는 별로 개의치 않았다." 거식증에 잠시 발을 담가본 일부 여자들은 뱀이 허물을 벗듯 조용히 최악의 거식증에서 벗어난다. 하지만 이런 이들의 불리한 점은 나처럼 극심한 거식증 환자보다 치료받을 가능성이 더 낮다는 것이다. 대신 그들에게는 거식증이 검사도 인정도 받지 못한 채 희미한 그림자처럼 계속 따라다니며 머무는데, 간혹 남은 평생 내내 그러기도 한다. 어머니도 먹는 문제로 치료를 받아본 적이 한 번도 없다. "우리 때는 그냥 그런 건 하지 않았어." 어머니가 말했다. "하지만 그건 어떤 면에서는 아직도 나를 따라다녀. 나는 아직도 체중을 의식하지만, 지금은 그 염려가 건강이라는 망토를 쓰고 있지." 오늘날까지도 어머니는 마음이 상하거나 불안할 때면 체중이 준다. "나는 먹는 것에서 위안을 얻지 않아. 먹지 않는 것에서 위안을 얻지."

이 책을 쓰기 위한 조사에 착수하기 전까지 나는 어머니의 거식증 경험에 관해 어머니와 이야기를 나눠본 적이 한 번도 없었다. 체중을 둘러싼 어머니의 감정에 관해서도 마찬가지였다. 나는 그저 어머니가, 내 거식증에 관해 단 일부라도 어머니 탓이라고 느끼게 하고 싶지 않았다. 정확히 말하자면,

내가 어머니를 탓한다고 느끼는 걸 원치 않았다. 실제로 나는 어머니를 탓했던 적이 없고 지금도 탓하지 않는다. 어머니가 자신을 탓한다는 걸 알기 때문에 더더욱 그렇다. 하지만 혹시 내가 어머니에게 거식증을 후천적으로 배운 것이 아니라, 재닛 트레저 교수와 제롬 브린 교수 말대로 물려받은 것이라면?

"많은 사람이 우울증의 유전율이 높다고 생각하지만, 섭식장애의 유전율은 더 높습니다." 브린 교수의 말이다. "우울증과 불안증은 유전율이 30~40퍼센트지만, 섭식장애의 유전율은 60퍼센트예요. 조현병, 자폐장애, 주의력결핍과다행동장애와 양극성장애는 그보다 더 높은 70~80퍼센트고요. 문화나 경험 같은 환경 요인이 거식증과 무관하다고 말하는 게 아닙니다. 그게 가장 중요한 요인이 아닐 수도 있다는 말이지요."

어떤 가족들은 스트레스를 받을 때 술에 손을 뻗는다. 또 어떤 가족들은 폭력으로 치닫는 경향이 있다. 우리 가족에게는 다른 대처 기제가 있었다. 친할머니는 우리와 함께 식사하시는 일이 거의 없어서, 우리 집안에는 할머니가 무릎이 없어서 식탁에 앉을 수 없다는 농담이 있을 정도다. 어머니의 가까운 사촌 한 사람에게는 폭식증이 있었고, 아버지의 사촌 한 명에게는 거식증이 있었다. 어머니의 사촌 중 한 명은 거식증이 생겨 대학을 떠나야 했다. 그리고 어머니의 직계 가족도 있다. 어머니의 언니인 마티 이모는 과체중이었는데 어머니의 말에 따르면 "그건 우리 집안에서는 죄로 여겨졌어. 여자가 어떤 모습이어야 한다는 어머니의 관념과, 자녀들 모두 사회적으로 인기 있는 아이이길 바라는 욕망 때문이었지." 어머니가 말랐을 때 외할머니는 "그걸 아주 좋아했다".

해리엇이라는 이름의 외할머니는 굉장히 예뻤다. 내가 할머니를 봤던 시절, 할머니는 80대였으니 80대의 여인에게 사용하기에 '예쁘다'는 이상할 정도로 소녀 취향의 단어이긴 하지만, 그게 바로 할머니에게 딱 맞는 단어였다. 할머니는 눈동자가 파랬고, 금발 곱슬머리를 뒤로 빗어 넘겨 목덜미에서 동그랗게 말리도록 할머니의 표현으로는 '모양을 잡았다'. 할머니는 똑똑했고 19세기 영국 문학을 사랑하여 지역 잡지에 그에 관한 글을 썼다. 게다가 극도로 여성스러웠고, 언제나 옷을 제대로 차려입었으며, 남자들 곁에서 달콤하고 유혹적인 분위기를 풍기는 경향이 있었다. 할머니는 뚱뚱한 걸 싫어했다. 세 딸 중에서 마르고 쾌활하고 인기 있는 내 어머니가 아마도 할머니의 이상에 가장 가까웠을 테고, 마티 이모와 리비 이모는 이따금 어머니를 두고 가장 총애받는 딸이었다는 말을 하곤 했다. 할머니의 집은 당신 인생의 가장 멋진 시기에 찍은 사진들로 가득했다. 1930년대 오하이오에서 여러 남자에게 구애를 받던 숙녀 시절 사진들과 할머니가 사랑했던 외할아버지 사이먼과의 결혼사진들까지. 나는 할머니의 집 안을 걸어 다니며 웃고 있는 여러 장의 사진들을 구경

했다. 카메라를 향해 4분의 3쯤 돌아선 자세로 턱은 치켜들고 숨은 참은 채, 오로지 행복만을 약속하는 듯한 미래를 들뜬 마음으로 마주하고 있는 할머니의 모습을. 결국 할머니의 남편은 비교적 젊은 나이에 세상을 떠났고, 할머니는 딸들과 사위들의 보살핌을 받았다. 할머니는 찰스 디킨스에 관해 유려한 글은 쓸 수 있었지만, 자신을 돌보는 일은 전혀 할 줄 몰랐다. 그런 일은 남자가 해줄 거라고 기대하도록 길러진 분이었으니까.

내가 입원과 퇴원을 반복하던 무렵, 어머니와 함께 해리엇 할머니 댁에 간 적이 있는데, 할머니는 언제나 그랬듯 내게 아주 친절하고 다정하셨다. 또 매일 같은 카페에, 그러니까 내가 안전하다고 판단한 음식이 나오는 곳에 가자고 고집해도 한 번도 불평하지 않으셨다. 어렸을 때 내 동생과 나는 둘 다 체격이 작고 귀여웠으므로 우리는 할머니가 마음을 열 수 있는 종류의 여자아이들이었다. 이와 다른 종류의 아이였던 사랑하는 마티 이모는 내가 기억하기에 유년기에도, 그 후에도 힘들어했다. (마티 이모는 서글프게도 2001년에 암으로 돌아가셔서 이모와 이런 이야기를 직접 나눠보지는 못했다.)

어머니가 초콜릿을 거부하기는 했지만, 내가 어머니의 거식증을 목격한 적은 없다. 그러나 우리 가족 내부에는 '음식이란 여자들이 불행을 표현하는 도구'라는 것을 나에게 가르쳐준 어떤 역동이 존재했는지도 모른다. 유전적으로 대물림

먹지 못하는 여자들

된 특징이라고 말할 때의 유전율과 가족 안에서 배운 행동을 어떻게 딱 잘라 구분할 수 있겠는가? 우리 가족의 DNA에는 우리를 거식증으로 몰아가는 뭔가가 있는 걸까? 아니면 우리는 모두 서로에게서 어떤 신호를 감지하고 그에 따라 모방한 것일까?

"과거로 거슬러 올라가는 강력한 거식증 가족력은 단순히 가족 내에 거식증을 유발하는 역동이 있었다기보다는 유전적 부하*가 높다는 것을 훨씬 더 많이 시사합니다." 제롬 브린 교수의 말이다. 그 유전적 부하는 대사 요인, 식욕을 통제하는 호르몬, 신체 사이즈와 연관된 비정신의학적 표현형 등과 관계가 있다. 10~20년쯤 지나면 유전학의 도움으로 의사들이 누가 거식증 발병 위험이 높은지 예측하여 일찌감치 개입할 수 있으리라고 브린은 말했다. "그건 심장병 가족력이 있는 사람이라면 자신의 심장병 발병 위험을 낮추기 위해 행동을 조절하는 것과 비슷합니다. 거식증에 관해서도 그렇게 접근할 수 있어요." 하지만 심장병의 경우 환자가 될 가능성이 있는 사람만 행동을 바꾸면 되지만, 거식증의 경우에는 가족 전체가 함께 힘을 모아 그 사슬을 끊어야 한다. 그건 음식을 죄책감과 결부시키는 말을 무심코라도 하지 말아야 한

---

* 개체군 내의 개인/개체들이 지닌, 건강에 유해하거나 질병 가능성을 증가시키는 유해한 유전자 돌연변이의 수 또는 누적된 양의 부하.

다는 뜻이며, 언제라도 주위 사람들을 집어삼킬 것처럼 곁에 계속 머물러 있는 어두운 거식증의 그림자 안에서 살아가는 사람이 한 명도 없어야 한다는 뜻이고, 어떤 내용의 대화도 입 밖에 내기가 너무 무서워 차라리 자신을 지워버리는 것이 더 쉬운 일처럼 느껴질 만큼 억압해서는 안 된다는 뜻이다. 패션 잡지와 소셜미디어가 거식증에 미치는 영향이 크다는 그 모든 이야기에도 불구하고, 사실은 가족이 훨씬 더 결정적이다. 가족은 거식증 환자의 삶에 〈보그〉보다 훨씬 더 큰 영향을 미친다. 어떤 여자아이가 거식증에 걸리는 이유는 가족 내부의 무언가로 인해 그런 종류의 피상적인 문화적 영향력에 취약해졌기 때문인 것이다.

가족들을 비난할 생각은 없다. 똑같은 역동에도 사람마다 반응하는 방식은 다 다르다. 예컨대 자매 둘이 거의 똑같이 양육되었더라도 둘 다 거식증에 걸리는 일은 드물다. 그러니 딸이 거식증에 걸렸다고 해서 당신이 부모로서 실패했다는 의미는 아니다. 나는 이 말을 하늘에 빨간 페인트로 써놓고 싶다. 부모는 전지전능한 존재가 아니라 그들이 속한 시대와 자신이 받은 양육에 의해 형성되는 존재이며, 우리가 손에 쥔 도구는 우리에게 주어진 것과 우리 스스로 어쩌다 획득한 것뿐이다. 지금 나 역시 부모이고 아이들과의 관계에서 매일 잘못을 저지른다. 나 역시 또 하나의 결함 있는 인간일 뿐이니까. 다만 우리 아이들이 나이가 들었을 때 그런 나를 너무

심하게 비난하지 않기만을 바랄 뿐이다. 하지만 아주 오랫동안 딸이 거식증에 걸리면 세상은 노골적으로 어머니를 비난했다. 이유를 설명할 수 없어 보이는 정신질환에 대해서 이런 일은 아주 흔하게 벌어졌다. 1940년대 말부터 1970년대까지는 자기 자녀가 조현병에 걸리게 하는 '조현병을 일으키는 어머니'가 있다고 간주했다. 1940년대에 레오 캐너Leo Kanner라는 정신과 의사는 자폐장애가 생기는 아이들은 이른바 '냉장고 어머니'라 알려진 어머니의 냉정함에 반응하는 것이라 주장했다. 두 이론 모두 이후 완전히 잘못된 것으로 밝혀져 폐기됐지만, 거식증에 걸린 아이들의 어머니에 관한 고정관념은 여전히 거식증 환자들 자체를 향한 고정관념만큼이나 강고하게 남아 있다.

1970년대에 힐데 브루흐는 이렇게 썼다. "그 어머니들은 많은 경우 커리어우먼이었던 이들로 가족의 안녕을 위해 자신의 야망을 희생했다고 느낀다. 그들은 세세한 면에서 남편에게 순종하지만, 진심으로 남편을 존경하지는 않는다. 신체적 외양에 엄청나게 집착하며 건강한 몸매와 미모를 흠모하고, 자녀들에게 예의 바른 행동과 측정 가능한 성취를 기대한다. 이 묘사는 아마 성공 지향적인 중산층 가족 다수에게 적용될 테지만, 이런 특징은 거식증 환자의 가족들에게서 더욱 뚜렷이 나타난다."[1]

위의 묘사는 내 어머니에게는 해당하지 않는다. 특히 아버지와의 관계가 그런데, 두 분은 항상 서로 가까웠고 애정을 직접적으로 표현했다. 하지만 나는 아직 어떤 수준에서든 딸의 거식증을 두고 자책하지 않는 어머니는 만나보지 못했다. 정말로 거식증은 특별히 어머니의 죄책감을 촉발하도록 고안된 병처럼 보인다. 어머니가 자기 아이에게 제일 먼저 하는 일이 먹이는 일인데, 그 아이가 받아먹는 일을 거부하니 극도로 날카롭고 신랄한 느낌이 들 수밖에 없을 것이다. 거식증을 앓던 시절 나는 어머니에게 내가 체중을 불리기 싫은 이유는 어머니처럼 보이고 싶지 않기 때문이라는 말을 되풀이하며 어머니가 체감할 아픔의 강도를 더욱 높였다. 하지만 거식증에 걸린 여자아이들 중 나만큼 잔인하지 않은 아이들도 그와 똑같은 의미를 은연중에 표현한다. 요컨대 그들은 성인 여자가 되기를 거부하는 병에 걸린 것인데, 그들의 삶에서 가장 가까운 성인 여자가 누구겠는가? 바로 어머니다. 대단히 정신력이 강한 어머니만이 이런 연관을 짓지 않고 분리해서 생각할 수 있다.

냉장고 어머니와 조현병을 일으키는 어머니에 관한 가설이 무너진 이유 중 하나는 마침내 부모들이 그 이론에 이의를 제기하고 나섰기 때문이다. 20세기 후반에 장기 입원에서 가정 돌봄으로 흐름이 바뀌면서, 조현병이나 자폐가 있는 이들의 부모들은 자녀의 병을 두고 자신들이 악마화되고 있는 상황에 직면했고, 또한 자녀의 장기적 간병인으로 살아갈 것

먹지 못하는 여자들

이 당연시된다는 사실도 알게 되었다. 놀라운 일도 아니지만, 이런 상황으로 엄청난 고초와 불만이 생겨나자 1979년 미국에서 조현병에 걸린 자녀를 둔 부모들이 전국정신질환연합 National Alliance on Mental Illness(NAMI)을 결성하고 자녀에게 더 나은 치료를 제공할 것을, 또한 자신들을 부당하게 비난했던 정신의학자들이 더 책임감 있는 태도를 보일 것을 요구했다.[2] 거식증 치료 분야에서도 이보다는 덜 극적이지만 유사한 일이 한동안 일어났고, 정신의학자들은 점점 단순한 인과관계를 받아들이지 않게 되고 따라서 어머니들을 탓하는 일도 그만두었다. 그리고 조현병과 자폐장애가 있는 젊은 사람들을 돌보는 사람이 어머니였듯, 거식증에 걸린 자녀를 돌보게 되는 사람도 결국에는 어머니였다.

"대부분의 질병에서는 모든 사람이 한 마음 한 뜻으로 환자를 지원하는 데 반해, 거식증은 정말로 가족들을 갈라놓습니다." 나의 주치의이며 오랜 세월 여러 거식증 환자를 치료한 닥터 케이의 말이다. "한쪽 부모는 '개는 그저 관심 가져주기를 원하는 거야' 하고 말하고, 다른 부모는 '얘는 아파, 아이에겐 내가 필요해' 하고 말하는 경우가 많아요. 한 사람은 참을성이 없어지고 다른 한 사람은 항상 곁에서 힘이 되어주죠. 한 사람은 여려서 다 맞춰주고 다른 한 사람은 '개는 당신을 조종하고 있는 거야' 하고 말하죠. 가족 안에 중독 문제가 있을 때와 비슷하게, 거식증은 가족을 결속하기보다 분열시킵니다."

　나는 병원에서 지내던 시기뿐 아니라 병원에서 벗어난 시기에도 거식증에 대처하는 많은 가족을 만났고, 이따금 아버지가 주된 돌봄 제공자인 경우도 보았다. 하지만 엄청나게 높은 비율로 대부분은 어머니가 아픈 딸에게 헌신하는 경우가 많고, 그때 아버지는 겁먹고 초조해하고 속수무책인 채 옆에 서서 지켜보기만 한다. 나는 딸을 돌보기 위해 일을 그만둔 어머니들, 딸이 겪는 어려움에 남편이 충분히 공감하지 못해 남편과 이혼한 어머니들, 거식증이라는 병 자체를 치료하는 것을 자신의 사명으로 삼고 지지 단체를 만들고 블로그에 열정적으로 글을 쓰고 신문에 기고하는 어머니들을 만났다. 그들은 거식증을 그리고 자신의 딸을 자기 직업으로 삼았다. 이 중에 무조건 나쁜 일은 하나도 없으며, 그 모든 게 이해할 만한 일이다. 내 딸이 병원에서 쇠약해지고 있는데 어떻게 내가 여전히 일을 하고 휴가를 갈 수 있겠는가? 어떤 식으로든 딸을 호전시키려는 노력을 하지 않고 살 수 있겠는가? 그건 상상하기도 어렵다.

　그러나 만약 주변 사람들이 모두 합심하여 환자의 세계를 거식증만이 중심인 세계로 만든다면, 거식증 너머에도 인생이 존재한다는 것을 당사자가 어떻게 알겠는가? 그리고 만약 거식증이 어머니 곁에 가까이 머물고 싶은 딸의 욕망이 표현된 경우라면, 그 욕망이 충족됐을 때 딸은 무엇을 배울 수 있을까? 반대로 거식증이 어머니에게서 벗어나 딸 자신만의 뭔가를 찾으려는 시도인 경우, 어머니가 딸의 구원자가 되겠다고 나서는 순간 딸의 목표를 헛되게 만들 수도 있다. 어머니가 그렇게 함으로써 애초에 딸이 원했던 자주적 정체성을 딸에게 주지 않는 셈이니 말이다. 거식증 환자의 어머니로 산다는 건 엄청나게 고통스럽고 극도로 외로운 일이다. 따라서 수많은 어머니가 자기 경험을 글로 남기길 원하는 것은 전적으로 납득할 만한 일이다. 그런 글이 같은 경험을 하는 다른 어머니들에게 위안을 준다는 사실도 안다. 하지만 내가 작가여서인지도 모르지만, 우리 어머니가 그렇게 하지 않았던 것에 나는 무척 감사한다. 거식증이 있는 아이는, 무언가에 대한 반응으로 거식증에 걸린다는 점에서 암이나 뇌종양이 있는 아이와 다르다. 나의 경우 그 무엇이란 유년기에서 성인기로 이행하는 것을 힘들어했다는 점이다. 따라서 이는 의심의 여지 없이 부당한 말이겠지만, 만약 어머니가 나의 거식증에 관한 글을 썼다면, 내 몫인 나의 이야기, 나의 인생을 어머니가 식민지화한 것처럼 느꼈을 것이다.

나의 첫 정신과 의사였던 닥터 R은 어머니에게 내가 아픈 동안에는 어머니의 '모든 초점'을 나와 나를 낫게 하는 일에 맞추라고 말했다. 그와 대조적으로 나의 두 번째 정신과 의사인 재닛 트레저 교수는 우리 가족의 삶이 내 거식증에 잡아먹히면 안 된다는 점을 확실히 강조했는데, 그 말이 옳았다. 어머니는 내가 거식증을 앓는 동안 치료에 깊이 관여했지만, 동시에 내 일기장에는 어머니가 아직도 저녁 독서 모임에 다닌다거나, 나를 병원에 남겨두고 아버지와 여동생과 또 휴가를 갔다고 화가 나서 쓴 말들이 적혀 있다. 어머니가 곁에 없는 것은 얼얼하게 아팠지만, 내가 회복하는 데 도움이 되었음은 의심의 여지가 없다. 나는 병을 앓는 것에 대해 어머니의 관심이라는 보상을 받지 않았다. 가장 오래 입원해 있던 때조차 나는 현실 세계의 존재를 완전히 무시할 수 없었다. 특히 그 현실 세계라는 것이 우리 가족이 플로리다에서 휴가를 보내는 세계이고, 나의 쪼그라든 세상은 런던 남부 교외에 있는 정신병동일 때는 더더욱 말이다.

무슨 일에서나 엄마를 필요로 했던 아기들이 자라 상대적으로 독립적인 10대가 되었을 때 많은 어머니가 경험하는 착잡함에 관해서는 잘 알려져 있다. 하지만 10대 아이들 중에 어머니의 그런 어려움에 고도로 주파수가 맞춰진 아이가 있다는 사실은 그만큼 많이 논의되지 않았다. 아이는 부모가 자신에게 무엇을 기대하는지 감을 잡는 데 매우 능하며, 아주 어렸을 때부터 그런 경우도 많다. 어떻게 그러지 않을 수 있겠는가? 부모는 아이에게 온 세상이므로 아이들은 당연히 부모가 무엇을 원하는지 더 잘 예상하기 위해 부모를 꼼꼼히 관찰한다. 예민한 아이는 부모가 무엇을 원하는지 부모 자신보다 더 잘 알기도 한다. 독립을 앞둔 10대는 거식증에 걸림으로써 자신이 어머니의 역할을 되살리고 있다고 느낄 수도 있다. 거식증 환자는 독립하여 어머니를 떠나는 대신 퇴행한다. 마치 아장아장 걸어 다니던 아기 시절로 다시 돌아간 것처럼 자신을 먹이고 지켜보고 안심시켜주는 어머니에게 의지한다. 이런 경우 회복이란 표면적으로 자신의 어머니를 어머니 역할에서 해고하는 것과 같은 의미일 텐데, 딸이 어떻게 회복할 수 있겠는가? 거식증의 동기 중 하나가 어머니 곁에 가까이 머물고 싶은 딸의 깊고 사랑스럽고 솔직한 욕구였다면 이러한 감정은 특히 압도적일 수 있다.

앞에서 외할머니가 똑똑한 분이었다고 말했는데 어머니는 더 똑똑하다. 대학을 차석으로 졸업했고, 어머니가 생각하는 재미있는 오후란 앤서니 트롤로프의 책을 다시 읽고, 엘리너 루스벨트에 관한 다큐멘터리를 본 다음 중세 채식필사본의 역사를 독학하는 것이다. 어머니는 어마어마한 호기심의 소유자이지만, 내가 태어났을 때 상사가 파트타임으로 일하는 것을 허락하지 않아 일을 그만두었다. 전업주부로 아이를 키우는 것이 어머니 세대와 계층에서 드문 일은 아니었지만, 어머니 역할과 관련해 가장 잔인한 진실 중 하나는 그 일에서 직접 손이 가는 부분은 비교적 짧은 시간, 그러니까 12년 혹은 13년 정도만 지속된다는 점이다. 그러다 자신은 아직 40대 초반인데 아이들은 예전만큼 곁에 있어주는 걸 필요로 하지 않고 심지어 원하지도 않을 때, 게다가 자신은 직업인으로 일하지 않은 지 10년도 넘었을 때, 그때는 어떻게 해야 할까? 이건 독창적인 질문은 아니지만, 아직도 만족스러운 답이 나오지 않은 질문이다.

✻

2차 세계대전 종전 이후 많은 여성이 일터로 돌아가는 추세가 이어졌고, 오늘날에는 영국[3]과 미국[4]의 어머니 중 약 4분의 3이 일하고 있다. 하지만 이러한 압도적인 상승 추세는 많은 복잡성을 감추고 있다. 어머니가 우리 자매를 기르던 1980년대 중반에 미국의 기혼 여성 가운데 풀타임 직업을 가진 이들은 29퍼센트에 지나지 않았고, 기혼 여성의 소득은 가족 총소득의 18.6퍼센트만을 차지했다. 1960년부터 1980년 사이, 일하는 아내의 소득 비율은 남편의 소득에 대비해 40퍼센트에서 38.5퍼센트로 더 떨어졌다.[5] 따라서 내 어머니 세대는 불합리한 상황에 처해 있었다. 게다가 고등교육을 받았을 가능성이 가장 높은 여성 인구집단(즉, 상류층과 중류층)은 일을 꼭 해야 하는 것도 아니고 경제적으로도 타산이 맞지도 않으니 일할 가능성이 가장 낮은 집단이기도 했다. 그래서 어머니의 거식증과 외할머니의 체중 증가에 대한 불안을 생각할 때, 나는 유전보다는 아주 똑똑했지만 재능을 만족스러운 방식으로 활용할 수 없었던 이 여인들의 세대에 관해 더 많이 생각하게 된다. 그들은 자신의 생물학적 성별이라는 덫에 걸려 있었고, 그래서 공격 대상으로 삼은 것이 자기 자신이었다.

어머니와 나는 과거에도 지금도 더없이 가깝고, 내 거식증은 부분적으로는 그 사실을 반영했다. 한편으로 나는 어머니에게 상처를 주지 않을 것 같은 방식으로 어머니에게서 벗어나려 시도하고 있었다(난 아파요, 그러니 그건 내 잘못이 아니에요!). 그리고 다른 한편으로는 사춘기가 나를 휩쓸어가기 시작했을 때 전전긍긍하면서 어머니 가까이에 남아 있으려는 노력이기도 했다(난 아파요, 나를 돌봐줘요!). (거식증 뒤에는 종종 이중의 모순적 메시지가 자리하고 있으며, 이는 거식증이 그토록 파악하기 어려운 병인 이유 중 하나다. 병원에서 알게 된 한 친구의 부모님은 매우 불안해하고 과보호하는 분들이었는데, 얼마 전 이 친구에게 네가 그 병에 걸린 이유를 아느냐고 물었을 때 친구는 이렇게 말했다. "나는 부모님이 나로서는 도저히 대처할 수 없는 무서운 곳이라고 확신시킨 외부 세계로부터 '나를 보호해주세요' 하고 애원한 것도 같고, 또 한 편으로는 '봤죠? 두 분이 날 모든 것에서 보호할 수는 없다고요. 그러니 물러서요'라고 말한 것 같기도 해.") 어머니가 나에게 원한 것은 행복하고 건강하게 사는 것뿐이었다. 그러니 내가 어른으로 성장하면서, 어머니 곁에 가까이 있으려면 나 자신을 아프게 해야 한다고 느꼈다는 건, 어머니에게는 너무나 끔찍한 일이었을 것이다. 그러나 내 동생은 분명 어머니에게 그런 감정을 느꼈던 적은 없었던 듯하다. 하지만 어머니가 보내는 신호들을 내가 구체적으로 해석하고 있었다고는 생각하지 않는다. 왜냐하면 내 거식증은 내가 자라면서 부모님과 나의 관계에서 느낀 혼란스러운 감정을 표현한 것만은 아니었기 때문이다. 나에게 거식증은 여자가 된다는 것의 거부, 딱 꼬집어 어머니에 대한 거부가 아니라 성인 여성으로 존재하는 상태에 대한 거부였다. 거식증은 거의 예외 없이 18세 이전에 시작되는데, 많은 사람이 그 이유를 여자아이의 몸이 변화할 때 삶의 역할 역시 변화하고, 두 변화가 더해지면서 압도감을 주기 때문이라고 주장했다. 하지만 이런 변화는 여자의 인생 전체에 걸쳐 자주 일어난다. 여자의 몸과 인생은 임신기와 그 이후에도 변화하고, 완경기에도 변한다. 하지만 임신한 여성들에게 거식증이 널리 퍼지는 일은 없는데 그건 그들이 이미 성인 여자가 **된 뒤이기** 때문이다. 거식증이 청소년기에 닥치는 것은 나 같은 이 여자아이들이 아직 성인 여자가 되지 않았고, 되기를 원치 않기 때문이다.

우리는 생리하기를 거부하고 유방을 쪼그라뜨려 뼈만 앙상한 가슴을 남긴다. 섹스? 말도 안 돼. 이 중 많은 부분이 공포와 관련이 있다. 하지만 동시에 적나라한 분노와도 맞닿아 있다. 현대의 어머니가 내려야만 하는, 타협이라 불리지만 분명히 희생에 해당하는 선택을 목격한 우리는, 결코 그런 선택을 하고 싶지 않다. 학교에서 그렇게나 열심히 한 모든 공부, 완벽주의로 밀고 나간 그 모든 노력의 종착점이 그저 단지 집안일이라는 말인가? 세상이 변했다고들 말한다. 하지만 그건 우리 어머니들이 이제는 직장에서 일하면서, 여전히 항상 해 왔던 다른 모든 일, 요리하고 청소하고 아이의 코를 닦아 주고 남편의 기를 세워주는 일까지 매일, 하루 종일, 다 해야만 한다는 말로 들릴 뿐이다. 여자의 전문적 노동은 세월이 지나면서 변모하기는 했지만, 정서적인 부분은 변하지 않았다. 우리는 집 밖에서 여자로 존재한다는 것이 어떤 의미인지 매일 낱낱이 목격한다. 남들의 시선을 받고, 기준에 못 미치는 것을 받아들이고, 자신의 지성을 쏟아부은 일이 결국 대단치 않은 남자들의 자아를 부풀리는 데 사용되는 걸 속수무책으로 지켜보고, 나이 마흔이 되면 안 보이는 존재가 되는 것을 받아들인다. 우리는 여자들 앞에 세워진 불가능한 기준을 목격한다. 똑똑해라, 하지만 야망은 품지 마라. 완벽해 보여라, 하지만 그걸 뽐내지는 마라. 나이 들지 마라, 하지만 성형수술도 받지 마라. 날씬해라, 하지만 다이어트에 집착하지는 마라. 똑똑해라, 하지만 네 주위의 남자들보다 더 똑똑하지는 마라. 남을 만족시키는 사람이 되고, 네 욕구는 갖지 마라. 경악스럽다. 우리는 여성의 과도한 성애화를, 섹스용 공기인형처럼 기꺼이 받아주리라는 우리에 대한 기대감을 보고, 목구멍을 더 넓게, 항문을 더 분홍색으로, 질을 더 단단히 조이게 만드는 방법을 가르쳐주는 기사를 읽는다. 이건 끔찍하다. 거식증이 가져오는 결과는 여자를 무력하고 자기 파괴적이고 아이 같은 상태로 축소한다는 점에서 반페미니즘적이다. 하지만 그 의도는 대개 의도치 않게 페미니즘적이다. 왜냐하면 거식증은 이 모든 말도 안 되는 헛소리를 거부하는 행위이기 때문이다. 우리는 섹시하기를 원치 않고, 남을 만족시키는 사람이 되고 싶지 않으며, 항상 '예스'라고 말해야 하는 것을 원치 않는다. 대신 우리는 보기 흉해지고자, 까다로운 사람이 되고자, '싫어'라고 말하고자 한다.

그러니까 중세에 자기 욕망을 희생했던 그 여자아이들은 성인聖人이 아니었을지도 모른다. 그들은 단지 열 살 때 결혼하기 싫었고 그래서 대신 자신을 굶기다가 수녀원에 들어가게 되었을 것이다. 자기 앞에 펼쳐진 인생을 거부한 것이고, '싫어'라고 말한 것이다.

최초의 거식증 환자였던 성 빌제포르타는 아버지가 선택한 남자와 결혼하기를 거부함으로써 자신에게 강요된 인생을 분명히 거부했으며, 차라리 처녀로 남기를 택했다. 그는 자기가 쓸 수 있는 유일한 방법으로, 그러니까 먹기를 그만둠으로써 반항했다. 14세기가 되자 빌제포르타는 '자신에게서 여성의 문제들을 없애버린' 성인으로 숭배되었고,[6] 독일에서는 '성 큄머니스St. Kümmernis'('kommer[근심, 염려, 슬픔]'의 파생어. '근심에서 해방되었다'라는 의미로 이런 명칭이 붙었다)로 알려졌으며, 여성의 문제를 자신에게서 철저히 제거해 성별까지 완전히 바꿔버린 사람으로 숭배받는다. 그러나 대체로 빌제포르타를 숭배하는 (대부분 여성인) 사람들은 그를 여성으로 존재하는 데서 오는 문제들을 피해간 여자로 본다. 포르투갈과 스페인에서 빌제포르타는 출산에서 생긴 문제로 고통받는 여인들의 수호성인이며, 성 언컴버St Uncumber*라 불리는 잉글랜드에서는 말썽꾼 남편을 떼어놓고 싶은 여인들이 그에게 기도한다. 빌제포르타는 십자가에 매달려 죽어가면서 자신은 "모든 여자를 거추장스럽게 하는 고난"으로부터 자신을 "해방했다"라고 말했다고 전해진다. 그는 자신의 생리와 식욕과 욕구를 멈췄다. 거추장스러운 고난을 벗어버린 것이다.

그로부터 1300년 후, 여전히 여자로 산다는 거추장스러운 고난에서 벗어나기를 바라는 여자아이들이 많다. "이상적인 육체는 오직 성형수술을 통해서만 얻을 수 있다. 이상적인 여자는 CEO의 수익 창출 능력과 공기인형 같은 유방을 지녔고, 허리는 전혀 없으며 침범당하지 않은 여섯 살 아이 같은 털 없이 깔끔한 음순을 지녔다. 세상은 점점 더 가혹해져 간다. 그런 세상을 만족시킬 방법은 없다. 일부 여자들이 여자라는 것에서 벗어나고 싶어 하는 것도 놀랍지 않다." 힐러리 맨틀이 2004년 거식증과 일부 여자아이들이 성인 여자가

---

* 지장 또는 거추장스러운 것을 벗어버렸다는 의미.

되기를 거부하는 이유를 다룬 에세이에서 한 말이다.[7]

그런가 하면 성인 여자가 되기를 거부하려는 여자아이들의 수가 이렇게 많은 것에 어리둥절해하는 사람들도 있다. "왜 그렇게 많은 10대 여자아이들이 성별을 바꾸고 싶어 할까?"[8] 이는 2020년 봄에 나온 여러 유사한 헤드라인 중 하나로, 당시 영국에서 청소년기의 성별불쾌감*을 다룬 유일한 의료원이었던 '젠더와 정체성 발달 서비스NHS Gender & Identity Development Service(GIDS)'에 치료 의뢰를 한 아이들의 수가 2009년 77명에서 2018~19년 사이에는 2590명으로 증가했다는, 널리 보도된 뉴스에 이어진 후속 반응이었다. 그러나 진짜 이야기는 세부 사항에 숨어 있다. 2019년에 GIDS에 치료가 의뢰된 청소년 중 74퍼센트가 여자아이들인데, 연령을 10년 앞으로 당겨 보면 GIDS를 찾는 어린이의 대다수는 남자아이들이다. 2019~2020년 사이의 GIDS 기록을 보면, 사춘기 이전에 이 의료원에 오는 남자아이들과 여자아이들의 수는 거의 비슷하다.[9]

　　7세: 여자 13명, 남자 16명
　　9세: 여자 24명, 남자 21명

---

* gender dysphoria, 생물학적 성별과 스스로의 성 정체성이 일치하지 않아 발생하는 불쾌감, 괴로움, 불행 혹은 그러한 감정으로 인해 일상생활에 문제가 생기는 현상.

그러다가 아이들이 사춘기에 접어드는 열한 살이 되면 눈에 띄는 변화가 나타난다.

11세: 여자 52명, 남자 23명

12세: 여자 127명, 남자 37명

13세: 여자 270명, 남자 45명

14세: 여자 404명, 남자 90명

15세: 여자 470명, 남자 152명

16세: 여자 350명, 남자 162명

사춘기는 일반적으로 거식증이 뿌리를 내리는 시기이면서, 여자아이들이 정신건강 문제에 유난히 취약해지는 시기이기도 하다. 현재 의사들은 11세 여아들뿐 아니라 심지어 그보다 더 어린 여아들도 거식증을 포함한 여러 문제를 겪는 걸 목도하고 있는데, 이는 어쩌면 여자 청소년들에게 사춘기가 점점 더 빨리 찾아오고 있기 때문일 수도 있다.[10] 2021년 겨울에 나는 GIDS와 여러 섭식장애 클리닉에서 일한 심리치료사 아나스타시스 스필리아디스Anastassis Spiliadis와 이야기를 나누었는데, 그는 이렇게 말했다. "GIDS의 환자 성별 비율은 섭식장애 클리닉들과 비슷해지고 있습니다. 청소년 코호트에서 여성이 90~95퍼센트인 비율이죠. 그래서 나는 여성 청소년에게 관심을 기울이고 있습니다. 섭식장애가 일부 여자아이들에게 얼마나 큰 트라우마가 될 수 있는지 그리고 청소년들이 건강한 방식으로 자신의 몸과 연결되도록 우리가 충분히 잘 돕고 있는지를 생각하고 있죠."

의사들이 오랫동안 거식증과 자폐의 중첩 가능성을 제기한 것처럼, 지금은 일부 의사들이 거식증과 성별불쾌감 사이 그리고 성별불쾌감과 자폐 사이의 비슷한 중첩 가능성에 주목하고 있다.[11] 거식증과 성별불쾌감과 자폐는 세 개의 원으로 된 벤다이어그램이며, 그중 한 가지 혹은 여러 가지 문제에 시달리는 청소년 여자아이들이 그 벤다이어그램 안에 자리 잡고 있다고 볼 수 있다. 2016년에 GIDS는 자해나 우울증처럼 성별불쾌감이 있는 젊은이들을 괴롭히는 문제에 관한 연구 논문을 발표했다.[12] 이 연구에 따르면 성별불쾌감이 있는 여자아이들의 13.9퍼센트와 남자아이들의 12.3퍼센트가 먹는 일에 어려움을 겪는데 이는 이들 중 자살을 시도한 적 있는 이들과 똑같은 비율이다. 또한 성별불쾌감이 있는 여자아이들의 10.5퍼센트와 남자아이들의 18.5퍼센트가 자폐스펙트럼장애 진단을 받았다. 미국에서 실시한 연구들은 성별불쾌감이 있는 젊은이들 가운데 혼란스러운 식이 행동을 보이는 이들의 비율이 놀랍도록 높다는 것을 발견했다. 2015년의 한 연구[13] 결과에서는 트랜스젠더 대학생들이 여자대학생들에 비해 섭식장애가 생길 가능성이 네 배 이상 크게 나타났고, 2017년의 한 연구[14]에서는 트랜스젠더 고등학생이

성별불쾌감이 없는 고등학생들에 비해 섭식을 제한할 가능성이 세 배 크다는 결과가 나왔다.[15]

나는 스필리아디스에게 젊은이들의 거식증과 성별불쾌감의 동반질환에 관해 물었다. "어떤 연구자들은 섭식장애가 성별불쾌감에 따른 반응일 뿐이라는 가설을 내세우기도 했어요.[16] 어떤 사람에게 성별불쾌감이 있다면, 이들에게 섭식장애는 자기 신체의 발달을 억누르려는 방편이라는 것이죠. 하지만 제가 임상에서 목격한 상황은 그보다 더 복잡합니다. 단순히 하나가 또 하나를 초래한다기보다 둘 다 청소년기의 현상일 수 있어요. 나는 그 둘 모두가 청소년기의 여성 정체성이라는 포괄적 개념 아래에 있다고 생각하고, 그것들을 체화된 경험이라고 부릅니다."

섭식장애와 성별불쾌감은 몸의 장애, 즉 몸에 집착하고 몸을 증오하는 일, 한마디로 몸의 소외다. 둘 다 자신의 몸을 바꾸면 더 이상 자신을 미워하지 않으리라는 믿음에 뿌리를 두고 있다. 두 가지가 여자아이들에게서 과도하게 치우친 비율로 나타나는 이유는, 이들이 아주 이른 나이부터 사람들이 '신체적 외양'을 '너는 이런 사람'이라고 정의하는 기준으로 삼는다는 것을 배우기 때문이고, 남들이 그들을 보는 시각에 관한 한 신체적 외양이 그들 자신의 목소리보다 훨씬 큰 목소리를 내기 때문이다. 이러니 그토록 많은 여자아이들이 자신의 몸을 거부해야 할 감옥으로 여기는 것 그리고 자신의 몸을 바꾸면 인생, 운명, 마침내 내면의 자아까지 바뀌리라고 믿는 것은 놀라운 일도 아니다.

스필리아디스는 말한다. "불안 같은 심리적 요인 외에도 거식증에 이르는 다양한 경로 중에 성별과 관련된 것은 많습니다. 어떤 이들에게 그것은 여성혐오일 수도 있고, 타인에 의해 성애화되는 것에 대한 공포일 수도 있어요. 또 여성성을 정의하는 기존 틀에 자신이 들어맞지 않는다는 느낌일 수도 있고요. 그리고 예컨대 고기능 자폐의 특징이 있는 사람에게는 통제하려는 욕구일 수도 있죠. 사춘기가 시작되고 여자로서의 삶 초반에 급격한 변화를 겪게 될 때는 의식적으로든 무의식적으로든 자기 몸에 대한 통제력을 쥐고 싶은 마음이 들 수도 있고요."

내가 병원에서 알았던 여자들은 모두 중성적인 옷을 입었다. 헐렁한 티셔츠나 자기 사이즈보다 훨씬 큰 운동복 바지, 남자 청바지 같은 것들 말이다. 때때로 긴 치마를 입을 때도 있었지만, 몸의 형태가 드러나는 치마는 하나도 없었다. 단순히 마르기를 욕망하는 것을 넘어서 모두 자기 몸을 혐오했기 때문이다. 우리는 여자처럼 보이는 걸 원치 않았다. 그룹 치료 때 칼라라는 여자아이는 어느 친척이 자기에게 '여자답게' 보인다고 말한 이후로 먹기를 그만두었다고 말했고, 우리는 모두 '여자답다'라는 단어를 듣고 둥그런 둔부, 덜렁거리는 가슴, 늘어진 엉덩이를 상상하며 몸서리쳤다. 그 모든 지방

저장고들! 여자다운 몸보다 더 욕구와 탐욕을 떠올리게 하는 게 있던가? 어느 날은 옆 병실에서 너무나도 괴로워하는 비명이 들려왔다. 자살 기도에 실패한 모양이라고 생각하며 옆방으로 달려갔다. 그 방에는 두 달 전에 입원한 자해하는 거식증 환자인 20대 세라가 있었다. 세라는 가슴 앞으로 팔짱을 끼고 방 가운데 서서 울고 있었다. "나 또 브라를 입어야 돼! 망할 놈의 브라!" 세라는 도움을 바라는 듯 나를 보며 흐느껴 울었지만, 나로선 해줄 수 있는 게 하나도 없었다. 간호사 한 명이 다급히 달려왔다.

"그 맘 알아, 자기야, 알아, 잘 알아." 간호사는 세라를 안아주며 내게 나가라는 신호를 보냈다.

나는 걸어 나오며 세라의 상황을 슬퍼하면서도, 내 가슴은 아직 뼈만 앙상하고 야위고 깔끔하다는 사실에 조용히 설렘을 느꼈다.

칼라나 세라, 혹은 우리 중 누군가가 성별불쾌감을 갖고 있었다고 말하는 건 너무 단순한 생각이며, 1990년대는 사람들이 성별불쾌감이라는 걸 이해하지도 못하던 시절이다. 또한 오늘날 성별불쾌감을 느끼는 여자가 모두 거식증 환자라는, 말도 안 되는 이야기를 하려는 것도 아니다. 아이든 어른이든 여자가 자기 몸을 극렬히 싫어하는 이유는 다양할 수 있다. 나는 트랜스젠더 성인들의 경험에 관해 이야기할 수도 없거니와 이 책에서 그 내용을 다룰 생각도 없다. 이 책은 행복하지 않은 청소년 여자아이들에 관한 이야기다. 다만 여자아이들이 자신의 몸을 거부함으로써 불행을 표현한 오랜 전통과, 성별불쾌감을 느끼는 여자아이들이 갑작스레 폭발적으로 늘어나는 동시에 불안감에 시달리는 여자 청소년의 비율이 급증하는 상황을 고려하면, 그 사이에 중첩되는 부분이 점점 커지고 있는지도 모른다는 게 내가 이야기를 나눠본 여러 전문가의 의견이었다.

비교적 최근까지도 '젠더'라는 단어는 생물학적 성별과 서로 바꿔 쓸 수 있는 단어였다. 지난 십 년 사이 젠더 이론의 부상에 힘입어 젠더는 '생물학적 성'과는 아주 많이 다른 무엇을 의미하게 되었다. 젠더 이론은 모든 사람에게 내적인 젠더 정체성이 존재하며 이 정체성은 생물학적 성과 일치하지 않을 수도 있지만 그들이 느끼는 방식과 외적으로 자신을 표현하는 방식을 결정할 수 있기 때문에 생물학적 성 못지않게 중요하다고 말한다.[17]

이에 따르면 여자와 남자라는 단어는 이제 그 사람의 몸이 아니라 내부의 느낌을 지칭하는 것이다. 그래서 젠더 활동가들은 젠더 이론이 여자와 남자를 정의하는 방식을 확장한다고 주장한다. 그러나 이에 비판적인 페미니스트들은 젠더 이론이 여성을 여성성에, 남성을 남성성에 결부시킴으로써 정의를 더 좁힌다고 주장한다. 예컨대 젠더 다양성을 지닌 아이들을 위한 자선단체를 자처하는 영국의 머메이즈Mermaids는 젠더 정체성을 'GI 조*부터 바비까지' 아우르는 스펙트럼상에 존재하는 것이라 정의했다. 이 사실이 언론에 보도된 뒤, 머메이즈는 자신들이 사용한 표현이 상투적이라는 건 부인하지 않았지만, 그것이 '삐딱한 농담'이었을 뿐이라고 주장했다.[18]

지금 우리는 성별의 경계선이 극명하게 그어진 세계에 살고 있다. 지난 10년 사이에 장난감 가게에 가본 사람이라면 누구나 알고 있듯이 여아들의 장난감과 남아들의 장난감은 완전히 구분되어 있는데, 젠더 이론의 부상이 장난감의 점증적 젠더화와 나란히 일어난 것은 우연이 아니다. 20세기 전반기에 여아들은 장난감 청소 도구를, 남아들은 양철 병정을 가지고 놀며 각각 가정적인 삶과 공격적인 삶을 준비하도록 부추김을 받았다. 1970년에 이르자 장난감 광고는 장난감 냉장고를 가지고 노는 남아들과 목공 도구를 가지고 노는 여아들의 모습을 보여주면서 페미니즘과 일하는 어머니들의 부상을 반영했다. 그러나 1990년대 중반에 이르자 여아들에게는 공주 인형, 남아들에게는 장난감 자동차라는 식으로 구체적으로 성별이 구분된 장난감들이 다시 표준이 되었고, 이는 오늘날까지도 그대로 이어지고 있다. 〈장난감은 50년 전보다 지금 더 성별에 따라 분리되어 있다〉라는 제목의 기사에서 사회학자 엘리자베스 스위트Elizabeth Sweet는 이런 상황

---

* 미군 병사를 지칭하는 말.

이 "1980년대에 페미니즘에 대한 문화적 반격이 추진력을 얻기 시작한 것"에 기인한다고 말했다. "여자들은 억압 때문이 아니라 타고난 선호 성향 때문에 특정한 역할에 끌린다고 암시하는, 《화성에서 온 남자, 금성에서 온 여자》가 제시한 모형도 이런 맥락 안에 확고히 자리 잡았다. 이렇게 자유와 선택을 강조하는 성별 차이에 관한 새로운 이야기는 현대 어린이들의 삶의 구조 깊숙이 엮여 들어가 있다. 변화가 가미된 이 이야기는 성별 고정관념에 근본적인 의문을 제기하지 않으며, 단지 '포스트페미니즘' 시대의 구미에 더 잘 맞도록 포장만 바꾸었을 뿐이다. 여자는 무엇이든 될 수 있다. 수동적이고 아름답기만 하다면 말이다."[19] 이는 모두 명백한 진실이고, 장난감의 젠더화 확대는 페미니즘에 대한 반격을 반영하기도 하지만, 젠더 정체성 이론보다는 단순한 탐욕에 의해 추진되지 않았을까 하는 의혹도 떨치기 어렵다. 장난감 회사들이 부모에게 아들과 딸에게 각자 다른 장난감을 사주어야 한다고 부추김으로써 잠재적 수익을 두 배로 불리고 있으니 말이다. 2012년의 한 연구는 '디즈니 스토리' 웹사이트에서 판매하는 모든 장난감에 "여아용" 또는 "남아용"이라는 표시가 붙어 있음을 지적했다.[20] 기업들은 어린이의 세계에 분홍색과 파란색을 칠해놓았다.

요즘에 여자아이로 산다는 건 단순히 예쁜 장난감을 가지고 노는 문제만은 아니다. 한 젠더 활동가는 2019년에 "여성성의 가장 기본적 필수 요소"가 "벌린 입, 기대하는 똥구멍, 텅 빈 두 눈"이라고 썼다.[21] 2017년에 또 다른 젠더 활동가는 여자로 성전환하고 싶은 자신의 욕망을 이렇게 정의했다. "나는 단지 여자처럼 섹스하고 싶을 뿐이고, 그게 핵심이다. 중요한 건 어느 구멍으로 들어가는가가 아니라 아무튼 들어간다는 것이다. 그리고 나는 그 욕망이 아주 본능적인 장소에서 기인한다고 생각한다."[22] 이런 생각은 수동성에 관한 것이라는 점에서 여자에 대한 매우 여성적인 관념이며, 둘 다 젠더 이론이 신뢰를 얻기 시작한 바로 그 시기에 뿌리내리고 폭발적으로 증가한 현대의 인터넷 포르노그래피에서 강한 영향을 받았다. 어떤 여자아이들과 어른들에게는 성적으로 개방적이고, 말없이 받아주는 여성성의 비전이 엄청나게 자극적으로 들릴지도 모른다. 그러나 또 다른 이들에게는 자신의 모든 야망을 모성의 제단에서 불태워야만 한다는 말만큼 경악스럽게 들릴 것이다.

나는 성별불쾌감을 느낀 적은 한 번도 없다. 하지만 여성 청소년으로 산다는 것이 얼마나 어려운 일인지, 공포와 불안이 어떻게 신체 혐오로 전환되는지 또 이 신체 혐오가 어떻게 몸과 자신을 철저하게 분리하는 일로 이어지고 자기 몸이 더 이상 자신의 일부가 아니라 변형하고 통제해야만 하는, 자기와 별개이며 배반적인 무엇이라고 느끼는 지경에 이르는지는 잘 알고 있다. 또한 다른 누군가가, 학교의 다른 여자애들과 더 이상 경쟁하지 않는 누군가가 되고 싶다는 욕망에 사로잡힐 정도의 깊은 자기혐오도 나는 안다. 그리고 성별에 관한 많은 관념("착한 여자애는 그런 짓 하는 거 아니야!")이 어린 시절의 나에게 얼마나 상처가 되었는지도 잘 안다. 많은 여자아이가 여자가 되는 일을 겁내지만, 그들이 모두 남자가 되고 싶어서 그러는 건 아니다. 그보다는 언제나 여자들을 불행하게 했고 지금도 그러고 있는, 여자들에게 외부적으로 부과된 제약들 때문인 경우가 더 많다. 그 제약 중 일부는 여자의 생물학적 성별과 관련된 것(임신, 출산, 완경 등)이고 따라서 여자들은 그 제약을 운명으로 받아들이라는 말을 듣는다. 또 다른 제약은 여자의 성별 정체성에 관한 관념에서 기인한 것(미의 기준, 성적 대상화, 여성성 등)으로, 이에 대해서는 즐기라는 말을 듣는다. 열네 살 때 내 눈에는 이런 제약들이 모두 덫으로 보였고, 나로서는 그중 어느 것에도 나를 맞출 수 없을 것 같았다. 그래서 나 이전의 아주 많은 이들이 그랬고, 이후로도 많은 이들이 그랬듯이 나는 거기서 빠져나가고 싶었다.

"아이든 어른이든 여자들은 언제나 몸을 통해 자신의 괴로움을 드러내는 방법을 찾아냈고, 자신의 몸을 여성 성인기(그것이 섹스를 의미하든 성인기에 요구되는 것들을 의미하든)를 제한하는 데 사용했어요. 거식증은 이런 점과 매우 깊은 관계가 있으며, 성별불쾌감은 그것의 확장이자 정교화이고, 거기에 자신을 완전히 재발명할 수 있고 한 부족의 일원이 될 수 있다는 보너스까지 추가되지요." 멀리사 미전Melissa Midgen 박사가 나에게 한 말이다. 미전 박사는 아동 및 청소년 심리 치료사로 몇 년간 GIDS에서 활동했으며 지금은 섭식장애가 있는 사람들과 일하고 있다. "2014년경부터 확연히 눈에 띄기 시작했어요. 그때 사춘기를 지난 여자아이들이 갑자기 CAMHS(영국의 아동 및 청소년 정신건강 서비스)를 찾아와 남자가 되고 싶다며 불편감을 표현하기 시작했죠. GIDS에서는 2015년부터 진료 의뢰를 검토했는데 모두 다 '여자 14명, 여자 13명, 여자 14명'하는 식이었고 그러다 이따금 '남자 5명'이 적혀 있었어요. 이 아이들은 트라우마나 방임, 고립을 경험한 아이들이었지만, 불행의 맥락을 보는 것은 잘못된 일로 여겨졌지요. 대신 아이들이 자신의 진짜 성별 정체성을 긍정받지 못한 것이 문제이며, 그 일만 해결하면 모든 것이 풀릴 거라는 믿음이 있었죠. 당시 제 노트에 '이건 새로운 거식증일 수 있다'라고 써놨어요. 왜냐하면 거식증은 자신을 해하고 자신을 사라지게 만들 허용된 방식처럼 느껴지니까요."

저널리스트 샘 애시워스-헤이스Sam Ashworth-Hayes는 2022년에 구글 트렌드 및 알림 그래프를 사용하여, 2014년 이전에는 전 세계적으로 '거식증'을 사용한 온라인 검색이 '트랜스젠더'를 사용한 검색보다 훨씬 많았음을 보여주었다. 2014년 11월에 처음으로 후자가 전자를 뛰어넘었고, 그 이후 거식증에 대한 관심이 줄어들고 트랜스 이슈에 대한 관심이 증가하

면서 계속 그 상태가 유지되고 있다.[23]

영국 국민보건서비스는 영국왕립소아청소년과학회 회장을 지낸 힐러리 캐스Hilary Cass 박사에게 젠더 문제로 힘들어하는 아동, 청소년, 청년들에게 제공되는 서비스를 연구·분석해달라고 요청했다. 이에 캐스 박사는 2022년 3월에 잉글랜드에서 성별불쾌감을 안고 살아가는 아동이 받는 돌봄의 질을 연구해 보고서를 발표했는데, 이를 '캐스 보고서'라 부른다. 캐스 박사는 GIDS가 성별불쾌감이 있는 젊은이들에게 취하는 '긍정 접근법'을 비판했는데, 이 접근법은 아이가 선택한 젠더를 의사들과 아이 주변 사람들이 긍정해주어야, 즉 타당성을 인정해주어야 한다고 주장한다. 캐스 박사는 이 긍정 접근법이, 치료사가 아이들의 괴로움을 유발할 수 있는 다른 요인들, 이를테면 정신건강 문제나 트라우마 같은 요인들을 아이들과 함께 탐색해보는 일(불행감을 느끼는 어린이나 청소년의 치료 과정에서 일반적으로 행하는 일이며, '탐색 치료'라고 한다)에서 멀어지게 한다고 지적했다.

성별불쾌감을 느끼는 아이들에게 긍정 접근법을 써야 하는지 아니면 탐색 치료법을 써야 하는지를 두고 벌어지는 논쟁은 전문가들 사이에서도 성별불쾌감을 동성애와 유사한 것으로 보고 그에 따라 긍정 접근법으로 치료해야 하는지, 아니면 섭식장애와 유사한 것으로 보고 그에 따라 탐색 접근법을 취해야 하는지를 두고 의견이 갈리고 있음을 보여

먹지 못하는 여자들

준다. 어쨌든 거식증 환자에게 "그래, 32킬로그램 나가는 것이 너의 진정한 정체성이야. 그걸 포용해"라고 말하지는 않을 테니 말이다. 마찬가지로 자기가 게이라고 말하는 열네 살 아이에게 "더 자라면 그 상태에서 벗어날지도 몰라"라고 말하지는 않을 것이다.

정신건강 치료에서 대체로 그렇듯이, 모든 경우에 적합한 단 하나의 해결책은 없다. 스톤월*은 캐스 박사의 중간 보고서에 이렇게 반응했다. "아동과 청년이 시기적절하고 질 높은 의료에 접근할 수 있는 것은 무엇보다 중요하며, 각자에게 가장 적합한 치료 경로는 개인마다 다를 것이다." (이와 대조적으로 머메이즈는 긍정 접근법을 지지한다는 성명서를 발표하고, 긍정 접근법은 "자신이 어떤 존재라는 젊은 사람들의 판단을 지지하는 것을 의미할 뿐"이라고 말했다.) 하지만 GIDS를 찾는 이들 중 여성 청소년의 비율이 불균형하게 높은 이유를 이해하기 위해서는 탐색 접근법도 분명 필요하다.

"10대 여자아이들 사이에 자기혐오 문화는 아주 오랫동안 존재했어요." 청소년들과 일한 경험이 아주 많은 심리치료사 스텔라 오맬리Stella O'Malley의 말이다. "처음에는 자기혐오를 표현하는 방식이자 섹슈얼리티와 여성 성인기를 억압하는 방식이기도 한 거식증이 있었죠. 그런 다음에는 폭식증으

---

* Stonewall, 영국의 LGBTQ+ 권리옹호단체.

로, 또 자해로 옮겨갔고, 이제는 성별불쾌감이 그 문화를 이어가고 있어요. 이 모든 상태를 관통하는 핵심 줄기가 하나 있는데, 바로 신체 징벌과 성적 억압, 자기혐오, 자아 거부입니다. 이 아이들은 모든 게 잘못되었다고 느끼고 다른 누군가가 되기를 원해요. 거식증이 있는 아이들과 성별불쾌감이 있는 아이들은 항상 '착한 아이'였어요. 집에서는 집안일을 도맡아 하고, 강박적으로 고분고분한 아이들, 이 문제가 생기기 전까지는 아무런 문제도 일으키지 않았던 아이들이죠."

임상심리학자인 애나 허친슨 박사도 미전 박사처럼 GIDS에서 몇 년 동안 일했고 2017년에 그곳을 떠나 심적 고통이 신체적 증상으로 나타나는 청소년과 성인에게 집중하고 있다. 거식증과 성별불쾌감 사이에 서로 겹치는 부분이 있을 수 있냐고 묻자 그는 이렇게 말했다. "불행한 아이들을 만나면 이 아이들은 어른이 되고 싶지 않다는 말을 자주 해요. 우리는 성별불쾌감도 있고 섭식장애도 있는 아이들을 정말 많이 보는데, 어느 쪽이 먼저 생겼을까 하는 건 흥미로운 주제죠. 체중이 줄면 가슴이 작아지는데 이는 성별불쾌감이 있는 사람에게는 좋은 일이겠죠. 만약 성별불쾌감이 있어서 사춘기 억제제*를 사용했는데, 거식증 환자라면 여자의 몸으로

---

* puberty blocker, 사춘기의 신체적 변화를 유도하는 성호르몬 생산을 억제하는 약물.

발달하지 않으니까 이 또한 그 사람에겐 아주 좋은 일일 테고요. 그러니까 겹치는 부분이 꽤 많다고 할 수 있어요."

성별불쾌감은 한 가지 중요한 측면에서 거식증과 다르다. 거식증은 치료가 필요한 질병으로 여겨지는데, 이는 옳다. 성별불쾌감은 흔히 그 사람의 진정한 자아의 표현으로 정의된다. 젠더 이론가들은 성별불쾌감이 있는 아이에게 그들의 정신건강을 위해 사춘기 억제제를 주는 게 바람직하다고 생각한다. 사춘기 억제제가 골밀도 감소를 초래하고,[24] 성인기의 성기능에 영향을 줄 수 있으며 아직 밝혀지지 않았으나 심리에 장기적으로 영향을 미칠 수 있는데도 말이다.[25] 2022년 7월에 캐스 박사는 성별불쾌감이 있는 어린이와 청소년의 치료에 관한 추가적인 권고안을 발표했고, 사춘기 억제제의 과도한 사용을 호되게 비판하면서, 사춘기 억제제를 사용하는 근거는 성별불쾌감 징후를 보이는 남자아이들의 데이터를 기반으로 했다는 점을 지적했다. 캐스 박사의 말대로 "진료 의뢰를 받은 아이들 중 압도적 다수를 차지하는, 출생기록부에 여자로 등재된 아이들"을 포함하여 10대들에게 그 약이 단기적, 중기적, 장기적으로 어떤 영향을 끼칠지는 아무도 모른다.

"어린이는 키 작은 어른이 아니지만, 자신의 젠더를 인식할 정도로 충분히 자주적입니다."[26] 캘리포니아대학교에서 아동 및 청소년 젠더 센터의 정신건강 부문을 이끌고 있는 다이앤 에런사프트Diane Ehrensaft 박사가 2022년에 〈뉴욕 타임스〉에서 한 말이다. 내가 대화를 나눠본 다른 임상의들은 에런사프트의 의견에 반론을 제기하며, 왜 의사들이 '오직 이 영역에서만 유독' 불행하고 혼란에 빠진 청소년들에게 자가 진단을 하도록 부추기는지 모르겠다고 했다. 스텔라 오맬리는 성별불쾌감을 느끼는 청소년의 몸을, 사춘기 억제제를 통해서든 수술을 통해서든 의학적으로 바꾸는 것은 "거식증 환자에게 지방흡입술을 실시하는 것과 같다"고 말했다. 이에 더해 미전 박사는 이렇게 말한다. "거식증 환자에게 '당신이 진정한 자아를 찾았으니 이제부터 굶는 것을 긍정하겠어요. 그걸 인정하지 않는 일은 모두 당신의 인권을 침해하는 일이에요'라고 말하지는 않잖아요."

나는 스텔라 오맬리에게 그냥 아이들에게 남자도 여성적일 수 있고 여자도 남성적일 수 있다고 말해주면 안 되느냐고 물었다.

"그건 이렇게 생각해보세요." 오맬리가 말했다. "우리가 성별불쾌감을 느끼는 아이들에게 '여자가 꼭 여성스러울 필요는 없어'라고 말하는 건 아주 쉬워요. 하지만 그건 거식증을 앓고 있던 때의 당신에게 '여자가 꼭 마를 필요는 없다'라고 말하는 것과 같을 거예요. 그랬다면 당신은 '그래, 알겠어. 하지만 나는 마르고 싶어' 하고 생각했겠죠."

그 말이 옳다. 나는 분명 그랬을 것이다.

오늘날의 세상은 여전히 날씬하고 예쁜 사람들 위주로 맞춰져 있으며, 그 기준에서 벗어나는 사람에게는 사회적, 직업적, 정신적으로 넘어야 할 장해물이 가로놓여 있다. 앞 세대는 항상 세상이 딸들에게 더 좋은 곳이 되기를, 사람들이 진보적이고 관용적이며 더 열린 마음이 되기를 희망한다. 그러나 어떤 것들은 결코 변하지 않는데, 여성의 아름다움은 여전히 맹목적 숭배의 대상이며 심지어 당연히 기대되는 표준처럼 느껴질 정도다. 이는 인스타그램만 잠시 들여다봐도 증명된다. 거식증과 성별불쾌감은 둘 다 이 점을 반영한다. 둘 모두 자신이 전형적인 틀에 맞지 않는다는 감정을 극단까지 몰아가는 것이기 때문이다. 그러나 지난 몇십 년 동안 거식증의 발병률은 비교적 일정하게 유지된 반면, 성별불쾌감을 지닌 것으로 진단받는 여성 청소년의 수는 급증했다. GIDS의 자문 정신의학자인 엘리자베스 반 혼Elizabeth van Horn 박사는 BBC 라디오 4와의 인터뷰에서, 성별불쾌감을 지녔다고 하는 여자아이들이 왜 그렇게 많으냐는 질문을 받았을 때 솔직히 자신도 그 이유를 "모른다"라고 답했다.[27]

　　영국 정부는 2022년 7월 힐러리 캐스 박사에게 GIDS가 '안전한 방안도 장기적으로 유지 가능한 방안도' 아니라는 평가를 받은 후, 2023년 봄 GIDS를 폐쇄할 예정이라고 발표했다. 대신 성별불쾌감이 있는 청소년들은 규모가 작은 지역사회의 시설에서 치료받을 수 있을 거라고 했다. 캐스 박사는 국민보건서비스에 제출한 권고문에서 "젠더와 관련한 고통을 겪는 어린이와 청소년을 보살피는 일이 더 폭넓은 어린이와 청소년의 건강이라는 맥락 안에 포함될 수 있도록" 그런 시설의 직원들이 "폭넓은 임상적 관점을 유지"해야 한다고 썼다. 바꿔 말하면 성별불쾌감이 있는 어린이나 청소년은 성인 트랜스젠더와는 많이 다르며, 그들과는 다르게 치료해야 한다는 것이다. 2022년 10월, 잉글랜드의 국민보건서비스는 성별불쾌감을 느끼는 청소년 치료 지침을 새로 발표했다. 캐스박사의 권고안에 따라, 이 지침은 직원들이 "젠더에 대해 불확실하게 느끼는 어린이와 청소년의 돌봄을 더욱 폭넓은 어린이 및 청소년의 건강이라는 맥락 안에 넣어야 한다"라고 명시했다. 다시 말해 긍정 접근법이 아니라 탐색 접근법을 써야한다는 말이다.

성별불쾌감이 여자 어린이와 청소년에게 더 많이 진단되는 이유는 의료 전문가의 눈에 더 많이 띄기 때문인지도 모른다. 하지만 GIDS와 함께 일했던 몇몇 사람들은 다른 이론을 갖고 있다. 허친슨 박사와 미전 박사는 이렇게 썼다. "여자아이들과 청소년들을 압박하는 다수의 얽히고설킨 요인이 존재하는데, 이 요인들이 바로 이 시기에 서로 충돌하며 젠더 및 섹스와 연관된 것으로 보이는 괴로움을 초래한다. 이 요인에는 외부 세계(사회적, 정치적, 문화적 영역)와 내부 세계(감정적, 심리적, 주관적 영역) 둘 다 포함되며, 외부 세계와 내부 세계가 상호작용하며 서로를 부추긴다. (…) [여자들은] 오랫동안 자신의 몸을 고통과 자기혐오를 표현하는 수단으로 썼다. (…) 그중 어떤 이들에게는 여자 어른이 된다는 공포가 너무 압도적이다."[28] 그들은 외부적 요인으로 인터넷, 특히 인스타그램과 온라인 포르노그래피를 들었는데, 둘 다 각자의 방식으로 어떤 여자아이들에게는 자신이 여자로서 적합하지 않다고 느끼게 한다. 이런 느낌은 많은 거식증 환자도 공감할 만한 대목일 것이다. 자신의 몸이 외부 세계에 대해 자신이 지킬 수 없는 약속을 하고 있다는 느낌 말이다.

"우리는 온라인 세상에서 온라인 포르노와 함께 자라난 첫 세대를 보고 있는 겁니다. 내가 자랄 때 포르노는 잡지에 실린 가슴이 큰 여자들의 사진이었지만, 지금은 목이 막혀 질식하는 여자들, BDSM*이거든요. 상식적으로 생각해봐도 이런 것이 어떤 영향을 미치리란 건 누구나 알 수 있죠." 허친슨 박사의 말이다.

내가 거식증 환자였을 때 나는 여자가 되고 싶지 않았지만, 남자가 되고 싶지도 않았다. 남자로 산다는 것에도 그 나름의 무시무시한 부담(섹스도 당연히 포함되지만, 그보다 더 나쁠지도 모를 스포츠도 있었다)이 따른다는 것은 당시의 내게

---

* 상호합의에 의한 가학피학적 성행위를 뜻하는 Bondage, Discipline, Dominance, Submission, Sadism, Masochism(속박과 훈육, 지배와 복종, 가학성과 피학성)의 약자.

도 명백히 보였다. 나는 정지된 시간 속에서 깡마르고 지리멸렬한 채, 영원히 아이로 남고 싶었다. 내게는 그게 안전하다고 느껴졌고, 그래서 내 마음속에서 나는 그런 모습으로 남았다. 집에서 처음으로 발작을 일으켰을 때 부모님은 응급차를 불렀고, 내가 의식이 돌아왔을 때 사람들은 정신 상태를 점검하기 위해 몇 살이냐고 물었다. "일곱 살이요" 하고 나는 대답했다. 당시 나는 열다섯 살이었다. 이런 일은 아직도 일어난다. 얼마 전에 한 친구의 집에서 발작이 일어났는데, 깨어난 뒤 나는 내가 스무 살이라고 주장했다. 그러니까 그게 내 내면의 정체성인 것이다. 굳이 따지자면 성별불쾌감이 아니라 나이불쾌감인 셈인데, 이렇게 유년기를 꽉 붙잡는 것은 여자 어른이 되기를 거부하는 또 하나의 방식이다. 오래된 두려움은 깊은 흉터를 남긴다. 이는 부분적으로 거식증을 설명하기는 하지만, 굶기를 정당화하지는 않는다.

성별불쾌감과 거식증의 교집합에 관한 연구는 아직 아주 초기 단계에 머물러 있다. 하지만 이 질문에는 자폐와 거식증의 교집합이 그렇듯 단 하나의 대답은 존재하지 않는 게 분명해 보인다. 어떤 경우에는 성별불쾌감이 거식증에서 확장된 것이고, 어떤 경우에는 그렇지 않다. 때로는 회복하는 동안 증상이 희미해질 것이고, 때로는 그러지 않을 것이다. 때로 성별불쾌감은 거식증이 그렇듯 불행의 표현이기도 하고, 때로는 다른 무엇이기도 하다. 하지만 절대 변하지 않은 진실이 하나 있으니, 그것은 여자 청소년기는 매우 복잡하다는 것이다. 사회는 항상 어린 여자들의 몸을 이상화하기 때문에, 자기 몸을 추하고 수치스럽게 느끼고 필사적으로 자신으로부터 탈출하려 하는 여자아이들이 무수히 많다는 사실은 쉽게 잊힌다.

얼마 전 나는 어머니에게 런던으로 이사 왔을 때 바운티 초코바를 먹기 시작한 이유가 뭐냐고 물었다. 30년 동안이나 이어왔던 극기의 습관을 깨면서 왜 그랬던 거냐고.

"우리가 런던으로 이사 왔을 때는 마치 영화 속에서 사는 느낌이었어. 모든 규칙이 사라졌고, 그래서 현실처럼 느껴지지 않았지."

그게 어떤 느낌인지는 나도 안다. 수년이 지나 내가 마지막으로 퇴원하고 정말로 체중을 불려야만 했을 때, 나는 일년 동안 이름을 바꾸고 지냈다. 그게 내가 먹는 것을 참을 수 있는 유일한 방법이었기 때문이다. 때로 자신을 받아들이기 위해서는 한동안이라도 자기가 아닌 다른 사람인 척할 필요가 있다.

8장

거식증의 언어

병원1에서는 3개월을 거식증 환자의 표준 입원 기간으로 여겼다. 그래서 1992년 11월 말에 나는 곧 집으로 가게 된다는 말을 들었다. 나는 집 근처 슈퍼마켓과 거기서 살 것들(감자칩들이 쌓인 진열대, 갓 구운 빵 냄새, 치즈로 가득한 냉장 진열대)을 생각했고, 그러자 가슴속에서 심장이 쿵쾅댔다. 그리고 학교로 돌아가고 모두가 나를 쳐다볼 생각을 하니 기절할 것 같은 느낌이었다. 이때 나와 부모님이 미처 생각하지 못했던 것은 내가 집에 돌아간 후로 두 분이 나와 이야기를 나누려면 완전히 새로운 언어를 배워야 한다는 점이었다. 그러니까 부모님은 거식증의 말을 배워야 할 터였다.

사람들은 거식증 환자가 남들과 다르게 세상을 본다는 건 알지만, 세상의 말도 다르게 듣는다는 것은 잘 모른다. 그들은 거식증 고글만 쓰고 있는 것이 아니라 거식증 보청기도,

그러니까 듣는 모든 말을 거식증 언어로 번역해주는 기기 같은 것도 착용하고 있다. "너 딱 보기 좋아!"라는 말은 "너는 비만이고 다시는 절대로 음식을 먹으면 안 돼!"가 된다. 거식증을 상대하고 있는 가족이라면 한때는 멀쩡했던 아이와 대화를 나눌 때, 최소한 그 아이가 대화 중간에 〈엑소시스트〉에 나오는 악령 들린 아이로 돌변하는 위험을 최소화하기 위해서라도 이 언어를 배워야 한다. 환자와 병의 경중에 따라 다르겠지만 아마도 그런 상황은 피할 수 없을 것이다. 내게는 특히 나를 즉각적으로 폭발시키는 몇몇 말들이 있었다.

내 머릿속에서 거식증 언어는 다음과 같은 식으로 돌아갔다.

"남자애들은 몸에 굴곡이 있는 여자애들을 좋아해." ─ 네가 뭐라도 먹는다면, 손 대신 앞발이 달린 흉포한 남자애들이 난폭하게 너를 망가뜨릴 거야.
"넌 배 안 고파?" ─ 너는 너무 강인하고 특별해, 난 네 강인함과 특별함이 부러워.
"넌 다시 건강해지고 싶지 않니?" ─ 다시 살찌고 싶지 않니?
"수영해본 적 있니? 내가 해보니까 수영이 식욕을 되살리는 데 정말 좋더라." ─ 넌 운동을 더 많이 해야 돼.
"그렇게 많은 운동을 할 에너지가 어디서 나오는지 알다가도 모르겠다." ─ 너는 너무나도 대단해. 그리고 난 네가 하는 모든 일을 지켜보고 있으니 계속 운동을 하는 게 좋을 거야. 안 그러면 내가 네 게으름을 지적할 거거든.

"네가 겪고 있는 일 나도 이해해. 나도 내 체중이 걱정이거든." ─ 누구나 너처럼 생각해, 단지 그들은 끝까지 밀고 나갈 만큼 강하지 못할 뿐이지.

"네 몸이니까 네가 돌봐야지." ─ 그러니 계속 굶어, 네 몸이 완벽해지도록.

"있잖아, 불안한 느낌이 들거든 저녁에 찐 채소 한 그릇만 먹어. 뭐든 너 자신에게 강요하지는 말고." ─ 네가 다시는 먹지 않아도 된다고 전적으로 허락할게.

"있잖아, 저녁으로 맛있는 고기구이를 먹어봐, 기분이 훨씬 좋아질 테니까." ─ 나는 완전한 멍청이니까 내가 하는 말은 한마디도 듣지 마.

"있잖아, 그 패션 잡지들은 그냥 다 잊어버려. 네가 모델처럼 되고 싶어서 그런다는 거 아는데, 그런 건 하나도 안 중요하거든." ─ 난 네가 완전 멍청이라고 생각해. 그래서 네가 하는 말은 한마디도 안 들었어.

"지금은 살면서 네가 원하는 대로 먹을 수 있는 시기야. 중년만 돼봐라, 그때가 되면 정말 다이어트를 생각하지 않을 수 없을 테니까!" ─ 여자는 누구나 너처럼 강인해지기 원하지만, 너도 자기들처럼 뚱뚱해졌으면 해서 너에게 먹으라고 말하는 것일 뿐이야.

"와, 너 정말 말랐구나." — 그러니까 체중을 조금도 불려선 안돼, 지금이 딱 네가 원하는 모습이잖아.

"넌 네 부모님을 불행하게 만들고 있어." — 너는 나쁜 사람이야. 그러니 앞으로도 그렇게 아무 기쁨도 없는 인생을 사는 게 마땅해.

"너 꼭 해골 같아." — 그러니 만약 조금이라도 체중이 분다면 내가 지적할 거야.

"너 건강해 보인다." —너는 병적일 정도로 비만이고 네가 지게차 없이 움직일 수 있다는 게 놀라워.

"너 꼭 강제수용소 피해자처럼 보여." — 지금 네 모습은 네가 원하는 그대로야. 이제 아무도 너에게 못되게 굴거나 뭘 요구할 수 없어.

"결국 강제입원 당해서 튜브로 음식을 공급받게 될 거야. 그게 네가 원하는 거니?" — 강제입원 당해서 튜브로 음식을 공급받기 전까지는 **진짜** 거식증 환자라고 할 수 없으니 계속 분발해.

"너 살 좀 찌워야겠다." — 내가 널 뚱뚱하게 만들 거야.

"넌 아주 잘하고 있어." — 넌 뚱뚱해.

"넌 이 일을 이겨낼 거야." — 너 뚱뚱해.

"너는" — 뚱뚱해.

"네 모습은" — 뚱뚱해.

"너" — 뚱뚱해.

거식증 언어를 구사하지 않는 사람들은 항상, 심지어 병원에서도 내게 이런 말을 했다. 내게 "이제 꽤 건강해"(마비가 될 정도로 뚱뚱해) 보인다고 말했던 임시 간호사부터 자기 딸은 나보다 더 말랐다고("걘 깡마른 다리를 타고났어") 말했던 회복 중인 알코올중독자까지. 나의 안전지대조차 안전하지 않았다.

"사람들은 왜 나한테 저런 소리를 하는 거야? 내 속을 뒤집어놓으려고 작정한 거야 뭐야." 나는 일기장에 분통을 터뜨렸다. 사람들은 사실 병에, 특히 정신질환에 어떻게 대처해야 할지 잘 모른다. 그래서 지독히 눈치 없는 소리를 하는 거다. 하지만 진실은, 누가 무슨 말을 했든 나에게 상처 주지 않는 말은 하나도 없었으리라는 것이다. 누군가 내게 먹으라고 말하면 나는 그를 미워했다. 내가 원하는 대로 하라고 말하면 걷잡을 수 없이 추락하는 느낌이 들었다. 거식증 언어는 그리 기운이 나는 언어가 아니다. 더 음악적인 언어를 찾는다면 대신 이탈리아어를 추천한다.

＊

거식증에 걸린 딸을 둔 부모들은 종종 자기 딸에게 뭐라고 말해야 하느냐고 내게 묻는다. 서글프게도 부모가 자기 아이를 치료할 수 있는 마법 같은 단어는 없으며, 어제는 도움이 되는 듯했던 말이 내일은 분노와 비명을 부를 수도 있다(이것이 거식증 언어의 또 하나 특징이다. 어쩌라는 건지 도무지 알 수 없게 변덕스럽다는 점). 누가 한 어떤 말도 딱히 내게 도움이 된 건 없었으나, 간혹 내 뇌 전체를 단단히 감싸고 있던 거식증의 딱딱한 껍질을 뚫고 들어오는 말들은 있었다. 그건 애원도, 논리적 설득도, 분노도, 울음도 아니었다. 그런 건 모두 내 거식증 방패에 부딪혀 튕겨 나갔다. 그보다는, 만약 내가 굶는 일에 혈안이 되지 않았더라면 어떤 삶을 살고 있었을지와 관련된 말이었다. 당연히도 당시 나는 그런 말을 싫어했고 그런 말을 하는 사람을 미워했다. 하지만 나는 분명 그 말을 귀담아들었다. 그래서 간호사 마리와 조슬린이 내가 GCSE 과정에서 어떤 선택 과목을 공부하는지 물었을 때나, 어머니가 학교 친구들이 요즘엔 무엇을 하고 있는지 얘기했을 때, 또는 동생이 어떤 종류의 야외 학습을 다녀왔는지 들었을 때, 그건 거식증 언어로는 번역되지 않는 이야기, 내가 아무도 살지 않는 버려진 땅에 고립되어 있음을 상기시키는 이야기였다. 나는 그런 말들을 냅다 쳐냈지만, 그래도 결국 그 말들은 나를 뚫고 들어와 내 안에 화상을 남겼다.

부모들은 딸과 대화를 나누기 위해서만이 아니라 딸을 이해하려면 거식증 언어를 배워야 한다. 병원1에서 첫 입원 기간을 보내는 동안 내가 가장 모진 말을 퍼부은 사람은 다름 아닌 가장 의지하는 사람, 바로 내 어머니였다. 내가 얼마

먹지 못하는 여자들

나 비참하고 분노에 차 있는지 어머니에게는 보여주어도 안전하다는 느낌이었는데, 그건 어머니가 결코 나를 버리지 않으리라는 걸 알았기 때문이었다. 나는 나를 병원에 입원시켰다고 어머니를 비난했다. 나를 뚱뚱하게 만들었다고, 나를 이런 나로 만들었다고 공격했고, 모든 일을 어머니 탓으로 돌렸다. 나는 닥터 R에게는 한 번도 화를 낸 적이 없는데, 당시 주위 사람들은 그게 그 의사가 부모님과는 달리 나를 '다루는' 방법을 잘 알기 때문이라고 넘겨짚었지만, 사실은 정반대였다. 나는 단 한순간도 그에게 솔직한 나를 보여줄 만큼 그를 신뢰한 적이 없었다. 거식증 환자의 부모에게는 안된 얘기지만, (그리고 10대의 부모라면 말할 것도 없이) 이런 게 실상이다. 아이가 당신에게 못되게 말할수록 그만큼 당신을 더 신뢰한다는 뜻이다.

그렇다고 부모가 딸의 독기 어린 비난과 장광설을 수동적으로 참아내야 한다는 말은 아니다. 하지만 이 거식증 언어가 사납게 날뛰고 있을 때는 겉으로 어떻게 들리든 그것이 미움의 표현이 아니라는 것을 안다면, 바라건대 그 말을 듣고 넘기기가 좀 더 쉬워지지 않을까. 불쌍한 내 어머니는 당시 내가 어머니에게 퍼부은 분노가 사실 분노가 아니라 사랑과 두려움이었다는 걸 몰랐다. 어머니는 이해하지 못했는데, 생각해보면 어찌 그걸 이해할 수 있었겠는가? 나 역시 이해하지 못했는데. 이는 거식증 언어가 지닌 또 하나의 문제다. 구사자조차 그 언어를 완전히 이해하지 못한다는 것. 그러나 앞으로 상황은 우리 모녀 둘 다에게 훨씬 더 혹독해질 참이었고, 어쩔 수 없이 우리는 이중 언어 사용자가 되어야 했다.

9장

진짜 세상

1993년 1~2월

"걔 어딨어요? 내가 걔 고칠 수 있어요." 한 친척이 우리 집 문간에 서 있는 아버지에게 말했다. 그는 답을 기다릴 생각도 없었는지 아버지를 지나쳐 우리 집 안으로 밀고 들어와 내 침실이 있는 이층으로 계단을 성큼성큼 올라왔다. 물론 나는 침실에 있었다. 퇴원한 뒤 나는 거의 모든 시간을 내 방에서만 보냈다. 고작 10주 동안 병원에 있었지만 10년은 떠나 있었던 느낌이었고, 모두가 계속 '진짜 세상'이라고 말하는 곳으로 다시 내동댕이쳐진 일은 꿈을 꾸던 상태에서 갑자기 현실로 홱 잡아당겨진 것처럼 신경을 긁는 일이었다. 거리는 너무 넓었고 바람은 거셌다. 병원에서 항상 켜두는 조명에 익숙해졌던 나에게는 하늘도 너무 어두웠다. 소음이 극심하고 공간도 너무 많으며, "다시 진짜 세상으로 돌아오니" 얼마나 행복하냐고 물어보는 사람도 진저리나게 많았다. 대답 대신 나는 내 방으로 숨어들었다. 안전하고, 사방이 벽으로 막혀 있으며, 나 혼자인 내 방으로. 그날 그렇게 침범당하기 전까지는.

그 여자는 나보다 한 세대 위 사람으로, 전에 몇 번 만난 적이 있었다. 하지만 내 가장 친한 친구라도 이렇게 갑자기 들이닥쳤다면 나는 질겁했을 것이다. 나는 동생도 내 방에 못 들어오게 했다.

"네 부모님은 너를 이해 못 해. 나만 이해할 수 있어. 나도 딱 너 같았으니까." 그가 속사포처럼 말을 쏟아내고는 내가 누워 있는 침대 위에 걸터앉았다. 나는 벌떡 일어나 방에서 제일 먼 모퉁이로 도망갔다.

"내가 널 도울 수 있어. 나를 믿고 내게 다 솔직히 털어놔. 아니지, 그냥 네가 우리 집에 와서 지내는 게 어때? 우리는 함께 우리의 방식으로 먹을 수 있어. 난 널 밀어붙이지 않을 거야. 널 완전히 다 이해하니까." 그가 말을 이으며 나를 향해 다가왔고, 나는 그에게 점점 더 거리를 두며 벽을 뚫고 들어가기라도 할 듯이 몸을 벽에 힘껏 밀착시켰다.

"나가서 좀 걷자. 부모님이 곁에 있으면 속 시원히 얘기를 나눌 수 없잖아. 나한테는 다 말해도 돼." 그가 말하며 내 손을 붙잡았다. 하지만 나는 그 손을 뿌리쳤다.

"미안한데, 그럴 수 없어요. 제발, 그냥 가주세요." 나는 그에게서 멀어지려 몸을 웅크리며 기어들어가는 목소리로 재빨리 말했다.

그는 충격받은 얼굴로, 이어서 넌덜머리가 난다는 표정으로 나를 보더니 쾅 소리가 나게 문을 닫고 나갔다.

정신적으로 불안정한 상태였으므로 내가 현실을 훨씬 더 과장되게 받아들인 것일지도 모른다. 그 어수선한 친척이 한 말은 '진짜 세상'에서 다른 사람들이 내게 한 말보다 더 나쁜 것도 아니었다. 사람들은 나를 도우려고 했고, 그러다가 내가 도움을 받아들이지 못하면 노여워했으며, 도와야 한다는 느낌이 들게 한 나에게 짜증을 냈다. 한 이웃은 내가 "기운차게 시동을 걸" 수 있도록 동그란 초콜릿들을 가져왔다. 다시 학교에 간 첫날, 같은 반 친구 하나는 내가 입원했다는 얘기를 듣고 울었다고 말했다. 내 사정이 슬퍼서 운 건 아니고 자기도 엄청 애쓰고 있었는데 나만 거식증 환자가 되는 데 성공한 것이 질투가 나서였다고. 누구나 자기가 특별하다고 느끼고 싶어 한다. 아직 목표 체중에 도달하려면 6킬로그램이나 더 불려야 했던 시점에, 어떤 사람은 내가 지금 아주 보기 좋으니 체중을 더 불리지 않는 게 좋겠다고 말했다. 또 어떤 사람은 내가 아직 너무 말랐다고 말했는데, 그럴 때면 그들의 허기진 시선이 내 몸을 마음껏 포식하는 느낌이었다. 어떤 사람은 음식을 먹고 있는 나를 동물원에 갇힌 동물 보듯 빤히 쳐다보고는 이제 내가 정말 좋아진 것 같다고 말했다. 사람들이 모두 합심하여 이건 그저 신체적인 문제라고, 체중을 불리기만 하면 다 괜찮아질 거라고 생각하는 것 같았다. 그런데 왜 가능한 한 빨리 체중을 불리려 노력하지 않는 거야? 자, 여기 몰티저스 초코볼 좀 먹어, 치즈도 좀 먹고, 뭐라도 먹어. 문제가 뭐야 대체? 나는 막 껍질을 까놓은 오렌지처럼 무방비로 노출된 느낌이었고 모든 말이 나를 찔러댔다.

　그런가 하면 사람들이 물어주기를 바랐지만 아무도 묻지 않은 말들도 있었다. 이를테면, 병원의 간호사들은 어땠는지(때로는 무서웠지만 다정하기도 했다), 병원에서 친구들은 좀 사귀었는지(그랬다), 병원에서는 주말을 어떻게 보냈는지(주말은 길고 조용하고 공허했다) 같은 말들. 사람들은 그런 질문은 절대 하지 않았다. 어쩌면 그런 질문이 난처하다고 여겼을지도 모른다. 정신병원이라고? 끔찍해! 어느 쪽이든 그들에게 병원은 텅 빈 공간, 나를 사라지게 한 허공일 뿐이었고, 오직 진짜 세상이 아니라는 점으로만 정의되는 장소였다. 나에게는 병원이 지극히 현실적이고 대단히 안전한 곳이었다는 걸 그들은 이해하지 못했다. 병원은 나에게 집이었다. 그리고 나는 그곳이 그리웠다.

　사람들은 병원에 있는 동안 바이러스에 감염되었다는 말을 곧잘 한다. 나는 거기서 막강한 박테리아, 바로 터보엔진이 장착된 거식증이라는 박테리아에 감염됐다. 입원 전 내 접근법이 서투르고 본능적이고 맹목적이고 무지했다면, 퇴원할 때의 나는 내가 무엇을 하고 있는지 정확히 알았고 그 일을 계속하겠다는 결의가 확고했다. 입원은 내 목숨을 살렸지만, 동시에 나에게 '나는 거식증 환자야'라는 분명한 정체성도 부여했고, 마침내 나는 그 정체성이 무엇을 의미하는지도 이해했다. 천만다행으로 때는 1992년이라 나의 정체성을 무리의 일원 자격으로 인정해줄 온라인 프로아나pro-ana* 모임도, 인스타그램에서 팔로우할 거식증 인플루언서도 없었다. 하지만 운동을 이전보다 더 심하게 했고, 그 어느 때보다 칼로리에 집착했다. 내게는 신경성 틱도 생겼는데, 이건 30년이 지난 지금까지도 이따금 스트레스가 심해질 때마다 계속 재발한다. 그건 바로 엄지와 검지로 고리를 만들어 팔목을 감싼 뒤 그 고리가 손가락 끝이 떨어지지 않은 채 어디까지 올라가는지 확인하는 행동이다. 나는 이걸 종아리에도 했고, 그러고는 양손의 엄지와 검지로 원을 만들어 허벅지에도 했다. 쇠약해진 이두근이 손가락 사이로 쉽게 빠져나가는 걸 보면 순간적으로 안도감과 위안감을 느꼈다. 어머니에게는 그 반대의 효과를 냈지만 말이다. 또한 나는 매주 체중 검사를 위해 병원에 갔을 때 닥터 R의 저울을 속이는 방법도 알아냈다. 체중을 재기 전 속옷에 문진을 집어넣고, 물 4.5리터를 마

---

* 찬성을 뜻하는 pro-와 거식증anorexia의 앞부분 ana를 결합한 합성어로, 거식증을 동경하며 극도의 마른 몸을 지향하는 사람들을 의미한다.

시는 것이었다. 내 방광은 남은 진료 시간을 필사적으로 버텨 냈다(당시 닥터 R이 환자 한 명당 최대 30분만 배정한 것이 고마울 지경이다). 병원의 영양사는 내게 매 식사와 간식 때 정해진 칼로리를 먹어야 한다고 말했고, 나는 그 말을 포장 뒷면에 정확한 칼로리 정보가 나와 있는 전자레인지용 간이식을 사는 핑계로 써먹었다. 부모님과 동생이 어머니가 만든, 한때 나도 아주 좋아했던 마카로니 치즈를 먹는 동안, 나는 고집스럽게 직접 마트에서 사 온 맛없는 저지방 카레를 전자레인지에 데워 먹었다. 그것도 주방 옆에 있는 손님방에 가서 먹었다. 내가 음식 먹는 모습(또는 대부분을 접시에 남겨두는 모습)을 아무에게도 보이고 싶지 않았기 때문이다. 나는 부모님에게 '회복'을 위해서는 이렇게 해야 한다며 고집을 부렸다. 또한 나는 병원에 있는 동안 토하는 방법도 배웠는데, 그건 내가 좋아하는 일도 아니고 하물며 주기적으로 하는 일도 아니었지만, 긴급 상황에 대비할 방법이 마련되니 마음이 놓였다.

많은 환자가 병원을 떠난 뒤 재발하고 결국 수차례 입원이 필요한 상태가 된다. 내가 아는 거식증을 앓았던 환자들은 평균적으로 네다섯 번 입원한 경험이 있다. 나에게는 아홉 번의 입원이 필요했는데, 모두 더하면 나는 3년의 기간 중 2년 반 이상을 병원에 입원해 있었고, 사이사이 짧은 기간만 집에서 보냈다. 중독자들은 재활원에서 나간 뒤 회복 상태를 유지하는 걸 몹시 어려워하지만, 거식증 환자들은 단순히 유지만 해서는 안 된다. 대체로 그들은 스스로 체중을 불려야 한다. 중독은 일반적으로 거식증을 설명할 때 좋은 비유로 제시되지만, 내가 설명해낼 수 있는 유일한 비유는 다음과 같다. 이렇게 상상해보라. 가령 당신이 헤로인중독자인데, 병원을 떠난 뒤 마약을 멀리하기만 하면 되는 것이 아니라, 매일자기 팔에 주삿바늘을 꽂은 다음 피스톤을 밀기 직전에 다시 주사를 빼내야 하는 거라고. 거식증 환자가 퇴원한 뒤 체중을 불린다는 것은 바로 그런 일, 절대적으로 불가능한 일을 매일같이 하는 것이다.

거식증 환자는 집에서 계속 체중을 불려야 한다. 병원은 환자들이 목표 체중에 도달하는 데 필요한 시간 내내 머물게 할 만큼 수용 역량이 충분하지 않기 때문이다. 많은 환자가 그렇듯 나 역시 위험하다고 여겨지는 체중을 벗어나자 퇴원 통보를 받았다. 그 체중이 되면 몸속 호르몬이 다시 작동하기 시작한다.

"청소년기 환자들은 41킬로그램을 넘어가면 매우 힘들어합니다. 그 체중이면 호르몬이 다시 분비되기 시작하고 제쳐둔 감정들이 물밀 듯 다시 몰려오는데, 그러면 그들은 그런 감정을 억누르고 싶어 하죠. 그래서 40킬로그램은 넘어갈 수 없는 유리 문턱 같은 것이 되었지요." 허버트 레이시 교수의 말이다. 런던 성인 섭식장애 프로그램의 공동 책임자 중 한 명인 페니 닐드 박사는 이렇게 말한다. "체중이 줄면 신체의 정상적인 조절 메커니즘이 혼란에 빠집니다. 맨 먼저 생리가 멈추고, 이어서 혈압이 조절되지 않기 시작하고, 심장도 잘 조절되지 않으며 성호르몬은 억제되죠. 빠진 체중을 다시 불리면 호르몬이 다시 활동하는데, 거식증은 다른 많은 것들이 함께 변화하는 [청소년기에] 시작되는 경향이 있으므로, 이미 인생과 자신에 관한 감정들이 불안하게 출렁이고 있을 때 그 모든 게 갑자기 다시 돌아오는 것은 아주 힘든 일일 수 있어요."

거식증은 그 어느 때보다 더 단단히 내 뇌를 옥죄었다. 병든 시간이 길어질수록 그 병은 더 깊이 참호를 파고 확고히 자리 잡는다. 이때 입원은 목숨을 구하는 데는 필수적일 수 있지만, 병원에서는 대체로 신체적 문제만을 다루기 때문에 그러는 사이 정신적 문제는 더욱 깊이 뿌리를 내린다. 집을 수리할 때 구조적으로 녹이 스는 문제를 해결하지 않은 채 페인트칠만 새로 하는 것과 다름없다. 나는 거식증의 토끼 굴에 너무 깊이 들어와서 이제는 길거리나 레스토랑, 학교에서 사람들이 먹는 모습만 봐도 경악스러웠다. 저들은 저 탐욕이 창피하지도 않나? 저런 짓을 하는 걸 어떻게 남들에게 다 보일 수가 있지? 자기가 음식을 먹고 공간을 차지할 가치가 있는 존재라고 믿을 만큼 오만하다는 걸 어떻게 온 세상에 보여줄 수가 있는 거냐고? 나는 정말로 이해할 수 없었다. 주말마다 나는 예배당의 탁아실에서 자원봉사를 하며, 손위 형

먹지 못하는 여자들

제자매와 부모들이 히브리어 학교와 사원에 가 있는 동안 남겨진 두세 살짜리 아이들을 돌봤다. 나는 항상 어린아이들을 좋아했고, 특히 아이들이 세상을 바라보는 재미있는 방식이 좋았다. 하지만 지금 내 눈에 보이는 건 나를 이토록 괴롭히는 세상에서 이 어린아이들은 얼마나 자유로운가 하는 것뿐이었다. 아이들은 자기 뱃살에 대한 자의식이 전혀 없었고 간식 먹는 일을 주저하는 법도 없었다. 그 애들은 간식을 더 달라고 요구하는 데 수치심(!)도 느끼지 못했다. "아이들은 칼로리가 뭔지도 모른다"라고 나는 일기장에 썼다. 그러는 나도 1년 반 전만 해도 칼로리가 뭔지 잘 몰랐으면서 말이다. 나는 다른 모든 사람의 생각이 어떻게 나와 그렇게 다를 수 있는지 이해할 수 없었다. 마치 내가 어떤 에일리언 종족 사이에서 잠을 깼거나, 더 나쁘게는 에일리언이 된 것 같았다. 미치는 게 꼭 이런 느낌이겠구나 싶었다.

나는 나와 가까운 누군가가 나보다 더 적게 먹거나 더 많이 운동할 거라는 두려움에 사로잡혔고, 항상 그 두려움에 이끌려 내 행동을 조정했다. 만약 길에서 조깅하는 누군가를 보았다면 나도 조깅을 했다. 교복을 입고 있든, 부모님과 산책 중이든 상관없었다. 이 세상 어디선가 누군가가 **항상** 나보다 운동을 더 많이 하고 있다는 생각이 들면 엄청나게 고통스러웠다. 이런 생각을 너무 많이 하다 보면 뇌에서 심한 통증이 느껴졌고 그 좌절감에서 튀어나오려는 비명을 억누르느라 주먹을 깨물곤 했다. 난 왜 도저히 이길 수 없는 걸까? 나는 사람들에게 끊임없이 음식을 열심히 권했다. 쿠키 하나 먹어! 베이글 먹고 싶지 않아? 부분적으로는 그들이 먹는 걸 바라보는 대리 만족의 짜릿함 때문이었지만, 주된 이유는 내가 그들보다 절대적으로 더 적게 먹는다는 걸 확실히 해두기 위해서였다. 나는 학교에서 경쟁심이 강해서 항상 반 친구들보다 더 잘하려고 했는데, 이제 그 추동력이 새로운 방향으로 옮겨갔다. 다리 흔들기는 새로운 차원으로 접어들었고, 운동은 통제 불가였다. 부모님은 집 안에 저울을 두지 않았기 때문에 나는 근처에 있는 부츠 매장으로 갔다. 거기에는 디지털 저울이 있어서 1파운드를 내면 체중이 얼마인지, 과체중인지 아닌지를 알려주었다. 한 번은 일주일 만에 2.5킬로그램이나 줄어서 순간 겁이 났지만 곧바로 아주 신이 났다. (그 저울이 확인해준바, 나는 과체중이 아니었다.) 마침내 내가 가장 잘하는 일을 발견한 것이다. 나는 모린 던바가 자기 딸 캐서린에 관해 쓴 책을 다시 읽었는데, 두려움 따위는 전혀 느끼지 못했고, 신체 기관들이 제 기능을 못 할 때까지 굶는 것이 허용된 캐서린이 부러울 뿐이었다. 만약 내가 이렇게 굶다가 죽는다면 사람들이 무슨 말을 할지 상상해봤다. 그래, 사람들이 좀 슬퍼하긴 하겠지. 하지만 분명 어느 정도 경외감도 느낄 거야. 임무 수행 중에 목숨을 잃은 탐험가에 관해, 혹은 우주에서 사망한 우주 비행사에 관해서도 그렇게 말하잖아. 나는 모두가 하고 싶어 하지만 너무 나약해서 감히 하지 못하는 일을 하고 있는 거야. 동생에게 내가 가장 말랐을 때 부럽지 않았냐고 물었더니 동생은 이 언니가 마침내 돌아버렸다는 듯한 표정으로 나를 쳐다봤지만, 나는 미소를 지었고 동생이 거짓말을 하고 있다고 생각했다. 가장 나쁜 상태였을 때의 나처럼 보이지 않고 싶은 사람이 어디 있겠어? 닥터 R은 내게 최소한 현재 체중을 유지하고 더 줄이지만 말라고 했다. 나는 입 다물고 있었지만 이렇게 생각했다. "하지만 체중이 줄지 않으면 사람들이 모두 내가 분명 먹고 있다고 생각할 텐데, 그건 참을 수 없다고요." 나는 식사 일기를 써서 매주 진료 시간에 그에게 보여주기로 되어 있었지만, 그럴 수 없었다. '나는 먹었다'라는 말을 입으로도 말할 수 없는 마당에 어떻게 그런 일을 할 수 있단 말인가?

GCSE 과정 첫해의 첫 학기에 출석을 못 했는데도 학교는 내가 1월에 복학하도록 허락해주었다. 사물함에 있는 내 책들은 마치 폼페이 유적지에 보존돼 있는 유물들처럼 다섯 달 전에 놓아둔 그대로 남아 있었다. 사람들은 내가 예전처럼 평범하게 생활할 수 있을 거라고 기대했을까? 제일 친한 친구 에스더와 나는 우리가 멈췄던 지점에서 다시 시작할 수 있으리라 생각했지만, 어찌 괴리가 없을 수 있겠는가? 후에 한 치료사는 내게 '중독은 연결의 정반대'라고 말했다. 중독자는 술이나 마약을 향한 욕구에 너무 몰두해 있기 때문에 실질적인 관계를 형성할 수 없다는 말이었다. 거식증은 먹지 않는 일에 중독되는 것이며, 내 뇌에는 그 외에 다른 생각이 자리할 공간이 전혀 없었다. 에스더는 드라마 〈홈 앤드 어웨이〉에서 전날 밤 무슨 일이 있었는지 내게 말해주고는 했는데, 그동안 나는 점심에 나 자신에게 먹인 오렌지를 운동으로 빼내려면 팔벌려뛰기를 몇 회나 더 해야 할지 머릿속으로 계산하고 있었다. 나는 활기 넘치는 대화 상대는 아니었던 셈이다. 예전에 에스더와 나는 매일 종일 붙어 있었고 밤마다 전화기를 붙잡고 몇 시간씩 수다를 떨었지만, 이제 내게는 에스더에게 말할 거리가 단 하나도 남아 있지 않았다. 내가 이 시기에 〈홈 앤드 어웨이〉든 다른 무엇이든 텔레비전 프로그램을 본 유일한 이유는 화면에서 음식을 먹는 사람을 볼 수 있다는 희망 때문이었다. 에스더로서는 이해할 수 없는 이유로 나와 석 달이나 떨어져 있었으니, 그 애가 내게 배신감을 느꼈다 한들 비난할 수 없었다. 나는 우리가 했던 가장 중요한 절친 사이의 약속 두 가지를 깼다. 절대로 변하지 않겠다는 약속과 항상 곁에 있겠다는 약속이었다. 예전에 에스더는 내 손을 꼭 잡았지만, 이제는 팔 길이만큼 떨어진 거리에서 내 몸을 붙잡았고, 나는 그게 고마웠다. 이제 나는 결코 그 누구의 손도 잡지 않았다. 그들이 방금 뭔가를 먹었다면 혹시 그 칼로리가 내 손에 옮아올지 누가 알겠는가?

　　나는 거식증 환자로 지내면서 많은 걸 잃었다. 우선 머리카락을 들 수 있는데, 이건 나중에도 끝내 제대로 다시 자라지 않았고, 어떤 사람들은 인터넷에서 여전히 내게 그 사실을 지적하며 즐거워한다. 10대 시절은 모든 사람에게 주어지듯 나에게도 주어졌지만 나는 그 시절을 장작불에 태워버렸다. 당시에는 그 시간이 두 번 다시 받을 수 없는 선물이란 걸 몰랐다. 하지만 무엇보다 가장 후회되는 건 에스더를 잃은 일이다. 우리는 세상 모든 절친 중에서도 각별히 돈독했고, 나는 이전 그 어떤 친구도 그렇게 사랑해본 적 없을 만큼 에스더를 사랑했다. 하지만 나는 에스더가 감당하기엔 너무 버거운 존재가 되어 있었다. 우선 내가 너무 많이 변했고, 에스더도 나도 아직 어린아이일 뿐이었다.

닥터 R이 내 체중이 더 줄었다는 이유로 학교에서 가는 스키 여행에 못 가게 하자 그 주말에 아버지는 에스더와 나를 유로 디즈니*에 데려갔다. 우리는 호텔 방을 같이 쓰면서 1년 만에 처음으로 함께 많이 웃었다. 하지만 마지막 날 밤, 저녁 식사 중 음식을 식탁 밑으로 떨어뜨리는 내 행동을 에스더가 눈치챘는데, 그 순간 우리 사이의 뭔가가 툭 하고 끊어졌다.

6주 뒤, 내 체중은 처음 입원했던 때만큼 줄었고, 1993년 2월에 닥터 R은 내게 병원1로 다시 돌아와야 한다고 말했다.

---

* 1994년 10월에 디즈니랜드 파리로 이름이 바뀌었다.

이때 나는 다섯 달을 머물게 될 터였다. 마침내 나는 불가피함을 받아들이고 학교를 그만뒀고, 다시 한 번 에스더에게 작별 인사를 했다. 이때를 마지막으로 여러 해 동안 에스더를 만나거나 그 애와 이야기를 나누지 못했다. 나와 달리 에스더는 어른으로 성장할 준비가 되어 있었다. 어른이 되는 일의 한 부분은 어린 시절의 것들을 치워버리는 법을 배우는 것이다. 그래서 나는 이제 아이가 자라 더는 갖고 놀지 않는 장난감을 창고에 넣어두듯 병원에 갇히러 떠났다. 이튿날, 진짜 세상의 입장에서 보자면 나는 사라진 것이나 다름없었다.

10장

프리사 이야기

여러 차례 입원하는 동안 젊은 여자들을 많이 만났는데, 많은 이의 얼굴을 기억하고 몇몇은 이름도 기억한다. 하지만 낮고 걸걸한 목소리, 숱 많은 긴 금발의 프리사 구디는 내 마음속에 다른 이들보다 더 밝은 스포트라이트를 받으며 남아 있다. 나는 그를 병원1에 두 번째로 입원했던 1993년 봄에 만났다. 프리사는 거기 있던 대부분의 여자들처럼 나보다 몇 살이 더 많았고, 나는 일기장에 그를 "내가 실제로 본 사람 중에 가장 아름다운 여자"라고 묘사했다. 게다가 그는 이름까지 너무 아름다웠고(프리사 구디라 불리는 사람에게 누가 저항할 수 있겠는가?), 그 이름은 그에게 정말 잘 어울렸다. 천상의 존재 같은 프리사의 우아함에 아주 잘 어울리는 그 속삭임 같은 이름은 그의 부모가 폴 갤리코의 애수 어린 소설 《흰기러기The Snow Goose》에 나오는 소녀를 기려 지은 것이었다. 프리사는 우리 중 가장 키가 컸고 눈빛은 밝게 반짝였지만 자주 정신이 딴 데 가 있는 듯했다. 나머지 우리는 쪼그라든 세상에 맞추려 자신을 축소하고 입원한 상태를 받아들였지만, 프리사는 자주 창밖을 내다보며 다른 어딘가를 향했다. 자신이 우리와 함께 그 병원에 속하는 사람이 아니라는 걸 알고 있는 듯했다.

당시 병원에는 내가 처음 입원했을 때보다 더 많은 여자 환자들이 있었고, 필연적으로 파벌이 생겼다. 하지만 프리사와는 누구나 친구가 되고 싶어 했다. 프리사 본인은 그 사실을 전혀 눈치채지 못하는 것 같았지만. 어느 날 텔레비전 휴게실에 들어가 보니 여자애들이 꽤 많이 있었는데, 한 무리는 밖에 나가 앉아 있을 계획이었고 다른 무리는 휴게실에서 영화를 보고 싶어 했다. 두 무리 모두 프리사에게 자기들과 함께하자고 했지만, 프리사는 그들의 말을 듣지도 못했다. 대신 늘 그랬듯 자기만의 생각에 빠져 있었고, 알량한 병동 환자들 사이의 정치적 알력에는 전혀 관심이 없었다. 누구든 어디서든 자기들과 함께하자고 말해주기를 열렬히 갈망하던 나는 그런 프리사의 모습이 너무나 부러웠고 본받고 싶었다. 프리사는 쿨한 척한 게 아니라 자기만의 세상에 들어가 있었을 뿐이고, 프리사를 흠모하던 나는 프리사와 함께 간절히 그 세상 속에 있고 싶었다. 프리사는 온화했고 친절했고 아름다웠다. 나에게는 완벽한 사람이었다.

먹지 못하는 여자들

나는 너무 소심해서 프리사와 연락을 하고 지내지는 않았지만 지난 10년 사이 이따금 프리사의 부모인 글렌과 샐리와 연락을 주고받았는데, 어느 더운 봄날 이야기를 나누러 런던 남서부에 있는 그들의 집을 찾아갔다. 내가 도착했을 때 그들은 수십 년 동안 살았던 집을 떠나기 위해 짐을 싸고 있었다. 손주들을 돌봐주러 프리사의 언니인 타비사의 집 근처로 이사할 예정이었기 때문이다. 나도 곧 이사할 계획이라며 어느 동네로 갈지 말했다. "어, 거긴 프리사랑 내가 매일 산책할 때 들르던 곳이네요." 샐리가 미소를 지으며 말했다. 주변 가득 타비사와 프리사의 사진이 걸려 있던 그곳에서 나는 프리사에 관한 이야기를 들으려고 일부러 말을 끌어낼 필요가 없었다. 그 이야기는 부부의 수면 바로 아래서 항상 솟아오를 순간만 기다리고 있었기 때문이다.

"프리사가 태어났을 때 우리는 테딩턴에 살고 있었어요. 그 아인 말을 타고 피아노를 연주하고 연극을 하고 무용을 했죠. 아주 충만하고 행복한 유년기였어요." 글렌이 한 이 말의 배후에서 "그런데 왜?"라는 질문이 메아리치는 것 같았다.

"하지만 내가 보기엔 약간 자폐를 떠올리게 하는 점이 몇 가지 있었어요. 프리사의 침실 벽지가 꽃무늬였는데, 아주 작은 아이였던 그 애가 벽지를 가리키면서 비명을 질러대는 바람에 침실을 바꿔줘야 했죠. 우리 손자에게 자폐장애가 있는데, 그 애가 자라는 모습을 지켜보는 게 낙이에요. 프리사는 자기 언니와는 많이 달랐고, 어렸을 때 무척 까다롭고 화를 잘 냈죠." 샐리의 말이다.

글렌이 말을 이었다. "하지만 아주 인기가 많았고, 친구를 사귀는 데는 아무 문제도 없었어요. 노숙자를 보면 항상 돈을 주고 싶어 했고요. 그런 관대함이 어디서 나왔는지 모르겠어요."

"프리사는 친절했어요. 병에 걸렸을 때도 항상 친절했죠. 그리고 학업 성적도 좋았고, 정도가 지나친 건 아니지만 약간 완벽주의 기질도 있었어요. 도를 넘은 일은 나중에 일어났죠." 샐리가 말했다.

자라면서 어린 시절의 까다로움은 옳고 그름, 선과 악에 대한 강한 의식으로 변했다. 언젠가 버스 운전사가 사람이 아직 타고 있을 때 차를 출발시켜 그 사람이 거의 넘어질 뻔하자, 프리사는 곧바로 앞으로 나가 운전사에게 항의했다. "한 번은 우리와 메릴본 하이스트리트의 스타벅스에 갔는데," 샐리가 말을 꺼냈다. "부랑자 한 사람이 들어와 돈을 구걸하는데 모두가 그를 무시했죠. 프리사만 빼고요. '이 돈으로 샌드위치를 사세요' 하고 그 애가 말했는데, 남자는 그 돈을 받고는 샌드위치를 사지 않고 거기서 나가버리는 거예요. 그래서 내가 말했죠. '거봐라! 세상일이 네 생각처럼 돌아가는 게 아니라니까.' 5분 뒤 그 남자가 프렛에서 샌드위치를 사서 다시 오더니 프리사에게 이러는 거예요. '이게 더 맛있어요.'" 샐리와 글렌은 수없이 반복했을 그 일화를 떠올리며 애정이 듬뿍 담긴 웃음을 지었다.

은퇴하기 전까지 글렌은 중앙 일간지에서 고위 편집진으로 일했고, 샐리는 집에서 딸들을 키웠다. 글렌이 말했다. "프리사는 나와도 아주 가까웠지만, 당연한 이유로 샐리와 훨씬 더 가까웠어요. 나는 거의 매일 아침 6시에 집에서 나가 저녁 8시에 돌아왔으니까요. 그래서 샐리가 혼자 책임을 짊어졌죠." 글렌이 말했다.

"맞아요, 우린 무척 가까웠죠." 샐리도 동의했다. "그 애는 거식증에 늦게 걸린 편이라, 10대 시절 대부분은 그 병 없이 지냈어요. 프리사는 열여덟 살 때 거식증이 시작됐어요. 그렇다고 그 애가 사람을 조종하려 든다거나 삐딱한 10대였던 것도 결코 아니고요. 모든 게 완전히 좋아 보였어요. 피부에 문제가 생기기 전까지는요."

10대 때 프리사는 여드름이 났다. 프리사가 여드름으로 너무 괴로워하는 통에 샐리가 피부과 전문의에게 딸을 데려갔는데, 이 의사는 '여드름 치료의 기적의 성분'이라고 소개된 이소트레티노인을 처방했다. 이 약은 자살 위험 증가와 관련이 있다고 알려지기도 해서, 10대 자녀의 자살을 이 약 탓이라고 주장하는 부모들이 많았다.[1]

"그때부터 서서히 상태가 나빠지기 시작했죠." 샐리가 말했다. "그 약 때문에 체중이 줄었는데 애가 그게 마음에 들었던 것인지, 아니면 그냥 심하게 곤두선 불안 때문이었는지 모르겠어요. 그러다 프리사가 남자친구와 휴가를 떠났는데, 거기서 신장염으로 몹시 아팠어요. 그래서 내가 휴가지에 걔를 데리러 갔죠. 겨우 한 주 만에 무척 말랐더라고요. 프리사를 데려온 뒤 우리는 연달아 여러 의사를 만났어요. 난 신장염이나 만성피로증후군 때문일지 모른다고 생각했는데, 프리사는 아무 말도 안 했어요. 서서히 쌓여가고 있었던 거겠죠. 그 애가 자살하고 싶다는 말은 한 번도 한 적이 없었고 자해를 한 적도 없었는데, 그러다가 자살 기도를 한 거예요. 그 때문에 병원1에 입원했고요."

1993년에 우리가 함께 병원에 있었을 때, 나는 프리사가 배우가 되고 싶어 한다는 것과, 런던 음악 및 연극예술 아카데미LAMDA에 합격했지만 병원에 들어오면서 입학이 미뤄졌다는 것을 알았다. 프리사를 만났을 때 나는 이 점에 관해서는 깊이 생각해보지 않았다. 아마도 배우가 되고 싶어 한다는 건 너무나 많은 여자아이가 말로만 하고 실제로 이루려 노력하지는 않는 전형적인 공상이었기 때문일 것이다. 공주가되고 싶어 하는 것의 성인 버전이라고나 할까. 하지만 프리사는 정말로 배우가 되었다. 병원1(프리사의 유일한 입원이었다)에서 퇴원한 뒤 잠시 갭 매장에서 일했지만, 샐리의 표현을 빌리면 그 일로 인한 스트레스가 프리사를 거의 집어삼킬 정도였다고 한다. "닥터 R은 프리사에게 일을 그만두라고 했고,

우리한테는 우리들의 인생은 생각하지 말고 딸만 돌봐야 한다고 하더군요." 샐리가 말했다. 프리사는 LAMDA에 돌아가기를 갈망했고, 그래서 샐리는 프리사가 더 쉽게 통학할 수 있도록 테딩턴에 있는 집에서 그 학교와 가까운 곳으로 이사하자는 아이디어를 냈다. 프리사는 "집은 바꿀 수 있겠지만 내 머릿속에 있는 건 바꾸지 못할 거예요" 하고 말했다. 하지만 프리사는 이사하는 데 동의했고, 그들은 20년 뒤 내가 프리사의 부모를 만나고 있는 그 집으로 이사했다.

"그때가 1994년이었어요. 프리사는 LAMDA에서 굉장한 시간을 보냈고 멋진 친구들도 사귀었는데, 우리는 아직까지도 그 친구들과 연락하고 지내요. LAMDA에 다니는 건 프리사에게 평생의 목표였고, 3년 뒤에는 쇼비즈니스의 세계로 들어가 자기 길을 개척하기 시작했죠." 글렌이 말했다.

프리사는 〈어바웃 어 보이〉와 스티븐 폴리아코프의 〈잃어버린 왕자The Lost Prince〉라는 영화, 그리고 〈셜록: 죽음의 덫〉, 〈랜달 앤드 홉커크(사망)Randall and Hopkirk(Deceased)〉 같은 텔레비전 드라마에 출연했다. 하지만 프리사가 가장 많이 일한 곳은 연극 무대로, 맥스 스태포드클라크의 명망 높은 '아웃 오브 조인트' 순회 극단에 들어가서 활동했다. 글렌은 한 작품에서 연극을 하고 있는 프리사의 사진을 내게 보여주었다. 사진 속에서 프리사는 내가 항상 기억하는 모습과 똑같았는데, 무대 위의 프리사가 나와 함께 병원에 있을 때만큼

마른 상태라는 점이 그 이유 중 하나일 것이다.

"그들은 프리사의 팔이 너무 말라서 소매가 긴 의상으로 바꿔야 했죠." 샐리가 말했다. "순회공연은 힘들었어요. 항상 음식을 어떻게 조달할 것인가, 거기에 어떤 가게들이 있는가, 어떤 가게에서 알맞은 칼로리의 즉석식품을 팔고 있을까…… 이런 고민이 반복되었죠. 그러니까 그런 것도 압박감을 더했을 거예요. 게다가 프리사는 자기 인생이 음식을 중심으로 돌아간다는 걸 다른 사람들이 몰랐으면 했기 때문에, 동료 배우들과 같은 숙소에서 지내지 않고 다른 곳에서 머물렀어요. 이 모든 게 다 불안의 원천이었죠."

프리사는 외모와 재능, 배우가 되겠다는 열망까지 모두 다 갖추었지만, 거식증이 있는 사람에게, 특히 프리사 같은 사람에게 배우보다 더 나쁜 직업은 없을 것이다. 끊임없이 평가당하는 위치에 있고, 사생활을 심하게 침범당하는 모든 일도 그냥 일일 뿐이라는 말을 들어야 하며, 항상 사람들의 시선을 받아야 하니 말이다.

"내 생각에 뭔가를 촉발했다고 여겨지는 일이 하나 있어요. 〈나를 책임져, 알피〉에서 간호사 역할로 주드 로와 함께 짧게 등장하는 장면이 있었는데, 그 장면이 잘려나간 거예요. 그 일이 그 아이 마음에 또 한 번 의심의 씨앗을 뿌렸죠. 프리사는 '난 부족해, 난 부족해' 하는 소리를 달고 다니기 시작했어요." 샐리가 말했다. 거식증은 일반적으로 낮은 자존감에서 생겨나며('내가 뭐라도 가치 있는 존재가 되려면 말라야 해, 난 먹을 자격이 없어'), 그런 다음에는 거식증이 자존감을 더욱 떨어뜨리고, 이렇게 환자는 자기혐오와 자기비난이 계속 메아리치는 내면의 감옥에 갇힌다.

2004년에 프리사는 마리아 앳킨이 연출하는 테런스 래티건의 〈남자와 소년Man and Boy〉의 리바이벌 공연에 데이비드 수셰이의 상대역으로 캐스팅되었다. "그 연극에 참여하는 모든 사람이 프리사에게 정말 훌륭하다고 말했어요. 감독은 다정한 편지를 써서 보내주었고, 데이비드 수셰이는 프리사가 그 연극에 참여하게 되어 얼마나 기쁜지 모른다는 쪽지를 건네주었어요. 그런데도 프리사는 계속 '난 부족한 것 같아요, 그들은 나를 안 좋아해요'라는 소리를 했죠." 샐리의 말이다.

"그 무엇도 그 애에게 확신을 심어줄 순 없었을 거예요." 글렌이 말했다.

에이전트가 전화하자 프리사는 자기가 그 연극에서 해고되었음을 알려주는 전화라고 확신했다. 그렇지 않았다. 그는 BBC에서 전해에 프리사가 출연했던 라디오 드라마의 시즌 2를 제작하기로 했다는 소식을 알리려 전화한 것이었다. 이 소식조차 자기회의의 소용돌이를 멈추지 못했다. 프리사는 킹스로드에 있는 스타벅스에서 부모와 만난 자리에서 또다시 자신이 그 연극을 하기에 부족하다고 토로했다. 어머니는 꼭 그걸 해야만 하는 건 아니라고 얘기했지만, 프리사는 단호한 태도로 해야만 하는 일이라고 말했다. "그게 내 인생인걸요!" 글렌과 샐리는 '평소처럼 응원하는' 모드로 바꾸고 프리사가 훌륭하게 해낼 거라고, 자신을 의심할 필요는 없다고, 너는 굉장한 사람이라고 말해주었다.

"그리고 내가 안아주면서 '나중에 전화해'라고 말했는데, 전화를 하지 않았어요." 샐리가 말했다. "그렇게 순식간이었어요. 프리사는 그냥 내 손가락 사이로 빠져나가 버렸어요. 갑자기 눈 깜빡하는 사이에 그 애가 사라진 거예요."

9월 어느 날 프리사는 낮에 리허설을 하며 보냈다. 나중에 데이비드 수셰이는 글렌과 샐리에게 그날 프리사가 '활기 넘쳤다'라고 말했다. "그런 다음 집으로 차를 몰고 갔는데, 아마도 자기가 무슨 일을 하려고 하는지 알고 있었던 것 같아요. 그 칼을……" 샐리가 말했다. 아버지가 그를 발견했다. 프리사는 유서에 '두 분이 이 수치를 극복하기를 바라요'라고 썼다. "왜 우리가 수치스러워할 거라 생각했지?" 샐리가 내게 물었다. 마치 내가 프리사인 것처럼.

"열여덟 살에 그 병이 생겨서 서른두 살에 죽었어." 글렌이 혼잣말하듯 웅얼거렸다.

프리사가 죽은 뒤 닥터 R은 글렌과 샐리에게 연락해 거식증이 프리사를 죽인 거라고, 그 덫에 너무 깊이 빠져 있어서 그 병이 프리사의 인생을 좌지우지했고, 프리사는 거기서 나오는 길을 미처 발견하지 못한 것이라고 말했다. 하지만 프리사의 삶에서 모든 기쁨을 다 쥐어짜 없애버리던 불안과 거기에 한데 엉켜 있던 거식증을 분리해낼 수 있는 사람이 누가 있었을까? 불안과 거식증은 완전히 얽힌 채 서로를 악화시키며 프리사의 삶에서 모든 즐거움을 뽑아내 말려버렸다. "거식증에 걸린 사람 중 절반 정도가 불안장애나 우울증 진단도 받습니다. 나이와 상관없이 거식증과 관련된 죽음 가운데 다섯 중 한 건은 자살의 결과이고요." 페니 닐드 박사의 말이다. "난 그 애가 끊임없는 불안으로 너무 피폐해졌던 거라고 생각해요." 샐리가 말했다. "자살에 관해서는 한마디도 한 적이 없었는데, 죽기 전날 제 언니한테 그랬대요. '지금 난 병원1에 가기 직전과 같은 기분이야'라고. 그러고는 떠나버렸죠."

어머니 샐리의 말대로 프리사는 리허설을 마치고 집으로 돌아가는 길에 자기가 무슨 일을 할지 알고 있었을지 모른다. 아니면 버틸 수 없이 버거운 절망의 파도에, 나중에 닥터 R이 샐리에게 한 말처럼 "미끄러져 들어가듯 자신이 다른 뭔가로 변해버리는 순간의 진짜 광기"에 압도되어 한순간에 내린 결정이었을 수도 있다. 어느 쪽인지는 중요하지 않다. 다른 모든 사람이 그가 머물러주기를 간절히 바랐던 때에 프리사는 떠나버렸다.

그가 사망한 뒤 〈가디언〉은 프리사의 경력이 "곧 일어날 폭발적 대성공 직전까지 갔던 성공적 경력이었으며, 특별한 역할 하나만 더하면 큰 성공이 이루어졌을 것이다"라고 썼다.[2] 그의 한 친구는 〈이브닝포스트〉에 "프리사는 여러 해 동안 다양한 문제를 겪었지만, 가족에게 든든한 지원을 받았으며, 그가 이겨내기를 모두가 바랐어요. 참담한 일입니다."[3] 디 트레비스는 〈인디펜던트〉에 "아직은 폭넓은 명성을 얻지 못했지만, 그런 명성은 의심의 여지 없이 찾아왔을 것이다. 그가 어디를 가든 캐스팅 디렉터와 제작자, 동료 배우들은 똑같은 말을 속닥였다. '지금 대스타가 만들어지는 중'이라고."[4] 물론 사후의 칭찬은 쉬울 수 있다. 그러나 그가 세상을 떠나고 17년이 지난 지금까지도 나는 그를 기억하는 배우들을 만난다. 마침 내가 몸담고 있던 신문에 실린 그의 부고를 본 순간 나는 충격으로 숨이 멎을 듯했고 곧바로 눈물이 쏟아졌다. 프리사는 정말로 거식증이 가장 뛰어난 이들을 골라 공격한다는 극명한 증거다.

글렌, 샐리 부부와 만나고 몇 주 뒤, 나는 이사가 어떻게 되었는지 묻는 메시지를 보냈다. 샐리는 "평생 살면서 모아왔던 많은 걸 버렸는데, 그게 힘들었어요"라고 답했다. "가장 크게 걱정되는 건 내가 프리사를 거기 놔두고 온 건 아닐까 하는 거예요."

그럴 리가.

11장

무인지대

1993년 3~11월

　두 번째 입원 생활을 마치고 6월에 병원1에서 퇴원할 때는 모두 다 내가 아주 괜찮은 상태라는 데 동의했다. 심지어 한 달 동안 나 혼자 미국에 여름 캠프를 다녀오는 걸 허락해도 될 만큼 충분히 좋다고 할 정도였다. 나는 가을에 새 학교에 다니기로 되어 있었다. 친구들보다 1년 뒤처질 테니 예전의 학교로 돌아가고 싶지는 않았다. 어머니가 찾은 입시 학교의 모습이 마음에 들었고 게다가 우리 집에서 걸어갈 수 있는 거리여서 좋았다. 내 계획은 그 학교에서 GCSE 과정을 1년 동안 공부해서 친구들을 따라잡은 다음 식스폼에 맞춰 옛 학교로 돌아가는 것이었다. 그렇게 짜잔! 하고 모든 게 정상으로 돌아갈 테고, 우리는 이 일을 어리석지만 원래대로 되돌릴 수 있는 일시적인 이상異常처럼, 페인트를 칠하면 가릴 수 있는 벽에 난 금처럼 취급할 수 있을 것이다. 닥터 R과 부모님은 정말로 그렇게 믿었고, 그들의 낙관에 나도 휩쓸려 따라갔다. 나는 미국의 여름 캠프에 있는 내 모습과 새 학교에서 인기 있고 멋지고 행복할 내 미래를 상상했다. 캠프에 도착해서 첫날 저녁을 먹으려고 캠프의 큰 식당에 들어가 보고 나서야 나는 불편한 진실 하나를 기억해냈다. 나는 여전히 나라는 진실을.

거식증 초기만큼 낙관이 더 달콤하고 순진한 때는 없을 것이다. 2주 만에 내 체중이 급격히 줄자 아버지가 비행기를 타고 나를 데리러 와야 했고, 나는 한 달 예정으로 병원1에 세 번째로 입원했다. 닥터 R은 학교로 돌아간다는 생각은 포기하고 회복에만 초점을 맞춰야 한다고 말했지만, 그 순간 나는 벽에 걸린 화려한 학위증서들을 향한 나의 존경이 끝났음을 알았다. 나는 일기장에 썼다. "내가 학교를 그만둔다면 내 인생에는 뭐가 남지?" 자기보호의 작은 불꽃 하나가, 나도 미래를 갖고야 말겠다는 단호함이 내 안에서 피어올랐다. 그러다 그 불꽃은 이내 희미하게 스러졌고 나는 오랫동안 그 불꽃을 잊고 지냈다.

학교에 남아야 한다는 점만큼은 나와 생각이 같았던 부모님은 새 의사를 찾기로 했다. 아버지는 닥터 R이 오만하고 항상 약속 시간에 늦는다는 점 때문에 처음부터 그를 좋아하지 않았고, 어머니는 그가 병원에서 우리 여자아이들 사이의 경쟁을 유도하고, 회복하는 이들에게는 관심을 거두고 계속 아픈 이들에게만 따스한 관심을 준다는 점을 눈치챈 터였다. 그렇게 나와 닥터 R은 각자의 길로 갈라섰다. 하지만 나는 계속 그의 환자로 남은 몇몇과는 계속 연락을 유지했다. 그중 몇 사람은 학교에 남는 것과 회복은 양립할 수 없다는 그의 생각을 철석같이 믿었다. 그런 방식이 어떤 이들에게는 효과가 있었을지도 모른다. 하지만 내가 아는 이들 중에서 A 레벨 과정을 마치기도 전에, 심지어 GCSE 과정을 마치기도 전에 학교를 떠났던 이들은 끝까지 회복하지 못했거나, 그 결정 때문에 자기 삶이 몇 년이나 뒤처졌다고 생각했다. 자기 인생에 유일하게 존재하는 게 병과 병원뿐이라면, 과연 회복해야 할 무엇이 남는걸까? 자기 미래와의 연결, 같은 세대 사람들과의 연결을 모두 끊어버리면, 외부 세상에 어떻게 다시 합류할 수 있겠는가?

나는 닥터 R에게, 꼬박 1년 동안 내 인생을 통제했던 그 남자에게 작별 인사를 하지 않았다. 그러나 그를 한 번 더 보기는 했다. 그로부터 거의 20년이 지난 어느 날, 회사에서 신문을 읽고 있는데, 갑자기 그가 거기 나타났다. 커다란 그의 사진 옆에 그가 어떤 거식증 환자와의 '모호하고 비밀스러운 관계' 때문에 국가의료평의회에서 제명되었다는 기사였다. 나의 한 부분은 기절해버리고 싶었지만, 또 한 부분은 '근데 네가 이미 알고 있던 얘기잖아'라고 생각했다. 그 환자는 닥터 R에게 큰돈을 주었고 그 대가로 그는 그 여자에게 진정제를 처방하고 '사랑을 담아'라고 서명한 쪽지들을 보냈다. 국가의료평의회는 그런 행동뿐 아니라, 그가 환자들에 관한 '적절한 기록'을 남기지 않았다는 점도 비판했다. 나는 그 기사의 내용이 사실임을 잘 알았다. 닥터 R은 예전에도 우리 누구에 관해서든 어떤 기록도 하지 않았기 때문이다. 수년간 나는, 아직 그가 나를 낫게 해줄지도 모른다는 희망을 가졌던 초기에 비밀스러운 내 생각들을 털어놓았던 일을 떠올리며 괴로워했다. 그러다 이윽고 수치심을 느낄 필요가 없다는 걸 깨달았다. 어차피 그는 내가 하는 말을 귀담아듣지도 않았으니 말이다. 나는 그냥 허공에 대고 소리를 질러댔을 뿐이다.

섭식장애 의료 분야에서 내가 만나본 의료인 중에 거식증 환자와 모호하고 비밀스러운 관계를 즐기고 있던 이가 닥터 R 한 명뿐인 건 아니다. 어떤 남자 간호사는 비번인 날에 우리 중 몇몇에게 전화를 거는 버릇이 있었고, 우리에게 자기 허벅지에 앉으라고 부추겼다. 다른 직원들이 그 사실을 알고 우리에게 그의 '부적절한 행동'을 자세히 말하라고 다그쳤지만, 우리는 모두 자기 가치에 대한 인정 욕구에 굶주려 있었기 때문에 그리 훌륭한 심판관이 될 수 없었다. 그건 부적절한 행동이 아니라 우리가 특별하다는 의미였으니까! 의사들이 그를 신속히 다른 곳으로 보내버리자 몇몇 환자들은 울기까지 했다.

수년 동안 나는 예전 환자들에게서, 여자 환자를 자기 허벅지 위에 앉혀보고 체중이 불고 있는지 아닌지 확인했다던 남자 의사, '골반 검사'를 해보면 환자의 생리가 곧 다시 시작될지 아닐지 알 수 있다고 주장한 남자 간호사, 매일 아침 체중 검사를 할 때 환자들에게 옷을 모두 벗으라고 한 남자 간호사, 여자 환자들의 침대 위에 쪽지를 남겨두곤 했던 남자 간호사에 관한 이야기를 들었다.

물론 섭식장애 의료 분야에서 일하는 대다수의 남자들은 약탈자가 아니다. 하지만 취약한 여자들의 곤궁함을 이용해 숭배와 흠모를 착취하는 종류의 남자들에게는 이 분야가 분명 매우 유혹적인 일터일 것이다. 이후 닥터 R을 다시 본 적은 없지만, 나는 때때로 그가 자기 행동을 자신에게 어떻게 설명했을까 궁금했다. 그는 자기가 좋은 의사라고 생각했을까? 좋은 사람이라고? 나는 그가 형편없는 의사라고 생각했고, 그의 환자로 보낸 시간은 나를 헤아릴 수 없을 만큼 더 악화시켰다. 그건 그가 뭔가를 해서가 아니라 아무것도 하지 않았기 때문이다. 그는 결정적인 거식증 초기에 내 시간을 허비했고, 거식증 환자는 일 분이 낭비될 때마다 어두운 터널 속으로 한 걸음 더 깊이 들어가게 된다. 나는 늘 내가 그를 꿰뚫어볼 수 있다는 사실에 어느 정도 자부심을 느끼고는 했다. 물론 그는 나에게 영향을 미치지 않았다. 그 어리석고 허영심 가득한 남자가? 어림없지! 하지만 그를 떠난 이후로 나

는 늘 여자 의사만을 고집했다. 결국 어떤 식으로든 그가 내
게 준 영향이 전혀 없지는 않았던 셈이다.

　나를 감시하는 의사가 없어지자 나는 낭떠러지를 향해
위태롭게 치달았다. 매주 내 체중을 재는 사람이 없는데 도
대체 왜 음식을 먹겠는가? 그래서 나는 먹지 않았다. 나는 새
학교를 아주 좋아했다. 이 학교는 시험에 재응시해야 하거나
예전 학교에서 퇴학당한 아이들이 시험 준비를 위해 다니는
작은 학교였고, 나는 여기서 GCSE 과정을 1년 만에 끝내고
병원1에 있는 동안 날린 1년을 벌충할 수도 있었을 것이다.
학급 규모도 작고, 학생 한 명 한 명을 목동처럼 보살피는 열
정적인 괴짜 선생님들이 있는 이 학교는 나에게 완벽한 곳이
될 수도 있었을 것이다. 하지만 그걸로는 충분하지 않았다.
그 무엇도 내게는 충분하지 않았을 것이다.

　매일 아침마다 나는 쾌락이라고는 하나도 주지 않아 오
히려 안심이 되는, 미니 슈레디드 휘트 시리얼을, 탈지유와 물
을 1 대 3 비율로 섞은 것과 함께 먹었다. 그런 다음 어머니의
걱정스러운 시선에서 안전하게 벗어난 학교에서는 점심을 걸
렀다. 점심시간에는 학교 건너편에 있는 제과점 진열창 밖에
서서 동그란 빵과 케이크를 쳐다보며 시간을 보냈다. 제발요,
아저씨, 조금 더 주세요, 농담이에요, 아니 정말이에요, 아니
진담은 아니고요, 네, 아니, 아니, 아니에요.

　거식증 환자들은 먹고 싶지 않다고, 배가 고프지 않다고,

먹으면 속이 메스껍다고 말하는데, 이는 순전한 거짓말이다. 당연히 우리는 음식에 사로잡혀 있고, 동시에 굶어 죽어가고 있다. 우리는 먹기를 갈망하지만, 먹고 나면 자신을 얼마나 혐오하게 될지 알기에 겁이 난다. 그래서 우리는 굶고, 음식은 우리 얼굴 앞에 매달려 달랑거리고, 우리의 손은 등 뒤에서 스스로 채운 수갑을 차고 있다. 나는 그 제과점의 빵들을 뚫어지게 쳐다보면서, 또는 주말 내내 잡지에서 레시피들을 오려내면서, 내가 얼마나 강한 사람인지 증명하고 있다고 생각했다. 이봐, 난 종일 음식 생각을 하면서도 먹지 않을 수 있다고! 하지만 정말이지 그건 거식증이라는 거대한 현상을 떠받들고 있는 피학증의 한 부분일 뿐이었다. 진열창 저편의 잼도넛을 쳐다보는 동안, 나의 일부는 내가 자신에게 시키고 있는 일에서 흥분을 느꼈다. 그 섬세한 고통을 만끽하고 있었던 것이다.

2년에 할 과정을 1년에 하고 있었으므로 내게는 해야 할 학교 공부가 아주 많았다. 다음에 이야기할 사건이 일어난 그날, 나는 심각하게 탈진한 상태였지만 집에 도착하면 해야 할 그날치의 운동이 있었다(학교 화장실에서 좀 하기는 했는데, 화장실 안에서 팔벌려뛰기를 하고 나가면 사람들이 나를 이상하게 쳐다본다는 걸 금세 알아챘기 때문에 화장실에서는 윗몸일으키기만 했다). 거기다 공부도 다 해야 했다. 물에 분 슈레디드 휘트만큼이나 쾌락이라곤 없는 삶이었다. 하루 중 공부에 나를 갈아 넣고 있지 않을 때, 그리고 생각이 혼란스럽게 흩어지지 않은 몇 분 안 되는 시간에는 나를 굶겨 죽이는 일에 관해 공상했다. 나는 쉬운 탈출구인 자살에는 관심이 없었지만, 굶어서 죽는 일은 매혹적이었다. 적어도 그렇게 되면 나도 뭔가를 이루는 셈이라고 생각했다. 나라는 인간도 무언가 의미를 갖게 되는 거라고.

거식증에 걸리기 전에 내게는 항상 가까운 친구들이 있었다. 내가 한 무리에, 혹은 이인조에 속하는 느낌이 참 좋았다. 다른 사람들이 존재하지 않는다면 내가 존재한다는 걸 어떻게 알겠는가? 그중에서도 에스더는 가장 가까운 친구였다. 내가 제대로 말을 주고받을 수 있을 만큼 자랐을 때 처음 만난 친구가 에스더였기 때문이다. 나는 우리의 우정에서 어마어마한 안도감을 느꼈다. 에스더는 내가 엄마에게 모든 걸 말하던 어린 여자아이에서 자기만의 친구와 세상을 가진 10대 여자아이로 건너가게 해준 징검다리 같은 존재였다.

거식증은 그 모든 걸 앗아갔다. 나는 비밀스러운 외톨이가 되었다. 새 학교에서는 친구 사귀는 일을 피했는데, 그 아이들에게 할 말이 하나도 없기도 했지만, 그들이 나를 알게 되는 걸 원치 않았기 때문이기도 하다. 나는 누가 내게 함께 점심을 먹자고 할까 봐, 방과 후에 같이 놀자고 할까 봐 겁이 났고, 그래서 그러지 않을 핑곗거리를 생각해내야 했다. 무례해 보이고 싶지는 않았기에 보이지 않는 존재가 되려고 애

먹지 못하는 여자들

썼다.

1993년 10월 말이었던 그날, 나는 길에서 쓰러졌다. 당시 내게는 세상이 항상 어두운 느낌이긴 했지만, 때는 어두운 가을 저녁이었고, 공기가 묵직했고, 바람이 뼛속으로 파고들었다. 그 시절 나는 항상 몹시 추웠고, 손은 퍼렇고 입술은 보라색인 채로 덜덜 떨고 다녔다. 실내에 들어갈 때면 항상, 곧장 난방기와 가장 가까운 곳으로 가서 그 앞에 서 있었고, 온기가 너무 절실해서 살갗이 데는 것도 알아차리지 못했다. 냉기가 뼛속까지 스민다는 말은 상투적으로 하는 말이지만 그게 실제로 느껴지는 그대로이며, 안팎으로 다 얼어붙는 것 같았던 나는 그 상태를 몸소 체험했다. 그리고 그 느낌은 이후로도 절대 완전히 떨쳐지지 않았다. 어린아이 시절 나는 상쾌한 공기와 눈을 사랑했다. 하지만 지금은 여름이 끝나는 게 두렵고, 언제 다시 찾아올지 모를 추위에 대비해 항상 책상 옆에 전기 히터를 놓아둔다. 지독한 결핍에 시달렸던 사람들 중 일부는 다시 음식을 접할 때 강박적으로 먹거나 비정상적으로 쌓아두는 사람이 된다. 나는 온기를 강박적으로 모으는 사람이다.

그날 오후 나는 런던의 크롬웰 로드를 따라 우리 집으로 터덜터덜 걸어가고 있었다. 길모퉁이를 돌아 켄싱턴 하이스트리트로 접어들 때 가슴이 팽팽히 당기는 느낌이 들었다. 이어서 시력도 사라졌다. 폐에는 불이 가득 찬 것 같았고 머리에서는 소리가 울렸다. 다음 순간 나는 도로 위에 쓰러졌다. 처음에는 또 한 번의 발작이 오는 것 같아 걱정했지만, 그보다는 심장마비에 더 가까운 느낌이었다. '기다려, 안 돼' 하고 생각하는 찰나 숨이 다시 돌아왔다.

"자아," 한 남자가 뒤에서 내 팔꿈치를 잡고 일으켜 세웠다. "너 방금 좀 비틀거리다가 쓰러지더구나. 보아하니 뜨끈한 음식 좀 먹어야 할 것 같은데!"

나는 팔을 홱 당겨 그의 손을 뿌리치고(날 만지지 말라고!), 창피한 마음에 서둘러 자리를 떴다. 그 후로 이렇게 기절까지는 아니지만 기절에 가까운 일이 주기적으로, 2주에 한 번쯤 일어났다. 나는 아무에게도 말하지 않았고, 특히 부모님한테는 절대 말하지 않았다. 닥터 케이가 어머니에게 내가 죽을 수도 있으니 마음의 준비를 하라고 말한 때가 바로 이즈음이었다.

나중에 닥터 케이가 내게 말했다. "그 시절에는 상태가 아주 안 좋았죠. 나는 당신의 전해질과 심장이 무척 걱정됐어요. 게다가 머리가 빠진 그 가련한 두피도…… 그 모든 괴로움과 자기가 왜 그러는지도 모르면서 하는 그 모든 운동. 이 병은 정말이지 뭔가에 씌는 거예요."

나는 정기적으로 뼈 스캔을 했다. 영양결핍으로 악성 골다공증이 생겨 성장 속도가 떨어졌기 때문이었다. 스캔할 때마다 점점 더 악화되고 있음이 드러났다. 닥터 케이는 이를

먹지 못하는 여자들

두고 내게 설교를 하곤 했지만, 그래도 달라지는 건 없었다. "그렇다고 내가 집에 와서 치즈 한 덩어리를 먹을 순 없잖아, 안 그래?" 일기장에 이렇게 썼는데, '치즈'라는 금단의 단어를 쓸 때 내 심장은 조금 더 빨리 뛰었다. 하지만 뼈는 내 문제 중 가장 작은 문제였다.

"체중이 줄 때는 지방이 제일 먼저 빠집니다. 하지만 더 이상 빠질 지방이 없어지면 근육이 빠지는데, 팔다리 근육만이 아니라 심장이 고동치게 하고 폐가 호흡하게 하는 근육도 빠져요. 이에 더해 뇌와 심장, 폐, 신장, 간 등 주요 기관에 에너지와 안정성을 제공하고, 혈압과 신체의 전반적 기능을 적절한 수준으로 유지하는 데 아주 중요한 비타민과 미네랄도 고갈됩니다. 굶기가 계속되는 동안 신체의 에너지와 영양분 보유고가 소진되고, 면역계가 제 기능을 못 하기 시작하면서 감염 같은 다른 병을 극복하기가 훨씬 어려워지죠. 게다가 혈당이 치명적으로 낮아지거나 생명을 위협하는 정도의 부정맥이 생길 위험성도 높아집니다." 페니 닐드 박사의 말이다. 설사약 남용과 게워내기도 칼륨 농도 저하를 유도해 심장에 추가적으로 부담을 가한다. 칼륨은 심장을 안정화시키는 작용을 하므로 저체중이고 심장 근육이 약할 때 칼륨이 빠져나가면 매우 위험하다. 내게 이 문제는 없었지만, 나는 강박적으로 운동을 하고 있었다.

닐드 박사에 따르면 "심근이 매우 약할 때 운동을 하면,

심장에 이상이 생길 위험이 더 커지고 사망을 초래할 정도로 혈당이 떨어질 수" 있다고 한다.

(당시 나의 유일한 담당 의사였던) 닥터 케이가 나를 새 학교에서 빼내 병원2에 입원시켰는데, 사립 종합병원인 이곳에서는 혈압과 심장을 지속적으로 모니터링할 수 있었다.

입원하기 전날 밤, 나는 동생에게 팬티만 입은 내 모습을 사진으로 남겨달라고 부탁했다. 그때가 나로서는 가장 많이 말랐을 때라는 걸 알았고 그 모습을 영원히 보존하고 싶었기 때문이다. 나는 클로즈업 사진도 갖고 싶어서 여행 가방에 교과서, 갈아입을 속옷과 함께 일회용 카메라도 챙겨 넣었고, 입원한 첫날 밤 병원에서 애정을 담아 뾰족한 관절, 한숨이 나올 것처럼 우묵하게 들어간 부분, 비명을 지르는 듯 팽팽하게 당겨진 힘줄 등 내 몸의 모든 부분을 사진에 담았다. 나는 내가 전체로는 아니지만 부분 부분이 얼마나 말랐는지 알았고, 그게 정말 좋았다.

거식증 환자 중에서도 가장 심한 환자들이 종합병원의 병동에 입원한다. 그런데도 종합병원은 심각할 정도로 거식증을 치료할 준비가 되어 있지 않다. 닐드 박사는 말했다. "병원에 온 환자들은 보통 나아지기를 바라잖아요. 그러니 거식증 병동의 의료진 입장에서는 자신의 회복을 방해하려는 환자들을 어떻게 대해야 할지 몹시 혼란스러울 수밖에요. 간호사들은 환자들에게 음식을 먹으라고 소리 지르고 싶어 하지는 않아요. 근데 소리를 지르지 않으면 환자들은 먹지 않고, 신체적으로 더 큰 위험에 처하게 되죠. 결국 간호사들은 엄격함과 느슨함이 뒤섞인 상태가 되는데, 환자들에게 이는 어느 쪽으로나 최악일 거예요."

정말 그렇다. 병원1에서 내가 마리와 조슬린을 좋아했던 이유는 그들이 단호하지만 잔인하지 않고 친절하지만 만만하지 않았으며, 언제나, 항상 일관된 태도를 보여주었기 때문이었다. 그들은 먹어야 하는 나의 책임을 자기들의 책임으로 삼았다. 그들에게는 속임수는 말할 것도 없고 타협의 여지도 전혀 없었다. 그들 중 한 명이 내 식사를 감독하고 있을 때 나는 알았다. 내가 모든 걸 다 먹어야 한다는 것 그리고 그 사실에 달라질 여지는 없다는 것. 나와 이야기를 나눌 때 그들은 나를 그저 또 한 명의 거식증 환자가 아닌 개별적인 인간으로 대했지만, 그렇다고 나의 거식증에 양보하는 일도 없었다. 거식증 환자였던 시절 내가 간호사에게서 필요로 했던 것은 바로 이런 것이었다. 하지만 그건 내가 종합병원에서 받게 될 대우와는 상당히 거리가 멀었다. 여기서는 내가 절대 죽지 않도록 지켜보기는 했지만, 그게 거의 다였다.

닥터 케이는 나를 감독할 여자 간호사를 배정해주었다. 그는 그 간호사에게 나를 항상, 심지어 화장실에 있을 때도 감시해야 하며, 내가 자신이 세운 식사 계획대로 모두 다 먹어야 한다고 말했다. 하지만 그 간호사는 그의 말을 이해하지 못했다. 어떻게 이해할 수 있겠는가? 전문가 훈련을 받은 사람도 나를 다룰 수 없다는 게 증명된 판이었다. 이제 나는 고삐 풀린 상태로 홀로 나만의 땅에서 규칙을 설정하는 불가해한 시스템에 따라 살고 있었고, 내 머릿속 목소리는 그 어느 때보다 큰 소리로 떠들고 있었다. 자신의 보살핌에 감사하는 환자들에게 익숙하던 어느 불쌍한 간호사는 말할 것도 없고, 그 누구도 내게 와 닿을 수 없었다.

첫날 아침 간호사는 버터 몇 조각을 곁들인 토스트를 가져왔다.

"난 토스트 한 조각만 먹고 버터는 안 먹을 거예요." 내가 반응을 떠보며 말했다.

"그러면 안 돼요. 의사 선생님이 뭐라고 하셨는지 알잖아요." 그는 '철없이 굴지 마'라는 표정으로 말했지만, 나는 그의 갑옷에 생긴 틈을 감지했다.

"알아요, 하지만 뭐든 아침을 먹는다는 것만도 나에게는 아주 큰일이라고요."

그는 입술을 일자로 닫고는 동정하는 듯 고개를 끄덕였다. "물론 그렇겠죠. 그럼 먹을 수 있는 만큼만 먹어요." 간호사가 내 팔을 톡톡 두드리며 말했다.

내가 먹을 수 있는 만큼 먹으라고! 그보다 더 나쁜 표현은 없었다. '난 아무것도 먹을 수 없다고!' 나는 속으로 소리 없는 비명을 질렀다. 내 계획은 너무 잘 진행되고 있었고, 이제 나는 닥터 케이가 잔소리하지 못할 만큼, 그러나 나의 소중한 인대들을 두꺼운 고무 같은 지방층에 묻어버리지는 않을 정도의 정확한 양을 가늠해야 했다. 나는 마른 토스트 두 입으로 그 양을 정했고, 그런 다음 간호사에게 접시를 돌려주었다.

간호사는 쯧쯧 하는 소리를 내긴 했지만 불평하지는 않았다. "내일은 좀 더 먹도록 노력해봐요, 알겠죠?" 간호사는 이렇게 말하고 나갔고, 홀로 남은 나는 한 입만 먹었어도 무사히 넘어갈 수 있었을 텐데 왜 두 입이나 먹었을까 자책하며 몸을 뒤틀었다.

그 간호사는 분명 닥터 케이에게 내 아침 식사 내용을 보고했을 것이고, 닥터 케이는 그 얘기를 듣고 또한 자기 생각을 말했을 것이다. 두 시간 뒤 아침 간식으로 칼로리 셰이크를 가져온 간호사가 이번에는 더 엄격한 태도를 취한 걸 보면 말이다.

"이제 이거 한 방울도 안 남기고 다 먹어요, 알겠죠? 딴소리는 안 통해요." 간호사가 말했다.

하지만 이미 상황은 종료됐다. 나는 이미 그 간호사의 진짜 자아를 보았고 그건 내가 조종할 수 있는 자아였다. 나는 그 병원에 있는 동안 단 한 끼도 끝까지 먹은 적이 없었다. 화장실에서 감시당하는 걸 단호히 거절했을 때 간호사는 나와 싸울 깜냥이 없었으므로 나는 화장실에 갈 때마다 팔벌려뛰기와 윗몸일으키기를 하는 내 운동 루틴을 쉽게 유지할 수 있었으며, 하루에 서른 번 정도 화장실에 갔다. 나는 그에게 화장실에 그렇게 오래 있는 건 내 몸이 먹는 것에 익숙하지 않기 때문이라고 둘러댔다. 이 뻔뻔한 거짓말은 전문 병동에 갔을 때는 한 번도 통하지 않았다. 나는 기뻐해야 마땅했지만 오히려 항상 불안을 느꼈다. 집에서는 내가 원하는 대로 할 수 있었고, 병원1에서는 그들이 시키는 대로 해야 했다. 여기서는 불행히도 그 둘이 뒤섞여 있었다. 나는 남겼어도 될 것을 먹었다는 죄책감에 항상 시달렸고, 간호사는 내가 충분히 먹지 않는 데 좌절감을 느꼈다. 거기에 사랑이 빠져 있다는 점만 빼면 병원2에서의 생활은 마치 집에서 어머니와 함께 지내는 것과 같았다.

나는 그 병원에서 2주를 보냈는데, 나보다 그 간호사에게 더 괴로운 시간이었으리라고 확신한다. 닥터 케이가 내게 병원2에서 나와도 된다고 말했을 때, 나는 집으로 간다고 생각했지만, 그가 나를 퇴원시킨 이유는 나를 위한 새로운 섭식장애 전문의를 찾았기 때문이었다. 바로 재닛 트레저 교수였고, 그는 나를 런던의 한 국민보건서비스 병원에 있는 자신의 섭식장애 병동에 입원시켰다. 싸우기엔 너무 피곤했던 나는 그 뜻에 따랐다. 그리고 나는 거기서 인생이 얼마나 어두워질 수 있는지를 배웠다.

먹지 못하는 여자들

12장

베들럼

1993년 12월~1994년 1월

병원1은 런던 남서부의 예쁜 녹지에 자리 잡고 있었고 병원2는 런던 서부의 조용한 부지에 자리 잡고 있었던 반면, 병원3은 런던 남동부의 그리 호감 안 가는 지역의 혼란스러운 거리에 웅크리고 있었다. 건물 안으로 들어가는 과정만으로도 심한 스트레스를 받는다. 우선 몇 차선의 도로를 잽싸게 가로질러 건너야 하는데, 아수라장이 펼쳐지는 건물 내부에 들어서도 숨을 돌릴 수 없기는 매한가지다. 급정거하는 버스의 끼익거림과 자동차의 경적소리를 고함지르는 환자들과 한눈에 봐도 스트레스에 시달리는 직원들의 모습으로 바꿔놓은 정도에 지나지 않는다. 때는 12월 초라서 로비에는 건성으로 꾸민 크리스마스 장식들이 좀 있었는데, 그나마 국민보건서비스의 예산으로 최대한 활기찬 크리스마스 분위기를 연출해보려는 안간힘이었다. 마치 장례식장에서 밤을 새던 중 누군가가 작은 소리로 "아직 재미있는 부분이 나오려면 멀었어요?" 하고 묻는 것 같았다.

어머니도 나와 함께 왔고, 우리는 위층의 섭식장애 병동으로 안내되었다. 에마라는 이름의 간호사가 입원 수속을 처리해주고, 내가 다른 여자아이들과 '기숙사'에서 지낼 것이며 식사도 거기서 할 거라고 설명해주었다. 병원1에서처럼 매일 아침 7시에 체중을 잴 것이고, 침대에 계속 있어야 하며, 처음에는 먹어야 할 음식 양의 절반부터 시작할 거라고도 덧붙였다. 이는 지금도 모든 섭식장애 병동에서 하는 표준적 관행인데, 환자가 감정적으로만이 아니라 육체적으로도 음식에 적응하는 걸 돕기 위해서다. 심한 거식증 환자에게는 영양이 필요하지만, 몸이 감당할 수 있는지 확인하기 위해 혈액검사와 활력 징후 모니터링을 계속하면서 음식을 세심하게 그리고 천천히 공급해야 한다.

친절한 에마는 내가 채식주의자이니 계란 요리는 먹지 않아도 되며 대신 다른 대안식을 먹을 수 있다고 기록해두었다고 말했다. 이 말은 정말 큰 안심이 되었고, 오믈렛과 키슈 때문에 헛구역질을 하고 목이 막혔던 병원1과는 큰 차이였다. 병원1에서 강제로 그 음식을 먹었던 경험 때문에 나는 평생 계란을 싫어만 하는 게 아니라 거의 계란 공포증에 시달렸다. 거식증 때문에 싫어하게 된 것이 아니라 원래 정말로 싫어하는 음식을 식단에서 제외해도 된다는 사실이 다시 음식을 즐기는 법을 배우는 데 도움이 되었다. 에마는 이제 어머니에게 작별 인사를 해야 한다고 말했다. 어머니는 눈물을 글썽였지만, 이제 알 만큼 알고 병원이라는 곳의 특성에 꽤 익숙해지고 노련해졌다고 여겼던 나는 아무 두려움 없이 어머니를 껴안았다. 그런 다음 여행 가방을 들고 에마를 따라 이중문을 통과해 기숙사로 들어갔다. 토토, 이제 우리는 더 이상 사립 의료시설에 있는 게 아니야.

기숙사는 어떻게든 스무 개의 병상을 욱여넣은 긴 직사각형의 방이었다. 침대마다 주위로 커튼이 있었지만, 몰래 운동이나 자해나 게워내기를 하는 걸 방지하려고 옷을 갈아입을 때만 커튼을 치는 게 허용되었다. 옷을 입거나 벗는 그 몇 분이 우리 모두에게 허용된 유일한 프라이버시였다. 방 가운데에는 우리가 하루 세 끼 식사와 세 번의 간식을 먹는 긴 식탁이 놓여 있었고, 구석에는 병원 주방에서 덜컹거리는 손수레에 실어 보낸 음식을 접시에 나눠 담을 작은 간이 주방이 있었다. 화장실과 샤워실은 기숙사 방 바로 밖에 있었고, 우리 대부분은 거기 갈 때도 감시자와 함께였다. 우리는 기숙사에서만 먹고 자야 했고, 나머지 시간은 다른 일반 환자들과 텔레비전 휴게실에서 보냈으며, 상점에 갈 때라든가 가끔만 병원 밖으로 내보내준다는 방침이었다. 이는 우리 환자들을 과소평가한 구상이었다.

병원1에서 셀레나와 앨리슨, 켈리와 나는 우리를 작은 팀으로 생각했지만, 병원3에서는 모두가 각자도생했고, 모두 자기가 제일 마르고 제일 미친 사람이기를 원했다. 그것은 적자생존이 아닌 '약자생존'이었다. 입원 첫날 오후 에마는 내게 그 식탁에 앉아서 다른 여자들과 함께 간식을 먹으라고 했고 나는 그렇게 했다. 그러나 내게 주어진 절반 분량의 비스킷을 다 먹었을 때, 다른 환자들은 아직 시작도 하지 않았다. 그들은 자기 비스킷을 갈아서 부스러기로 만들고, 그 부스러기를 하나씩 먹거나, 바닥에 던지거나, 씹다가 소매에 숨겨둔 티슈에 뱉거나 했다. 모두 누가 가장 천천히 먹을 수 있는지 경쟁하는 것 같았고, 그래서 비스킷 세 개와 우유 한 잔을 먹는 데 결국 두 시간이 걸렸다. 나는 어리둥절했다. 병원1에서는 전혀 없던 일이었다. 우리는 모두 자기 식사를 그냥 평범한 방식으로 먹었고, 30분이 넘게 걸리는 일은 없었다. 그러나 병원3에서는 식사하는 데 세 시간, 간식 먹는 데 두 시간이 걸렸고, 그렇게 질질 끌며 다 먹으면 이내 다음번 먹을 것이 기다리고 있었다. 때로는 침대에서 나와 식탁에 앉았다가 취침 시간이 될 때까지 종일 식탁에 있는 날도 있었다. 주 선동자는 캐럴라인, 태라, 노라라는 세 환자였지만, 얼마 지나지 않아 모두가 그들의 선례를 따라 음식을 숨겼다. 소매에, 주머니에, 식탁 밑에 감추었고 다른 사람 잘못으로 돌리려고 발로 차서 남들의 의자 밑으로 보냈다. 버터는 식탁 밑에 발랐고,

마요네즈는 벽에 뿌렸으며, 비스킷과 빵 부스러기는 바닥에 뿌렸다. 거기는 우리가 잠을 자는 방이었는데 말이다. 역겨웠고 완전한 무법천지였으며 어떤 간호사도, 에마처럼 순한 사람은 물론이고 다른 부류 역시 우리를 통제하지 못했다.

　어떤 간호사가 있었는데 나는 이 사람을 테사라고 부를 참이다. 테사는 적어도 우리 환자들이 보기에는 근무하지 않는 날이 거의 없었다. 20대 후반 정도로 보였던 테사는 뚱뚱하지는 않았지만 키가 크고 체격이 좋았으며 항상 바이커 부츠를 신고서, 언제나 몹시 화가 나 있는 듯(실제로도 화가 나 있었다) 발을 쿵쿵 울리며 걸어 다녔다. 나는 테사가 말하는 걸 본 적이 없는데 늘 포효하듯 소리를 지르기만 했기 때문이다. 테사는 손바닥으로 식탁을 쾅 내리쳐 우리 모두를 깜짝 놀라게 만드는 걸 좋아했다. 누군가 음식을 안 먹으려고 하면, 자신의 근육질 팔로 상반신을 감아 움직이지 못하게 하고는 억지로 음식을 쑤셔 넣었다. 그건 그야말로 진정한 고문이었다. 한 번은 점심시간에 내게 발작이 일어났는데 그때 테사는 내가 먹지 않으려 연기한다고 우기며 내게도 그렇게 하겠다고 위협했다. 다행히 다른 간호사, 에마 말고 또 한 명의 온화한 간호사 글래디스가 무슨 일이 벌어지는지 알아차리고 끼어들어 테사가 음식으로 나를 질식시키는 것을 막았다. 테사는 식탁에서 한 사람의 면전에 대고 몇 시간이나 소리를 지르곤 했고, 그 후 텔레비전 방에 있는 그 사람을 향해 걸어가는가 싶더니 그를 쳐다보지도 않고 발을 쿵쿵 울리며 그 앞을 스쳐지나갔다. 그러나 에마, 글래디스, 클레어, 앤마리, 줄리, 셰릴 그리고 내가 제일 좋아한 니콜라 등 다른 간호사들은 단지 간호사만이 아니라 거의 치료사 같은 사람들이었다. 그들은 매주 우리 한 사람 한 사람의 침대에 와서 개인적으로 이야기를 나누었고, 우리가 울 때는 우리를 안아주며 우리 이야기에 귀를 기울였다. 테사는 절대 이런 일을 한 적이 없었고, 그가 우리의 이름을 입에 올리는 유일한 때는 우리에게 고함을 지를 때뿐이었다. 테사는 우리에게 인간으로서 전혀 관심이 없었다. 테사에게 우리는 사람이 아니었고 통제해야 할 타락한 것들일 뿐이었다.

우리는 행실이 좋지 않았다. 물론 그랬다. 거식증 환자들이었으니까. 행실이 나쁘고, 도통 말을 듣지 않아 사람들을 복장 터지게 하고, 우리를 낫게 도와주려는 모든 노력을 단호히 거슬렀다. 그래서 테사가 우리에게 강제로 음식을 먹이거나 고함을 지르거나 우리 모두를 움츠리게 만들거나 울릴 때, 나는 '그래, 우리는 이런 대접을 받아도 싸지'라고 생각했다. 누구라도 우리에게 달리 어떻게 할 수 있겠는가? 나는 어린 시절에 어른들이 나나 다른 아이들에게 화를 낼 때도 그렇게 생각했다. 우리가 짜증 나게 만드는 거지, 잘잘못이 뭔지는 어른들이 더 잘 알잖아. 이제 내가 어른이 되고 보니, 자기 자식을 때리는 부모들에게 느끼는 것과 똑같은 감정을 테

먹지 못하는 여자들

사에게도 느낀다. 이 일을 그렇게 싫어한다면 도대체 왜 이 직업을 선택한 거지? 테사는 너무나도 구시대적이고 클리셰 같은 인물이어서 가끔 정말 그가 실재했었는지 믿기 어려울 때도 있다. 래치드 간호사*와 트런치불 교장**을 섞어 놓은 것 같달까. 하지만 테사는 실재했고, 우리는 아직도 서로 만나 그에 관한 이야기를 할 때면 두려움을 느끼고 몸서리를 치며 질색한다. 그 병원에 있었을 때 우리는 모두 테사의 근무 일정을 알고 있었고, 우리 사이에 연대감 같은 건 존재하지 않았지만, 테사의 근무가 시작되기 전 밤이면 단체로 두려움을 느꼈다. 다른 간호사들도 우리가 그를 두려워한다는 걸 알았고, 그중 여러 사람은 왜 그런지 직접 눈으로 보았다. 하지만 그렇게 막무가내로 행실이 나쁜 환자들을 상대하다 보니, 내 생각엔 그들 사이에도 모종의 절박함 같은 게 있었을 것 같다. 상상해보건대 이런 생각 아니었을까. 다른 어떤 방법도 효과가 없으니 저 애들에게 겁을 줄 수 있는 누군가가 필요할지도 몰라.

그러나 이 병동은 이러라고 만들어진 곳이 아니었다. 내가 병원1에서 지냈던 방식과는 달리 우리 모두를 함께 먹고

---

* 켄 키지의 소설 《뻐꾸기 둥지 위로 날아간 새》에 등장하는 정신병원의 냉혹하고 독재적인 수간호사.

** 로알드 달의 소설 《마틸다》에서 마틸다가 다니는 초등학교의 교장으로 어린아이들을 끔찍이 싫어하는 사람.

자게 함으로써 우리 사이에 서로 의지할 수 있는 분위기를 조성할 수 있을 거라고, 그리고 치료를 시작한 지 얼마 안 된 사람들은 더 오래 앓은 사람들에게서 영감과 용기를 얻으리라고 믿었을 것이다. 그리고 예전 환자들 무리에서는 실제로 그랬다. 하지만 이는 회복을 최종 목표로 보지 않는 불한당 같은 환자들과 간호사를 고려하지 않은 시스템이었다. 그보다 캐럴라인과 노라, 태라, 테사 모두가 각자의 방식으로 원했던 것은 통제였고, 그들은 그것을 누렸다. 그들이 병동을 좌지우지했다.

기숙사의 다른 환자들은 통제하기 쉬운 사람들이었다. 그들은 너무나 취약했고, 병원1에서 만났던 사람들보다 더 상처가 깊은 상태였으며, 더 오랫동안 거식증을 앓았고 많은 경우 아주 끔찍한 상황에 처해 있었기 때문이다. 조앤이라는 한 여자아이는 위탁 가정에서 자랐고, 병원은 조앤이 아는 유일한 집 같은 곳이었으므로 병원으로 돌아오기 위해 계속 자신을 굶겼다. 필리파는 50대였고, 다른 이들은 30대 초였다. 병원1의 여자들도 분명 불행했지만, 병원3의 환자들은 더 많이 망가진 사람들이었다. 그들 중 약자를 괴롭히는 이들이 그렇게 많은 것이 그 사실을 증명했다. 성인이 되어서도 남을 괴롭히려면 믿을 수 없을 만큼 망가진 사람이어야 한다. 캐럴라인과 태라와 노라는 규정을 가장 많이 위반하는 이들이었고, 식탁에서 가장 행실이 나빴다. 태라는 스물일곱 살이었지만, 너무 마르고 쇠약해져서 여든일곱 살처럼 보였다. 그는 자기가 마른 걸 엄청나게 좋아해서, 자기 사이즈보다 더 큰 운동복 바지와 긴 치마를 입는 나머지 환자들과 달리 자기 다리를 과시하려고 항상 레깅스를 신었다. 자기 삶에 관해서는 한사코 말하지 않았고, 항상 화제를 체중으로 돌렸다. 태라는 다른 사람의 체중을 몹시 알고 싶어 했기 때문에 간호사 사무실에 있는 체중 차트를 주기적으로 훔쳐보고 자기보다 체중이 많이 나가는 사람들을 보며 고소해했다. 노라는 스물여섯 살이었는데, 몇 년 뒤 '스파이스 걸스'가 유명해졌을 때 나는 잠깐 노라가 그 그룹의 일원이 아닌가 생각했다. 포시 스파이스(빅토리아 베컴)와 아주 많이 닮았기 때문이다. 그가 학교에서 어떤 아이였을지 나는 아주 쉽게 상상할 수 있었다. 기숙사에서 보이는 모습 딱 그대로였을 테니까. 자신이 차지한 쿨한 위치를 희희낙락거리며 과시하여 다른 사람들에게 배제당한 느낌을 꼭 들게 하고야 마는 못된 여자애. 섭식장애 병동에서 어떻게 하면 쿨한 사람이 될 수 있는지 아는가? 그 비밀을 알려주겠다. 그건 바로 정맥주사로 영양을 공급받는 것이다. 입원을 17번이나 했든, 골다공증으로 벌집이 됐든, 그런 건 중요하지 않다. 주사 튜브를 꽂지 않았다면 당신은 그냥 당일치기 여행자에 불과하며, 노라는 내가 그 사실을 꼭 알게 했다. 몇 년 동안 나는 병원1에서 튜브 꽂는 걸 거절한 일을 후회했다. 평생 딱 한 번 내게도 쿨해질 기회가 있었는데 그 기회를 놓쳐버린 것이다. 정말 나다웠다.

　오싹했다. 노라는 병에 걸리기 전 끔찍한 개인적 상실을 겪었고, 우리는 그에 관해서는 작은 소리로만 속닥였다. 나는 노라의 상실과 아픔을 기억하려 애썼다. 하지만 내가 음식을 아주 즐기는 것 같다느니, 아주 많이 '나아진' 것처럼 보인다느니, 내 얼굴에 살이 좀 붙으니 정말 좋아 보여 부럽다느니 하는 말을 할 때면 그걸 기억하기가 어려웠다. 노라는 그 한마디 한마디가 내 뇌에 칼을 대는 것과 같다는 걸 알고 일부러 그런 말을 했다. 거식증 환자를 괴롭히는 방법을 다른 거식증 환자보다 더 잘 알 사람이 어디 있겠는가?

　캐럴라인은 삼인조 중 가장 나이가 많고 독실한 기독교 신자였으며, 내가 병원에서 만난 거식증 환자 중 유일한 기혼자였다. 기독교 가치관을 중시하는 사람인데도 캐럴라인보다 거짓말을 더 많이 하는 사람을 나는 보지 못했다. 캐럴라인은 음식 숨기는 일을 예술 경지까지 끌어올렸다. 이를테면 파이 조각 하나를 통째로 어찌나 빨리 소매 속으로 집어넣는지, 만약 회복한다면 마술사를 해도 될 것 같았다. 하지만 그가 더 좋아하는 기술은 자기 음식을 다른 사람의 접시에 휙 던지는 것이었고, 그런 다음 간호사들이 접시 주인에게 그걸 먹게 하는 걸 지켜보면서 혼자 고양이처럼 웃음을 지었다. 그러다가 나중에는 침대에 가서 기도를 올렸는데, 신에게 용서를 구한 것일 수도 있겠고, 아니면 그저 자기가 유혹을 계속

이겨내고 있음을 신에게 알리려 한 것일지도 모르겠다. 불쌍한 캐럴라인. 몇 세기 늦게 태어나는 바람에 그렇게 갈망하는 성인이 되지 못하다니. 캐럴라인은 내가 병원에서 만난 세 번째 복음주의 기독교도였다. 하지만 의식을 엄수하는 유대인이나 무슬림, 힌두교도, 혹은 다른 어떤 종교의 신자들은 만난 적이 없다.

사람들은 거식증이 사람을 바꿔놓는다고, 특히 부모들은 거식증에 걸린 자기 딸이 완전히 다른 사람이 되었다고 말하는데, 그건 맞는 말이다. 거식증은 정말로 사람을 바꿔놓는다. 착하던 어린 딸이 거짓말쟁이에, 사기꾼, 골칫덩어리가 된다. 한때 남들을 만족시키려 애쓰던 아이들이 이제는 주변 사람에게 엄청난 고통을 안기고, 그런 짓을 멈추려 하지 않는다. 예전에는 고분고분하고 유순했는데 이제는 고집불통이고 집요하다. 태라와 노라, 캐럴라인이 남을 괴롭히는 행동은 거식증의 한 부분이 아니었다. 거식증이 그렇듯, 그것은 어쩌면 그들의 불행을 비춰 보여주는 모습일지 모르며, 또한 부분적으로는 그들이 한 개인으로서 자신의 존재를, 그러니까 트라우마가 있고 자기를 혐오하는 사람임을 드러내 보이는 것이기도 하다. 당시 나는 그것을 이해하지 못했고, 그래서 오직 그들을 미워하는 마음뿐이었다. 그때의 그들보다 더 나이가 들어 이 글을 쓰고 있는 지금에야 나는 원래 그들에게 느꼈어야 할 감정을 느낀다. 그건 바로 슬픔이다.

거식증 환자 중 완전히 회복하는 사람은 절반이 안 되며, 입원 경험이 있는 환자들은 회복하는 비율이 더 떨어지고, 성인 거식증 환자의 회복률은 그보다 더 낮다. 허버트 레이시 교수는 말했다. "성인기에 거식증을 완전히 털어낼 수 있는 사람의 비율은 매우 낮습니다. 이 점이 내가 회복이 거식증의 유일한 종료 지점이라고 절대 말하지 않는 이유예요. 만성적으로 중증 거식증을 앓는 사람이 삶의 질을 개선하고 불안을 줄이도록 돕는 일도 중요하며, 그렇게 하는 한 방법은 완전한 회복에 대한 압박감을 제거하는 것이죠."

거식증 환자 중 많게는 3분의 1까지가 만성으로 남는데, 병원3에서 내가 만난 사람들 다수가 거기 해당할 것 같다. 일부는 당시에도 이미 앞으로의 운명을 예감하고 있는 듯했는데, 그들의 절박함은 끔찍할 정도였다. 때로 그 절박함은 경악스러운 발악으로 발현됐다. "다른 사람들이 내게 왜 이렇게 큰 영향을 미치는 걸까?" 병원3에 입원한 뒤 일주일이 지났을 때 내가 일기장에 쓴 말이다. 그 답은 내게는 아직 그들에게서 영향을 받거나 괴롭힘을 당하는 데 저항할 만큼 충분히 강한 자아의식이 없었다는 것이다. 며칠 지나지 않아 나역시 두 시간을 들여 비스킷 두 개를 먹었고, 내 식사를 과학적으로 검토해야 하는 표본인 것처럼 낱낱이 분해했다. 나는 찌꺼기를 가능하면 많이 남기려고 수프 그릇에 수프를 온통 지저분하게 묻히고 음식을 접시 전체에 펼쳐놓았다. 감자칩

을 눌러 기름기를 빼내고, 토스트에서 버터를 짜내고, 아이
스크림은 그릇 전체에 처바름으로써 음식에서 즐거움은 하
나도 얻지 못하고 오직 역겨움만 느끼도록 조치했다. 병원1과
달리 병원3에서는 안전한 느낌이 들지 않았고, 오히려 끊임없
이 시험받는 느낌이었다. 모든 고형식은 먹기 전에 한입 크기
로 작게 자르거나 찢어야 했다. 마치 내가 음식이 목에 걸리
면 질식할 수도 있는 아기인 것처럼. 내가 어떤 음식을, 예컨
대 바나나나 롤빵을 바로 입으로 베어 먹을 수 있게 되기까
지는 수십 년이 걸렸다. 병원1에서는 그걸 완벽하게 할 수 있
었음에도 말이다. 하지만 병원3에서 그렇게 먹자 내가 음식
을 정말 즐기는 것처럼 보인다고 노라가 말했고, 그 후로 나
는 서른 살이 될 때까지, 병원을 떠나고도 13년이 지난 그때
까지 다시는 음식을 입으로 베어 먹지 않았으며, 마침내 다시
그렇게 먹었을 때는 금지된 일을 한 느낌이 들었다.

　　모든 환자가 노라와 태라, 캐럴라인 같지는 않았다. 니키
휴스는 나와 같은 날 입원했고 역시 거식증 환자였지만, 내
눈에는 특별히 병든 사람처럼 보이지 않았다. 하지만 니키에
게는 당뇨병이 있었고, 혈당을 유지하지 못하는 것이 심각
한 건강상의 위험을 초래하고 있었다. 니키만이 다른 환자들
처럼 먹으려는 유혹에 저항했고, 대신 완벽하게 매너를 지키
며 (니키가 토스트를 눌러 짜는 일은 없었다) 20분 만에 식사를
마치고 나머지 우리가 따라잡기를 기다리며 우리 행동이 얼

마나 어리석은지 설교를 늘어놓았다. "점심은 사모사*였다. 내가 거기서 기름기를 어느 정도 닦아내자, 어느 순간 니키가 테이블 건너편에서 나를 향해 한심하다는 듯 고함을 질렀다." 1993년 12월 15일 일기에 내가 못마땅한 듯 써놓은 말이다. 니키는 계속 나를 더 나은 사람으로 만들려고 노력했고, 나는 그 때문에 니키를 싫어했다. "내가 그 빌어먹을 음식을 먹기만 하면 됐지, 자기가 무슨 상관이라고 잔소리야?" 나는 화가 나서 갈겨썼다. 하지만 니키는 절대 나를 그냥 내버려두지 않았다. 같은 날 입원했다는 이유로 우리를 자매처럼 생각하고 있었기 때문이다. 내게는 저주처럼 느껴졌지만, 사실 축복이었다.

니키는 스무 살이었고 슈롭셔 출신이었다. 덩치가 아담하고 키가 150센티미터 정도밖에 안 됐는데, 열다섯 살 때 제일 친한 친구가 뚱뚱하다고 말하는 바람에 체중을 줄이기 시작했다고 내게 말해줬다. 니키는 항상 무척 쾌활하고 아주 수다스러웠으며, 거식증 외에도 아주 많은 것을 지닌 사람이었다. 재능 있는 예술가였고, 사람을 잘 웃겼으며, 자신의 다낭성 난소polycystic ovaries를 '내 폴리들'이라 부르며 농담거리로 삼았다. 그랬기에 나로서는 니키가 거식증으로 **그토록 심하**

---

* 인도 등 남아시아 음식으로 감자, 양파, 콩, 고기, 생선 등의 소를 넣고 밀가루 반죽으로 감싸 튀긴 일종의 만두.

게 고통받았다는 것을 믿기가 어려웠다. 나는 어렸고 순진했으며, 불행은 밖으로, 시각적으로, 행동으로 표현해야만 한다며 사람들이 퍼뜨리는 거짓말을 고스란히 믿었다. 니키는 나보다 겨우 다섯 살이 많았지만, 우리 모두보다 25년은 더 성숙했다. 물론 니키도 슬퍼할 때가 있었다. 주로 자기가 어릴 때 돌아가신 어머니를 떠올릴 때 그랬고, 자신의 예술가 경력이 뒤처지는 것을 걱정했다. 하지만 음식 때문에 우는 일은 절대 없었으므로 나는 니키가 완전히 괜찮다고 짐작했다. 반면 나는 다른 환자들이 살고 있는 광기의 모래 늪에 들어가기를 갈망하며, 병으로 손쉽게 만들어낸 정체성에 단단히 매달리고, 내가 기숙사의 다른 누구보다 더 아프다고 증명하는 일에서 하찮은 인정을 찾았다. 니키는 내가 그러도록 내버려두지 않았고, 세상에는 이 기숙사 안의 광기보다 더 많은 것이 존재한다는 걸, 대부분의 사람들은 우리처럼 행동하지 않는다는 걸 상기시켜주었다. "너 왜 자꾸 그딴 짓을 하는 거야?" 내가 의자 밑으로 음식을 던지려는 걸 보면 니키는 그렇게 나를 꾸짖었다. 니키는 버럭버럭 화를 냈지만, 그런 니키가 있었다는 게 나에게는 행운이었다. 니키는 내가 자기에게 준 것보다 훨씬 많은 걸 내게 주었다.

그로부터 겨우 3년 후, 신문을 뒤적이는데 니키의 사진이 보였다. "의사들, 다른 사람들을 구했지만 자신은 구하지 못한 거식증 환자를 잃다"라는 헤드라인을 읽는데, 갑자기 내 가슴이 텅 빈 동굴이 된 느낌이었다. 심장이 그냥 멈추기만 한 게 아니라 쪼그라들어 완전히 사라질 것만 같았다. "니키 휴스는 다른 사람들에게 무엇이 유익한지 알았지만, 자기 목숨이 달려 있는데도 자신은 그 조언을 따르지 못했다. 그는 의사들과 가족이 속수무책으로 돕지 못하는 동안 병원에서 사망했다." 니키는 정신보건법에 따른 강제입원 대상이 아니었고 성인이었으므로, 의사들에게는 니키의 동의 없이 음식을 먹이는 것이 허용되지 않았다. 그랬다가는 폭행으로 고소당하는 일도 있기 때문이다. 그리하여 니키는 겨우 스물세 살에 세상을 떠났다. 자기가 되고 싶었던 그래픽 디자이너가 되지도 못했다. 나는 믿을 수 없었고, 여러 해 동안 니키의 죽음을 입 밖에 낼 수도 없었다. 나를 가장 두렵게 만든 질문은 내가 니키를 더 나쁘게 만든 건 아닐까 하는 것이었다. 나는 분명 니키가 더 나아지도록 돕지 못했다. 내가 니키의 생사에서 어느 정도라도 결정적인 역할을 했다고 생각하는 것은 순전한 나르시시즘이겠지만, 병원3의 우리 모두가 니키를 자기 병의 참호 속에 단단히 밀어 넣었을 가능성은 분명히 존재한다. 그것이 입원에 따르는 위험이다. 우리는 병원에서 나쁜 습관을 배우고 자신의 습관을 정당화한다. 우리 모두 그런 경험을 했고, 특히 최악 중에서도 최악인 환자들을 치료하던 병원3에서는 모두가 최악의 속임수와 사고방식, 자신을 죽이는 최악의 방식을 학습했다. 그런 상황에서 나는 니키를 어떻게 그렇게 심하게 오해했을까? 병원에 함께 있는 내내, 나는 니키를 거의 간호사처럼 생각했다. 당연히 니키는 언제나 환자였는데 말이다. 니키가 내게 해준 모든 보살핌은 니키 자신이 받기 원했던 보살핌이었다.

니키의 죽음은 법률의 변화를 촉발했다. 1997년에 정신보건법위원회Mental Health Act Commission는 의사가 거식증 환자에게 강제로 음식을 먹이는 일에 관한 새로운 지침을 발표했는데, 이에 따르면 언제나 환자의 동의를 구하되, 일부 환자들은 "비만에 대한 공포나 자신의 행위가 불러올 결과를 인정하지 않는 것 때문에 동의할 수 있는 역량이 손상되었을 가능성이 있으므로 현명한 선택을 내리지 못할 수 있다. 법정은 신경성 식욕부진증이 초래하는 신체적 합병증을 치료하기 위해 인위적 수단으로 환자에게 음식을 먹이는 것은 정신질환에 대한 합리적 의학적 치료로 간주할 수 있다고 판결했다."[1] 보도에 따르면 정신보건법위원회는 "1996년 1월에 사망한 니키 휴스의 사례 이후 간략한 보도문을 발표하기로 결정했다." 니키 덕에 목숨을 구한 사람이 얼마나 되는지 단언하는 건 불가능하지만, '아주 많다'라고 말해도 틀리지는 않을 것이다.

병원3에서 만난 또 다른 친구는 제럴딘인데, 나는 이 친구를 '제'라고 불렀다. 제럴딘은 니키와 많이 달랐지만 다른 이들과도 달랐다. 나보다 두 살이 더 많은 제럴딘은 요즘이라면 아마 자폐적 특징이 있다고 진단받았을 것이다. 누구와도 눈 맞추는 걸 거부하고, 작은 소리로만 속삭이며, 항상 긴 머리카락으로 얼굴을 가린 채 바닥만 보며 아주 천천히 걸었으니 말이다. 이제 거식증에서 회복한 제럴딘에게는 저런 습관들이 모두 사라졌는데, 이는 굶기의 증상들이 때로 겉으로 보기에 자폐의 증상처럼 보일 수도 있다는 제롬 브린의 명제를 증명한 셈이다. 하지만 당시의 제럴딘은 신비로운 사람이었다. 내가 제럴딘에게 끌린 이유는 니키에게 끌린 이유와 같다고 생각한다. 제럴딘은 다른 환자들 사이에서 벌어지는 파벌의 드라마에 휩쓸리지 않았다. 아주 천천히 먹었지만 다른 사람들이 자기를 어떻게 생각하는지에는 신경 쓰지 않았다. 제럴딘은 자신만의 작은 섬을 구축했고, 나는 주변의 압력에 크게 휘둘리는 사람이라서 그러지 않는 사람에게 매력을 느꼈다. 제럴딘이 나를 속마음을 털어놓을 수 있는 사람이라 판단한 이유가 뭔지는 여전히 모르겠지만, 어쨌든 그는 내 진짜 친구가 되어주었다.

　내가 입원한 지 한 달쯤 지났을 때, 전문의는 섭식장애 병동을 병원3에서 다른 병원으로 옮기기로 결정했다. 복구 가능성이 전혀 없을 만큼 엉망인 기숙사의 상황을 바로잡으려는 의도가 부분적으로라도 있었을 것이다. 어느 날 우리는 모두 초조한 마음으로 기숙사를 나갔고, 보호하듯 가까이 붙어서 동행하는 간호사들과 함께 병원 로비를 가로질러 걸어갔다. 방문객들과 다른 환자들은 지나가는 우리를 빤히 쳐다봤다. 거식증은 정신질환 중에서도 외적으로 매우 두드러지게 표가 나는 병이다. 그들을 보니 모두 우리가 무슨 퍼레이드라도 하는 것처럼, 혹은 줄지어 가는 동물들인 것처럼 "앗, 저기 봐, 거식증 환자들이야" 하고 생각한다는 걸 알 수 있었다.

우리는 밴에 올라탔고 19세기 공포물에 자주 등장해 악명이 높아진 정신병원*인 병원4로 다 함께 옮겨졌다. 과거의 불길한 평판에도 불구하고 병원4는 병원3보다 훨씬 보기 좋은 곳이었다. 이 병원은 시끄럽고 지저분한 런던 남동부 대신 조용한 교외에 있었고, 실내 공간도 실외 공간도 모두 훨씬 더 넓었다. 심지어 햇볕을 쬐며 풀밭에 앉아 있을 수도 있는 우리만의 마당도 생겼다. 온화한 간호사들인 에마와 글래디스, 니콜라도 함께 와서 안심이 되었지만, 테사 역시 함께 왔

---

* 베슬럼 왕립 병원Bethlem Royal Hospital을 말한다. 이 장의 제목인 '베들럼' 은 이 병원 이름에서 파생된 방언으로 정신병원을 가리키는 말이기도 하고, 혼란상을 뜻하는 단어로도 쓰인다. 베슬럼 병원은 13세기부터 정신질환자들의 수용소 역할을 해온 '베슬리헴의 성모마리아 소수도원Priory of St. Mary of Bethlehem'에서 출발했다. 원래 빈민구호와 정신질환자를 보호하는 곳이었지만, 제대로 된 정신의학이 존재하지 않았고 정신질환을 제대로 이해하지도 못했던 수백 년 동안 환자들은 이곳에 갇혀 거의 짐승처럼 학대당하며 비참하게 '수용'된 채 살아갔다. 공포영화에 등장하는 오싹한 '베들럼'들의 모델이었던 이곳은 오랜 세월에 걸쳐 여러 차례 위치와 명칭이 바뀌었으며, 현재는 과거의 공포스러운 수용소가 아닌 현대적 정신병원이자 영국 정신의학 연구의 중심 기관이다.

다. 그래도 이제는 적어도 식당이 따로 있어서 더 이상 자는 곳에서 먹지 않아도 됐다.

병원4에서 또 하나 달라진 점은, 음식부터 약, 치료까지 나의 모든 치료를 감독한 트레저 교수가 내게 JF라는 치료사를 지정해주었다는 것이다. 나는 항상 (중요도 순서로 나열하자면) 여자이거나 유대인이거나 미국인인 치료사와 더 잘 지냈다. 그런 이들이 그래도 내 인생을 좀 이해하는 것 같은 느낌이 들었는데, 그들이 나를 이해한다는 건 그냥 내 착각이었을 뿐인지도 모른다. 닥터 R은 셋 중 무엇에도 해당하지 않았고, 그와 나는 결코 서로를 이해한 적이 없었다. JF는 셋 다에 해당했고, 평생 그보다 나를 더 잘 이해한다는 느낌을 준 사람이 없다. 나는 다른 모든 치료사에게 했던 것과 달리, JF에게는 그의 말에 동의하는 것처럼 연기하지도 않았고 나를 불쌍해하도록 조종하지도 않았다. JF는 나보다 훨씬 똑똑하다는 걸 확실히 알게 된 최초의 사람이었다. 처음에는 그 점이 거슬렸지만, 간호사들이 나 대신 먹는 일을 책임져줬던 것처럼, JF는 내 속내를 꿰뚫어 보고 내가 진을 빼가면서까지 사람들을 만족시키려 겉치레를 부리는 짓을 그만두게 해주었다. JF는 30대 초반에 키가 컸으며, 항상 정장 재킷에 미니스커트 차림이었다. 이혼을 했는데 막 두 번째 결혼을 앞두고 있었고, 내게는 이 점이 특히 더 매력적으로 느껴졌다. 틀을 깨는 사람 같았달까. JF는 여성이고 유대인이며 미국인일 뿐 아니라, 10대 시절 섭식장애를 앓았던 사람이기도 하다. 물론 그 점이 좋은 섭식장애 치료사임을 보장하지는 않는다. 내 경험상 그럴 경우 사실은 섭식장애 치료사로 적합하지 않을 가능성이 더 컸다. 병원1의 치료사는 폭식증을 앓았던 사람이었고, 심지어 그 시절의 내 눈에도 그가 섭식장애 환자들과 일하는 것은 회복한 후에도 계속 그 쪼그라든 세상에 머물기 위한, 어쩌면 더 중요하게는 자신의 담당의사였고 나중에 그 병동에 치료사로 자신을 고용한 닥터 R 옆에 머물기 위한 일임이 뻔히 보였다. 하지만 JF는 달랐다. 그는 자기 병의 프리즘을 통해 나의 병을 보는 것이 아니라, 나를 더 잘 이해하기 위해 자신의 경험을 활용했다. JF는 내 마음속 검은 뱀이 작동하는 방식을 알았고, 내가 거짓말을 하거나 뭔가 잘못을 저지르고 빠져나가려 할 때면 언제나 알아차렸지만, 절대 무턱대고 넘겨짚는 법은 없었다. JF는 내가 화장실에서 들켰던 사건 등 학교에서 있었던 일들을 처음으로 털어놓은 사람이었는데, 그것이 수치스러워할 일이 아니라고 말해준 첫 번째 사람이었다. 그때까지 나는 너무나 오랫동안 그 일을 수치스럽게 여겼고, 내 생각이 틀렸을 수도 있다는 생각은 한 번도 해본 적이 없었다. 알맞은 치료사를 찾기까지 너무 오랜 시간이 걸렸고, JF를 만난 일은 수년간 나쁜 데이트를 한 끝에 마침내 진정한 사랑을 발견한 것 같은 느낌이었다. 나는 이후 4년 동안 일주일에 두 번씩 JF를 만났다.

병원4에서는 니키를 포함해 대부분의 환자가 각자 독립된 침실을 배정받았는데, 자신이나 자신의 회복에 위험하다고 간주된 몇몇은 거기서 제외됐다. 그건 바로 나와 제럴딘 그리고 나처럼 강박적으로 운동을 하는, 아주 상냥한 열아홉 살의 앨리였다. 우리 셋은 작은 방 하나를 함께 썼고, 신참 간호사(즉 테사가 아니었다)가 24시간 우리를 감시했다. 나는 거식증이 생긴 후 처음으로 마침내 운동 스케줄을 놓아버렸다. 식사가 끝나면 항상 끝없이 하던 윗몸일으키기도, 하루에 수천 번씩 하던 팔벌려뛰기도 더 이상 하지 않았다. 운동하며 보내던 그 시간 내내 아무것도 안 하고 무기력하게 앉아 있는 건 너무 겁났지만, 동시에 일종의 해방감을 안겨주기도 했다는 걸 인정하지 않을 수 없었다. 식사 후 다리들기와 윗몸일으키기와 팔벌려뛰기를 할 장소를 미친듯이 찾는 대신 침대에 누워 책을 읽는 그 기쁨! 내게 가장 경이로웠던 점은 내 몸이 하룻밤 사이에 마시멜로로 변하지 않았다는 것이었다. 사실 나는 그리 달라 보이지도 않았다. 해방된 느낌이었다. 나 자신으로부터 해방되는 것, 이는 내가 원했던 전부였다. 그 기숙사에서 다른 이들과 떨어져 제럴딘과 같은 방을 쓰고, 감시하는 간호사 덕에 운동을 해야만 한다는 그 모든 책임에서 벗어나고, 일주일에 두 번씩 JF를 만나면서, 나는 몇 년 사이 그 어느 때보다 더 평온해졌다. 나는 베들럼에서 평화를 찾은 것이다.

먹지 못하는 여자들

13장

제럴딘 이야기

제럴딘은 병원에 있던 동안 가장 친하게 지낸 친구였지만, 대학에 간 후로 나는 제럴딘에게 더 이상 편지를 보내지 않았다. JF는 내게 병원에서 만났던 친구들과 관계를 끊으라고, 그래야 내 인생을 앞으로 밀고 나갈 수 있다고 말했고, 그 말이 맞았다. 나는 어깨너머로 뒤돌아보는 일을 그만둘 필요가 있었다. 하지만 나는 항상 제럴딘을 그리워했고, 이 책을 쓰는 동안 소셜미디어에서 제럴딘을 발견했을 때 정말 기뻤다. 단박에 제럴딘을 알아볼 수 있었다. 사진 속에서 제럴딘은 긴 머리를 늘어뜨린 예전과 똑같은 모습이었지만, 내겐 너무나 충격적이게도 카메라를 똑바로 바라보고 있었다. 내가 제럴딘을 알고 지내는 동안 그 친구는 한 번도 그 누구의 눈도, 심지어 내 눈도 똑바로 보지 못했다. 거의 1년 동안 나란히 놓인 침대에서 잠을 잤는데 말이다.

우리는 메시지를 주고받았다. 나는 이 책에 실을 수 있게 자기 이야기를 들려줄 수 있겠느냐고 물었고 제럴딘은 그 제안에 동의해주었다. 당시는 코로나19로 락다운 상태였고 제럴딘은 아일랜드에 살고 있었으므로, 우리는 몇 달에 걸쳐 전화로만 이야기를 나눌 수 있었다. 기나긴 여러 번의 대화를 통해 그간 모르고 지냈던 서로의 인생 이야기를 따라잡았다.

병원에서 함께 보낸 기간 내내, 우리는 이전의 삶에 관해서는 이야기한 적이 없었다. 하루하루, 한 끼 한 끼의 현재 순간에 너무 단단히 고정되어 있었기 때문이다. 그래서 나는 제럴딘에게 나와 알기 전에는 어떤 사람이었느냐고 물었다.

"초등학교에 다닐 때 사실 난 시끄럽고 활기찬 아이였어. 부모님과도 관계가 아주 좋았고. 난 두 분 사이에서 태어난 외동아이였거든. 그런데 두 분께 말하지 못한 일들이 있었어. 지금은 그때 말했어야 했다는 걸 알지만. 왜냐하면 내가 거식증에 걸리도록 촉발한 특별한 사건은 없었지만, 돌이켜보니 자잘한 여러 일이 있었다는 걸 알겠더라고."

제럴딘의 어머니는 우리가 함께 병원에 있는 동안 매일 찾아왔고 두 사람은 아주 가까웠다. 아버지도 정기적으로 찾아왔지만, 어머니보다 훨씬 나이 들고 쇠약해 보였는데, 나중에 알고 보니 파킨슨병 때문이었다. 제럴딘은 아버지가 예전에 결혼한 적이 있으며 첫째 아내가 세상을 떠났다고, 그래서 자기한테는 나이가 훨씬 많은 이복 오빠와 언니가 있다고 말했다. 언니나 오빠가 병문안을 온 기억은 안 나는데 내가 잊어버린 것일까 하고 물었더니, 제럴딘은 잠시 망설이다가 대답했다. "아니, 이복언니는 열일곱 살 때 캐나다로 이주해서 사실 난 언니를 잘 몰라. 하지만 이복오빠와는 아주 가까웠고, 오빠는 2주에 한 번 정도 우리 집에 왔어. 그런데 내가 일곱 살 때 오빠가 자기 아내와 헤어졌고, 그 일로 오빠와 아버지 사이가 나빠졌어. 그때부터 갑자기 오빠가 우리 집에 오지 않았지. 하지만 그런 사정을 전혀 몰랐던 나는 내가 보기 싫어서 오빠가 안 온다고 생각했어. 아주 오랫동안."

제럴딘의 부모님은 두 분 다 아일랜드 사람이지만, 당시에는 미들섹스에 살고 있었다. 중학교에 올라갔을 때, 제럴딘은 반의 몇몇 여자애들에게 괴롭힘을 당했다. "게다가 나는 열두 살 때 실제보다 더 나이 들어 보였어. 한 열다섯 살쯤으로. 그리고 나를 학교에 데려다주던 버스 운전사와 사귀게 되었지. 난 무슨 일이 벌어지고 있는 건지 잘은 몰랐지만 누구에게도 그 얘기를 하면 안 된다는 건 알았어. 그런데 어느 날 갑자기 그 사람이 결혼을 했고, 그건 엄청나게 거부당한 느낌이었지만, 아무에게도 말할 수 없었어."

거식증은 제럴딘이 열네 살 때 갑자기 시작되어서 그를 완전히 사로잡아버렸다.

"하루에 사과 한 알이 내게 필요한 전부라고 생각했던 기억이 나. 그러면서 엄마한테는 내가 아침을 먹은 것처럼 보이려고 학교 가기 전에 그릇에 시리얼 찌꺼기를 좀 넣고 싱크대에 놔뒀던 것도 기억나. 그러니까 어느 정도는 나도 내가 하는 일이 잘못이라는 걸 알고 있었던 거지. 하지만 부모님이 나를 전문의에게 데려가기 전까지는 내가 하던 짓의 의미가 무엇인지 제대로 몰랐어. 전문의는 나를 곧바로 입원시켰고, 그걸로 끝이었지."

나는 병원에 있었을 때 너무 소심해서 묻지 못했던 질문을 던졌다. 아버지의 병이 거식증에 어떤 역할을 했다고 생각하느냐는 질문이었다.

"그랬다고 생각해. 나는 아버지에게 다가가기가 좀 어려웠고, 우리 둘 다 어떻게 해야 하는지 몰랐던 것 같아. 아버지한테는 내 모습을 보는 게 가슴 찢어지는 일이었을 테고, 나도 아버지의 상태를 보는 게 속상했거든. 하지만 엄마는 진짜 나의 안전망이었어. 내가 아팠을 때도 언제나 엄마한테는 다 말할 수 있었지."

병원에 있을 때 나는 제럴딘과 어머니의 관계에서 느껴지는 일관성이 부러웠다. 나는 어머니를 내게로 당겼다가 밀어내는 짓을 반복했고, 모든 걸 말하고 싶으면서도 아무것도 말하기 싫어했던 반면, 제럴딘은 항상 어머니와 가까웠고, 두 사람은 제럴딘의 침대에 함께 누워 몇 시간이고 이야기를 나누었다.

그러나 어머니와 얘기할 때도 제럴딘은 다른 사람들과

먹지 못하는 여자들

얘기할 때와 똑같이 눈을 내리깔고 작은 소리로 속삭였다. 전화 통화를 하면서 나는 처음으로 제럴딘의 목소리를 제대로 들었다. 거식증을 앓을 때 속삭여야만 했던 이유가 뭔지 제럴딘은 기억하고 있을까?

"솔직히 말하면 병원에 입원해 있다는 게 창피해서 나를 완전히 닫아걸었어. 나 자신을 쳐다보는 것도 참을 수 없었고 다른 사람도 아무도 나를 안 봤으면 했지. 마치 내가 누군가를 보지 않는다면 그들도 나를 볼 수 없을 것처럼. 나 자신을 조그맣게 만들고, 머리칼로 얼굴을 가렸어. 전에는 그렇지 않았는데, 입원한 후로는 그 누구의 눈도 차마 쳐다볼 수가 없더라고. 지금도 곧잘 그래. 누군가의 눈을 보려면 의식적으로 노력해야 해. 그런데 사람을 보는 대신 뭔가 다른 걸 쳐다보면 더 쉽더라. 엄마는 그걸 이해해주시니까 엄마와 있을 때는 그렇게 할 수 있어."

거식증은 그 병에 걸린 사람을 세상과 단절시킨다. 그는 혼자가 되고 강박에 사로잡히며 다른 사람들과 어울릴 수 없게 되고 자기만 온전히 이해할 수 있는 규칙에 따라 살게 된다. 거식증이 있는 사람들 중 일부는 이런 느낌을 내면으로만 경험하는 게 아니라, 예컨대 눈을 마주치지 못하거나 말하기를 꺼리는 것을 통해 밖으로 표현하기도 한다. 이런 특징은 자폐의 증상이기도 하며, 우리가 병원에 함께 있을 때 나는 다른 사람들이 제럴딘에게 자폐가 있는 게 아닐까 하고 생각한다는 걸 알았지만, 제럴딘에게 자폐는 없었다. 그러나 어떤 질환의 증상이 다른 질환의 증상과 겹치는 것은 놀라운 일이 아니다.

나는 입원이 내 인생을 구했다는 걸 한 번도 의심해본 적이 없다. 병원에서 배운 나쁜 버릇들과 불량한 환자, 간호사, 의사 들에도 불구하고, 입원하지 않았다면 회복하지 못했을 것임을 나는 안다. 하지만 제럴딘은 입원에 양가적인 감정을 갖고 있었다. "병원이 목숨을 유지해준다는 건 알지만, 일단 병원에 들어간 뒤로는 예전과 같은 사람이 될 수 없어. 입원은 어떤 일이 벌어지고 있는지, 자신이 어떤 일의 한가운데 있는지에 관한 관점을 바꿔놓거든. 거기선 다른 환자들에게서 경쟁심을 배우게 돼. 나는 아직도 우리가 병원3과 병원4에서 그랬던 것처럼 음식을 접시와 사발의 모든 부분에 묻히지 않고는 못 배겨. 그리고 여러 해 동안 고기와 감자는 잘게 부수지 않고는 못 먹었고, 병원에서 배운 대로 접시 위의 음식을 이리저리 뒤적이며 마지못해 입에 넣었지. 그렇다 보니 만약 내가 병원의 분위기 속으로 억지로 떠밀려 들어가지 않았다면 그렇게 많이 힘들어했을까 싶어. 그리고 절대 못 잊는 일 하나는 테사가 식탁에서 내게 강제로 음식을 먹인 일이야. 그건 내가 겪은 일 중 강간당하는 것에 가장 가까운 경험이었어. 나는 아직도 그때의 바나나 포티십(칼로리 셰이크의 한 종류) 냄새랑 테사가 나를 내리누르고 입을 벌리도록 코를 꼬집을 때의 느낌이 기억나. 때로는 테사가 그런 짓을 즐긴다는 느낌도 들었어. 병원에서 어떤 대우를 받는지는 정말 중요해. 그게 자신을 바라보는 방식에 영향을 주니까 말이야." 제럴딘은 병원에 있을 때 나보다 간호사들에게서 훨씬 더 나쁜 일들을 겪었다. 테사 이전에, 내가 제럴딘을 알기 전에, 제럴딘은 피터 댈리 클리닉이라고 불리던 병원에 입원했다가 데이비드 브리튼이라는 남자 간호사에게 보살핌을 받은 적이 있었다.

"그는 간사한 태도로 환자들과 친한 친구가 된 다음 환자들의 다리에 손을 올린 채 침상에 앉아 있고는 했어. 한번은 내가 자기한테 화가 나 있다는 걸 알고는 내 방문 틈으로 자기 사무실로 가는 약도가 그려진 쪽지를 밀어 넣었더라고. 나는 그 사람하고 사이에 아무 일도 없었지만, 안 그런 환자들도 있었어."

나중에 수사를 통해 브리튼이 "약한 사람을 조종하고 이용하는 약탈자로서 여성들에게 명백한 위험인물"이었고 가장 취약한 이들을 노렸음이 밝혀졌다. 많은 환자와 성적인 관계를 가졌고 임신시킨 경우도 있었다. 그는 2002년에 해고되었고 현재 프랑스에 살고 있다고 알려져 있다.[1]

나는 제럴딘보다 먼저 병원4를 나왔고, 그로부터 약 여섯 달 뒤부터 연락을 주고받지 않았기 때문에 이후 제럴딘에게 어떤 일이 있었는지는 몰랐다. 내게 들려준 얘기에 따르면 제럴딘은 또다시 체중이 줄었고, 곧 피터 댈리 클리닉에 입원할 예정이었다. 그때까지 제럴딘은 일곱 번 입원한 후였고, 그런 방식이 효과가 없다는 제럴딘의 생각에 부모님도 동의했다.

"나는 항상 아일랜드에서 살고 싶었거든. 가까운 친척들이 모두 그곳에 살고 있었으니까. 그래서 부모님한테 우리가 아일랜드에 간다면 나아지려고 정말 정말 노력하겠다고 말했어. 부모님은, 뭐 안 될 거 없지, 하고 생각했고. 그래서 우리는 입원 예정일 바로 전날에 이리로 왔고, 이후 계속 여기 살고 있어."

아일랜드에 도착하자마자 제럴딘이 완전히 회복했다면 깔끔한 결말이었을 것이다. 거식증 환자에게는 지나치게 깔끔한 결말. 이사 후 제럴딘은 두 번 더 입원했는데, 한 번은 종합병원이었고, 한 번은 섭식장애 병동이 없는 정신병원이었다. 마지막으로 퇴원했을 때 제럴딘은 스물네 살이었고, 10년 동안 입원과 퇴원을 반복한 후였다. 그리고 학위는 하나도 없었다.

"처음 5~6년 정도는 체중 모니터링을 받으면서도 물속에서 허우적대는 것처럼 제자리걸음만 했어. 물론 엄마 아빠와는 돈독한 관계를 유지했지. 하지만 그렇게 제자리걸음을 반복할수록 꼭 이렇게 하루하루 간신히 버티며 살 필요가 없다는 걸 더 깨닫게 되었어. 나는 아일랜드에서 사는 게 정말 좋아. 가까이 우리 대가족이 다 있으니까. 응원하고 뒷받침해주는 사람들이 있다는 건 아주 의미가 커."

스물일곱 살 때 제럴딘은 다시 학교로 돌아가 임상생리학 학위 과정을 밟았다. 이 공부는 예상보다 더 오래 걸렸는데, 이는 제럴딘이 거식증을 앓는 동안 생긴 골다공증과 섬유근육통에 심하게 시달렸기 때문이다. 설상가상으로 어머니까지 심각한 병에 걸렸다. "그렇지만 결국에는 해냈고, 지금 나는 임상생리학자야."

나는 우리가 어렸을 때 병에 걸리고 치료를 받았기에, 그 병이 성인기의 삶까지 장악하지 않을 수 있어 다행이라고 생각한다. 제럴딘에게도 그렇게 생각하는지 물었다.

"모르겠어. 어려서 병에 걸리는 건 힘든 일이야. 회복하고 난 후에 보면 디딤돌이 되어줄 성장의 배경이 없으니까. 나는 갑자기 20대 후반으로 돌입했는데, 막상 10대에 했어야 할 경험은 하나도 못 한 상태였거든. 이를테면 실연 같은 거. 그래서 나중에 그런 일이 일어났을 땐 정말 아연실색할 것 같았어. 그런 일에 어떻게 대처해야 하는지 전혀 몰랐으니까. 난 아직도 거부당하는 일에 몹시 취약해. 내겐 엄청나게 버거운 일이야."

우리는 각자의 삶에 관한 이야기를 더 나누었고, 내게 아이가 셋 있다고 하자 제럴딘은 놀라서 탄성을 질렀다. 제럴딘의 기억 속에서 나는 아직도 어린애 같은 청소년으로 남아 있었기 때문이다. 나는 제럴딘에게 부모님 소식을 물었다. 아버지는 몇 년 전 돌아가셨지만, 어머니는 정정하시고 여전히 제럴딘의 가장 친한 친구라고 했다.

"난 어머니와 함께 사는데, 어머니한테 무슨 일이 생기면 어떻게 될지 걱정이 돼. 거식증이 다시 돌아와 나를 고장 내지 않을 거라는 확신은 없거든. 물론 그런 일이 일어나지 않도록 노력하겠지만, 그래도 거식증은 찌꺼기를 남기니까. 하루 세 끼를 먹고 있고, 엄마와 함께 있을 때는 그 사이클을 유지해. 하지만 혼자 남으면 어떻게 될지 모르지."

나는 그렇게 많은 일을 겪고도 그렇게 많은 걸 이뤄낸 제럴딘이 얼마나 대단한지 모른다고 말했고, 그 말에 제럴딘은 부끄러워하며 본능적으로 자기비하적인 웃음을 지었다.

"내가 허비한 그 모든 세월이 몹시 후회스럽지만, 그래도 거기서 빠져나온 내가 자랑스러워. 우리가 겪었던 그 일, 그게 이야기의 끝은 아니었어. 그리고 난 내 인생에서 뭔가를 이뤄낼 수 있었지. 그래, 전체적으로 보면 나 자신이 자랑스러운 것 같아. 우리가 그걸 이겨낸 거야, 그렇지?"

먹지 못하는 여자들

14장

병약한 여자아이

1994년 1~3월

앨리가 휴게실에 그림을 다 그렸을 때야 나는 병원4에 얼마나 오래 있었는지 깨달았다. 우리는 새해가 된 직후에 병원3에서 병원4로 옮겨왔는데, 우리가 지내는 새 병동은 모두 흰색이었다. 벽도 희고 긴 복도도 희고, 우리가 탈출을 시도할 경우를 대비한 비상 단추와 문의 자동잠금장치만 빼면 모든 게 여행자 모텔처럼 무미건조한 익명성을 띠고 있었다.

제럴딘과 나와 함께 같은 방을 쓰던 앨리는 재능 있는 화가였고, 의사들은 앨리에게 우리 휴게실 벽에 벽화를 그려도 좋다고 허락했다. 휴게실은 천장이 높은, 가로 4.5미터, 세로 3.5미터의 큰 방이었다. 앨리는 작업에 착수하고, 먼저 벽에 연필로 슬픈 눈빛의 여자들을 라파엘전파 스타일로 스케치했다. 어느 날 점심 식사 후 방에 앉아 있는데 문득 우리가 병원4에 온 게 얼마나 됐을까 궁금해졌다. 나는 일기장에 요일만 썼지 정확한 날짜는 거의 안 썼다. 메뉴가 일주일 주기로 요일마다 바뀌었고, 내 관심은 오직 그날 내가 무엇을 먹게 될 것인가에만 쏠려 있었기 때문이다. 2주쯤 됐을까 싶었다. 그러다 나는 앨리가 바닥부터 천장까지 휴게실 전체에 그림을 거의 다 그렸다는 것을 알게 됐다. 그림은 아름다웠고, 아니 사실 장엄했고, 약간은 무서웠다. 내가 여기 얼마나 오래 **있었던** 거지? 답은 석 달이었다. 퇴원 후 재입원하기 전 일주일 만에 체중이 너무 많이 줄었을 때 그랬듯이, 이 사실도 처음에는 무서웠다가 나중에는 만족스러워졌다. 나를 봐, 여기 요양소에서 잠으로 인생을 보내고 있잖아! 이제 나는 확실히 병약한 여자애야.

나는 늘 책에서 보던 병약한 인물들에게 매료되었다. 이야기가 진행되는 대부분의 시간 동안 특정되지 않은 어떤 병으로 쇠약해지는 인물, 창백하지만 흥미롭고 사랑받는 인물 말이다. 그건 은유로서의 병이라기보다 더 나은 자아의 증거였다. 《작은 아씨들》의 베스가 전형적인 예지만, 《빨강 머리 앤》에서 폐결핵으로 죽는 루비, 《초원의 집》에서 실명한 메리, 《비밀의 화원》에서 휠체어를 타고 다니는 콜린, 《크리스마스 캐럴》의 타이니 팀도 있다. 그리고 무엇보다 《케이티가 한 일What Katy Did》 작가 수전 쿨리지의 표현에 따르면, 자기가 걸린 병 때문에 "신데렐라나 푸른 수염, 또는 사랑스러

먹지 못하는 여자들

운 빨간 모자 소녀 같은 동화 속 인물들만큼이나 흥미롭고 비현실적인 존재가 되었으며…… 아주, 아주 착한" 사촌 헬렌이 있다. 이런 책들을 통해 나는 아픈 아이가 최고의 아이라는 걸 배웠다. 착한 아이들만이 병에 걸리는 것인지 병이 그들을 착하게 만드는 것인지는 분명하지 않았으나, 어쨌든 최종 결과는 같으니 그건 중요하지 않았다. 앤이 전에는 바보 같다고 비웃었던 루비조차 '가장 보기 좋은 시체'가 되었다. 아이들의 병약함은 그들이 착하고 모두의 사랑을 받는다는 반박할 수 없는 증거였다. 그들은 어색한 사회적 상황에도 처하지 않았고, 학교에서 수학 시험으로 자아가 박살 나는 일도 겪지 않으며, 남자아이들의 더듬거리는 손길에도 닿지 않는다. 그들이 해야 할 일은 침대에 누워 세상이 흘러가게 두는 일뿐이었다. 지난 몇 년 사이 가장 좋아한 소설 중 하나는 오테사 모시페그의 《내 휴식과 이완의 해》로, 화자가 1년 동안 잠을 잠으로써 자기 인생의 통제력을 되찾으려 하는 이야기를 담고 있다. 모시페그의 책이 대형 베스트셀러가 되었다는 것은 아직도 그러한 판타지에 끌리는 사람이 나뿐이 아님을 보여준다.

병원에서는 시간이 둥둥 떠서 흘러갔다. 매일이 정확히 똑같았다. 7시에 체중을 재고, 8시에 아침을, 10시에 오전 간식을 먹고, 12시에 점심을, 3시에 오후 간식을 먹었으며, 6시에 저녁을, 10시에 밤 간식을 먹었다. 먹는 시간 사이에서 즐거운 일을 찾아내는 건 우리 몫이었다. 우리가 바르게 행동했을 때는 간호사 한 명이 우리를 데리고 산책을 가기도 했다. 나는 사실 따뜻하고 안전한 병원 안에 있는 걸 더 좋아했고 산책은 전혀 좋아하지 않았지만, 다른 이들이 산책을 한다면 나도 해야 했다(나머지 모두보다 칼로리를 덜 태우는 일이 있어서는 안 되니까). 그러나 대체로 우리는 그냥 공동 휴게실에 그려진 앨리의 벽화 아래 앉아서 텔레비전을 보거나 철 지난 잡지를 보거나 집에 보낼 편지를 쓰거나 일기장에 방금 먹은 것에 관해 기록하거나 담배를 피웠다. 음식을 먹는 것 그리고 아침 토스트에 버터를 바를지 땅콩버터를 바를지 선택하는 것(서로 의논하지도 않고 심지어 고민조차 하지 않고 모두가 땅콩버터를, 더 적은 칼로리를 선택했다) 외에 우리에게 요구되는 일은 아무것도 없었다. 화창했던 날은 단 하루도 기억나지 않는다. 밖은 항상 회색이었고 삶은 안개 속에서 흘러갔다. 우리는 절대 뉴스는 보지 않고 연속극과 영화만 보면서 현실 세계의 접근을 차단했다. 나는 10대 여자애들에 관한 책은 읽지 않았다. 내가 무엇을 놓치고 있는지 생각하고 싶은 마음이 전혀 없었기 때문이다. 대신 병원에 있는 내내 오직 스티븐 킹의 책만 읽었다. 그 책들은 무서웠지만, 현실 세계만큼 혹은 그 세계를 상기시키는 것만큼 무섭지는 않았다. 오늘날까지도 나는 제대로 기능하는 10대 아이로서 했어야 할 경험의 공백을 스티븐 킹에 관한 백과사전적 지식으로 메꾼다.

공포 소설을 읽지 않던 시기도 있었다. 거식증에 걸리기 전해에 나는 《제인 에어》를 읽었다. 샬럿 브론테가 문학 속 여성의 병에 대한 결정적 이분법을 설정해둔 그 작품 말이다. 한편에는 제인의 학교 친구로 (《케이티가 한 일》의 사촌 헬렌처럼) 금욕적이고 기품 있게 고난을 견뎌내는 귀감적 인물인 헬렌 번스가 있다. 헬렌은 "일찍 죽음으로써 나는 커다란 고통에서 탈출하게 될 거야"라는 말로 제인을 안심시킨다. 그리고 다른 한쪽에는 불편한 여성적 욕구의 다발인 다락방 속의 버사 로체스터가 있다. 제인에 따르면 이들은 아픈 상태뿐 아니라 여자로 존재하는 일을 상징하는 두 가지 방식이었고, 그것은 사심 없고 조용하며 의존적이지만 욕망이나 요구가 전무한 사람과 욕구가 많고 열정적인 광인의 대비였다. 그 소설이 어느 쪽을 옹호하는지는 쉽게 알 수 있다.

거식증은 두 선택지를 결합한다. 당신은 허약하지만 격렬하고, 보이지 않는 존재가 되려고 분투하지만 가족들의 주의는 온통 당신에게 쏠려 있다. 거식증은 신체적(나무랄 데 없고 낭만적)이며 정신적(파괴적이고 반발적)이다. 당신은 헬렌 번스가 되려고 노력하지만 버사 로체스터가 되고 만다. 정말이지 바로 이것이 거식증이라는 병의 요점이다. 거식증이 통제 욕구라는 취지의 글이 많지만, 거식증은 또한 착한 여자아이는 화를 내지 않는다는 가르침을 (책과 교사와 부모에게) 받았던 여자아이가 분노를 표현하는 방법이기도 하다.

1990년대에는 앨러니스 모리세트, 코트니 러브, 캐슬린 한나 같은 분노한 여자들이 많았지만 이들은 대체로 대중과 미디어로부터 비웃음을 받았고 그럼으로써 착한 여자는 화를 내지 않는다는 명제를 증명했다. 그리고 어쨌거나 착한 여자애들은 그들처럼 되기를 원치 않았다. 착한 여자애들은 착하기를 원했을 뿐이다. 그래서 분노를 자신에게 돌리고 그러다 결국 더 이상 견디지 못하게 되면 용이 불을 뿜어내듯 격렬하게 분노를 토해낸다. 먹지 않는 행위는 자신을 벌하는 동시에 주변 사람을 벌하는 이중의 효과가 있고, 그래서 일석이조다. 거식증에는 이중 효과가 아주 많다. 예를 들어 그 병을 앓고 있을 때 나는 먹지 않는 것을 강함의 증거로 보았고, 그게 내가 회복되기를 원하지 않았던 단 하나의 이유였다. 그게 강함이 아니라 약함이라는 것은 여러 해가 지나고 나서야 깨달았다. 그 강함은 나 자신과 세상으로부터 숨고 싶은 욕망에서 나온 힘이었기 때문이다.

나는 청소년기에 들어서며 분노가 많아지는 자신에게 혼란을 느끼기도 했지만, 동시에 내가 혼란을 느낀다는 사실에 분노하기도 했다. 성장하면서도 여전히 나 자신일 수 있는 방법은 정말이지 아무리 생각해도 알 수 없었다. 나는 여름 캠프에서 웃옷을 벗고 남자아이들과 입 맞추고 싶지 않았다. 하지만 동시에 친구들은 모두 빠른 속도로 앞서 나가는데 혼자만 뒤에 남아 종일 어둠 속에서 컴퓨터 게임만 하는 별종도 되고 싶지 않았다. 원하는 건 그저 잘 적응하여 소속되는 것뿐인데, 무엇에 소속되려는 것인지 잘 모를 때는 어떻게 해야 할까? 내 머릿속에는 내가 되고 싶은 부류의 여자아이들에 관한 이야기와 되고 싶지 않은 부류의 여자아이들에 관한 이야기가 많았지만, 그걸로 제대로 작동하는 서사를 만들어내지는 못했다. 그래서 나의 진실한 감정들을 분명히 표현하지 않으면서도 거기서 빠져나올 수 있게 해주는 서사를 선택했다. 수년 뒤, 성인이 된 후에도 나는 여전히 그런 유혹을 느낀다. 어른이 되어 사귀던 남자친구와 헤어져야만 한다는 판단이 섰지만 그의 감정을 다치게 하고 싶지는 않았을 때, 나는 이렇게 생각했다. "내가 그냥 좀 먹기를 그만두면 그가 분명 내 뜻을 알아차리지 않을까?" 병약한 여자아이가 된다는 것은 자신의 욕망을 명확히 표현하는 걸 두려워하는 이들에게는 매력적인 탈출 전략이다.

입원할 때마다 강제로 먹어야 한다는 처음의 공포와 두려움만 지나고 나면, 분노는 슬그머니 그림자처럼 변해버렸다. 내게 그토록 혼란과 좌절과 분노를 안기는 현실 세계로부터 나 자신을 빼냈기 때문이었다. 나는 그 세계에서 내가 자신에게 품는 기대들을 증오했고, 그 기대에 부합하지 못할 때 느끼는 수치심을 경멸했다. 그래서 대신 영원히 마취제에 취한 것 같은 삶을 살았다. 병원에서는 그 무엇도 실제적이지 않았고, 그래서 아무것도 중요하지 않았다. 딱히 더 가고 싶은 다른 곳도 없었으므로, 나는 그저 병원 생활의 리듬에 따라 멍하니 둥둥 떠다니며 그 끝없는 날들과 화살처럼 빠른 달들을 보냈고, 단기적인 작은 일들(오늘 식사는 뭐지? 내 음식이 다른 사람들 것보다 더 많은 거 아냐?)에만 집중했고, 큰 일(내가 어떤 인생을 살고 있는 거지?)은 생각하지 않았다. 유년기에 읽었던 그 책들이 옳았던 것으로 드러났다. 어느 정도는 그랬다. 병에 걸려 몸져누우면 정말로 착한 여자애가 된다. 기대하는 것이 아무것도 없으므로 화낼 일도 없기 때문이다. 그리고 우연히 나 자신을 흔들어 깨운 그 일이 없었다면, 아마 남은 평생 계속 그렇게 몽유병자처럼 살았을 것이다.

먹지 못하는 여자들

15장

공기 한 모금

1994년 3~12월

아침식사 시간이라 모두 식당에 있었지만 음식을 먹는 사람은 아무도 없었다. 캐럴라인이 히스테리를 일으켜 소리를 지르며 간호사들에게, 식탁에, 자신에게 발길질과 주먹질을 해대고 있었다. 다른 사람들 것보다 자기 토스트에 버터가 더 많이 발려 있다는 이유였다. 식탁에서 난동을 부리는 것은 드문 일이 아니었지만, 캐럴라인이 워낙 세게 식탁에 발길질을 하고 있었기 때문에 나머지도 음식을 먹을 수 없었고, 그래서 모두 포크를 내려놓고 그 모습을 지켜보았다. 1994년 8월이었고, 내가 병원4에 세 번째로 입원한 때였다. 캐럴라인도 다시 입원했고, (더 기쁘게) 제럴딘도 다시 입원해 우리는 또다시 기숙사에서 함께 지내고 있었다. 섭식장애 치료를 하려고 계속 같은 병원을 찾는 것은 여름휴가 때마다 늘 같은 호텔에 머무는 것과 조금 비슷하다. 얼마 안 가 자주 보이는 얼굴들을 알아보게 된다.

하지만 이 시점의 병동은 내가 처음 입원했을 때와는 느낌이 많이 달랐다. 이제 노라와 태라는 없었고 그들의 영향력이 사라지자, 새로 들어온 환자들은 식탁에서 속임수를 쓰는 짓을 수치스러운 결속력의 결여로, 일종의 명예 규율을 위반하는 일로 보았다. 바로 전주에 재입원한 캐럴라인은 이러한 세대교체에 완전히 당황했고, 그날 아침 캐럴라인이 폭발한 이유도 바로 그런 당황스러움에서 기인한 것이었다. 캐럴라인은 버터를 식탁 밑에 문질러 바르려다 다른 환자에게 그 점을 지적당했고, 그러자 이제 할 수 있는 건 소리를 지르는 일뿐이었다.

"에마, 이건 불공평해! 너무 많잖아!" 캐럴라인은 흐느꼈고, 간호사 에마는 한 입이라도 먹이려고 애썼다.

평소 나는 캐럴라인의 허튼짓을 보지 않으려고 늘 그 앞에 앉지 않으려 애쓰는데, 그날은 어쩌다 보니 마침 맞은편에 앉아 있었다. 그리고 그날 아침은 그를 똑똑히 지켜봤다. 바로 전날이 캐럴라인의 서른두 번째 생일이었고, 내 머릿속에는 어떤 생각이 하나 떠올랐다. 2년 반 전 체육 시간에 내가 '평범하게' 보인다는 말을 들었을 때 느꼈던 그 공포만큼 예상하지도 의도하지도 않은 생각이었다. "나는 서른두 살에 토스트 갖고 난동을 피우지는 않을 거야. 그런 게 내 인생은 아닐 거야." 잠시나마 그 생각은 아주 오랫동안 어두운 물속에 잠겨 있다가 수면 위로 올라와 공기를 들이마신 것 같은 느낌을 주었다. 그러고는 이내 다시 밑으로 미끄러져 내려오기는 했지만. 밤에 소리 없이 움직이는 잠수함처럼. 하지만 나는 이미 수면 위를 한 번 맛본 후였고, 무언가가 달라지기 시작했다.

✳

병원4에서 보낸 첫 입원은 넉 달간 이어졌다. 그러나 1994년 3월에 퇴원했을 때 나의 치료사 JF는 바로 일주일 뒤 나를 다시 그 병원에 집어넣었다. 집에 온 내가 먹기를 거부했고, 종일 운동할 뿐 아니라 한밤중에도 운동을 하겠다고 일어났기 때문이었다. 나는 한 달을 더 병원에 머물다가 4월 중순에 퇴원했다. 6월에는 가까스로 GCSE 과정 중 몇 과목의 시험을 칠 수 있었지만, 6월 말에는 다시 병원4에 입원했다. 원래 계획대로 1년 안에 GCSE 시험을 모두 치를 수 없으리라는 건 이미 몇 달 전부터 분명했다. 거의 한 학년 내내 병원에 있었으니 말이다. 내가 아직 적을 두고 있던 입시 학교는 6월에 시험을 반만 보고, 나머지 시험은 9월에 시작하는 3개월 과정을 마친 다음 11월에 치라고 제안했다. 그러고 나면 1995년 1월에는 마침내 A레벨 과정을 시작할 수 있을 테고, 그러면 내 연령집단보다 겨우 한 학기만 뒤처질 터였다. 어쨌든 계획은 그랬다.

식탁 앞에서 캐럴라인이 폭발했던 바로 전날, 나는 6월에 친 GCSE 시험 결과를 받았다. 병동에는 흡연실 바로 옆에 전화박스가 있었다(어쩌면 전화박스의 존재보다 흡연실의 존재가 이 이야기의 시대를 더 잘 말해줄지도 모르겠다). 아침을 먹은 후 시험 결과를 들으려 전화기에 돈을 넣고 학교에 전화를 걸었다. 그 시점까지 나는 시험을 나와는 별개의 문제로 느끼고 있었다. 생물학의 기묘한 이론들보다는 점심시간에 애플파이의 귀퉁이 부분(패스트리를 더 먹어야 하다니! 악몽이야!)을 받을 것인가 말 것인가와 같은 실제적인 문제에 훨씬 더 신경이 쏠려 있었으니 말이다. 성적을 확인하려고 학교에 전화를 거는 동안 갑자기 경쟁심이 부풀어 올랐는데, 그건 몇 년 만에 처음으로 가장 적게 먹는 일이 아닌 다른 일에 대해 느낀 경쟁심이었다. 아주 잠깐 나는 애플파이 생각을 멈췄다.

기숙사로 돌아가자 제럴딘은 내 얼굴을 보고서 내가 시험 결과에 만족한다는 것을 알아차렸고, 원래는 그 누구도 자기 몸에 접촉하는 것을 허용하지 않는데도 불구하고 나를 안아주었다. 간호사들도 그랬다. 캐럴라인은 심술을 억누르지 못하고, 내가 시험 하나를 볼 때마다 어떻게 한 번에 두 시간씩이나 꼼짝하지 않고 앉아 있을 수 있는지 모르겠다고 말

먹지 못하는 여자들

했다. "나라면 엄청 뚱뚱하게 느껴졌을 것 같은데." 하지만 신기하게도 그 말이 신경 쓰이지 않았다. 당시에는 몰랐지만 그 때 기회의 창문이 하나 열렸고, 어떤 목소리가 바람에 대고 이렇게 속삭였다. "지금 이 순간이 전부가 아니야. 다른 미래가 아직 너를 기다리고 있어. 네가 다른 미래를 원하기만 한다면 말이야."

안타깝게도 인생은, 주인공이 어떤 깨달음을 얻으면 승리에 찬 록 음악이 사운드트랙으로 깔리고 모든 사람이 서로 마주 보며 미소를 짓는 가운데 엔딩 크레딧이 올라가는 1980년대 영화와는 다르다. 내 10대 시절이 한 편의 영화라면, 그건 인물을 움직이는 어떤 논리적 동기도 없이 10시간 동안 계속되는, 극도로 우울하고 아무 방향성도 없는 유럽 예술 영화와 더 비슷했다. 다시 말해서 나는 GCSE 결과를 받은 뒤로도 나아지지 않았다. 오히려 9월에 퇴원하고 나서는 먹기를 거부함으로써 미래를 꽉 붙잡는 것이 아니라 오히려 더 멀리 밀쳐냈다. 겨우 한 달 뒤에 다시 병원4로 돌아갔고, 그럼으로써 1995년 1월에 A레벨을 시작하겠다던 계획을 망쳐버렸다. 하지만 나는 운이 좋았다. 닥터 R과 달리 JF는 내가 공부를 계속해야 한다는 생각이 확고했다. 그래서 JF와 입시 학교 선생님은 내가 병원에서 3개월 속성 GCSE 과정을 밟게 해주었다. 선생님들이 내게 수업 내용을 보내주면 어머니가 병원과 학교 사이를 오가며 숙제와 학습 과제를 가져다 제출했다. 방금도 말했듯이 나는 아주 아주 운이 좋았다.

내면의 새로운 목소리 하나가 조용히, 내가 그 병동에서 학교 공부를 하는 유일한 학생이라는 점에, 또래 입원환자 중에서 학교를 그만두지 않은 사람은 나뿐이라는 점에 흡족함을 표현했다. 여기에 거식증 환자인 나의 또 한 부분은, 내가 이미 의사들에게 나보다 더 병세가 심한 사람은 아무도 없다는 것을 확실히 증명한 마당에(내가 이겼어! 죽음의 트로피는 내 거야!) 나의 회복에 희망을 품는 듯한 태도에 분개함으로써 그 새 목소리와 균형을 맞췄다. 나는 항상 내가 특별하다고 느끼고 싶었고, 한때는 거식증으로 그 바람을 이뤘다. 그러나 거식증 병동에 있을 때는 거식증 환자인 것이 전혀 특별하지 않다. 어쩌면 특별해질 다른 방법들이 있을지도 몰랐다. 영어를 쓰는 학교에 있을 때 히브리어 숙제를 하거나, 영국에 있으면서 미국식 억양을, 미국에 있을 때는 영국식 억양을 과장해서 썼던 것처럼, 나는 괜히 교과서를 갖고 다니면서 필요 이상으로 과시하듯 내보였다. 그 행동에 담긴 메시지는 나는 남들과 다르고 싶다는 것이었다. 원하는 거라고는 오직 거식증 환자들 사이에 잘 어울리게 섞여 들고 나의 거식증 환자 자격을 증명하는 것뿐이었던 내가 그런 메시지를 전달한 것은 그때가 처음이었다. 휴게실에서 수학 숙제를 하는 것은 병원에 있으면서 한 가장 건강한 제스처였고, 또한 확실히 삼각법과 관련한 유일하게 긍정적인 경험이었다.

입시 학교 선생님들은 내가 11월에 학교로 와서 마지막 남은 GCSE 시험을 칠 수 있을 만큼 건강해지기를 바랐다. 하지만 나는 그러지 못했고, 그러자 선생님들은 어떻게 해서인지 나를 위해 시험위원회로부터 특별 허가를 받아내, 병동에서 선생님 한 명의 감독하에 시험을 치도록 주선해주었다. 그동안 간호사들은 바깥 복도에서 모두를 조용히 시키려 애썼다. 나는 이런 방식이 아주 마음에 들었는데, 시험 하나를 볼 때마다 간식 시간에 한 번씩 빠질 수 있었기 때문이다. 수년이 지나서야 GCSE 시험을 침으로써 얻은 혜택이 비스킷 몇 개를 안 먹을 수 있었던 것만이 아니라는 걸 깨닫긴 했지만.

내 안에서 뭔가가 변하고 있었지만, 회복을 향해 직진하는 방식의 변화는 아니었다. 이 시점에 나는 2년 이상을 병원에서 보냈고, (차마 말로 인정할 수는 없었어도 나도 알고 있었다시피) 완전히 입원 생활에 익숙해진 상태였다. 실은 우리 모두 그랬다. 사람이 입원 생활에 익숙해지는 이유는 두 가지다. 병원에 너무 오래 있었거나, 바깥세상보다 병원을 더 좋아하거나. 우리는 둘 다에 해당했다. 병원1에 처음으로 입원했을 때부터 나는 퇴원할 날을 두려워했다. 왜 우느냐고 누가 물으면, 나는 바깥 생활에 어떻게 대처해야 할지 두렵다고 말했다. 하지만 병원을 떠나기 싫었던 진짜 이유는 내가 먹고 운동하지 않아도 나 자신을 혐오하지 않을 수 있는 유일한 곳이 병원이었기 때문이다. 거기서는 먹고 운동하지 않는 것이 내 잘못이 아니었으니까. 집에 돌아가면 먹기와 운동, 생활까지 모든 것이 내 책임이었다. 다른 누가 그걸 책임지겠는가? 재입원하기 전날 밤이면 나는 눈물을 글썽이며 곧 사라질 내 엉덩이뼈를 쓰다듬었고, 두근두근하는 심장을 느끼며 강제로 먹어야 할 음식들을, 플럼 크럼블과 버터 토스트, 치즈와 크래커를 생각했다. 어둠 속에서 내 눈은 에로틱한 공포로 둥그레졌는데, 밤에 나 혼자 있을 때만 그랬다. 내 안의 한 부분이 병원에 있는 걸 아주 좋아한다는 건 그 누구도 알아서는 안 되는 사실이었기 때문이다. 심지어 이는 다른 환자들에게도(사실 그들에게는 특히 더) 털어놓을 수 없었다. 우리 모두가 똑같은 마음이었음에도 말이다. 그러나 그걸 인정하면 음식을 좋아한다는 것을 인정하는 일이고, 음식을 좋아한다는 건 우리가 결코, 절대로 말할 수 없는 단 하나였다. "넌 정말 여기를 편안해하는구나, 그렇지?" 병원4 기숙사에서 내가 우리 강아지 사진과 더 이상 만나지 못하는 학교 친구들 사진으로 침대 맡을 장식해둔 걸 보고 캐럴라인이 한 말이다. 그리고 그 말은 맞았다. 나는 정말로 편안해했다. 하지만 캐럴라인의 진짜 속내는, 병원에 있는 걸 이렇게 좋아하는 걸 보니 넌 참 탐욕적이구나, 하는 소리를 하고 싶었던 것임을 나는 알았다. 나는 너무 큰 수치심에 압도당한 나머지, 나보다 더 여러 번 입원한 걸 보면 캐럴라인 역시 병원에 있는 걸 아주 좋아하는 게 분명하다는, 아주 뻔한 대꾸조차 하지 못했다. 나의 한 부분은 병원1에서 만난 레슬리처럼 나 또한 평생 병원에서 살게 되는 게 아닐까 걱정하고 있었다. 하지만 한편으로는 집에서 무엇을 먹을지, 운동을 더 할지 말지 결정해야 하는 그 순간에는, 레슬리처럼 되는 것도 그리 나쁜 일은 아닐지 모른다고 생각했다.

거식증은 나를 너무 오랫동안 물고 늘어졌고, 그래서 나는 곧 만성 거식증 환자가 되려는 참이었다. 캐럴라인은 16년 동안 거식증을 앓았다. 20년이 넘은 사람도 있었다. 그 병동에는 남자 환자도 두 명 있었는데, 고든과 사이먼이라는 이름의 그들은 30대였는데도 60대처럼 보였고 둘 다 조용하고 온화했다. 그들은 이미 15년 동안 거식증을 앓았다. 그들이 그 병동에 있다는 사실에 이상한 점은 하나도 없었다. 적어도 나는 이상한 점을 하나도 못 느꼈다. 우리는 모두 너무 오래 거식증을 앓은 탓에, 섹스에 관심이 없다는 의미와 생물학적 성별이 존재하지 않는다는 두 의미 모두에서 무성적인 존재가 되어 있었다. 우리는 여성이고 고든과 사이먼은 남성인 것이 아니라, 모두 그냥 거식증 환자였고, 그것이 우리의 유일한 정체성이었다. 병원1에 처음 입원했을 당시, 나는 **말할 필요도 없이** 회복하여 A레벨에 들어갈 시기에 맞춰 학교로 돌아가리라는 걸 당연시했다. 하지만 그건 이제 아주 오래전 일이 되어 있었다. 병원4에 들어간 후로는 일주일마다 바뀌는 메뉴에 집착하고 부모님과는 면회 시간에만 만나는 이 생활을 내 인생으로 여겼다. 그러다가 시험을 보았고, 아침에 식당에서 토스트를 가지고 난장판을 벌이는 캐럴라인을 목격한 것이다. 그건 마치 허공에서 아무 의지할 것 없이 추락하고 있던 나를 갑자기 누군가가 그물로 받아준 듯한 느낌이었다. 그 전까지 나는 만성 거식증을 정상으로 여겼는데, 이제 이 병원은 어떤 경고에 더 가까워졌다. "네가 여기서 함께 살고 있는, 저 서른 몇 살, 마흔 몇 살, 쉰 몇 살이 된 사람들을 좀 봐" 하고 병원은 내게 속삭였다. "매시드 포테이토 때문에 울고, 침대 밑에 토한 봉지를 감춰두고, 샤워실에서 몰래 팔벌려뛰기를 하는 저들을. 잘 보라고. 네가 끝까지 아무 조치도 취하지 않는다면 저런 게 바로 네 모습이 될 테니까." 내 뇌에서 자기보호를 담당하는 영역은 오래전부터 어둡게 꺼져 있었는데, 갑자기 그 영역에 밝게 불이 들어왔다. 오래된 기계가 덜컹거리며 되살아나고 있었다. 나는 줄곧 교차로의 한가운데 있었고, 한 방향으로 가버렸을 수도 있었지만, 문득 내 안에서 뭔가가 발길질을 해댔고, 그로 인해 나는 다른 방향을 향해 갔다.

처음에는 그 때문에 내 삶이 훨씬 더 힘들어졌다. 전에는 반쯤 의식이 나간 상태에서 축 처진 채 하루하루를 지내며, 부드럽게 내리는 눈처럼 시간을 흘려보냈다. 지금이 4월이야, 9월이야? 1993년인가, 1995년인가? 그런 건 아무래도 상관없었다. 나는 원래 내가 있어야 할 곳에, 그러니까 거식증 환자로서 병원에 있었으니까. 이런 생활이 내 이야기의 끝이 아닐지도 모른다는 자각은 나를 근질거리고 불안하게 했다. 병원4가 이제는 나를 감금하고 내 삶을 이루는 시간을 몇 년씩 빨아들이는 곳처럼 느껴졌다. 하지만 나는 이러지도 저러지도 못했다. 영원히 이렇게 살고 싶지는 않았지만, 이렇게 살지 않는다면 나는 음식을 먹어야만 할 터였다. 한때는 나에게 음식을 먹인다는 생각은 '평생 입원'이라는 미래와는 비교도 할 수 없을 만큼 훨씬 나쁜 것이었다. 이제는 둘이 똑같았고, 이는 내게 더 좋은 선택지가 아예 없다는 걸 의미했다. 나는 처음으로 그리고 거식증을 앓던 기간 중에는 유일하게 우울증에 빠져들었다. 전에는 격렬하고 불안한 감정만 느꼈지만, 이제는 절망적인 감정이 들었다. 내가 원하는 것을 알기는 하지만 그걸 얻는 방법은 몰랐기 때문이다. JF는 내가 정말로 원하는 종류의 미래를 계속 생각하기만 한다면, 먹는 것이 그리 나쁜 일로 여겨지지 않는 시점이 올 거라고 장담했지만, 나는 확신이 서지 않았다. 거식증이, 다른 사람들과 나를 분리해주는 그 모든 편안한 은밀함과 비밀스러움이 없는 나를 상상할 수 없었다. 거식증은 분명 나의 본질이었다. 하지만 30대가 되어서도 토스트로 발악하고 싶지는 않다는 것을, 학교 공부를 계속하는 일이 마음에 든다는 것을 깨닫자, 어쩌면 내게도 다른 게 조금은 더 있을지도 모른다는 생각이 서서히 찾아왔다.

회복에 관한 클리셰는 환자가 '최저점'에 도달하고 나면 회복이 시작된다는 것이다. 내가 거식증을 앓는 동안 사람들은 종종 '최저점'에 관해 이야기했고, 내게는 그 말이 최대한도로 나 자신을 아프게 해도 된다는 허가처럼 느껴져서 좋았다. 내 신장이 고장 나기 전까지는 내가 회복하는 건 **불가능해!** 나는 이 말을 퇴원한 시기에 다시 체중을 줄일 핑계로 사용했다. 의사 선생님들, 보세요, 마침내 영원히 거식증을 끝내버릴 수 있도록 X라는 체중에 도달하지 못한다면 난 늘 불만을 느낄 거예요. 그러니 마지막으로 한번 터져버리게, 내 간이 제 기능을 하지 못하는 걸 지켜보게 해주세요. 그러면 아래로 곤두박질쳤다가 다시 하늘로 날아오르는 번지점퍼처럼 나도 위로 튀어 오를게요. 하지만 내 경우는 절대 그런 식으로 풀리지 않았다. 내가 회복이란 것이 무엇을 의미하는지 슬쩍이라도 엿볼 수 있을 만큼 충분히 상태가 좋아졌을 때야 비로소 회복이 찾아왔다. 장기가 고장 나 있는 상황에서는 회복이 어떤 것인지 알 도리가 없다.

"누가 회복할지 누가 회복하지 못할지는 아무도 몰라요. 그리고 어떤 치료가 어떤 사람의 회복을 도울지도 모르고요. 내가 처음에 이 사람은 회복할 거라고 생각하며 평가서를 썼지만 이후 그의 병세가 아주 악화된 경우, 또는 그 반대의 경우에 쓴 평가서를 보면서 민망함을 느낄 때가 종종 있습니다." 허버트 레이시 교수의 말이다. "때로는 정말 뜬금없는 접근법이 효과가 있을 때도 있어요. 이를테면 요가 같은 것이요. 더 흔한 경우로, 이후 회복할 사람들은 이런 식의 말을 해요. '금요일에 간호사와 얘길 나눴는데 그 사람이 주말에 무엇을 할지 계획을 말하는 걸 듣고 갑자기 나도 그런 인생을 살고 싶다는 생각이 들었어요.' 큰돈을 들여서 받았던 치료가 아니라 그런 작은 한마디가 그렇게 큰 효과를 낸다니 이상하게 보일 수도 있어요. 하지만 비싼 치료가 헛되었던 건 아니에요. 변화를 이뤄내는 대신 그 환자가 변화할 자세를 갖게 한 것이 그 치료인 셈이니까요." 섭식장애 병동 책임자 세라 맥거번은 "이 직업의 가장 슬픈 부분"은 환자들이 입원과 퇴원을 반복하는 걸 지켜보는 일이라고 말했다. "환자를 퇴원시켰는데 나중에 그들이 다시 다른 병원에 들어갔다는 소식을 듣게 되죠. 섭식장애 분야에서 일할 때 가장 힘든 부분이 그거예요. 회복률이 아주 낮다는 점이요. 때로는 두어 번의 입원만으로 뭔가가 딸깍 맞춰지며 제자리를 찾아가는 환자도 있어요."

그 딸깍 맞아 들어가는 것이 무엇인지, 왜 아주 일부의 환자들만 그걸 느끼는지는 의사들이 아직 거식증에 관해 알지 못하는 많은 것 중 하나다. 왜 누군가는 거식증에 걸리고 다른 사람들은 걸리지 않는지 아무도 모르는 것처럼, 어떤 사람은 회복하고 또 누구는 회복하지 못하는지 그 이유도 모른다. 발병과 치료에 원인을 제공하는 요인들은 존재하지만,

보편적 진실 같은 건 없다. "더 오래 앓을수록 치료 내성은 더 강해지고 회복하기도 어려워집니다. 하지만 언제나 희망은 있어요. 빠른 개입이 큰 도움이 되고, 지원해주는 가족이 있는 것도 그렇죠. 문제는 가족이 흩어져버릴 때 생기는데, 사실 이 병에서는 이런 일이 잘 생깁니다. 그렇지만 거식증 환자들은 아주 총명하고 재능이 있는 경우가 많아서 그걸로 잘 버텨낼 수도 있지요." 재닛 트레저 교수의 말이다. 닥터 케이에 따르면 그것도 문제가 될 수 있는데, 그런 환자들이 지적인 능력을 "자신을 공격하는" 데 사용하기 때문이다. "거식증 환자들은 일반적으로 의사 표현이 대단히 명료하고 지적인데, 그런 특징을 가지고 거식증 행동을 변호함으로써 자신에게 해롭게 사용하죠."

"거식증은 나이가 들면서 자연스레 나아진다고 생각하는 사람이 많은데, 모든 환자가 그런 건 아닙니다." 왕립정신의학회의 애그니스 에이턴 교수의 말이다. "대략적으로 거식증 환자의 3분의 1은 회복하고, 3분의 1은 극복은 하지만 여러 어려움으로 힘들어하며 지내고, 3분의 1은 만성 거식증을 안고 살아갑니다. 거식증의 만성은 부분적으로 영양실조를 관리하는 일과 관련이 있어요. 1형 당뇨병이 있는 것과 비슷하죠. 혈당 수치를 정상 범위로 유지해야 합니다. 그러지 않으면 몸과 뇌에 남은 만성적이고 장기적인 부정적 결과에 시달리게 되죠."

먹지 못하는 여자들

때로는 환자들이 예컨대 학위를 받고 싶다는 것처럼 거식증보다 더 강한, 먹어야 할 이유를 발견하기도 한다. 또 때로는 거식증이 그들의 삶에 가하는 그 모든 제한에 그냥 식상食傷해버리는 경우도 있다. 물론 여기서는 식상이라는 말보다는 아상餓傷이라는 말이 더 정확하겠지만 말이다. 현실 세계에서 벌어지는 일들에 관한 이야기를 듣는데, 그게 자신이 살고 있는 세계보다 훨씬 더 좋게 들리는 것이다. 그건 마치 심각한 골절이나 염좌가 생긴 뒤 물리치료를 받는 일과 비슷하다. 팔다리를 움직이면 통증이 느껴지므로 그냥 휴식을 취하고 싶지만, 그러면 결코 회복하지 못할 것이다. 예전 상태로 되돌리려면 운동을 해야만 한다. 거식증의 경우 많은 환자가 무기력하게 삶으로부터 숨는 걸 선호하며, 그러면 외부 세계와의 연결은 하루하루 더 요원해져만 간다. 주변 사람들이 외부 세계에 관한 이야기를 들려주는 것은 바로 그 연결을 강화하는 일이자, 거식증으로 고장 난 정신에 가하는 물리치료다.

하지만 누가, 언제 또는 왜 회복할지 알 방법은 없으며, 이는 환자와 가족들에게는 매우 혹독한 진실이다. 내가 미래의 모습을 슬쩍 본 것이 그때는 도움이 되었지만, 그전에는 그렇지 않았다. 병원1에 있던 시절 미술치료사가 내게 어른이 된 나의 삶을 그려보라고 했을 때, 나는 엄마가 되어 아름다운 집에 살고 있는 모습을 상상했지만, 그 판타지에서 진짜로 짜릿했던 부분은 아이들에게 음식을 먹이고 그들이 먹는 모습을 지켜볼 수 있을 거라는 생각이었다. 다른 사람들이 먹는 모습을 보는 것이 당시 내가 제일 좋아하던 취미였는데, 내 아이들은 내가 그릴 치즈 샌드위치를 먹는 자기들을 빤히 쳐다보더라도 내 동생과는 달리 불평할 수 없을 거라고 생각했다. 나는 문간에서 초콜릿 밀크셰이크와 치즈를 얹은 토스트, 베어 물면 초코칩이 녹아내리는 갓 구운 쿠키로 학교에서 돌아오는 아이들을 맞이하는 상상도 했다. 아직도 거식증은 너무나 단단히 나의 뇌를 붙들고 있어서 내 모든 생각을 옥죄고 있었다. 심지어 꿈들까지 옥죘다. 나도 모르게 케이크 하나를 통째로 다 먹어버리는 악몽을 몇 년이나 반복적으로 꿨다. 이 꿈은 정기적으로 찾아왔고, 나는 부스러기만 남고 텅 비어버린 접시를 내려다볼 때 깜짝 놀라 잠에서 깼다. 그게 그냥 꿈일 뿐이라는 걸 깨닫는 순간의 순수한 안도감은 환희에 가까웠다. 시험을 치고 난 후 내 머릿속에는 미래의 다른 이미지들(대학이나 친구들)이 떠오르기 시작했지만, 만약 그 시험을 1년 일찍 쳤더라면, 시험이 주는 스트레스가 거식증 속으로 나를 더 깊이 떠밀어 넣었을 것이다. 아직 준비가 덜 되어 있었기 때문이다. 보편적인 치료법은 존재하지 않는다. 사실은 치료법이란 것 자체도 존재하지 않는다. 운과 상황이 있을 뿐이다.

그리고 그것도 회복을 보장하지는 않는다. 네 번째로 병원4에서 퇴원했을 때, 나는 또 체중을 줄였다. 내 체중이 어느 수준 아래로 내려가자, JF는 내가 병원을 너무 편안해하니 나를 다시 병원으로 돌려보내지 않겠다고 말했다. 나는 JF에게 병원에 있는 걸 얼마나 좋아하는지 결코 말한 적이 없었다. 그건 나의 가장 부끄러운 비밀이었으니까. 하지만 JF는 그쯤은 짐작하고도 남을 만큼 나를 잘 알았다. 만약 내가 1킬로그램만 더 줄인다면 부모님에게 식사를 감독할 입주 간호사를 고용하게 하겠다고 말했다. JF의 입장에서 이는 큰 도박이었다. 따지고 보면 집에서 어머니와 함께 지내면서도 음식에 대한 책임은 지지 않아도 되니, 내가 이 제안을 두 세계에서 가장 좋은 것들의 조합으로 볼 가능성도 있었으니 말이다. 그러면 나는 동네의 괴짜 이웃이 되어 집 안에만 틀어박혀 지내다 간호사와 잠깐 산책이나 하는 삶을 영원히 살고자 했을 수도 있다. 내 동생이 대학에 가고 자기 인생을 살아가는 동안, 집에서만 지내며 하인즈 것과 세인즈버리 것 중 어느 베이크드빈스의 칼로리가 더 높은지를 집착적으로 따지고, 접시를 깨끗이 비운다는 것이 남은 빵가루까지 다 핥아 먹어야 하는 것인지를 두고 간호사와 말싸움을 벌이면서 말이다. 이런 미래를 내가 아주 좋아했을 수도 있다. 하지만 난 그게 좋지 않았다. 아니, 정말 싫었다. 인생에서 빠져나와 병원에 숨은 채 입원 생활이라는 자기만의 작은 세계에서 살아가는 것과, 살아 있는 사람들 사이에서 반쯤 죽은 채로 지내는 것은 전혀 차원이 다른 일이다. 게다가 부모님이 개인 간호사 비용(일 년에 수천 파운드가 들려나? 수백만 파운드?)을 지불해야 하는데, 식사량과 파이의 가장자리 조각을 두고 간호사와 싸우는 모습을 보게 된다는 건 더욱 끔찍했다. 그 공포는 너무 압도적이었고, 실제가 될 가능성이 충분해 보였다. 그리고 이는 내게 필요했던 마지막 압박이었다. 그래서 나는 거의 4년 동안 한 번도 하지 않았던 일을 했다. 체중을 줄이는 일을 그만둔 것이다. 그해에 나는 정확히 똑같은 체중을 유지할 만큼만 먹었다. 같은 상태를 유지하는 데 그 어느 때보다 많은 노력이 필요했다. 심지어 습관적으로 러닝머신에서 몇 킬로미터씩 달리고 있었으니 말이다.

내가 단순히 어른이 되고 싶지 않아서 거식증에 걸렸다면 간호사와 집에서 함께 사는 것은 완벽한 대안이었을 것이다. 물론 그건 **정말로** 내가 거식증에 걸린 이유의 한 부분이다. 하지만 어른이 되고 싶으면서도 다만 어떻게 어른이 될 수 있는지 몰랐던 것 역시 이유 중 하나였다. 그리고 몇 년이 지나는 사이, 결국 이 이유가 우위를 차지했다. 영원히 집에 머문다는 것은 내가 원하는 것과는 정반대였다. 나는 어느 지점에선가 겁먹은 어린 여자애에서 심약한 청소년으로 넘어갔고, 그럴 수 있도록 도와준 이가 바로 JF였다. 그가 없었다면 나는 이미 죽었거나 아직 절반만 살아 있는 희미한 삶, 부모님 집과 병원 사이를 오가며 교육도 받지 못한 채, 낯선 음식과 슈퍼마켓에 두려움을 느껴 어디에도 가지 못하며, 친구도 기쁨도 없는 공허한 삶을 불행하게 살아가고 있을 것이다. 그런 인생이 너무나 생생하게 그려져서 마치 나를 따라다니는 그림자이자 평행 우주에서 분명 일어나고 있을 일 같았다. 여기 이 우주에서 그 삶이 펼쳐지지 않은 것이 지금도 내게는 기적처럼 느껴진다.

JF는 내가 계획대로 전에 다니던 런던의 입시 학교로 돌아가 부모님과 함께 생활하는 것보다 기숙학교에 들어가는 게 좋을지도 모른다고 말했다. JF가 그 말을 하자마자 나는 그 말이 옳다는 걸 알았다. 나아지기 위해 내게 필요한 건 새로운 환경에 들어가는 것이었고, 또 하나의 시설보다 더 안전한 느낌을 주는 건 없을 터였다. 의사들과 부모님은 나만큼 확신하지 못했다. 집을 떠나는 일은 거식증이 처음 자리를 잡거나 악화하는 계기인 경우가 많다. 하지만 JF와 내가 이것이 맞는 길이라는 생각이 워낙 확고했기 때문에 우리 뜻을 받아들였다. 내가 다니던 입시 학교에서 그 학교와 비슷하면서 기숙사가 있는 케임브리지의 학교를 찾아냈고, 그곳을 방문해 선생님들을 만나보자마자 이게 옳은 결정이라는 판단이셨다. 나는 1995년 가을에 시작하는 1년짜리 A레벨 과정에 등록했다. JF는 그 학교 사람들이 일주일에 두 번 내 체중을 잴 것이며, 만약 체중이 줄기 시작하면 다시 집으로 돌아와야 하고 부모님이 입주 간호사를 고용할 거라고 말했다. 나는 그 조건에 동의하고, 내게 필요한 세 가지를 말했다. 우선 다른 학생들에게 내가 병원에 입원했던 사실과 그 이유를 알리지 않기를 바랐다. 둘째로 다른 학생들과 함께 식사하는 대신 내 식사는 내가 알아서 준비할 수 있게 방에 미니 냉장고를 두기를 원했다. 마지막으로 기숙학교에 있는 동안에는 다른 이름으로 지내고 싶었다. 나는 학교에 가려면 먹어야 한다는 조건은 받아들였지만, 내가, 이 해들리가 먹는다는 것은 생각만 해도 너무나 가슴 아픈 자기배반처럼 느껴졌고, 내가 아닌 다른 사람인 척할 수 있을 때만 먹을 수 있을 것 같았다. JF와 학교는 모두 동의했고 뭐라고 불러주면 좋겠느냐고 물었다. 나는 내가 생각할 수 있는 가장 평범하고 가장 해들리스럽지 않은 이름, 바로 클레어라는 이름을 골랐다. 그때 나는, 다시 나를 찾기 위해서는 먼저 나를 완전히 상실해야만 한다는 걸 알았다.

16장

집과 기숙학교

1995년 3~12월

어머니가 조리대에 빵 한 덩이를 올렸다. 그중 자신의 몫으로 두 조각을 꺼낸 다음 다시 빵을 냉장고에 넣었다. 그런 다음 나에게 줄 방울토마토 한 팩을 꺼내더니 빵이 놓여 있던 바로 그 자리에 내려놓고는 샐러드에 후무스도 좀 곁들이겠느냐고 물었다. 나는 아니라고, 나가서 뭘 좀 사와야 한다고, 내 점심은 내가 챙겨서 먹겠다고 말했다. 나는 주방에서 나와 등을 돌리자마자 얼굴을 완전히 일그러뜨린 채 내 방으로 올라가 베개에 얼굴을 묻고 분노의 비명을 토해냈다. 어떻게 빵이 있던 자리에 토마토를 놓을 수가 있어? 이제 나는 나가서 새 토마토를 사와야 하고, 오염된 토마토는 엄마 모르게 없애버려야만 하잖아. 엄마가 어떻게 나한테 이럴 수가 있지?

때는 1995년 3월이었고, 병원에서 나와 집에서 지낸 지

두 달이 된 시점이었다. 나는 어서 시간이 흘러 내가 케임브리지에서 학교생활을 시작하게 될 9월이 오기만을 기다리고 있었다. 그곳에서 보낼 내 삶에 관해 다양한 공상을 펼쳤다. 내게는 남자친구가 생길 거고 걔가 나를 컨버터블에 태우고 돌아다닐 것이며, 우리는 카페에서 친구들을 만나 저녁을 먹을 것이다. 거기서 남자친구는 내게 프렌치프라이를 먹일 것이고, 나는 아무래도 좋다는 방만함으로 사랑스럽게 웃으면서 그걸 받아먹겠지. 내가 갑자기 거식증이 나아서 〈베벌리힐스 아이들〉에 나오는 등장인물처럼 변하는 상황이 공상의 주된 내용이었다.

이 꿈은 집에서 지내는 아홉 달 동안 체중을 그대로 유지할 수 있을 만큼은 먹도록 나를 설득하는 당근이었다. 나는 이쪽으로도 저쪽으로도 너무 많이 넘어가지 않도록 칼로리 하나하나를 눈금으로 조절하는 줄타기 곡예사였다(사람들은 내가 아직 너무 말랐기 때문에 체중이 불어도 괜찮다고 말했지만, 그 사람들은 정신이 나간 게 분명했다. 도대체 내가 절대적으로 지켜야 할 체중보다 단 일 그램이라도 왜 더 불리려 한단 말인가?). 다른 사람들은 모두 체중을 자연스럽게 유지하는 것처럼 보였고 그게 내게는 너무 경이로웠다. 그들은 왜 항상 체중이 늘거나 줄지 않지? 먹어야 할 적당한 양을 어떻게 아는 걸까?

"배가 찰 때까지 먹는 거지" 하고 어머니가 말했다. 마치 내가 그 말의 의미를 알아들을 수 있을 것처럼. 어쨌든 나는 절대 내 배가 찰 수 없다는 걸 알았고, 이건 새로 생긴 나의 부끄러운 비밀이었다. 무엇을 먹든 나는 계속 배가 고팠다. 당시에는 그게 내가 아직 9킬로그램 정도 저체중이었으므로 내 몸이 먹을 것을 계속 요구했기 때문이란 걸 알지 못했다. 나는 그냥 내가 부자연스러울 정도로 탐욕적이고, 거식증이 생긴 것도 나의 거대한 식욕에 고삐를 채울 필요가 있어서였다고 생각했다. 공황에 사로잡힌 순간에는 병원에서 주는 양 많은 식사와 간식을 다 먹은 바람에 내 위가 영원히 늘어나 버렸다며 괴로워했다. 불안해진 나의 뇌는, 내가 거식증에 걸린 벌로 영원히 지독한 배고픔의 저주에서 벗어날 수 없으리라 생각했다.

그래서 나는 먹었다. 딱 충분한 만큼만. 더 이상 해골 같지 않은 나의 몸이 모든 사람에게 내가 음식을 먹었다는 사실을, 가장 사적인 그 행위를 폭로한다는 것은 어마어마한 치욕의 원천이었다. 다른 사람들이 포르노를 보며 자위를 할 때마다 느낄 법한 감정, 그게 바로 내가 건강한 (듯한) 몸을 갖는 것에 느끼는 감정이었다. 식욕에 대한 이 공개적 증거가 주는 고통! 나약함, 뻔뻔함, 식탐의 입증! 그것은 모멸적이었다. 그래도 나는 먹었다. 아홉 달이 지나면 셰넌 도허티로 변해서 루크 페리와 사귈 수 있어야 하니까. 나는 갈수록 이 공상을 분명 일어날 일로 여기고 있었다. 음식을 입에 넣을 때마다 내 안의 뱀이 경악하며 울부짖는 비명에는 귀를 막았

다. 하지만 그 뱀은 금세 나를 집어삼킬 새로운 방법을 찾아
냈다.

　　예전에는 내 배와 팔뚝, 허벅지, 엉덩이, 다리 때문에 괴
로워했지만, 이제는 손이 문제였다. 이 손으로 뭘 만졌더라?
누가 내 손을 만졌지? 나는 먹는 양을 극도로 정확히 재고 있
었기 때문에, 추가적인 칼로리가 어떻게 해서인지 몰래 스며
들어와 균형을 무너뜨릴지도 모른다는 걱정을 어마어마하게
했다. 다른 사람의 음식 부스러기가 어떻게 해선지 내 손으
로 스며드는 것을 상상했다. 그들이 나를 만지거나 아니면 음
식이 있던 자리에 내가 손을 대고, 우연히 그 부스러기를 먹
게 된다는 식이었다. 이는 금세 다른 사람들이 내 몸에 닿는
일, 이를테면 거리에서 누군가 나를 스치고 지나가거나 다정
하게 토닥토닥하는 것이나 내 음식이 다른 음식이 있던 자리
에 놓이는 것까지로 확장되었다. 나의 뇌는 다른 사람들의 칼
로리가 걸리버보다 더 복잡한 여행 경로를 통해 내게 옮아올
수 있는 방식에 관한 미치광이 같은 이야기들을 엮어냈다. 샌
드위치에 있던 마요네즈가 어떤 사람의 손에 묻고, 그 사람이
버스 손잡이를 만지고, 그 다음에 내가 그 손잡이를 만지고,
그런 다음 손을 입에 넣는 식이었다. 한 번은 이런 일을 실시
간으로 목격했다. 내 동생이 파스타를 만들고 있을 때 동생
의 엄지손가락에 묻은 소스가 냉장고 손잡이에 묻는 장면을
본 것이다. 최악의 악몽이 눈앞에서 펼쳐지는 걸 보는 순간,

정말로 기절할 것 같았다.

　나는 사람들이 모두 사회적 거리 두기를 시행하기 아주 오래전부터 사회적 거리 두기를 실천하고 있었다. 누군가 나와 1미터 거리 안으로 들어오면 나는 움찔했다. 그들이 그날 어디에 갔었고 무엇을 먹었는지 누가 알겠는가? 나는 냉장고 안에 나만의 선반을 쓰게 해달라고 요구했다. 부모님과 동생의 음식은 내 음식에서 안전거리를 유지한 자리에 놓였고, 다른 사람의 부스러기를 절대 먹지 않도록 내게는 나만 먹는 빵이 있었다. 나는 다니엘 데이 루이스가 영화 〈나의 왼발〉에서 하던 것보다 더 능숙하게 발로 문을 여는 기술을 터득했고, 방금 손을 씻은 마당에 또다시 씻지 않으려면 수도꼭지에 손을 대면 안 되니 수도꼭지는 팔꿈치로 잠갔다. 그러지 않았다면 끝이 없는 에서의 그림처럼 씻고 수도꼭지를 돌리고 씻고 수도꼭지를 돌리는 일을 무한 반복했을 것이다. 나는 세상과 거리를 유지하기 위해 여름에도 장갑을 꼈는데, 하루가 끝날 때는 **모든 걸 만졌던** 그 장갑을 어떻게 벗어야 할지가 또 문제였다. 그리고 나는 씻었다. 아, 정말이지 엄청나게 씻어댔다. 전에는 강박적으로 운동을 했었다면 이제는 그 강박을 손 씻기에 적용했다. 윗몸일으키기를 너무 많이 해서 척추 주변 살갗이 찢어졌던 것처럼, 이제 손을 너무 많이 씻어서 손가락 관절 주위의 피부가 갈라지고 피가 났다. 나는 줄곧 살을 없애려고 노력했었다. 이제는 대신 살에게 성자의 고행을 강요했다. 내 손목에는 항상 발진이 일어나 있었는데, 하도 씻어서 소맷부리가 항상 젖어 있었기 때문이다. 게다가 누군가 내 팔의 살을 보는 걸 참을 수 없어서 항상 긴소매 옷만 입었다. 그렇지만 손을 씻기 전에 소매를 걷어 올릴 수도 없었는데, 그랬다면 씻고 난 다음 다시 소매를 내려야 했을 테고, 따라서 처음부터 다시 손을 씻어야 했을 것이다. 말도 안 되는 일 같아 보이지만, 나로서는 아주 신중하고 철저하게 생각해서 한 일이었다. 그 모든 생각의 결과, 손목 피부 주위로 밝은 분홍색 고리들이 마치 팔찌처럼 새겨지고 그게 항상 가렵고 따갑긴 했지만 말이다.

나는 다른 사람들이 만지는 모든 곳과 모든 것에 공포를 느꼈다. 더러운 지느러미발 같은 그들의 손이 그날 무엇을 만졌을지 어찌 알겠는가? 대중교통은 어마어마한 불안의 원천이었고(그 모든 사람들, 그 모든 음식 포장지들), 신발은 악몽이었다(그들이 길에서 무엇을 밟고 지나왔을지 어떻게 알아?). 그래서 나는 어떠한 외적 오염에서도 자유롭고 깨끗하게 남겠다는 일념으로 씻고, 씻고 또 씻었다. 부석부석하고 군데군데 빠진 머리카락에 이제는 항상 피가 나는 손까지 더해지자 나는 가위손 에드워드와 놀랍도록 닮아 보였다.

나도 그게 완전히 이성적인 행동은 아니라는 걸 알았다. 대부분의 사람은 외출할 때 공중화장실의 비누 용기(이보다 더 오염된 것은 냉장고 손잡이다. 레스토랑의 테이블도. 수도꼭지

먹지 못하는 여자들

도)를 만지지 않고 손을 씻기 위해 가방에 액상 비누(고형 비누는 충분히 위생적이지 않으므로 절대 안 된다)를 넣어 다니지 않는다는 걸 나도 알았다. 나는 이 모든 게 칼로리 공포 때문이라고 여겼기 때문에 일종의 거식증 증상이라고 생각했다. 거식증의 바탕에 깔려 있던 불행감과 불안감이 이제 강박장애를 통해 새어 나오고 있었다는 걸 당시의 나는 알지 못했다.

거식증은 환자가 회복해가는 과정에서 다른 뭔가로 변하는 일이 종종 있다. 흔한 것은 폭식증과 폭식 행동인데, 이로써 거식증 환자는 아무것도 먹지 않던 상태에서 모든 걸 먹는 상태로 넘어가 자신에 맞서 반란을 일으키고, 자기증오의 새로운 수준에 이른다. 알코올중독도 섭식장애와 흔히 함께 나타나는 병이지만, 동반질환율은 거식증 환자(10퍼센트)보다는 폭식증 환자(45퍼센트)에게서 훨씬 높다.[1] 강박장애는 거식증의 본질만 남기고 껍데기는 다 벗겨버리기 때문에 아마도 거식증의 가장 자연스러운, 심지어 가장 순수한 동반자일 것이다. 이는 거식증이 사실상 음식과 관계가 없고, 불안 및 불행과 관련된 것임을 보여준다. 때로는 강박장애가 먼저 생길 때도 있고, 거식증이 먼저 생길 때도 있지만, 순서가 어떻든 하나는 다른 하나와 이어진다. 정신은 그 감정들에서 주의를 분산시킬 수법들을 만들어내지만, 이윽고 그 수법들이 새로운 불안의 원천이 된다. 거식증에서 그 수법은 '굶기'이고, 강박장애에서 그것은 '강박행동'이다. 여전히 거식증으로 구멍이 숭숭 뚫려 있던 내 정신은 강박장애에서 전형적으로 나타나는 병균 강박을, 칼로리 강박으로 탈바꿈시켰다.

눈에 보이지 않고 둥둥 떠다니는 추가적 칼로리로부터 내 몸을 보호해야 한다는 강박이 점점 심해졌고 이는 필연적으로 광장공포증으로 이어졌다. 혼자 영화관에 가거나 워크맨으로 음악을 들으며 공원을 산책하는 것 같은, 내가 막 재발견하기 시작한 작은 즐거움들은, 그런 일이 보이지 않는 칼로리를 들이마시는 결과를 초래할 수도 있다고 속삭이며 흥을 깨는 내 정신에 의해 강철문 뒤에 감금되었다. (영화관은 특히 위험했다. 그 자리에 앉았던 사람들이 무엇을 먹었을지 또는 내 뒤에 앉은 사람이 무엇을 먹을지 누가 알겠는가?) 내가 자신에게 허용하는 유일한 외출은 슈퍼마켓에 가는 것이었다. 누가 나 대신 쇼핑을 하고 내 음식에 손을 댄다는 건 결코 있을 수 없는 일이었기 때문이다. 나는 매일 하는 이 나들이에 아주 심혈을 기울였다. 슈퍼마켓은 길 끝에 있었지만, 장 보는 일은 내게는 장애물 경기와 같아서 한 번 다녀오는 데 두 시간이 걸렸다. 나는 다른 식료품과는 전혀 닿지 않아서 칼로리가 옮아올 위험이 적고 다른 구매자들의 손이 닿았을 가능성도 없는 물건만 샀다. 그래서 나는 손을 밀어 넣어 진열대의 뒤쪽과 바닥 쪽에 있는 것을 꺼냈다. 게다가 마치 음식을 강도에게 빼앗기지 않으려는 것처럼, 장바구니를 몸에 꼭 붙여

잡아서 진열대 사이 통로에서 다른 무엇에도 닿지 않게 했다. 만약 누군가 계산대에서 자기 물건을 내 물건에 너무 가까이 두었거나 나에게 너무 가까이 서 있으면, 나는 마치 잊어버리고 안 가져온 게 있는 것처럼 (동시에 분노를 속으로 억누르며) 모든 물건을 다시 제자리에 가져다 둔 다음, 앞서 설명한 과정을 처음부터 다시 시작했다. 그건 마치 엄청나게 복잡하고 어려운 퀴즈쇼에서 문제를 푸는 일 같았다. 퀴즈쇼보다 훨씬 재미가 없다는 점만 빼고 말이다.

강박장애도 거식증처럼 유전적인 병일 수 있지만, 우리 집안에는 거식증은 몰라도 강박장애에 걸린 사람은 없었다. 적어도 나만큼 심각한 정도의 강박장애는 없었다. 거식증과 마찬가지로 강박장애도 뇌 속 세로토닌의 비정상적인 농도에 의해 촉발될 수 있고, 이는 더 큰 불안과 그에 따른 강박성으로 이어질 수 있다. 내 인생의 이 시기에 나는 의심의 여지없이 엄청난 불안, 특히 먹는 일에 관한 불안에 시달렸고, 마술처럼 날아다니는 칼로리에 관한 나의 강박은 불안의 표현임과 동시에 불안에서 주의를 돌리려는 노력이었다. 어쩌면 여기에는 시간을 때우려는 시도도 있었을지 모르겠다. 나는 집에서 여덟 달을 보내야 했는데, 그동안 학교에도 가지 않았고 친구도 하나 없었다. 전에 다니던 사립학교 친구들과는 오래전에 연락이 끊겼고, 런던의 입시 학교에도 출석한 날이 얼마 안 되었기 때문이다. 친구들이라고는 병원에서 만난 이들뿐이어서 나는 매일 그들에게 편지를 썼다.

섭식장애 입원환자들은 주로 10대와 20대의 젊은 여자들이었고, 한 번에 몇 달씩 입원했으므로 이를테면 응급실 환자들 사이에는 불가능했을 방식으로 서로 친구가 될 수밖에 없다. 섭식장애 병동을 들여다보면 눈을 가늘게 뜨고 응시하지 않아도 그곳이 기숙학교와 비슷하다는 점을 눈치챌 수 있다. 그런 상황에서 생겨나는 파벌과 끈끈한 우정도 빠질 수 없으며, 이런 우정은 퇴원한 후로도 한참 이어지곤 한다. 나는 병원을 떠난 뒤에도 몇몇 친구들과 계속 연락을 주고받았다. 내가 겪는 일을 다른 누구보다 그들이 더 잘 이해했기 때문이다. 하지만 마지막으로 병원을 나오고 기숙학교에 가겠다고 마음을 정한 뒤로는 그들이 뒤에서 나를 잡아당기는 무거운 짐 같다는 느낌이 더 많이 들었다. "오늘 로지가 보낸 편지를 받았다. 아침 6시 이후로 침대에 계속 누워 있으면 죄책감이 든단다. 고맙기도 하지! 나는 뭐 마음이 편하기만 한 줄 아나 봐!" 그때 내가 일기장에 쓴 말이다.

"우리는 환자들에게 항상 병원에서 만난 이들과는 친구가 되지 말라고 말해요. 그게 정말 해로울 수 있기 때문이죠." 세라 맥거번이 말했다. "하지만 요즘 젊은 세대는 페이스북과 인스타그램, 스냅챗을 통해 친구가 돼요. 친구들이 퇴원한 후 체중이 준 자신의 모습을 포스팅하면 병원에 있는 이들은 그걸 보고 자기가 뚱뚱하다고 느끼죠. 누군가가 다시 입원하게 되리라는 걸 그들이 우리보다 먼저 아는 경우가 많아요. 그들은 서로 이해하니까 연락을 지속한다는 건 지지의 한 형태예요. 하지만 섭식장애는 다시 발톱을 드러내 서로 경쟁하게 만들 소지가 아주 커요. 어쩔 땐 우리가 환자들에게 소셜 미디어에서 특정한 사람을 차단하라고 말해야 할 때도 있답니다."

JF는 내게 병원에서 만났던 사람들과는 연락을 끊어야 한다고 말했고, 나는 그 말이 옳다는 걸 알았다. 그래서 당시 내게는 그들과의 관계도, 그들이 나에게 무리의 일원으로 부여해준 정체성도 더 이상 남아 있지 않았다. 하지만 친구 관계가 모두 끊어졌으니, 동네 슈퍼마켓 진열대에서 후무스를 들었다 놓았다 하고, 주방 조리대의 어느 부분에 누가 무엇을 올려놓았는지를 빈틈없이 감시하는 일 외에 내가 그 많은 시간을 무엇으로 채우겠는가? 7월쯤 되자 나는 강박장애가 기숙학교 생활에서는, 특히 루크 페리와 프렌치프라이를 먹으려면 지속가능한 일이 아님을 깨달을 만큼은 마음의 여유를 갖게 되었다. 그래서 거식증에서도 그랬듯이 강박장애에서 회복한 것도 마술적으로 이루어진 일이 아니라 어마어마한 의지력을 동원한 일이었다. 나는 인생 비슷한 것이나마 가질 수 있도록 내 안에서 강박을 억눌렀다. JF가 장담했던 대로 내게 순수와 완벽보다 인생을 살아가는 일이 더 중요해지는 순간이 왔다. 아직 사람들이 내 음식 가까이 오거나 내 음식을 만지는 걸 허용하지는 않았지만, 더 이상 공공장소를 피하지 않았다. 기숙학교에서는 사실상 그런 일이 불가능하다는 걸 분명히 알았기 때문이다. 나는 거식증의 가장자리와 강박장애의 절벽에서 균형을 잡고 있었고, 경직된 채 심연으로 떨어지지 않으려 애썼다. 그리 느긋하게 할 수 있는 일은 아니었지만, 어쨌든 나는 현실 세계에서 존재할 수 있었다. 이는 오랫동안 내가 도저히 해낼 수 없었던 일이었다.

마침내 기숙학교에 갔을 때 나는 셰넌 도허티로 변신하지도 않았고 프렌치프라이를 먹지도 않았다. 알고 보니 집을 떠나고 이름을 바꾼다고 해도 완전히 다른 사람으로 둔갑할 수 있는 건 아니었다. 런던에서 거식증 환자였던 것처럼, 나는 케임브리지에서도 거식증 환자였다. 언제든 당신은 여전히 당신이다. 하지만 나는, 나 자신을 포함해 모든 사람에게 놀랍게도, 기능하는 거식증 환자였고, 기숙학교에 있는 내내 체중은 500그램도 줄지 않았다.

속성 입시를 위한 기숙학교에는 두 종류의 아이들이 찾아온다. 재수를 위한 도움이 필요한 아이들과 그냥 도움이 필요한 아이들이다. 나는 다른 10대 아이들 스무 명 정도와 한 기숙사 건물에서 지냈는데, 모두 1년 뒤 A레벨 시험을 치를 아이들이었고, 속성 입시 학교 학생의 두 부류가 고루 분포되어 있었다. 첫 학기에는 텔레비전 휴게실에서 한 남자아이가 다른 남자아이를 칼로 찔렀고, 또 다른 남자아이는 내 옆방에 있던 여자아이를 스토킹하다가 쫓겨났다. 내가 정신병원을 들락날락하며 3년을 보내지 않았다면, 이런 일에 엄청난 충격을 받았겠지만 내게는 오히려 아주 익숙한 느낌이 들었다.

여러 면에서 모두 어딘가 망가진 아이들을 가르치려면 특별한 종류의 선생님이 필요하다. 이런 속성 입시 학교에서 일해서는 명예나 위신을 얻을 수 없다. 그 학교 선생님들은 도전적인 일이어서 그곳을 선택했고 우리 학생들은 기꺼이 선생님들에게 도전 거리를 던져주었다. 선생님들은 내가 지난 몇 년을 정신병동에서 보냈다는 걸 알았지만, 예전 학교에서 퇴학을 당했거나 지독하게 폭력적인 아이들 곁에 있으니 나의 경우를 특별히 흥미롭게 여기지는 않았고, 이는 딱 내가 원하던 바였다. 나는 더 이상 특별한 아이이기를 바라지 않았다. 이제 나는 다수 속에 섞여들기를 원했고, 부분적으로 이는 사람들이 나를 쳐다보거나 나의 엄격한 식사 패턴에 이런저런 토를 달지 않기를 원했기 때문이었다. 하지만 또한 내가 마침내 인생을 제대로 살아보기를 원했기 때문이기도 하다. 앞으로 나아가기를, 더 이상 아이가 아니기를, 과거로 정의되지 않기를 원했으니까. 나는 완전히 평범한 척하는 상태를 계속 유지하기로 마음먹었다. 평범이라는 단어가 더 이상 두렵지 않았다. 이제는 평범을 갈망했다. 학교는 그 점에서 기꺼이 나에게 협조해주고자 했다. 내가 체중을 유지하기만 한다면 말이다. 원래 다니던 사립학교의 친구들 및 선생님들과 연락을 끊은 여러 이유 중 하나는 그들이 예전에 기억하는 대로 나를 별종으로 대할까 봐, 나 역시 아직 내가 별종일까 봐 두려웠기 때문이었다.

거식증에 걸리기 전 나는 늘 괜찮은 학생이었지만 탁월한 학생이었던 적은 없었다. 필사적으로 탁월한 학생이기를 원했지만, 내가 들어간 학교는 압박감이 심하며 극도로 학구적인 사립학교였고, 눈이 빠지게 공부했더라도 반에서 최고가 될 수는 없었을 것이다. 왜냐하면 거기엔 언제나 나보다 규율이 잘 잡히고 야망이 크고, 그냥 나보다 더 똑똑한 아이들이 있었기 때문이다. 속성 입시 기숙학교에서는 사정이 달랐다. 최고가 되는 게 아니라 최선을 다하라는 것이 그 학교의 풍조였고, 목을 조르는 듯한 압박감이 없으니 편안히 숨 쉴 수 있었다. 이곳의 학생들은 예전 학교의 학생들처럼 조기영재교육을 받은 아이들이 아니었고, 그들에게는 반에서 최고가 되는 것과는 다른 삶의 목표가 있었다. 나는 그렇지 않았다. 그게 내가 다섯 살 이후로 훈련받은 방식이었고, 그래서 금세 나는 그 학교의 공부벌레로 알려졌다. 나는 감사하는 마음으로 이를 나의 정체성으로 덥석 붙잡았다. 깡마름은 이제 더는 내가 보여줄 수 있는 유일한 것으로 느껴지지 않았고, 나는 갑자기, 예상치 못하게 학구적인 학생이 되어 있었다. 하지만 달라진 건 단지 공부하는 장소만이 아니었다. 나

먹지 못하는 여자들

역시 마지막으로 학교에 다녔던 시절의 나와는 확실히 달랐다. 우선 내 안에서 소용돌이치는 거식증/강박증의 모든 에너지를 쏟아낼 무언가가 필요했다. 이제는 굶거나 하루에 쉰 번씩 손을 씻는 것으로 그 에너지를 풀어낼 수 없게 된 터였다. 물론 나는 누구라도 평범하다고 표현할 방식으로 음식을 먹지는 않았다. 하루도 빠짐없이 매일 똑같은 시간에 똑같은 것을, 내 방에서 혼자 먹었고, 책상 밑에 숨겨둔 작은 냉장고에 나만의 음식을 보관했다. 그래도 나는 음식을 먹기는 했고, 따라서 굶기와 관련된 불안을 완전히 떨쳐버릴 수는 없었다. 그러나 굶는 대신, 나는 그 불안을 공부에 쏟아부었다. 나는 절대 외출을 하지 않았는데, 부분적으로는, 아니 명백히 그것은 거식증/강박증의 정신 상태(누가 내 음식에 손을 댈 수도 있어! 내 손이 남의 음식에 닿을지도 모르고!) 때문에 안될 일이었다. 게다가 도대체 다른 아이들과 무엇에 관해 이야기를 나눌 수 있겠는가? "넌 요즘 뭐 하며 지내? …… 멋지네. 나? 음, 난 지난 3년간 정신병원에 갇혀 있었어. 언제 영화나 보러 갈래? 아, 난 안 돼, 난 아직 영화관에 공포증이 있거든. 잘 가!" 나는 오직 책상에서 혼자 공부하고 있을 때만 안전하다고, 잘 통제되고 있다고 느꼈다. 이는 내 책상이 내가 차분함을 느낄 수 있는 유일한 장소라는 뜻이었다. 공부가 나의 새로운 굶기가 되었다. 서로 애무하고 담배를 피우고 텔레비전을 보던(칼부림과 스토킹을 생각하면 이는 아마 최선의 행동이었을 것이다) 기숙사의 다른 아이들과 함께 앉아서 시간을 보내는 대신, 햄릿의 인용문과 프랑스어 동사를 암기하며 저녁 시간을 보냈다. 나는 이제 사납게 날뛰는 해골이 아니라, 좀처럼 모습을 보이지도 소리를 내지도 않는 다락방의 미친 여자였다. 놀랍게도 같은 건물에서 지내는 아이들은 나를 유난히 이상하다고 느끼지 않는 것 같았고, 적어도 나에게 그런 말을 한 적은 없었다. 그들은 늘 친절하고 있는 그대로 받아들여줄 뿐이었다. 이는 내가 전에 다니던 것과 같은 유형의 학교 대신 속성 입시 학교에 갔기에 누릴 수 있는 또 하나의 장점이었다. 여기서는 아웃사이더와 신경증 환자가 정상이었다. 내게 일어난 일에 대해 예전 학교를 탓하는 건 아니다. 수많은 여자아이들이 사립학교에 가고도 거식증에 걸리지 않으며 학교의 교칙에서 안정감을 느끼고, 느슨한 교육기관에서는 추락하는 느낌을 받기도 한다. 하지만 이 말은 꼭 해야겠다. 별종인 학생들을 위한 학교에는 장점이 많다는 것.

내가 한 대학에서 입학 제안을 받았을 때, 강박성은 예전과 다른 수준으로 떨어졌다. 체중을 줄이는 일이나 손을 씻는 일에서는 정해진 목표가 결코 없었지만(이는 내가 멈춰야 할 때를 몰랐다는 뜻이므로 문제의 한 부분이었다), 이제는 목표로 삼을 구체적인 뭔가가 생겼다. 나는 정해진 점수를 얻어야만 했다. 정해진 시점과 결승점이 있었고, 내가 거기에 집중했더니 거식증과 강박증은 귀가 멀 것 같은 사운드트랙이

먹지 못하는 여자들

아니라 배경음악 정도로 물러났다. 그 둘은 여전히 내 인생에서 큰 부분을 차지하고 있었지만, 나의 유일한 인생은 아니었다. 먹는 것을 과도하게 통제하고 있기는 해도 어쨌든 먹고 있었고, 손은 청결했지만 피가 나지는 않았으며, 나는 공부를 했다. 이것이 내가 학창 시절의 마지막 해를 보낸 방식이었다. 열여덟 살짜리의 삶치고 좀 재미없게 들릴지도 모르겠지만, 무미건조했던 지난 3년과 비교해보면 순전한 쾌락주의라고 해도 될 정도다. 나는 삶을 살고 있었고, 내 앞에는 실제적인 미래가 펼쳐져 있었으며 나는 그 미래를 붙잡으려 두 손을 뻗고 있었다. 짜릿한 일이었다. 나는 프랑스어 단어와 르네상스 회화의 연도를 암기하며 16시간을 보내고 있었지만, 이건 6개월 전만 해도 상상조차 할 수 없는 자유였다.

17장

대학

1995년 12월~1999년 6월

내가 지원한 거의 모든 대학이 나를 딱 잘라 거절했는데, 이는 그리 엄청나게 놀라운 일은 아니었다. "잠깐, 지금 뭐가 문제인 거죠?" 하고 나는 그들에게 묻고 싶었다. "내가 정신병동에서 3년을 보낸 것 때문입니까? 다시 재발할 확률이 너무 높아서 그래요? 아니면 지금 불량 청소년들이 다니는 학교에 재학 중이라서? 이것 보세요, 브리스틀과 더럼, 힌트라도 좀 줘봐요!" 그렇지만 결국 나는 옥스퍼드에서 면접을 보러 오라는 요청을 받았고, 이는 충격적인 일이었지만, 나중에 보니 이해가 되는 일이었다.

옥스퍼드가 자신감이 과도하고 허세 넘치는 남학생을 좋아한다는 사실은 데이비드 캐머런과 보리스 존슨 같은 유명한 졸업생들의 명성 때문에 아주 잘 알려져 있다. 하지만 그 학교는 (적어도 내가 거기 다닐 때는) 모범적인 여학생, 이를 테면 제시한 도서 목록의 책을 모두 다 읽고 그 외에 다른 텍스트들까지 찾아 읽을 것이 확실한 부류의 여학생도 좋아했다. 그 학교에 다니는 동안 나는 거식증으로 입원했던 여학생은 한 명도 못 만나봤지만, 나와 아주 비슷한 다른 여학생들, 그러니까 머리카락으로 얼굴을 가리고 다니는 애들, 스웨터 소매로 손가락 관절을 가리고 다니는 애들은 많이 보았다. 옥스퍼드대학교의 도서관은 이런 학생들로 가득 차 있었고, 거기서 이들은 초조하게 수업과 관련하여 찾을 수 있는 모든 책을 찾아 읽었다. 옥스퍼드는 유순하고 열심히 공부한다는 점 때문에 이런 여학생을 좋아했지만, 1등 자리와 대학이 주는 상들은 과도하게 자신감이 넘치고 허세가 심한 남학생에게 몰아줬다. 어쨌든 내가 경험한 바로는 그것이 20세기 말의 옥스퍼드대학교였다. 이것이 현대 영국의 정치를 설명할 수 있을지도 모르고, 뭐, 아닐 수도 있다.

입학 제의를 받으려면 먼저 면접을 봐야 했고, 이 때문에 나는 미리부터 엄청나게 불안해했다. 대학에서 면접을 보러 오라는 소식을 받으면 대부분의 10대가 초조해하지만, 아마도 나와 같은 이유로 초조한 건 아닐 것이다. "음식 문제는 어떻게 하지? 엄마한테 같이 가서 호텔에서 묵자고 할까? 그러면 적어도 다른 후보 학생과 같은 방을 쓰지 않아도 되고 내가 음식을 통제할 수 있잖아." 나는 이렇게 일기장에 썼다. 초조한 마음으로 학교에 몇 통의 전화를 걸어 개별적인 방을 제공한다는 확인을 받은 뒤, 나는 여행 가방에 크래커와 사과, 병아리콩 통조림을 채워 갔고, 사흘 동안 그것을 먹었다. 병아리콩은 깡통에 든 차가운 상태로 바로 숟가락으로 떠먹었다. 공동 주방을 사용하는 건 절대 안 될 일이었다. 거기에 어떤 다른 음식이 있었을지 누가 알겠는가.

남들과 공간을 함께 쓰는 일에 대한 불안은 면접뿐 아니라 대학 지원의 전 과정에 그늘을 드리웠으며, 그 불안이 나의 미래를 결정했다. 모든 학생에게 각자의 방을 약속하는 대학에만 지원했기 때문이다. 내 방은 내가 음식을 먹는 곳이니 당연히 다른 사람이 그 방에 있어서는 안 되지. 그들이 내 소중한 작은 냉장고를 쓰려 할지도 몰라! 또 그들이 내가 먹는 걸 볼 거잖아!

"케임브리지가 아니라 옥스퍼드에 지원한 게 정말 후회스럽다. 적어도 케임브리지에서는 식료품을 살 수 있는 마크스앤드스펜서와 세인즈버리 매장이 어디 있는지 알잖아." 면접이 끝난 뒤 일기장에 쓴 말이다. 옥스퍼드에서 내가 간 컬리지를 선택할 때도 비슷한 논리를 따랐다. 안내 책자에 따르면 거기서는 음식을 직접 만들어 먹는 학생이 많다고 했고, 그렇다면 내가 학교 식당에 가지 않는 행동이 그렇게 눈에 띄지는 않을 거라고 생각했다. 대학에서 내가 어디서 음식을 먹든 아무도 신경 쓰지 않는다는 건 학교에 들어가고 난 뒤에야 깨달았다.

엄청나게 많은 정신적 에너지를 남과 함께 쓰는 공간에 관한 걱정에 쏟았음에도, 어떻든 그 대학에 들어갈 수 있었고, 나는 나의 작은 냉장고와 함께 옥스퍼드로 떠났다. 첫 주에 다른 1학년생들은 서로 안면을 트고 대학 근처의 주점들을 찾아내며 보냈지만, 나는 마크스앤드스펜서와 세인즈버리 매장의 위치를 찾으러 나갔다. 둘 다 쉽게 찾을 수 있어서 안심했다.

나는 분명 대학에서도 여전히 건강하지 못했다. 기숙학교에 있을 때처럼 대부분의 시간을 내 방 난방기 옆에 옹송그리고 앉아서 보냈고, 내 입에 들어가는 모든 음식의 칼로리를 계산했다. 그렇지만, 그럼에도 불구하고, 나는 꽤 좋은 시간을 보냈다. 사람들이 대학 생활이라고 하면 연상하는 그런 재미가 있었다는 말은 아니다. 하지만 나는 친구를 몇 명 사귀었다. 내가 그들을 내 방에 들어오게 한 (아주) 드문 경우에도 거기 작은 냉장고가 있다는 걸 못 본 척해줄 만큼 친절한 친구들이었다. 나는 여전히 남들의 마음을 기쁘게 하려는 사람이었고, 사람들이 내게 무엇을 원하는지 눈치로 잘 알아내는 사람이었으므로, 명랑 쾌활한 열여덟 살 여자애를 제법 그럴듯하게 흉내 낼 수 있었다. 그러나 동시에 나는 여전히 거식증에 걸린 심한 내향인이었고, 그래서 그런 시간을 보낸 뒤에는 내 방으로 달려가 혼자 시간을 보내고, 일기를 쓰고,

먹지 못하는 여자들

생채소를 봉지째 먹으며 나 자신을 달랬다. 생 브로콜리 줄기가 내 이 사이에서 딱 하고 부러지는 소리와 뒤따르는 쓴맛은 여전히 거기 존재하던 거식증 환자인 나의 일부에게, 내가 아직도 은밀하고 자기 부정적이며 괴상한 나라는 것을 확인시켜주었다. 나는 모두가 내 문제를 알아차릴 수 있을 거라 걱정했고, 몇 사람은 정말로 알아차렸다. 그들은 한결같이 여학생들이었고 대개는 사립학교를 다녔으니, 전에 이미 그런 사람을 본 경험이 있었을 것이다. 하지만 대다수는, 특히 남학생들은 전혀 눈치채지 못했고, 몇 년 후에 내가 과거 이야기를 들려주었을 때는 충격을 받았다. 열여덟 살이 이 교훈을 얻기에 이른지 늦은지는 모르겠지만, 아무튼 나는 남들이 나를 어떻게 생각할지 걱정하는 게 얼마나 어리석은 일인지를 바로 이 시기에 배웠다. 그들 역시 다른 사람들이 자기를 어떻게 생각할지 걱정하느라 내 생각을 할 여유가 없었기 때문이다.

그때는 아무도 나를 감시하고 있지 않았으므로 원하기만 한다면 체중을 줄이기가 아주 쉬웠을 것이다. JF는 출산 휴가 중이었고, 나는 첫 학기 이후로는 지역의 일반의 진료소에 가서 일주일에 두 번씩 체중을 잴 의무도 없었다. 하지만 나는 체중을 줄이지 않았다. 체중이 더 불지도 않았지만 줄지도 않았는데, 그건 내가 엄격하게 매일 똑같은 것(그 음식이 어제 나를 살찌게 하지 않았다면 오늘도 그러지 않을 테니까)

을 먹으며 거의 잃어버릴 뻔했던 인생을 단단히 붙들었기 때문이다. 이제는 만약 병원에 있었다면 지금 무엇을 하고 있을지를 생각하는 데 항상 시간을 쓰지는 않았고, 1주차 메뉴가 나왔을지 3주차 메뉴가 나왔을지 확인하느라 더 이상 일기장을 들춰보지도 않았다. 나는 엄격하게 통제할 방법을 찾아냈지만, 또한 앞으로 나아가는 방법도 찾아냈다. 운동과 체중 감량에 집착하는 대신 공부에 집착했고, 옥스퍼드는 나의 이런 집착을 환영했다.

무심히 관찰하는 사람들에게 나는 괜찮게 보였다. 깡마른 몸에 입술은 항상 건조하게 말라 있었으며, 머리카락이 군데군데 빠진 자국이 있었고, 남들이 보는 데서는 절대 음식을 먹지 않았지만, 그래도 괜찮았다. 하지만 내게는 뭔가 좀 어색한 것들이 있었다.

그때까지 나는 사춘기라는 거추장스러운 암벽을 오르는 걸 성공적으로 연기해왔고, 그 암벽은 아직도 내 앞에 무시무시하게 버티고 있었다. 거식증이 어느 정도는 여성이 청소년기를 회피하는 수단이라면(내게는 확실히 그랬다), 거식증은 거식증 환자를 청소년기의 호르몬 변화와 신체적 변화는 피해가지만 그 변화를 영원히 불안해하는 상태에 가두어둔다. 이는 마치 비행공포가 있는 사람이 항상 공항에서 살면서 다른 모든 사람이 비행기에 탑승하는 모습을 지켜보며 면세점 주변만 초조하게 걸어 다니는 것과 같다.

이후 의사들은 내게 그렇게 어렸을 때 거식증에 걸린 것이 행운이라고 말했는데, 이는 내 뼈들이 내가 굶었던 몇 년 동안 시작되었던 골다공증에서 회복하고 복구할 시간이 아직 남아 있었기 때문이고, 그 말은 맞았다. 하지만 머리카락은 결코 다시 제대로 자라지 않았는데, 의사들은 내가 너무 오랫동안 심각한 거식증에 시달리지는 않았지만 어떤 부분에는 영구적인 손상을 입힐 만큼 충분히 심각했기 때문이라고 설명했고, 뼈가 아니라 머리카락만 그런 영향을 받았다는 데 감사해야 한다고 말했다. 휴대전화에서 머리가 빠진 부분이 너무 잘 보이는 사진을 삭제할 때마다 나는 그 말을 기억하려 노력한다. 또한 입시 학교들 덕에 내 나이에 맞게 다녀야 할 학년에 맞출 수 있었던 것도 너무나 큰 행운이다. 그러나 적합한 연령대를 따라잡은 외적인 신체와 달리, 내면은 그에 한참 못 미쳤다. 나는 겨우 열네 살 때 나 자신의 발달을 정지시켜서 또래들이 거쳐온 사회적 발달단계와 호르몬의 발달단계를 하나도 거치지 않았다. 남자아이들이 막 내게 관심을 갖기 시작하던 바로 그때 세상에서 퇴장했고, 그것은 우연히 그렇게 된 게 아니었지만, 동시에 그건 내가 남자아이와 손을 잡아본 경험도, 짝사랑을 해본 경험도, 남자아이에게 짝사랑을 받아본 경험도 전혀 없이 대학에 왔다는 뜻이기도 했다. 나는 이런 일들에 어떻게 대처해야 하는지 전혀 몰랐다. 거식증은 시간을 동결시킨다. 이는 애초에 그 병에 걸리는 사람들의 의도일 수 있지만, 시간의 얼음이 녹고 나면 여러 문제가 드러난다.

최근 몇 년 사이, 성별불쾌감이 있는 아이들의 사춘기 억제제 사용에 대한 관심이 증가하면서 유예된 사춘기에 관한 글들이 많이 발표되었다. 사춘기 억제제는 자신의 물리적 신체와 내면의 성별 정체성이 서로 잘 맞는지 확인하기 위해 사춘기를 유예하고 싶어 하는 불안한 아이들이 아무런 부작용 없이 선택할 수 있는 수단으로 널리 홍보되었다. 일단 신체적 변화가 일어나고 나면 성별을 바꾸는 일이 더 복잡해지므로, 사춘기 억제제는 그런 신체적 변화가 일어나기 전에 시간을 멈출 수 있는 완벽한 방식으로 여겨진다. 국민보건서비스의 젠더와 정체성 발달 서비스GIDS 웹사이트에서는 사춘기 억제제가 "물리적으로 가역적인 개입"이라고 표현되어 있다. "억제제 사용을 멈추면 신체는 이전처럼 계속 발달한다. 하지만 우리는 사춘기 억제제가 미칠 심리적 영향을 완전히 알지 못하며, 뇌 발달 과정에 변화를 일으키는지 여부도 알지 못한다."[1]

사실 연구자들은 사춘기 억제제가 장기적으로 청소년들의 신체에 골밀도 감소 같은 심각한 영향을 미칠 수 있고,[2] 성기능에도 영향을 미칠 가능성이 있음[3]을 발견했다. 그러나 유예된 청소년기의 심리적 영향에 관해서는 알려진 바가 거의 없다. 유니버시티칼리지런던의 임상신경학 교수 샐리 백센데일Sallie Baxendale 박사는 "유예된 사춘기가 미치는 영향은 활발하게 연구가 진행되는 분야지만, 그 심리적 측면을 다룬 논문이 아주 적다는 점은 주목할 만하다"라고 말했다. "뇌가 발달하는 과정을 보면, 뇌에서 특정한 연령대에 특정한 기능이 발달하도록 촉발하는 기회의 창이 열립니다. 서로 다른 뇌 영역들은 각각 특정한 연령대에 환경의 여러 특징에 반응할 준비를 갖추죠. 예를 들어 청소년기에는 사회적 연결을 맺는 일, 자신이 어떤 사회적 무리에 잘 들어맞으며 가족 이외의 사람들과 어떻게 대화해야 하는지를 파악하는 일과 관련된 기회의 창이 열려요. 청소년기에 사람에게 잘 반하는 것도 이 때문이죠. 이런 엄청나게 강렬한 연결들은 뇌가 이것저것을 시험해보는 과정의 결과예요. 연결을 맺을 사람이 아무도 없거나, 호르몬에 의해 억압되어 있거나, 아니면 거식증의 경우처럼 신체에 그 상태로 옮겨갈 충분한 에너지가 없어서거나 아무튼 청소년기에 이런 과정을 거치지 않는다면 혼란스러운 상황이 펼쳐지지요. 나중에 사춘기를 겪더라도, 이미 그 핵심적인 기회의 시기를 놓쳤기 때문에 항상 어느 정도는 따라잡으려 노력해야 합니다. 그래서 자신이 다른 사람들처럼 사회적으로 노련하지 못하다고 느낄 수도 있고, 어쩌면 관계에서 서투른 선택을 하거나 경고 신호를 알아차리지 못할 수도 있어요. 잘못된 선택을 하고 거기서 배움을 얻을 수 있는 청소년기에 그런 일을 겪어보지 않았기 때문이죠. 20대 중반에 사춘기를 겪고 관계를 맺기 시작한다면 호르몬의 관점에서 당신은 아직 10대에 머물러 있는 것이기 때문에 상황이 어려워질 수 있어요. 10대의 관계는 20대의 관계와는 매우 다르니까요. 지체된 상태에서 그 단계에 맞닥뜨리는 것이죠."

이 말은 내 경험과 너무 잘 맞아떨어졌기 때문에 백센데일 박사가 이 말을 했을 때 거의 울 뻔했다. 그때까지 나는 내 내면의 상황을 이토록 명확하게 표현해준 말을 들어본 적이 없었다. 나는 병원을 떠난 이후 30대 말에 아이들을 낳을 때까지 줄곧 내 또래보다 10년 정도 뒤처진 느낌이었다. 일기장에는 이렇게 썼다. "나는 그냥 모든 것의 주변부에 있는 느낌, 실제 삶에 속해 있지 않은 느낌이 든다. 그리고 이건 전적으로 내 잘못이지만, 이 문제를 어떻게 해야 할지 모르겠다. 나는 술에 취해본 적도 없고, 남자아이와 키스해본 적도 없으며, 클럽이나 페스티벌에 가본 적도 없고, 그 어떤 일도 즉흥적으로 해본 적이 없다. 거식증 탓을 할 수도 있겠지만, 참 나, 이제 거의 스무 살이 되었으니 어느 정도 스스로 책임을 져야 하지 않겠니." 외면적으로 나는 대학에 다니고 있었지만 내면으로는 내가 열네 살처럼 느껴졌다. 나는 아직도 남자아이들을 두려워했지만, 2학년 때는 내가 열아홉 살인데도 처녀라는 사실이 괴로웠다. 그래서 나는 처음으로 제안한 사람과 단호하게 잠자리를 했다. 나는 아직 생리도 시작되지 않았기 때문에 임신이 될 수 없다고 생각했고, 그래서 내가 준 콘

돔을 그가 포장도 뜯지 않은 채 내 매트리스 밑에 밀어 넣어 둔 걸 이튿날 아침에 보고도 아무 말도 하지 않았다. 나는 그로부터 25년이 지나서야 그때 내가 범죄의 대상이 되었다는 사실을 알았다. 학교의 일반의는 생리를 하지 않더라도 무방비 섹스로 임신할 수 있다며, 혹시 임신이 될 경우를 대비해 내게 피임링을 삽입했는데, 그러는 동안 나는 내내 울었다. 나란 인간은 이마저도 제대로 못 하는구나 싶었다. 그 후로 나는 나에게 친절하든 그렇지 않든 내 눈에 예쁘게 보이는 남자아이 아무나와 잠을 잤다. 이런 일들은 결코 쾌락 때문이 아니었고, 예상할 수 있듯이 비참한 경험으로 끝났다. 하지만 나는 감정적으로 열네 살에 머물러 있었으므로, 그 남자애들과 다시 자지 말아야 한다는 생각은 들지 않았다. 오히려 나는 사춘기 아이처럼 그들에게 반했기 때문에 계속 그들을 쫓아다녔다. 나는 콘돔을 싫어했던 그 사람까지 포함해 그들을 비난하지는 않는다. 그들 역시 어렸으니까. 10대 후반과 20대 초반에는 원래 아직 철이 안 든 사람이 많지만, 나는 1980년대에 유행하던 몸과 영혼이 바뀌는 영화들 속에 있는 느낌, 어쩌다 어른의 몸속에 떨궈진 아이라는 느낌이 들었다. 정말로 꼭 그런 상태였기 때문이다. 때로 어두운 토요일 밤 기숙사에 혼자 있을 때면 방 안을 둘러보며 "내 베이비시터는 어디 있지?" 하고 생각하곤 했다.

게다가 아직 실제로 사춘기를 겪지 않았다는 창피함까

지 더해졌다. 한 번은 밖에서 한 친구와 걷고 있는데 친구가 탐폰을 사러 가야 한다고 말하자 나도 맞장구를 쳤다. "나도. 그건 항상 금방 떨어져. 귀찮아 죽겠다니까!" 나는 좀 너무 크다 싶은 소리로 말했다. 나는 〈40살까지 못 해본 남자〉에서 스티브 카렐이 연기한 인물 같았다. 바람둥이처럼 보이겠다고 여자의 가슴을 모래주머니에 비유했던 그 남자 말이다. 한때는 평범한 사람이라는 말에 기겁했는데, 이제는 내가 얼마나 남과 다른지 탄로날까 봐 공포스러웠다. 대학을 다니는데 아직도 성적으로는 어린아이나 마찬가지라는 점은 내가 별종이고 다른 사람들과 다르며 정상이 아니라는 자아상을 더욱 악화시켰다.

"아주 일찍, 이를테면 여덟 살이나 아홉 살에 사춘기를 겪는 것은 이후에 우울증에 걸리는 것과 연관이 있어요. 물론 사춘기를 훨씬 늦게 겪는 것에도 여러 복잡한 일들이 뒤따르죠. 또래들과 동시에 사춘기를 지나는 편이 가장 좋아요." 백센데일 박사의 말이다. 나는 백센데일 박사에게 거식증 때문에 사춘기가 지연된 내 경험을 사춘기 억제제를 쓰는 아이들에게 비유할 수 있을지 물었다.

"아니오. 거식증에서는 모든 것이 억제되지요. 이는 환경에 신체가 자연스럽게 진화한 반응이에요. 특정 몸무게에 도달하지 못한 여성이 생리를 하지 않는 것은 기근의 시기에 임신하는 걸 막기 위해서예요. 이건 자연적으로 진화한 반응이죠. 하지만 사춘기 억제제는 자연스러운 게 아닙니다. 호르몬의 자연적인 생산을 억제하죠. 그 호르몬들이 없으면 뇌 발달이 조화롭게 이뤄지지 않아요. 사람들은 약이 시간을 멈출 수 있다고 생각하지만, 그렇지 않습니다." 백센데일 박사의 대답이다.

대학교 2학년 시절 어느 겨울 아침, 축축한 시럽 웅덩이에 잠긴 것 같은 느낌으로 잠에서 깼다. 내려다보니 시트가 피로 물들어 있었다. 도움을 구하기에는 너무 창피했고, 침착하게 생각하기에는 너무 큰 충격을 받았던 나는 자리에서 일어나 시트와 파자마를 비닐봉지에 넣은 다음 몸을 씻고 옷을 입었다. 그런 다음 학교 사람들 중 누구도 나를 볼 수 없게 1.6킬로미터 떨어진 빨래방까지 걸어갔다. 시트가 세탁기 안에서 돌아가는 동안 나는 약국으로 가서, 지금 벌어진 일의 충격적인 우스꽝스러움으로 인해 터져 나오려는 키득거림을 억누르며 탐폰 한 상자를 샀다. 열아홉 살에 이제 막 첫 생리를 한 것이었다.

"혹시 어젯밤 바에서 진토닉을 마셔서 이런 일이 생긴 걸까?" 나는 일기장에 이렇게 썼는데, 나로서는 아주 드물게 추가의 칼로리(설탕과 알코올) 섭취를 허용한 일이 사춘기의 장해물을 마침내 제거했다는 생각이 들었기 때문이다. 이건 내가 원인과 결과를 혼동했을 가능성이 크다. 바에서 술을 마시도록 이끌고, 또 어쩌면 내 호르몬까지 작동하게 한 것은 내가 대학 생활에서 느끼던 행복감이었을지도 모른다. 들어오는 빛이 더 많아질수록 내면의 어둠과 먼지는 줄어들었다. 내가 더 이상 위험할 정도의 저체중이 아니라는 것, 적어도 아직은 생리를 하지 않았다는 점에 기대어 내 생각만큼 심한 비만은 아니라고 위로할 수 있었던 때만큼 저체중은 아니라는 것을 증명하는, 이론의 여지가 없는 이 생물학적 증거를 맞닥뜨리니 좀 불안해졌다. 하지만 불안보다는 대학에 남고 싶고 보통의 여자가 되고 싶다는, 심지어 평범한 여자가 되고 싶다는 욕망이 더 컸다. 그래서 생리를 시작했을 때 나는 나무토막이 살로 변한 피노키오가 된 것 같았다.

18장

패션

몇 년 뒤, 나는 밀라노의 한 패션쇼 현장에 있었다. 모델들이 내 옆으로 성큼성큼 걸어갔는데, 다들 다리가 너무 가녀려서 한 패션 기자가 찬탄하듯 쓴 것처럼 걸음마를 배우는 새끼 사슴처럼 보였다. 팔꿈치는 팔에서 불룩 튀어나오고 무릎은 다리에서 불룩 튀어나왔으며, 옷 위로 엉덩이뼈가 그대로 보였다. 이 모델들은 내가 아는 거식증 환자들처럼 피부가 얇고 잔주름이 가득하다든지, 눈이 푹 꺼졌다든지 머리카락이 가늘다든지 하는 식으로 건강이 나빠 보이지는 않았지만 극도로 말랐다. 만약 그런 이들을 병원에서 보았다면 나는 입원한 지 두 달쯤 되어서 아직 하루에 칼로리 셰이크 하나씩은 먹는 중이겠군, 하고 짐작했을 것이다. 물론 그들은 병원에 있지 않았고, 일을 하고 있었으며, 그런 모습을 보이는 대가로 돈을 받았다. 이즈음 나는 패션 저널리스트로 일한 지

꽤 되어서 모델들의 몸에 거의 주의를 기울이지 않았다. 솔직히 말해서 그들은 어떤 식으로도 내 관심을 불러일으키지 않았다. 중독에서 벗어난 알코올중독자가 술집 밖에 모여 있는 취객들에게 별 관심이 없는 것과 마찬가지다. 이미 전문가라면 취미로 무언가를 시도해보는 사람들에게는 관심이 잘 가지 않는 법이다. 그런데 모델 한 명이 내 옆을 지나갈 때 갑자기 내면의 경보가 울렸다. 나의 거식증 레이더가 작동한 것이다.

　병원을 떠난 뒤 나는 일 년에 한두 번 정도 이 거친 바깥 세상에서 심각하게 아픈 거식증 환자를 발견하곤 했다. 어떨 때는 길을 걷는 모습으로, 또는 퀭한 눈으로 건강식품점을 어슬렁거리는 모습으로, 아니면 요가 센터에서 긴장되고 탈진한 몸으로 정신없이 스트레칭을 하고 있는 모습으로 마주쳤다(누군가가 거식증 환자와 요가 팬들의 교집합에 관한 박사 논문을 쓰는 날이 언젠가는 오리라고 생각한다). 무슨 계절이든 그들은 항상 겨울옷을 껴입고 있고, 초췌하고 푹 꺼진 얼굴을 보면 여름을 적어도 80번은 보낸 사람처럼 보이지만, 아마 대부분은 20대 후반이었을 것이다. 그들이 시야에 나타나면 마치 스포트라이트가 비추기라도 하듯 내 눈에는 그들밖에 안 보였다. 하지만 나머지 다른 사람들에게는 그들이 보이지 않는 것 같았다. 나 말고는 아무도 그들을 다시 돌아보지 않았던 걸 보면. 아무도 숨을 멈추고, "맙소사, 저 여자가 왜 병원에 안 있는 거야?" 하고 탄식하지 않았다. 오히려 사람들의 눈은 그들을 그냥 스쳐 지나갔다. 그들은 산 사람들의 눈에 띄지 않으며 돌아다니는, 오직 지하 세계에서 살아본 사람들에게만 보이는 반쯤 죽은 유령 같았다. 내가 친구들 앞에서 그들을 가리킬 때도 친구들은 그저 어렴풋이만 바라보는 것 같았다. "어, 그래. 많이 마른 것 같네"라거나 "그냥 노인 아니야?"라는 식이었다. 사람들은 대부분 마른 여자나 날씬한 여자에게는 눈길을 주고, 갈망하듯이 목을 빼고 그들을 쳐다보기도 한다. 하지만 거식증 환자는 대중의 청각 범위에서는 날카로운 고음과 같아서 특별히 주파수가 맞춰진 사람만이 그들을 감지할 수 있다.

그래서, 패션과 섭식장애의 관계에 관한 그 모든 대중적 이론들에도 불구하고, 내가 실제로 런웨이에서 심하게 아픈 거식증 환자를 목격한 것은 패션쇼장을 찾아다닌 지 5~6년이 지난 그때가 처음이었다. 또한 내 주변 사람들이 거식증 환자를 알아본 것도 그때가 처음이었다.

"어, 올가 좀 봐. 거식증에 빠져버렸잖아." 내 옆자리에 앉은 패션 에디터가 주량을 조절하지 못하는 손님을 앞에 둔 바텐더처럼 동정적이지만 짜증스러운 말투로 말했다. "그러게, 안 됐네." 나의 다른 쪽 옆에 앉은 에디터도 올가가 입은 옷에 관한 생각을 꼼꼼히 써내려가며 대꾸했다.

여러 측면에서 나는 전형적인 거식증 환자였다. 어쨌든

나는 항상 정해진 방식을 따랐다. 하지만 한 가지 면에서는 전형을 벗어났다. 거식증에서 회복하기 시작하고 대학을 마친 뒤 나는 패션업계로 들어갔다. 이는 패션업계에 가까이 있으면 섭식장애가 생긴다는 일반적인 예상을 뒤집은 일이었다. 오히려 나는 거죽을 새로 단단히 굳히고 용의 입안으로 자진해 들어갔다. 왜 패션 저널리스트로 경력을 시작했느냐는 질문을 받으면 나는 일자리를 제안받았기 때문이라고 아무렇지 않게 답한다. 하지만 패션업계로 들어간 것은 완전히 의식적으로 내린 결정이었다. 졸업을 얼마 앞둔 어느 아침 그 결정을 내렸던 날을 아직도 기억한다. 그때 나는 어머니의 주방 테이블에 앉아서 〈가디언〉에 실린 패션 기사를 읽고 있었다. "패션 저널리스트가 되면 재미있을 것 같아요" 하고 내가 말했다. "으음, 어, 그렇겠지." 어머니는 조심스럽게 대답했다. 당시 나는 부모님의 말을, 나를 지지해주지 않는다는 뜻으로 해석할지도 모른다고 심히 염려할 만큼은 충분히 마른 상태였다.

어쨌든 내 생각은 맞았다. 패션 저널리스트 일은 재미있었다. 여자들로 둘러싸여 있고 그들 모두가 한 가지에 편집광이라고 할 정도로 집착하고 있다는 점에서 그 일은 어느 정도 병원에 있을 때와 비슷했다. 물론 병원에서 그 대상은 음식이었지만 지금은 패션이었다. 한 번은 패션위크에 참가하러 일행과 함께 파리로 갔는데, 한 동료가 왜 공항에 일본 브랜드인 꼼데가르송Comme des Garçons을 나타내는 표지판이 이렇게 많으냐고 물었다. 'CdG'라는 머리글자가 그 공항의 이름인 '샤를 드 골'을 가리킬 수도 있다는 생각을 전혀 하지 못한 것이다. 이 일로 병원에서 다른 환자와 내가 허락을 받고 카페에 갔을 때가 떠올랐다. 그는 내게 왜 메뉴마다 옆에 칼로리가 적혀 있느냐고 물었고, 나는 그건 그냥 가격일 뿐이라고 말해주었다. 머릿속이 망치로 가득 차 있으면 온 세상이 거대한 못이다.

하지만 말할 것도 없이 거식증에서 회복하는 중에 패션 업계에서 일하는 건 당뇨병 환자가 사탕 공장에서 일하는 것만큼 괴상한 일이었다. 동료들은 사랑스럽고 일은 즐거울지 몰라도, 자신이 설탕 속에서 수영하고 있다는 것은 부인할 수 없다. 물론 나는 업계 외부 사람들이 패션과 거식증에 관해 어떻게 생각하는지 알았고, 그 이유도 알 수 있었다. 동료들에게 나의 병력을 말하지는 않았지만, 아직 남아 있는 나의 마른 몸매가 그들 중 일부에게는 추가적인 신용으로 작용하며, 명백히 드러나는 패션에 관한 내 부족한 지식을 상쇄한다는 것을 나는 알았다. 홍보 담당자들은 내게 샘플 사이즈, 즉 모델들이 입는 것과 같은 사이즈의 옷을 보내주었고, 패션 블로거들은 패션쇼장으로 가는 내 모습을 사진으로 남겼다. 그들의 관심을 끈 것이 아직도 듬성듬성한 내 머리카락은 아니었을 것이다.

나는 거식증에서 회복하여 레스토랑이나 케이터링 업체에서 일하는 사람들을 아주 많이 만났고, 개인 트레이너로 일하는 사람들도 몇몇 만나보았으며, 청소년 정신건강 분야에서 일하는 사람들도 많이 만났다. 모두 자신이 겪은 과거의 한 측면을 활용하고 있었다. 하지만 거식증 환자였다가 패션업계에서 일하는 사람은 아직 한 명도 못 만나봤고, 때로 내가 밀렵꾼 출신의 사냥터 관리자가 아닌가 싶을 때가 있다.

나는 2000년 6월에 일을 시작했다. 그즈음 미디어는 패션업계와 섭식장애 사이의 관계에 뜨거운 관심을 쏟고 있었다. 패션 에디터들은 BBC 라디오4에 불려가 짜증을 참아가며 그 주제에 관해 인터뷰했다. 거식증을 치료하는 데 필요한 건 케이트 모스가 감자칩을 좀 먹는 것뿐이라고 생각하는, 뭔가 많이 잘못 알고 있는 사회자들이 진행하는 인터뷰였다. 그런 만남에서 긍정적인 결과를 얻은 사람은 아무도 없었고 아무것도 달라지지 않았지만, 그로 인해 거식증이 주류 대화의 소재가 되기는 했다. 내가 병원에 있던 시절 거식증의 존재는 아직 주변부에서 희미하게 느껴지는 정도였는데 말이다. 거식증은 내 평생 유일하게 트렌드를 앞서간 일이었다.

내가 앓았던 병과 일하고 있는 업계의 관계에 관해, 하나같이 둘 다에 아무 경험도 없는 사람들이 제시하는 이론들을 듣고 읽는 일은 기묘했다. 한동안 나는 내가 일하는 신문에 실으려고 그런 이론에 반박하는 글을 쓰는 데 과도하게 많은 시간을 쏟았다. 아니야, 맥주 광고가 알코올중독을 초래하지 않는 것처럼 패션은 거식증을 초래하지 않아, 이 사람들아, 심각한 정신질환을 이렇게 멍청하고 선정적인 방식으로 얕잡아보는 일 좀 그만둘 수 없겠니? 나는 런웨이에서 거식증 환자를 발견했을 때 자신들의 무리에 속한 이가 무리 전체를 실망시켰다는 사실에 언짢아하던 패션 에디터들처럼 그들을 무시하지 않았다. 그 에디터들은 패션을 방어하려 한 걸 테고 나는……, 음, 거식증을 방어하려 했다는 건 적합한 표현은 아니지만, 아무튼 거식증이 모델처럼 보이고 싶어 하는 일과 동의어가 아니라는 것을 설명하려 노력했다. 하지만 패션업계가 섭식장애와 관계가 있는 것은 사실이다. 단지 사람들이 흔히 짐작하는 것처럼 그렇게 단순하고 얄팍한 인과관계가 아닐 뿐.

거식증의 상당 부분은 환경에서 기인하며, 환경이란 문화를 뜻한다. 패션은 문화의 일부이자 문화를 반영하는 한 단면이며, 마른 몸을 향한 패션의 편향적인 집착은 여성의 극기와 완벽한 여성성의 연상 관계가 우리 문화에 얼마나 뿌리 깊게 파고들었는지를 보여준다. 이것이 거식증의 직접적인 원인은 아니지만, 거식증이 자라날 부드럽고 비옥한 토양을 제공하는 건 사실이다. 극도로 깡마른 모델들이 대세가 된 시기는 제1차 세계대전 후 1920년대의 플래퍼flapper,* 1960년대 성혁명 당시 모델 트위기의 부상, 1990년대 포스트페미니즘

시기 케이트 모스의 등장까지 여자들이 표면적으로 더 많은 자유를 누리게 되는 사회적 움직임과 여지없이 일치했다. 그건 전형적인 주고 뺏는 전술, 여자들에게 결코 족쇄에서 완전히 자유로울 수 없다는 것을 반드시 알려주고자 하는 영악한 술책이다. "그래요, 숙녀분들, 이제 여러분은 자유롭게 달릴 수 있어요! 그런데 먼저 이런 모습이 되도록 노력함으로써 자신의 움직임을 제한해야 한답니다." 이런 반격이 패션계에만 있는 건 아니다. 그것은 더 폭넓은 사회적 풍조와 변화에서 오며, 패션은 그걸 포착하고 과장하고 영속화한다. 자기를 굶기는 것은 자신의 활동에 훼방을 놓는 일이며, 거식증은 어린아이가 10대 시절과 성인기의 자유를 경험하기 직전인 청소년기에 시작된다. 상상할 수 없는 그 모든 자유를 경험하는 것보다는 배고픔 속에 숨는 것이 훨씬 더 쉽게 느껴진다.

오늘날의 모델들은 1940년대 모델들보다 훨씬 야위었지만, 1980년대 슈퍼모델들은 1960년대의 가녀린 여자들보다 덩치가 더 컸거나 아니면 적어도 몸에 더 굴곡이 있고 더 운동선수 같은 몸매였다. 시대에 따라 여성의 마름에 대한 관념은 변하지만, 그 관념을 사회가 이상화하고 패션이 촉진하지 않은 시기는 없다. 디자이너들이 마른 모델을 쓰는 것은 여자들의 감정을 상하게 하려는 의도가 아니고, 그래야 옷

---

* 1920년대 재즈 시대의 자유분방하고 젊은 여성들을 지칭하는 단어.

이 잘 팔리기 때문이다. 우리는 그들이 입을 때 옷매가 더 산다고 말하지만, 그건 단지 우리가 그 옷매가 더 좋다고 생각하기 때문이다. 여성의 풍만함을 숭배하는 다른 문화에서라면 옷은 과체중인 모델이 입어 천이 늘어나고 몸에 끼일 때 더 보기 좋다고 여길 것이다. 여자들이 깡마른 모델처럼 보이기를 원치 않는다면, 그들이 선천적으로 깡마름에 반감을 느낀다면 디자이너들은 마른 모델에게 일을 맡기지 않을 것이다. 디자이너들이 마른 모델을 동경의 상징으로 사용하는 현실 때문에 여자들의 눈에 그런 모델들이 더욱 동경의 대상으로 보이지만, 그런 현실이 있으려면 먼저 마르고 싶다는, 극기적인 모습으로 보이고 싶다는 여성의 욕망이 존재해야만 한다. 세상 모든 디자이너가 광고에 과체중 모델을 쓴다고 해도 마름을 향한 매혹에 변화가 생기지는 않을 것이다(그 모서리를 조금 둔하게 할 수 있을지는 몰라도). 이는 명백히 어른 아이 할 것 없이 여자들 모두에게 나쁜 일이고, 패션업계에서 활동하며 일하기 위해서 거의 거식증 환자 같이 보이는 몸을 만들며 예리한 칼날 위에서 균형을 잡아야만 하는 모델에게는 끔찍한 일이다. 하지만 패션잡지들만 깡마름을 이상화한다고 생각하는 사람이라면 어린이 책을 읽어본 적이 없는 게 분명하다. 착한 아이들(마틸다, 앤 셜리, 해리 포터)은 말랐다. 나쁜 사람들은 통통하거나 아예 뚱뚱하다(웜우드 가족, 조시 파이, 더즐리 가족). 이는 보편적 상징이고, 아이들은 이를 재빨리(특히 그 아이들이 뚱뚱함 혐오에 관한 한 문학계의 애나 윈터라 할 수 있는 로알드 달의 책을 읽었다면 더더욱) 습득한다. 나는 아주 어려서부터 누구나 마른 몸매를 원한다는 걸 알았다. 내가 어려서 본 영화, 심지어 만화도 그 메시지를 강화했다. 〈인어 공주〉의 아리엘과 〈미녀와 야수〉의 벨, 〈알라딘〉의 재스민, 이들은 모두 허리가 과장되게 잘록한 반면, 예컨대 바다 마녀 우르술라는 우스꽝스럽게 뚱뚱한 몸매이고, 변신했던 (마른) 공주의 모습에서 다시 원래의 자기 형체로 돌아가 명백히 역겨움을 느끼는 에릭 왕자 앞에서 어기적거리며 돌아다닐 때는 그야말로 괴물 같다. 로잰 바부터 멜리사 매카시까지 여배우가 대범하게 깡마르지 않기로 작정한 경우, 일을 하려면 자신을 조롱의 대상으로 삼아야만 한다. 내가 아홉 살 때쯤 친구 집에 자러 간 적이 있었는데, 그날 해가 진 뒤 친구와 내가 한 게임 중 하나는 나이트가운을 들추고 서로에게 자기 몸을 보여주는 것이었다. 친구는 이미 뛰어난 발레리나였고, 내게는 그 친구가 나보다 더 우아하고 기품 있어 보였다. 나는 배를 힘껏 쏙 집어넣고 나서야 가운을 들췄다. 그게 조금이라도 차이를 줄이기 위해 내가 할 수 있는 전부였다.

　아이들이 신체에 관해 받는 메시지는 단순히 '뚱뚱함이 나쁘다'는 것만이 아니다. 어린이 책이나 영화에서 깡마른 여자들은 일반적으로 마녀거나 사악한 할망구다. 패션잡지와 달리 어린이 책에서는 지나친 깡마름이라는 개념도 존재한다. 결국 전달하는 메시지는 동일하다. 바로 신체 사이즈는 자기가 어떤 사람인지를 표현하는 하나의 언어라는 것이다. 이는 특히 여성 등장인물에게 더 잘 적용되는데, 어린이 책에서 이들은 아직도 남성 인물들에 비해 하는 일이 적다. 왕자는 용과 싸우고 나라를 정복하지만, 공주는 탑에서 기다리면서 너무 뚱뚱하지도 너무 깡마르지도 않으려 노력한다. 여자 아이들이 《마틸다》를 졸업하고 《빨강 머리 앤》을 거쳐 《오만과 편견》으로 넘어가며 성장하는 동안, 그중 많은 이가 자신의 몸이 자신에 관해 가장 요란하게 떠벌리는 부분임을 배우게 된다. 사람들은 그들이 하는 어떤 말이나 이뤄낸 성취보다 몸에 더 많이 주목한다. 때때로 미디어가 떠들어댔던, 소피 달/지젤 번천/킴 카다시안(당신이 속한 세대에 따라 이들 중 골라보시라)으로 대표되며 상당히 치켜세워진 '곡선의 귀환'도, 케이트 모스/조디 키드/카이아 거버가 대표하는 깡마른 여자들을 향한 집중적 관심보다 더 나을 것이 없다. 몸은 다를지 몰라도 메시지는 똑같다. 몸이 존재의 모든 것이며, 당신의 몸은 다른 누군가의 완벽함에 대한 관념을 충족시켜야 한다는 것. 이 관점에서 보면 거식증 환자는 이 메시지의 피해자인 동시에 거부자다. 그들은 자신의 몸을 장악하고는 그 누구도 완벽하다고 생각하지 않도록 만들기 때문이다.

거식증에 걸리기 전에 나는 모델들에게 아무 관심도 없

었다. 지금도 그렇다. 나에게 그들이 중요했던 적은 없었다. 내가 처음으로 패션잡지를 본 것은 두 번째로 입원했을 때였는데, 그 잡지는 한 친척 아주머니가 병원 안에만 갇혀 지내는 지루한 기간 동안 읽으라고 좋은 뜻에서 보내준 것이었다. 미국판 〈하퍼스 바자〉로 '미래의 슈퍼모델들', 그러니까 그 잡지가 적합한 외모를 지녔다고 판단한 10대들에 관한 특집 기사가 실려 있었다. 동료 환자들과 나는 특히 그 기사에 관심이 많았는데, 그 모델들은 대략 우리와 비슷한 연령대였고 그 기사에 그들의 생활이 상세히 실려 있었기 때문이다("열정적으로 승마를 한다", "깡마른 다리 때문에 학교에서 놀림을 받았다"). 하루는 폭식증 치료를 받고 있던 열아홉 살의 입원환자 니콜라와 함께 그 잡지를 보다가, 크롭탑을 입은 모델 한 명을 가리키며 내가 말했다.

"배가 튀어나왔어." 내겐 아주 놀라운 일이었다.

"그래, 근데 너도 알겠지만 그건 순전히 근육이야." 니콜라가 말했다. 나는 그때 폭식증 환자와 거식증 환자의 차이를 이해했다. 폭식증 환자는 잘 다듬어진 배가 보기 좋다고 생각하고, 거식증 환자는 잔뜩 쪼그라들고 푹 들어가서 엉덩이뼈 사이에 걸쳐놓은 해먹처럼 축 처진 배를 원한다. 그건 완전히 다른 사고방식이다. "폭식증은 거식증과 하나로 치부되지만, 폭식증 환자들은 그저 몇 킬로그램만 빼고 싶다고 말하는 경우가 많아요. 그러니까 폭식증은 여성들에게 아주 흔한 감정이 확장된 것인 셈이죠." 허버트 레이시 교수의 말이다. 거식증 환자들은 잡지 속 모델들처럼 보이기를 원하는 게 아니다. 그들이 원하는 건 아파 보이는 것이다.

유명인들의 세계는 패션업계만큼이나 여성의 깡마름에 집착한다. 단식, 주스 다이어트, 사실상 음식이 아닌 음식(치아 씨, 꿀벌 꽃가루, 활성탄)을 선호하는 현상까지. 이는 유명인사들에게 식생활을 묻는 대화에서 공통으로 등장한다. 한 인터뷰에서 빅토리아 베컴은 자기가 가장 좋아하는 식사가 '발사믹 식초를 곁들인 채소와 소금을 뿌린 통밀빵 토스트'라고 말했다.[1] 체중을 유지하려면 일정한 양을 먹어야 하고 그러지 않으면 결국 병원에 입원하게 된다는 건 아무도 인정하지 않는다. 아니 어쩌면 그렇게 먹고도 입원하지 않는 사람들도 있을지 모르겠다. 예전에 마른 몸매로 정평이 나 있는 한 유명인 여성과 일 때문에 한동안 함께 지낸 적이 있었는데, 그가 매일 먹는 음식은 다음과 같았다. 아침으로는 파인애플, 점심으로는 꼬투리째 익힌 풋콩, 저녁으로는 흰살 생선을 먹었고, 종일 사이사이 샴페인과 다량의 말보로 라이트로 보충했다. 함께 머무는 동안 나도 그와 똑같이 먹었는데, 그렇게 해야 그가 나를 비슷한 성향으로 느껴서 더 편안해하리라는 걸 알았기 때문이다. 물론 이런 식으로 먹으면 내가 다시 거식증에 빠질 위험이 있었다. 하지만 나는 (솔직히 말해서) 어떤 면으로도 닮고 싶은 마음이 없는 사람을 의도적으로 흉내 내느라 그렇게 먹었으므로 불행에서 비롯된 기벽이라기보다는 영악한 속임수 같은 느낌이었다. 내가 심해까지 경험해 보았던 거식증 바다의 얕은 물가에서 자기도 의식하지 못한 채 물장난을 치고 있는 누군가를 유심히 지켜보고 있자니, 그의 굶기와 자기집착이 강함이 아니라 어리석음으로 보였고, 그래서 나는 다시 거식증으로 빠질 유혹을 전혀 느끼지 못했다. 물론 다른 사람들은 그런 유명인들에게 나와 다르게 반응한다는 걸 안다. 그런데 비밀을 하나 알려주겠다. 그와 함께 3주를 보내고 나자 나는 거의 6.5킬로그램이 줄었지만, 그의 사이즈에는 변화가 전혀 없었다. 여기서 내가 내릴 수 있는 결론은 그 사람이 내가 보지 않는 밤중에 폭식을 했거나, 아니면 세상에서 대사 속도가 가장 느린 사람이라는 것이다. 오후 4시 이후로는 아무것도 먹지 않는다고 말하는 유명인의 인터뷰를 읽을 때면 그런 식으로 생각하는 게 속 편할 것 같다.

깡마름에 대한 패션계의 집착이 내게 문제가 되었던 적은 없었다. 첫 퇴원 이후 집에서 체중을 불려야 한다는 기대를 받기 전까지는 말이다. 나는 절대로 체중을 불리고 싶지 않았고, 그래서 그러지 않아도 될 격려와 허가를 찾았으며, 그런 걸 아주 많이 발견했다. 부모님과 의사는 내가 깡마름에 집착하는 것이 잘못된 믿음 때문이라고 말했지만, 내 생각에 잘못된 믿음에 빠진 건 부모님과 의사였다. 집 밖으로 나갈 때마다 광고판에는 나의 동료 입원환자들처럼 보이는 모델들이 걸려 있었고, 유명인들은 인터뷰에서 연휴를 앞두고 단식을 한다고 했으며, 텔레비전 방송에서는 뚱뚱한 사람을 웃음거리로 삼았다. 나는, 깨어나 보니 최악의 공포가 사실은 현실이었음을 깨닫는 공포영화의 편집증 환자처럼 느껴졌다.

패션계가 어린 소년 같은 몸에 대한 집착 및 순응성과 동의어처럼 되어버린 것은 안타까운 일이다. 원래 그들이 나아가야 할 바와는 정반대의 상황이기 때문이다. 패션은 어른이든 아이든 여자들에게 자신을 표현하고, 다양한 페르소나를 실험해보고, 자신의 존재를 즐겁게 누리고, 여자로 살아가는 일을 즐길 재미있는 방식을 제공해야 한다(《GQ》가 뭐라고 말하든, 여성의 패션은 언제나 남성의 패션보다 더 재미있다). 20대 시절 내가 패션을 좋아한 이유 중 하나는 나 자신에게서 탈출할 수 있게 해준다는 점이었다. 기숙학교 시절 이름을 바꾸었던 것이 내가 더 이상 해들리가 아닌 척할 수 있게 해주었던 것처럼. 리버티 런던의 화려한 무늬가 프린트된 옷을 입고는 영국인인 척할 수 있었고, 작고 까만 원피스를 입고는 프랑스인인 척할 수 있었다. 애초에 내게 패션업계에서 일하고 싶은 마음을 불어넣은 것도 바로 이런 점이었다. 패션계는 내가 입는 복장에 따라 새로운 사람이 될 수 있는 곳처럼 보였다. 나는 중앙 일간지에서 일했고 화려한 패션쇼에 참석했지만, 마음속은 여전히 정신병원에 입원당하던, 겁에 질린 열네 살 아이였다. 내가 다른 사람으로 변신하는 데 도움이 되는 이런저런 옷을 입는 것이 내게는 엄청나게 유익한 일이었다.

나는 패션에서 좋은 것은 취하고 나쁜 것은 버리고 떠날 수 있었다. 나쁜 것은 이미 다 철저히 경험해보았기 때문이었다. 나는 마른 몸이 행복을 가져다주리라는 약속을 충분히 탐색했고, 그것이 얼마나 엉터리 신기루인지 확인한 터였다. 어쩌면 아직도 다 가라앉지 않은 음식에 대한 신경증이 예컨대 뉴스 기자들 사이보다는 패션 저널리스트들 사이에서 더 감추기 쉽다는 점도 패션을 더 매력적으로 느끼게 했을지 모른다. 그래도 나에게 행운이었던 것은 가장 가까운 동료들이 음식과 신체 사이즈에 관한 한 너무나 예상 밖으로 평범하다는(그리고 직속 상사인 제스 카트너 몰리는 이례적으로 사랑스러운 사람이었다) 점이었고, 그래서 그들의 온화한 모범은 나의 회복에 더욱 힘을 실어주었다. 어느 날 다른 패션잡지의 사무실을 방문한 적이 있는데, 그곳에서는 편집장이 일하는 동안 음식 먹는 것을 허락하지 않았다. 모든 저널리스트의 책상에 얼음이 담긴 컵이 놓여 있었고, 토사물로 파이프가 부식해 화장실을 사용할 수 없었다. 만약 내가 그런 일터에서 일했다면 상황이 어떻게 달라졌을지 모를 일이다. 패션은 거식증을 초래하지 않지만, 거식증이 생기는 걸 방해하지 않는 것도 분명하다.

먹지 못하는 여자들

오늘날 소셜미디어와 섭식장애의 상관관계에 관한 논의는, 내가 거식증을 앓던 당시 패션업계에 관한 논의와 비슷한 논조를 띠고 있다. 소셜미디어가 청소년(과 성인)의 정신건강에 일정한 영향을 미친다는 것은 부인할 수 없는 사실이다. 그러나 소셜미디어가 섭식장애를 초래하는지 아닌지는 더 복잡한 문제다. 거식증에 걸린 어느 젊은 여성은 이렇게 표현했다. "인스타그램이 나를 거식증 환자로 만든 건 아니지만, 거식증을 끊어내는 일을 더 어렵게 하긴 했어요. 아픈 상태를 담은 사진과 포스트에 사람들이 '좋아요'를 눌러주고, 정말 용감하다고 말해줬거든요. 작은 온라인 커뮤니티가 생긴 셈이었죠. 그런 걸 포기하기가 어려웠어요." 병든 상태를 유지하기 위한 핑계를 찾고 있다면, 예전에 패션잡지가 그랬듯 소셜미디어가 핑곗거리를 제공해줄 것이다. 하지만 그렇다고 해서 소셜미디어가 당신이 그 병에 걸리게 한다는 뜻은 아니다. 매체는 변하지만 감정은 변하지 않으며, 거식증에는 〈보그〉나 인스타그램보다 더 깊고 오랜 역사가 있다.

패션 저널리스트로 거의 10년을 보내고 난 뒤로 나는 더 이상 유별나게 마른 상태가 아니었고, 공짜로 나눠주는 옷들도 내 사진을 찍는 패션 블로거들도 사라졌다. 다행히 그간 나는 그런 일에 신경 쓰지 않을 만큼은 충분히 패션에 대한 환멸을 경험했고, 거식증의 가장자리에서 간신히 균형을 유지하는 이들을 추앙하면서도 거식증에 굴복한 이들에게는 경멸 어린 시선을 보내는 패션업계의 뻔뻔함을 비웃을 만큼은 건강해졌다. 나중에 내가 이 점을 상기하게 된 때는, 쿨가이들이 코카인을 하는 여자에게는 매력을 느끼지만 마약중독자에게는 역겨움을 느낀다는 걸 알게 되었을 때였다. 패션업계가 거식증을 곱지 않은 시선으로 보는 데는 여러 이유가 있지만, 거식증이 자신들을 나쁜 존재로 보이게 한다는 것도 작지 않은 이유다. 하지만 패션업계의 진짜 문제는, 그들은 극도로 마른 몸이 노력 없이도 이뤄지는 것까지는 아니라도 적어도 자연스럽게 도달할 수 있는 상태인 것처럼 구는데, 거식증은 그 일을 정말 극도의 노력을 기울여야 하는 일로 보이게 한다는 점이다.

거식증과 패션은 서로에게 흘깃흘깃 시선을 주고받는 정도의 관심을 갖고 있으며, 각각의 근원이 일부 중첩되는 부분도 있다. 그러나 패션은 문화를 반영하고 거식증은 훨씬 더 개인적이다. 거식증의 원인은 케이트 모스나 스냅챗보다 더 복잡하다. 잡지에서건 소셜미디어에서건 완벽하다고 여겨지는 신체상을 보여주는 이들을 바라볼 때 자기도 그들처럼 된다면 삶이 더 빛나리라는 생각을 떨치기는 어렵다. 몸을 바꾸면 자신도 바뀌리라는 생각 말이다. 나는 모델들을 볼 때 그런 감정을 느끼지 않는다. 하지만 거식증 환자를 볼 때는 그런 감정을 느끼며, 내 안의 어둡고 여린 한 부분에서 나오는 목소리는 이렇게 말한다. "저 사람은 행운아야. 뭐든 자기

먹지 못하는 여자들

가 원하는 것만 먹고, 그런데도 여전히 완벽하고 자유롭잖아." 하지만 이내 경고등이 켜지고, 나는 그 반대가 참이라는 사실을 기억해낸다. 내가 더 완벽해질수록 무엇이든 할 수 있는 자유는 줄어들었다는 것을. 이건 아무도 해주지 않는 이야기다. 나도 이를 스스로 깨우쳐야만 했다.

19장

어맨다 이야기

패션업계에 만연한 정신질환은 섭식장애만이 아니다. 중독 역시 최소한 섭식장애만큼 큰 문제다. 나는 병원1에 입원했던 이후로 줄곧 거식증과 중독의 교집합에 관해 생각했다. 병원1의 텔레비전 휴게실 소파에 앉아 칼로리 셰이크를 마시고 있을 때 내 옆자리에서는 한 알코올중독자가 금단 증상에 시달리고 있었고, 코카인과 헤로인중독자인 크리스는 자기가 망쳐놓은 인생을 한탄하며 울고 있었다. 어맨다를 만난 건 병원1의 첫 입원이 끝나가던 무렵이었고 어맨다의 병실은 바로 내 옆방이었다. 내가 퇴원할 즈음에도 어맨다는 여전히 침대 요양을 해야 하는 상태였기 때문에 우리가 서로를 제대로 알 시간은 없었다. 그래도 우리는 서로를 잊지 않았고, 이따금 늦은 밤 소셜미디어에서 짧은 메시지를 주고받곤 했다. 어맨다가 왜 그렇게 늦게까지 깨어 있는지 궁금하다는 생각은 한 번도 해보지 않았다. 이게 이상한 것이, 내가 왜 깨어 있는지는 확실히 알았기 때문이다. 그리 늦지 않은 어느 밤, 나는 어맨다에게 우리가 병원에서 보낸 시간에 관한 이야기가 포함된 책을 쓰고 있다고, 나와 만날 수 있겠느냐고 물었다. 어맨다는 곧바로 동의했다. 어느 따뜻한 봄날 오후, 우리는 워털루역에서 서로를 발견하고, 오랜 친구처럼 포옹했다. 진작 그런 친구가 되지 않았던 것이 이상할 정도였다. 역에서 카페 한 군데를 찾아낸 후 우리는 지난 30년 세월을 따라잡느라 세 시간 동안 쉬지 않고 이야기를 나눴다.

제럴딘과 나처럼 어맨다도 열네 살 때 거식증이 자리 잡았지만, 열일곱 살이 되기 전까지는 입원한 적이 없었다. "나는 천천히 불이 붙는 타입이었지만, 일단 시작되자 다시는 돌이킬 수 없었어. 처음으로 병원1에서 퇴원할 때 닥터 R이 '이제 넌 괜찮을 거야' 하고 말하더라고. 난 속으로 '하하, 내 생각은 다른데!' 생각했지." 결국 어맨다는 병원1에 다섯 번 입원했다. 출생 순서로 거식증을 예측할 수 있다고 주장하는 치료사들이 있다. 앨리슨과 프리사는 둘 다 언니가 있었고, 제럴딘은 훨씬 나이 많은 이복동기들이 있는 외동이었으며, 나에게는 여동생이, 어맨다에게는 쌍둥이 남자 형제가 있었다. 이런데 여기서 무슨 패턴을 찾을 수 있단 말인가.

"쌍둥이 형제와 나는 정말 가까웠어. 그런데 우리가 일곱 살이 되었을 때 부모님은 그 애를 나와 다른 학교에 보냈는데, 나는 그게 정말 힘들었어. 내가 뭔가 잘못한 게 틀림없다고 느꼈으니까. 그렇게 나는 행복하고 자신감 있던 아이에서 선생님들이 무슨 문제가 있는 거냐고 묻는 아이로 바뀌었지. 학교에서 괴롭힘을 당하기 시작했고, 너무 외로웠지만, 부모님은 아무 눈치도 채지 못했어."

어맨다와 쌍둥이 형제는 식스폼이 되어서야 다시 함께 학교를 다니게 되었지만, 그 시점에는 서로 멀어져 있었다. 그때 다닌 식스폼 칼리지는 남녀공학이었는데, 어맨다는 거기서 한 남자아이와 사귀었다. 어맨다는 그가 관계를 끝냈을 때 "내 안에서 어떤 스위치가 켜진 것 같았다"라고 말했다. "그때까지 내가 품고 다니던 모든 부정적 감정들이 나를 완전히 집어삼켰어. 나 자신에 대한 온갖 부정적인 생각, 낮은 자존감 같은 것들이." 어맨다는 A레벨을 시작하자마자 체중이 줄었다. 닥터 R의 충고에 따라 부모는 어맨다가 학교를 그만두게 했다.

"최악이었어. 일단 학생 신분을 잃고 나니 나에겐 아무것도 남지 않았거든. 내 친구들은 모두 대학에 갔는데 내게는 아무것도, 아무 조직도, 그 무엇도 없었어." 내가 어맨다를 만난 것은 바로 이 시기, 아마도 병원1에 세 번째인가 네 번째로 입원했을 때였다.

변화가 절실했던 어맨다는 결국 오페어 유학생*으로 미국에 갔지만, 어맨다 이전과 이후의 수많은 우리 거식증 환자들이 깨달았듯 집에서 벗어나는 것이 자기 자신에게서 벗어나는 것을 의미하지는 않았다.

"거기 있는 동안 나는 정말 심한 폭식증을 앓았어. 거식증보다 더 지독한 통제 불능 상태였지. 내가 폭식을 한 건 그때가 처음이었는데 너무 끔찍했어. 도저히 멈출 수가 없었고, 나 자신을 혐오했지."

그래도 계속 행복해질 길을 찾던 어맨다는 이번에는 이스라엘로 가서 집단농장에서 일했다. 그리고 영국으로 돌아온 뒤 진지한 연애를 시작했다. "하지만 진실은, 내가 진정한 관계란 게 무엇인지 몰랐다는 거야. 그건 그냥 누군가가 나를 좋아하는 일일 뿐이었고, 내 20대는 지독히 혼란스러웠어. 나는 마리화나를 아주 많이 피웠고 코카인도 했지. 닥터 R을 만났을 때 '너 마약 하고 있니?' 하고 물어서 그렇다고 하니 '그럴 만도 하지. 난 진심으로 이해한다'라고 하더라. 그리 도움이 되는 말은 아니지 않니? 그러다가 내가 임신했다는 사실을 알게 되었어."

어맨다는 아들 제이크를 낳았지만, 제이크가 두 살 때 다시 거식증으로 입원했다. 퇴원한 후엔 자살 기도로 심각한 상태에 빠졌고 며칠 동안 중환자실에 있었다. "자살 기도를 촉

---

* 해외 가정에 입주하여 지내며 아이를 돌보거나 집안일을 도와주는 대가로 숙식을 제공받고 약간의 급료를 받거나 교육의 기회를 얻는 유학생으로 주로 여학생이다.

발한 건 거식증이었어. 도저히 벗어날 길이 없다는 생각이 들었고, 내겐 두 살 난 아들이 있었는데, 내가 없어야 아이가 더 잘살 것 같더라. 온갖 불안한 감정 때문에 '그냥 좀 여기서 벗어나게 해줘' 싶은 마음뿐이었지. 그런데 자살 기도가 내게는 변화의 계기가 되었어. 갑자기 공포가 생겼거든. 애 아빠와는 헤어진 상태였는데 그 사람이 제이크를 빼앗아가지 않은 건 정말 행운이었어. 충분히 그랬을 수도 있었으니까." 어맨다는 자기 인생 이야기를 술술 풀어놓았다. 치료사나 의료인에게 이야기를 들려주는 일이 익숙해져서 그런 것도 같았지만, 자기가 신뢰하는 사람, 자기를 이해해주고 비난하지 않을 사람에게 마음의 짐을 풀어놓는 일이 너무 절실해서 허둥지둥 빠른 속도로 말하는 것 같기도 했다. 나는 어맨다에게 그동안 겪은 일을 가족과 터놓고 이야기할 수 있었느냐고 물었다.

"그렇지는 않았어. 병원에서 나온 뒤 제이크와 나는 서리로 돌아가 부모님과 함께 살았는데, 그때는 상담도 받지 않았고, 거식증에 관해 터놓고 이야기할 사람은 아무도 없었어. 부모님도 겁이 나서 그랬을 거라고 생각하지만, 아무튼 그래서 정말 외로웠어."

거식증에 걸리기 전 어린 시절에 어맨다는 스포츠를, 특히 테니스를 아주 좋아했고, 주 대표로 경기에 나갈 만큼 실력도 좋았다. 어렸을 때 운동을 싫어했지만, 거식증에 걸리자 일종의 자기징벌로 운동을 시작한 나와 반대로, 어맨다는 언제나 운동을 했지만 거식증에 걸리자 운동을 그만뒀다. 거식증이 어맨다에게는 일종의 자기학대였기 때문이다.

"이게 병원1의 일률적 접근법이 지닌 문제였지. 거기선 우리를 모두 똑같은 방법으로 치료했잖아. 그들이 운동을 못하게 한 이유는 알겠지만, 내게는 다시 운동하도록 격려해주고 과거의 나로 돌아갈 수 있게 도와주었더라면 훨씬 유익했을 거야."

대신 어맨다는 과거의 자신으로 돌아가는 자기만의 방법을 찾아냈다. 집에서 지내는 동안 테니스 코치가 되는 교육을 받았는데, 알고 보니 어맨다는 그 일을 정말 좋아했다. 테니스 자체보다 가르치는 일이 더 좋았다. 이 일을 계기로 어맨다는 초등학교 교사가 되려고 공부했고, 현재 초등학교 교사로 일하며 특히 신경다양성을 지닌 취약한 어린이들을 가르친다.

이후 어맨다는 한 남자를 만나 결혼해 핀과 잭이라는 아들 둘을 더 낳았다.

"막내아들이 자폐장애인데, 그게 모든 걸 바꿔놓았어. 아이에게 많은 도움이 필요했기 때문이지." 내가 거식증을 자폐의 한 형태로 보는 가설에 관해 이야기하자, 열성적으로 고개를 끄덕였다.

"그래, 나도 그런 생각 많이 해. 거식증과 자폐장애 사이에 비슷한 점이 정말 많이 보이거든. 흑 아니면 백이라는 사고방식, 감정이입의 결여, 사회적 위축까지. 과거에 거식증을 앓았고 현재 자폐아 아들이 있는 다른 엄마들을 적어도 세 명은 알아. 둘 사이에 뭔가 있는 게 분명해. 그렇게 생각하지 않아?"

그럴지도 모른다. 2022년에 스웨덴의 한 연구에서는 주의력결핍장애나 자폐장애 가족력이 전혀 없는 집안에서도 섭식장애가 있는 엄마의 자녀들은 "주의력결핍 및 자폐스펙트럼장애와 유의미하게 연관된다"는 결과가 나왔다.[1] 이 연구 논문의 저자들이 내린 결론은 "섭식장애가 있는 여성과 그 자녀들을 지원해야 할" 필요성을 강조하는 것으로 끝났다.

어맨다는 더 이상 거식증 치료를 받고 있지 않지만, 자기 말로 여전히 "자기 파괴적"이다. "나는 술을 너무 많이 마시고 나를 망치는 짓을 해. 나아지고 있는 것 같기는 해. 항상 술을 마시는 건 아니거든. 하지만 일단 시작하면 멈추지를 못해. 그러다가 몇 주 동안 마시지 않고. 술을 마셔도 괜찮을 때도 있어. 하지만 뭔가로 마음이 상했거나 제 궤도에서 벗어났을 때는 밤새 마셔. 섭식장애보다 술이 더 수치스러워. 섭식장애에서는 완전히 벗어났거든. 지금은 먹는 것보다 술이 더 큰 문제야. 내가 미국에 살고 있지 않은 게 정말 다행이다 싶어. 총이 있었다면 벌써 수년 전에 자살했을 것 같거든."

나는 어맨다에게 병원1 생각을 자주 하느냐고 물었다. 나는 매일 생각한다고.

"아, 맙소사, 물론이야. 그 병원 일은 아주 또렷이 기억해. 당시에 어떤 생각을 했는지도 기억하고. 이를테면, 그때 난 다른 사람들은 뚱뚱하게 보이지 않는다고, 그냥 나만 뚱뚱해 보인다고 말하곤 했지만, 그건 순 거짓말이었어. 나는 그 누구보다 더 마르고 싶었고, 그저 언제나처럼 사람들이 듣기 원하는 말만 했던 거였지. 닥터 R이 설정한 목표 체중도 아직 기억하고, 지금 그 체중보다 얼마나 더 많이 나가는지도 생각해. 이대로 괜찮은 건지 모르겠다는 생각도 하고."

나는 어맨다에게 나도 그런 생각을 한다고, 그래서 몸무게를 재지 않고, 의사들이 체중을 잴 때 그 숫자를 보지 않으려고 몸을 돌린다고 말했다. 지금 내가 열네 살 때 내게 지정된 목표 체중보다 얼마나 더 무거운지 알게 되는 게 너무 두렵기 때문이라고.

어맨다가 고개를 끄덕이며 테이블 위로 손을 뻗어 내 손을 잡았다. "우리 거식증에 걸렸던 사람들 사이에는 언제나 유대감이 있어. 나는 정말 우리가 생존자라고 생각해."

20장

중독

1999년 6월~2009년 6월

거식증이 주는 보너스 중 과소평가된 게 하나 있는데 바로 성취감이다. 물론 체중을 줄이는 일에서 오는 성취감도 있지만, 그게 다는 아니다. 그 외에도 작은 것들, 너무 작아서 다른 사람들은 그것에 어떤 감정을 느끼는 것은 고사하고 알아보지도 못하지만, 거식증 환자에게는 가장 순수하고 황홀한 도취감을 줄 수 있는 것들이 있다. 내가 선택한 다이어트 요거트 한 통의 칼로리가 예상보다 20칼로리 더 적다는 사실을 알게 되는 것, 부모님에게 들키지 않고 팔벌려뛰기를 몰래 더 하는 것, 어머니가 영화관에서 내 몫으로 일반 콜라를 주문했지만 점원이 실수로 다이어트 콜라를 붓는 것을 (어머니는 못 봤지만) 목격한 것. 그러니까 물론 현실 세계로 복귀한 것이 좋은 일이기는 한데, 도대체 무엇이 그에 비견할 세로토닌의 폭발을 제공할 수 있을까?

음식이 아닌 건 분명하다. 섹스? 웃기지도 않은 소리다. 섹스를 쾌락이 아닌 인정의 근원으로 여긴 20대 초반의 여자가 나뿐이었던 건 아니겠지만, 아마 내가 누구보다 먼저 그랬을 것이다. 나는 쾌락을 우선순위로 여겨본 적이 한 번도 없었으니까. 나에게 자발성이란 불가능한 것이었다. 식사는 단조로웠으며, 극도로 엄격하게 지켜내는 내 식이 패턴을 친구들이 보지 않도록, 더 나쁘게는 그 일에 왈가왈부하지 않도록 친구들과도 거리를 유지했다. 내가 집중할 일은 오로지 하루하루를, 한 끼 한 끼를, 한 시간 한 시간을 넘기는 일뿐이었다. 그런데 병원에 있을 때와 달리 그 일도 내게 위안을 주지 못했다. 이젠 따분했다. 거식증으로 돌아가는 것만은 원치 않았기에, 집착할 새로운 뭔가가 필요했다. 10퍼센트의 시간은 환상적이고 90퍼센트의 시간은 끔찍한 기분을 느끼게 해줄 (거식증이 그랬으므로 이는 나에게 딱 맞는 비율이다) 뭔가. 내 머릿속의 끊임없는 불안을 다른 종류의 자기혐오와 비참함으로 바꿔줄 무언가. 이때 무대 왼쪽에서 마약 등장!

내가 바짝 긴장한 채 매일 매 분을 계획에 따라 살던 거식증 환자에서, 하룻밤 사이에 혼란에 빠진 쾌락주의자로 변신한 것은 아니다. 우선, 마약 이전에 다른 것들로 자기 파괴의 공백을 메우려 진지하게 노력했다. 한동안은 나쁜 남자 친구들이 그 역할을 수행했다. 그들은 내가 목표 지점에 가까이 갈수록 더 비참해지는 거식증의 정곡을 정확히 짚어주었다. 다가가기 어렵고 불친절한 남자일수록 나는 내 행복이 그에게 달려 있다는 믿음에 더욱 강하게 사로잡혔다. 이 무렵 나는 저널리스트로 일하고 있었는데, 내가 일하던 신문사의 여행부에서 내게 세인트루시아의 호화로운 스파 리조트에 일주일간 일행 한 명을 데리고 다녀오라는 매우 비현실적인 업무를 맡겼다. 당시 내 남자친구는 자기 친구들과 마약에 취해 지내는 쪽을 더 원했고, 그래서 대학에서 만난 제일 친한 친구 캐럴을 데리고 갔다. 어느 저녁에 우리는 호텔 전용 해변에 앉아 멀리서 지는 해를 바라보고 있었고, 레스토랑은 저녁 채비를 하는 중이었다. 나는 캐럴 앞에서 그 멍청한 남자친구에게 느끼는 감정에서 벗어날 방법을 모르겠다며 흐느껴 울었다. 프랑스 남부로 갔던 가족 휴가가 그대로 재현되고 있었다. 완벽했던 여행을 나의 딱한 뇌가 망쳐버린 것이다.

＊

내가 사귄 남자들에게는 대체로 헤로인중독자라는 공통점이 있었지만, 그런데도 나는 헤로인에 전혀 관심이 생기지 않았다. 사실 관계가 시작되고 몇 달이 지날 때까지 그 남자들이 마약을 하고 있다는 걸 전혀 눈치채지 못했다. 당시 나는 이것이 하루에 니콜라라는 이름의 사람을 두 명 만나는 것처럼, 그냥 괴상한 우연 같은 거라고 생각했다. 나 계속 헤로인중독자들과 데이트를 하고 있잖아! 뭐 이런 희한한 우연이 있지!

헤로인 중독자들과 데이트를 한 건 내가 기능하는 거식증 환자였기 때문이다. 이때 나는 혼자 살고 있었다. 룸메이트와 함께 지내는 것도 시도해봤지만, 나의 끔찍한 남자친구들에다, 다른 사람과 냉장고를 함께 쓰는 일에 대한 나의 노이로제가 더해지니, 다른 사람과 한집에 산다는 것은 내게 그리 잘 맞지 않는 일이었다. 그래서 나는 친구의 작은 아파트를 세냈고, 그렇게 런던의 20대 독신녀로 새롭고 미친 생활을 시작했다. 나는 아직도 저체중이었고 생리는 좋게 말해서 변덕스러웠으며, 스스로 이제는 정상적으로 먹는다고 주장하기는 했지만, 이 말이 진실이려면 탄수화물에 느끼는 극도의 공포를 정상이라고 할 수 있어야 했다. 내 몸은 내게 더 먹으라고 비명을 질러댔지만, 어떻게 더 먹으면서 체중을 불리지 않을 수 있을지 몰랐다. 그러다 해결책을 찾아냈다. 바로 채소를 폭식하는 일이었다.

매일 저녁 퇴근하면 나는 물을 끓여 채소를 삶았다. 브로콜리 통째로 한 송이, 콜리플라워 통째로 한 송이, 봉지에 담긴 당근, 방울양배추, 고추, 시금치, 주키니 호박까지. 나는 이 모두를 한자리에서 뚝딱 먹어치울 수 있었다. 특히 콜리플라워를 좋아했는데, 충분히 오랫동안 삶으면 금지된 음식인 감자와 거의 비슷한 맛이 난다는 걸 알게 됐기 때문이다. 때로는 삶아질 때까지 기다리는 수고를 할 수도 없어서 생채소를 폭식하기도 했다. 이럴 때 가장 좋아한 건 풋강낭콩과 당근이었는데, 나중에는 방울토마토도 추가됐다. 이것이 내가 시간을 그리고 돈을 쓰는 방식이었다(알고 보니 채소는 싼 음식이 아니었다). 내 이웃들은 말할 것도 없고, 슈퍼마켓 사람들이 나를 어떻게 생각했을지는 아무도 모른다. 여러 봉지에 가득 담은 채소를 먹는 일은 대부분의 사람에게는 엄청나게 흥미진진한 일로 들리지 않겠지만, 배가 불렀다는, 꽉 찼다는 스릴은 밍밍한 맛을 전부 벌충하고도 남았다. 그런 다음에는 그 많은 음식 때문에 거의 혼수상태가 된 채로 누워 있었는데, 나는 이 부분도 배가 부른 느낌 못지않게 좋았다. 왜냐하면 평생 처음으로 마음이 고요해졌고 모든 불안이 사라졌기 때문이다. 예전에 너무 굶주려서 아무 생각도 할 수 없었던 때만큼, 너무 배가 불러서 생각을 할 수 없었다. 또다시 나는 항상 원했던 대로 나를 자신 밖으로 끄집어냈고, 쪼그라든 나의 불쌍한 배는 갑자기 홍수처럼 쏟아져 들어온 물기 많은 채소를 처리하느라 혹사당했다. 어느 날은 몸을 일으켜 거울 속에서 팽팽하게 부푼, 브로콜리로 만삭이 된 내 배의 옆모습을 감탄스럽게 바라보곤 했는데, 이건 무시무시하면서도 재미있었다. 그건 곧 사라지고 평소의 저체중인 나 자신으로 돌아가리라는 걸 알았으니까. 흥을 깨는 검은 뱀은 이런 폭식과 팽창이 나를 쭉 늘려서 결국에는 늘어진 피부(이 말만으로도 간담이 서늘했다)만 남길 거라고 속삭였다. 하지만 양배추가 정말 나를 살찌게 할 거라고는 생각하지 않았고, 대여섯 번 이런 폭식을 한 후에도 내 피부에는 아무 변화가 없었으므로, 나는 풋강낭콩과 당근을 사다 쟁였다. 이따금 퇴근 후 외출할 때면 늘 술집에 앉아 보드카와 탄산수만 홀짝거렸고, 집에서 나를 기다리고 있을 콜리플라워 폭식의 시간을 생각하며 은밀한 희열을 느꼈다.

사람들은 헤로인중독자가 연애 상대로 추천할 만한 장점이 별로 없다고 생각할 것이다. 그런데 사실 그들에게는 장점이 많다. 우선 그들은 당신이 밤늦게 몰래 채소를 폭식한다 해도 알아차리지 못한다. 나는 주의가 산만한 남자를 무척 원했다. 내가 무엇을 먹었고 무엇을 먹지 않았는지에 관심이 없는 남자, 내가 섹스를 전혀 즐기지 않는다는 명백한 사실을 눈치채지 못하는 남자를 찾았다. 내 남자친구 감에 걸맞은 또 다른 특징은 수리가 필요하다는 점이었다. 나는 고장나고 망가진 남자를 사랑했다. 왜냐하면 그건 모든 주의가 그에게 집중되고 우리 둘 다 나에게는 전혀 관심을 기울이지 않으리라는 것, 그래서 나는 행복하게 채소를 폭식하며, 사회적 기능을 하는 거식증 환자의 길을 계속 갈 수 있으리라는 뜻이었기 때문이다. 내 남자친구들은 대체로 중독자인 경우가 많았으므로 그들과 감정적으로 연결되는 건 불가능했고,

먹지 못하는 여자들

나 역시 그런 게 불가능한 사람이었으므로 그건 서로 아귀가 맞는 일이었다. 내게는 모든 불안한 에너지를 쏟아부을 수 있는 새롭고 헛된 집착이 절실히 필요했다. 이 모든 것에 더해 그들은 성적 충동이 매우 적었고, 자기에게 아무것도 요구하지 말라는 것 외에 내게 아무것도 요구하지 않았으며, 거의 나만큼이나 감정적으로 성장이 멈춘 사람들이었다.

이 말도 안 되는 짓을 하며 몇 년을 보내고 나자, 내가 그들이 마약을 끊도록 고쳐놓을 수 있다면 그건 내가 그만큼 특별하다는(헤로인보다 더 낫다는) 증거일 거라는 자기애적 믿음 외에 더 이상 이 남자들에게 어떤 감정도 느낄 수 없다는 걸 인정할 수밖에 없었다. 내 삶에는 뭔가 새로운 것이, 끊임없는 자기회의에서 주의를 돌리게 해줄 덜 따분하고 더 효과적인 무언가가 필요했다. 그건 어쩌면 채소 폭식을 멈추게 해줄 무언가일 수도 있었다. 헤로인중독자들과 함께 방울양배추의 매력도 희미해지고 있었기 때문이다. 그래서 나는, 내 입으로 말하기는 좀 그렇지만 꽤나 효율적으로, 중독자 남자친구들이라는 중개자를 끊고 몸소 어마어마한 마약 더미 속으로 뛰어들었다.

정말 다행히도 헤로인은 아니었다(알고 보니 나의 자기 파괴적 충동에도 한계는 있었다). 하지만 나머지는 다 만만했고, 그중에서도 가장 얄팍한 코카인은 특히 그랬다. 20대 중반에 처음 접했을 때만 해도 마약은 끝내주게 좋았다. 우선 그건 내 내면의 소음들을 멈춰주었고, 생각에서 벗어나게 해주었으며, 늘 하고 싶었지만 멀쩡한 정신으로는 너무 불안정하고 불안해서 시도도 못 했던 모든 일을 하도록 자신감을 불어넣어 주었기 때문이다. 밤새 집에 안 가고 춤추는 일! 친구들, 처음 만난 사람들과 집중적으로 대화하는 일! 섹스를 하고 그걸 완전히 싫어하지는 않는 일! 전에는 줄이 끊어져 바닥에 떨어진 꼭두각시 인형처럼 속수무책인 느낌이었지만, 마약은 내면의 안전장치를 마련해주었다. 알고 보니 코카인은 내가 정말 안 하고 싶지만 꼭 해야 하는 일, 바로 지난 15년의 인생에 관해 사람들에게 솔직히 털어놓는 일을 하도록 돕는 데 특히 효과가 좋았다. 나는 함께 대학을 다녔던 친구들에게도 정신병원 시절 이야기는 거의 하지 않았다.

나는 항상 내가 사회적으로 약간 서투르다고 느꼈고, 대화를 나눌 때 다음에는 어떤 말을 해야 할지 심하게 걱정했으며, 무슨 말을 했든 그것이 따분하고 멍청한 말이라고 확신했다. 학교에 다닐 때는 '쿨한 여자애들'을 부러운 눈으로 바라보았다. 내가 말하는 쿨한 여자애들이란 자기들끼리 그리고 심지어 남자아이들과도 아주 술술 대화를 나누는, 자신감이 넘쳐 보이는 아이들이었다. 나는 말을 하기 전에 모든 걸 머릿속에서 과도하게 생각했고, 그러다 정작 입을 열면 "그래서 요즘 누구 재밌는 영화 본 거 있어?" 같은 뜬금없는 소리만 했다. 어째선지 내가 하는 말은 다 머릿속에만 있을 때 더 그럴듯하게 들렸다. 나는 다른 사람이 내가 무슨 말을 하기를 바라는지 알아내는 데 너무 많은 에너지를 쏟았고, 그러느라 상대가 하는 말을 제대로 듣지 못하는 적이 많았다. 친구들에게 마음을 솔직하게 털어놓지 못했고, 잡담하는 방법도 몰랐으며, 잡담보다 더 의미 있는 말을 하려는 시도는 언감생심 꿈도 꾸지 못했다.

거식증은 방금 뭔가에 찔린 애벌레처럼 자신 안에 움츠리고 있게 해준다는 점에서 나의 자기혐오적 서투름을 해결하기 위한 한 가지 방편이었다. 다른 사람들과 연결하도록 도와주지는 않았지만, 연결을 동경하는 일이나 연결에 실패한 자신을 미워하는 일은 멈추게 해주었으니까.

하지만 그건 장기적인 해결책은 아닌 것으로 드러났다. 마약은 내게 그에 대한 대안을 제공했는데, 알고 보니 사람들이 코카인을 두고 하는 말, 그러니까 자기 얘기를 많이 하게 한다는 것이 사실이었기 때문이다. 그래서 이제 나는 모든 사람에게 내 과거를 이야기했는데, 사람들은 나를 입마개가 채워지고 들것에 묶인 한니발 렉터처럼 여기는 대신, 그저 친절한 반응만 보이며 내게 더 많은 마약을 들이부어주었다. 믿을 수 없는 일이었다. 나의 병에 대한 부끄러움과 대화 능력 결여에 대한 수치심이라는 이중의 부담이 사라지다니. 게다가 나는 마약이 식욕을 누그러뜨린다는 사실도 놓치지 않았다. 하지만 이는 거식증을 또다시 촉발하기보다 오히려 먹는 일에 느꼈던 긴장을 아주 조금 풀게 해주었다. 마약에 취해 있는 동안 내가 아무것도 먹지 않았음을 알았기 때문이다. 심지어 나는 이따금 탄수화물(금단의 감자)도 먹었는데, 감자를 먹어도 자바 더 헛*으로 변하지 않는다는 정말 눈이 번쩍 뜨이는 깨달음을 얻었다. 사실상 내 몸은 그리 달라지지 않았다. 나는 친구들과 즐거운 시간에 둘러싸여 빙글빙글 돌면서 생각했다. 우와, 마약은 정말 좋은 거구나! 그러다가 20대 후반이 되면서 마약은 상당히 좋지 않은 것이 되었다.

거식증 환자가 회복하기 시작할 때 섭식은 안정화될지 몰라도 감정도 반드시 안정화되는 건 아니다. 그를 굶도록 몰아갔던 불만과 분노는 다른 증상들로 새어나갈 수 있는데, 이즈음 그는 섭식장애 의사나 치료사를 더 이상 만나고 있지 않은 경우가 많고, 이는 곧 거의 혹은 완전히 의학적 감독을 받고 있지 않다는 뜻이다. 나는 누군가 추천한 최면치료사나 영양사, 혹은 침술사를 닥치는 대로 만나며 간간이 나를 구하려 시도했지만, 모두 똑같은 돈 낭비였다. 심지어 JF를 찾아내서 다시 나를 봐줄 수 있느냐고 물었지만, JF는 온화하게 자신은 청소년만 치료한다고 설명했다. 이 시점에 내게 필요한 치료사는 성인을 치료하는 JF 같은 사람이었지만, 당시 나

---

* 〈스타워즈〉에 등장하는 아나킨의 고향인 타투인 행성의 지배자로, 거대한 민달팽이 같은 형상에 뚱뚱하고 추한 외모가 특징이다.

먹지 못하는 여자들

는 그런 사람을 찾지 못했다. 섭식장애에서 회복 중인 사람들에게는 섭식장애 전문가와 만나는 일을 그만두는 시점에 심리치료사를 구할 것을 강력히 추천한다. 이제 저체중에서 벗어났을 수는 있겠지만, 그래도 여전히 도움이 필요하다.

"간혹 섭식장애에서 회복 중인 사람들에게서 알코올과 마약 남용, 자해, 성적 일탈을 목격하곤 합니다. 한 가지 행동이 우세해지면 다른 행동은 후퇴하죠. 그러니까 음식에서 술로, 남자에서 자해로 넘어가는 거예요." 허버트 레이시 교수의 말이다.

제롬 브린 박사는 이렇게 말했다. "섭식장애에서 나타나는 마약 남용 비율은 대체로 고정적인데, 제한적 거식증보다는 폭식증 그룹에서 그 비율이 더 높습니다." 하지만 내 경우 마약이 매력적이었던 것은 분명 거식증 때문이었다. 알코올과 달리 마약은 칼로리 없이 나에게서 벗어날 수 있는 방법이었다. 마약은 아직 불안에서 벗어나지 못한 작은 거식증 환자인 나를 버리고 내가 원했던 대로 좀 더 재미를 찾을 줄 아는 20대가 되도록 도와주었다. 레이시 교수는 내게 이렇게 말했다. "당신은 대학에 갔고, 친구들을 만났으며, 삶은 채소 말고도 전혀 다른 세상이 있다는 걸 깨닫고 있었죠. 게다가 그 세상을 가지려면 변할 필요가 있다는 것도 깨달았고요. 마약은 당신의 그 틈을 파고든 거예요."

마약을 시작했을 때 중독성이 없다고 생각한 건 아니지

만, 나는 아주 강한 사람이기 때문에 중독되지 않을 거라고 생각했다. 어쨌든 나는 거식증에서도 빠져나왔으니 말이다. 누가 나보다 더 강하겠는가? 그런 사람은 없다. 그리고 나는 실제로 강했다. 며칠간 계속 마약을 하고, 다른 누구보다 더 오래, 더 세게 할 정도로 말이다. 하지만 끊을 정도로 강하지는 못했다.

과장하고 싶지는 않다. 나는 어빈 웰시* 소설 속 등장인물이 아니었다. 내가 헤로인은 하지 않았다는 말을 했던가? 하지만 마약중독자가 할 수 있는 최선의 말이 '헤로인은 하지 않았다'라면, 그는 기준치가 매우 낮은 사람이다. 나는 통제 불능이었지만, 어떻게든 인생이 그럭저럭 꽤 잘 굴러가도록 유지할 수 있었다. 거식증이 그랬듯이 마약도 내 행복을 파괴했지만, 다른 것은 아무것도 파괴하지 않았다. 나는 항상 마약을 하지는 않았지만, 마약을 한 밤에는 밤새도록 그리고 그 후까지 계속했다. 마약 없이 즐거운 시간을 보내는 걸 상상할 수 없게 되었을 때 비로소 내가 중독되었다는 걸 깨달았지만, 또한 나는 마약이 내 즐거움을 망치고 있다는 것도 알았다. 외출한 밤은 언제나 마약을 내려놓고 잠을 잘 수가 없어서 혼자 또 마약을 하는 것으로 마무리되었기 때문이다. 나는 그렇게 다시 아무 즐거움도 없는 세계로 돌아와 있었다.

---

* 소설 《트레인스포팅》의 작가.

한때 나를 확실히 즐거움 없는 세계에서 구출해줄 거라고 생각했던 마약은 그만큼 확실히 나를 그 즐거움 없는 세계로 데려다 놓았다.

하지만 진짜 문제는 뇌전증 발작이었다. 나는 그때까지도 주기적으로, 일 년에 두 번 정도 발작을 겪고 있었는데, 이제는 마약에 취할 때마다, 그러니까 매주 발작이 일어나고 있었다. 돌이켜보면 그건 마약을 그만둬야 한다는 아주 명확한 신호였겠지만, 나는 그 신호를 대체로 무시했다. 발작이 일어날 때마다 회복하기까지 이틀 정도가 걸렸고, 내 뇌의 한 부분이 다시금 죽어버렸다는 느낌이 들었다. 사람들은 내가 파티 중에 쓰러져 바닥에서 몸을 움찔거리는 일에 익숙해졌다. 정신이 돌아오면 맙소사, 창피한 발작으로 파티 분위기를 망쳐놓은 건가 싶어 지독한 수치심을 느꼈지만 그렇다고 마약을 하는 내 속도가 떨어지지도 않았다. 점점 더 잦아지는 이 민폐에서 나를 지키기 위해 나는 파티에 가지 않고 집에서 혼자 마약을 했다. 처음에 마약을 시작한 이유가 집에만 있는 생활을 그만두고 파티에 가서 사람들과 이야기를 나누기 위해서였다는 점을 감안하면 이건 누가 봐도 비논리적인 결정이었지만, 이 시기에 나는 너무 취해 있어서 논리적으로 사고할 수가 없었다.

발작이 일어나는 걸 아무에게도 보이지 않으려고 집에서 마약을 할 때의 한 가지 단점은, 발작이 일어났을 때 아무도 내 곁에 없다는 것, 그래서 아무도 내가 질식하는지, 숨은 쉬는지, 혹은 다치지는 않았는지를 확인할 수 없다는 점이었다. 주방 바닥에서 깨어난 어느 아침, 나는 새벽 어느 땐가 발작이 일어났고 기절한 채 몇 시간 동안 리놀륨 바닥에 쓰러져 있었다는 사실을 깨달았다. 동생과 자연사박물관에 가기로 약속을 한 상황이었기에 주방 바닥에서 세 시간 잔 것 치고는 최대한 괜찮아 보이도록 매무새를 다듬으려고 일어나 욕실로 향했다. 하지만 거울 속 내 모습을 보고는 세면대에 칫솔을 떨어뜨리고 말았다. 한쪽 눈에 커다랗게 시커먼 멍이 들어 있었고 이마에는 한 눈에도 선명하게 도드라지는 혹이 나 있었으며 입술은 갈라져 부르튼 상태였다. 발작이 일어났을 때 주방 조리대에 머리를 찧고는 곧바로 얼굴을 바닥으로 향한 채 쓰러진 모양이었다. 꼭 가정폭력 피해자처럼 보였다. 하지만 약속을 취소하지는 않았다. 그건 간밤에 뭔가 아주 나쁜 일이 일어났다는 걸 인정하는 행동일 테니 말이다. 그래서 나는 4월인데도 겨울 모자를 꺼내 쓰고, 가장 진한 선글라스를 끼고, 립밤을 손에 쥐고는 동생을 만나러 나갔다. 동생은 나를 보자 한숨을 쉬었다. 나는 너무 후회스러워 그다음 주에는 마약을 하지 않았다. 하지만 그다음으로 돌아오는 주에는 했고, 그다음 주에도, 또 그다음 주에도 했다. 10년 넘게 나는 마약을 절대 극복할 수 없다고 생각했다. 그러다 마침내 나를 진압해줄 것을 발견했다.

21장

회복

2009~2012년, 뉴욕

나는 역사상 최초로 마약에서 벗어나기 위해 맨해튼으로 간 사람일 수 있겠지만, 어쨌든 그렇게 했고, 그건 효과가 있었다. 14년 전에는 기숙학교에 가서 음식을 먹을 수 있는 상태가 되려고 이름을 바꾸었는데, 이제는 마약중독자 생활을 청산하기 위해 집을 바꾸었다. 그리고 약간은 극단적이었던 이 계획은 둘 다 성공했다. 나는 뉴욕의 마약상 전화번호를 하나도 몰랐고, 열한 살 때이던 20년 전에 거기서 마지막으로 살았으니 어차피 아는 사람은 아무도 없었고, 따라서 파티에도 가지 않을 터였다. 대신 작은 아파트에 조용히 머물면서 일을 하고 다시 규칙적인 시간에 잠을 자는 데 익숙해졌다. 대부분의 시간 동안 내가 완전한 쓰레기라고 느끼지 않을 수 있다는 게 좋았다. 그러자 당연하다는 듯 거식증이 되돌아왔다.

회복에 대한 나의 환상은 루크 페리와 프렌치프라이를 먹는 일을 꿈꾸던 그 시절 이후로 그다지 달라진 게 없었다. 단 이번에는 나를 구원할 존재로 남자가 아니라 장소를 꿈꾸 었다는 점이 달랐다. 런던의 아파트에서 미국행 짐을 싸면서, 나는 이 일이 나를 구제해주리라는 **분명한** 확신이 들었다. 도 심의 작은 식당에서 내가 브런치를 먹는 모습이 그려졌다. 긴 장한 기색 하나 없이, 전날 밤의 취기도 전혀 없는 채로, 탄수 화물과 지방(과 당류와 유제품과 기름……)은 모두 피하겠다고 불안하게 음식을 뒤적이는 짓 따위는 하지 않으며, 노란 택시 들이 밖에서 휙휙 지나가고, 뉴요커들이 '이봐, 여기 내가 걸 어가고 있잖아. 여기 걷는 사람이 있다고!'* 하고 소리치는 사 이 나는 행복하게 음식을 먹는다(원래 뉴욕 사람인데도 이 도 시에 대해 내가 갖고 있는 이미지는 〈크로커다일 던디〉의 장면들 만큼이나 진부함을 벗어나지 못했다). 뉴욕에 살 때는 모든 게 좋았으니까 당연히 뉴욕에서는 모든 일이 좋아질 거야, 하고 나는 비행기에 오르며 생각했다. 우리가 런던으로 이사했을 때 상황이 잘못되기 시작했으니, 모든 건 런던의 잘못이야.

---

* Hey, I'm WAWKIN' here, I'm WAWKIN'! 영화 〈미드나잇 카우보이〉에 서 존(존 보이트)에게 쉬지 않고 말을 늘어놓으며 뉴욕 거리를 걷던 랏초(더스 틴 호프먼)가 옆으로 부딪힐 것처럼 스쳐 지나가는 택시의 보닛을 두드리며 내 뱉는 대사.

먹지 못하는 여자들

가련한 런던! 난 뉴욕이 좋아, 결코 잠들지 않는 도시, 세상에서 가장 좋은 도시.

너무 늦게야 깨달았지만, 이 눈부신 계획의 결함은 내가 다시 이사하려 한 곳이 뉴욕이 아니라 나의 유년기였으며, 서글프게도 브리티시 항공에는 그곳으로 가는 항공편이 없다는 데 있었다. 이것이 언제나 거식증의 핵심이다. 어린아이로 머물며, 청소년기가 가져오는 무시무시한 복잡함에서 달아나려는 노력. 그건 나의 유년기가 실제로 얼마나 행복한 시절이었는지를 보여주는 증거였지만, 나는 앞으로 나아갈 필요가 있었다.

1989년의 뉴욕으로 돌아갈 수는 없었지만, 2009년의 뉴욕도 최악의 대안은 아니었다. 말했듯이 나는 마약을 전혀 하지 않았고, 마약을 하지 않는 좋은 친구 몇 명을 사귀었으며, 개 한 마리를 키웠고, 〈가디언〉에 실을 특집 기사를 쓰고, 내가 원했던 거의 모두를 갖추고 있었다. 하지만 어떻게 살아야 하는지는 좀처럼 알아낼 수 없었다. 사람들은 너무 길고 공허하고 반복적으로 느껴지는 오후 2시부터 4시 사이 그 끔찍한 시간을 어떻게 버텨내는 것일까? 혹은 이미 아침 시간을 아주 많이 살아낸 것 같은데도 여전히 통과해야 할 시간이 너무 많이 남은 기분이 드는 오전 10시 47분은? 또는 어서 자러 갈 수 있게 시간이 빨리 흘러가기만을 바라는 저녁 시간은? 렌지 혹은 수도꼭지 혹은 가스를 켜놓았다거나, 현관문을 열어두었다거나, 창문을 잠그지 않았다거나 하는 불안, 그러니까 내가 어떤 일을 했거나 하지 않아서 도저히 복구할 수 없는 손상을 초래했을 거라는 그 두려움은? 아니면 내가 괴상하고 창피한 사람이어서, 모두가 나를 끔찍하게 여길 거라는, 심지어 그것이 내가 과도한 특권을 누리는 나르시시스트 바보여서 그냥 사라져버려야 마땅한 증거라고까지 생각하게 만드는 수치심, 그 끊임없는 수치심은? 처음에는 굶는 것으로, 나중에는 마약으로 소리를 꺼버렸던 예전의 그 내면의 소음들이 다시 몰려왔다. 그러니 내가 선택할 것이 무엇이었겠는가? 말할 것도 없이 나는 거식증으로 내달려갔다.

완전히 되돌아간 건 아니었다. 사실 내 체중은 많이 줄지도 않았다. 하지만 나는 런던에서 지낼 때에 비해 음식에 훨씬 더 강박적인 상태가 되었고, 다시 채소 폭식을 시작했다. '세상에서 가장 흥미진진한 도시'에 있던 내가 하는 일이라고는 채소를 사고, 사고 또 사는 일뿐이었다. 나의 하루를 전적으로 음식을 중심으로 돌아가는 시간으로 만들어버리자 내가 아직도 나 자신인 상태를 얼마나 불편해하는지는 더 이상 생각하지 않아도 됐다. 한 번은 너무 절실한 나머지 영양사를 찾아갔다. 무엇을 먹어야 할지 생각하는 일을 그만둘 수 있도록, 누구라도 내게 무엇을 먹어야 할지 말해주기를 바랐다. 알고 보니 (이건 내가 정말 진작 생각해봤어야 할 일인데) 맨해튼 사람들은 대부분 체중을 줄이고 싶어 영양사를 찾아가고 있었다. 말하자면 그건 일대일 체중 감시 서비스와 그리 다르지 않았다. 나는 중심가 부근 어딘가에 있는 영양사 사무실에 찾아가 눈물을 글썽이며 여자 영양사에게 내 이야기를 들려주고, 인생을 이렇게 비참하게 만드는 짓을 그만두고 싶은 절박한 마음을 설명했다. 그는 심각하게 고개를 끄덕이더니 체중계에 올라가 보라고 했다. 나는 체중을 보는 걸 참을 수 없으니 등을 돌리고 있겠다고 설명하고 체중계에 올라갔다.

"어, 당신은 ○○킬로그램인데, 이건 건강한 체중이에요. 하지만 원한다면 좀 뺄 수는 있어요. 가볍게 줄이는 프로그램을 시작해 볼까요?" 영양사가 말했다.

다시 바깥으로 나왔을 때 나는 미친 듯이 웃는 동시에 울었다. 지나가던 사람 하나가 내게 어디 아프냐고 물었을 정도였다.

어렸을 때 동생과 나는 서로 좋아하는 영화 대사 대기 놀이를 자주 했는데, 우리가 제일 좋아하던 대사 중 하나는 "슈워츠는 네 안에 있다, 론 스타. 그건 네 안에 있어!"였다.* 멜 브룩스 감독이 1987년에 만든 〈스타워즈〉 패러디 영화로, 터무니없이 과소평가된 〈스페이스 볼〉에 나오는 대사다. 그

---

* 론 스타는 루크 스카이워커와 한 솔로를 섞어놓은 주인공이며, 슈워츠는 〈스타워즈〉의 포스에 해당한다.

건 당신이 홀로 충분히 강하기 때문에 외부의 도움은 필요하지 않다는 의미다.

슈워츠가 내 안에 있음을 인정한 건 영양사 사건이 있고 나서 얼마 후였다. 내가 인생을 그렇게 고달프게 만드는 걸 정말로 그만두고 싶다면, 루크 페리나 기숙학교나 뉴욕이나 미심쩍은 영양사가 나를 고쳐줄 거라는 생각으로 회복을 외부에 위탁하려는 시도를 그만둬야만 했다. 회복은 오직 나만이 할 수 있는 일이었다.

나는 줄곧 그걸 알고 있었다. 모든 거식증 환자가 다 알 거라고 생각한다. 그게 우리가 거식증 환자가 된 이유 중 하나니까. 우리는 우리가 지닌 힘을, 우리가 더 이상 아이가 아니게 되면 할 수 있는 선택을, 갑자기 우리에게 맡겨지는 책임을 너무나 두려워한다. 우리는 이 시험에서 또는 저 파티에서 또는 언제라도 실수를 하나만 하면 삶 전체가 무너질 것 같은 기분을 느낀다. 그래서 우리는 우리의 세상을 축소한다. 우리에게 어떤 힘도, 선택권도, 자유도 없도록 그리고 다른 사람들이 우리에게 할 일을 지시하도록. 그러면 일이 잘못되더라도 우리의 잘못이 아닐 테니까. 이는 또한 낫기가 그토록 어려운 이유이기도 하다. 우리는 다른 누구도 우리를 낫게 해주지 않으리란 걸 안다. 그들은 우리에게 영양 튜브를 끼울수 있고, 식단표를 짜주고, 체중을 재고, 침대에서 휴식을 취하게 하고, 말을 들어주고, 우리가 그린 그림을 분석하고, 우리의 아동기가 의미하는 바와 부모의 잘못이 무언인지 말해주고, 학교를 그만두게 하고, 항우울제와 항불안제와 항정신병약을 먹이고, 피를 뽑아 검사하고, 뼈를 스캔하고, 앞으로도 언제나 이럴 테지만 꼭 그래야만 하는 것은 아니며 희망도 존재한다고 말해줄 수도 있을 것이다. 하지만 여기 이 현실 세계에 발을 딛고 매일 아침 일어나고, 스스로 아침을 챙겨 먹고, 그런 다음 점심을, 그런 다음 저녁을 챙겨 먹어야만 하는 것은 다름 아닌 우리다. 우리는 슈퍼마켓에 가서 우리의 음식을 사야 하며, 그럴 때는 어떻게든 우리가 아무것도 먹기 싫어하는 사람도 동시에 모든 것을 먹고 싶은 사람도 아니라, 보통사람인 것처럼 굴어야 한다. 거식증은 음식에 관한 병이 아니다. 정말로 그건 아니다. 하지만 그건 음식에 관한 일이 되고, 거기서 벗어날 유일한 길 역시 음식을 통한 길이다. 당신은 매일 건강하게 먹어야 하고, 남은 평생 내내 계속해서 거듭 그렇게 먹어야 한다. 그러다 보면 마침내 언젠가, 몇 달 후 또는 몇 년 후에, 그렇게 먹을 때마다 자기 심장을 먹는 것 같은 느낌이 더 이상 들지 않는 날이 온다. 이걸 아는 이유는 그게 내가 한 일이고, 그게 내게 일어난 일이기 때문이다. 슈워츠는 내 안에 있었고, 그것이 나를 회복의 거의 끝까지 데려다주었다. 그러다 결승점을 얼마 앞두고 있을 때, 그 결승점을 통과하는 데 필요했던 마지막 힘이 예상하지 못한 곳에서 와서 나를 떠밀어주었다.

22장

마지막 이야기

2012~2022년, 런던

    뉴욕에서 3년을 보낸 뒤 나는 다시 런던으로 돌아왔다. 런던에 있던 친구들과 가족이 그리웠다. 나는 다시 한번 현실 세계로 돌아갈 필요가 있었다. 돌아온 후 몇 년이 지났을 때 회복에 대한 나의 오랜 환상이 실현되었다. 마침내 내가 잘생긴 왕자님을 만났을 때였다. 아니, 왕자님 두 명이다. 아들 쌍둥이를 낳은 것이다.

    나는 30대 중반이었고 한 남자와 사귀고 있었는데, 그는 첫째, 나에게 상냥했고 둘째, 헤로인중독자가 아니었으므로 그간 발전이 있었던 건 분명하다. 물론 그 남자가 나를 바꿔 놓은 것은 아니다. 그보다는 내가 변화를 원했던 시점에 딱 맞춰 내 곁에 있었으니, 결국 그와 함께 있는 동안 달라진 셈이다. 2년 동안 데이트를 한 뒤 우리는 함께 살기 시작했고

(한 단계 더 발전했다), 좀 별난 나의 식습관에 그가 충격을 받은 건 확실했지만, 1년 전의 식습관에 비하면 이때의 나는 거의 대식가라고 할 수 있었다. 게다가 이제는 매일 밤 채소를 몇 킬로그램씩 삶느라 아파트 안을 채소 냄새로 가득 채우지는 않았으니, 그것만으로도 그에게는 아주 다행한 일이었을 것이다. 나는 뭔가를 먹는 걸 두려워하지 않는 유일한 방법이 그걸 먹는 것임을 깨달았다. 첫입을 베어 물 때마다 범법자가 되는 느낌이 들었고, 먹은 즉시 비만으로 치닫지 않는다는 사실에 항상 조용히 그러나 진심으로 놀랐다. 그리고 곧바로 비만해지지 않기 때문에 다음번에 먹을 때는 덜 무서웠다. 내가 언제나 어렴풋이 상상하고 바랐던 것처럼 하룻밤 사이에 싹 달라져서 먹는 일을 단순하다고 여기게 된 건 아니었다. 그래도 나는 계속 먹었다. 물론 머뭇거리며 새로운 것들을 먹으면서도, 머릿속으로는 그날 무엇을 먹었는지를 항상 계산했고, 다음 날 그걸 어떻게 상쇄할 수 있을지를 생각했다. 겉보기에 회복한 모습이었지만, 내면적으로는 꼭 그렇다고 볼 수는 없었다. 그러다 아이를 갖게 됐다.

내가 아주 크고 아주 배고픈 아기 둘을 임신하고 있었던 것이 도움이 되었는지도 모른다. 이 아기들은 부인할 수도 없고 부인할 생각도 들지 않는 끊임없는 식욕으로 내게 남아 있던 거식증의 장벽을 모두 철거해버렸다. 오후 간식으로 바게트 하나를 통째로? 거대한 초콜릿바를? 신 레몬 사탕 한 봉지를 다? 아기들이 그걸 요구했기 때문에 나는 임신 중에 이걸 모두 다 먹었다. 어떤 이들은 아기가 태어난 후 거식증으로 다시 빠져드는데 그 마음을 나도 충분히 이해한다. 몸은 한눈에 봐도 분명하게 변했고, 인생은 무시무시할 정도로 통제 불능이니 말이다. 하지만 나에게는 정반대의 결과가 일어났다. 나는 서른일곱 살에 아들 쌍둥이를 낳았고, 마흔한 살에 딸을 낳았으니, 비록 내가 열심히 마약으로 나 자신을 망치려 시도하긴 했지만, 거식증이 가장 기승을 부리던 시기와는 멀어져 있었다. 나는 오지 오스본*이 아니므로 진탕 마약을 하는 것과 부모 노릇은 병행할 수 없는 조합이었다. 거식증과 부모 노릇 역시 마찬가지여서, 쌍둥이 아기들을 키우면서 다른 사람의 음식에 닿는 일 또는 다른 사람이 나를 만지는 일에 오래도록 품어왔던 공포증을 유지하는 건 가당치 않은 일이다. 나를 향해 뻗는 아기들의 끈적끈적한 손을 피하고, 아기 음식을 준비하면서 그 음식이 내 손에 닿을 때마다 주방에서 팔벌려뛰기를 하는 식으로 살 수는 없었다. 아, 물론 그러려 했다면 그랬을 수도 있겠지만 나는 그러고 싶지 않았다. 내가 그러기를 원치 않았다. 그만큼 단순했다. 한때는 그러지 않는 것을 나약함으로, 굴복으로, 탐욕의 핑계로 여

---

* 헤비메탈 밴드 블랙 사바스의 리드 보컬리스트인 오지 오스본은 오랜 세월 마약 중독과 재활을 반복한 것으로 유명하며, 이제 모두 성인이 된 다섯 명의 자녀도 배우나 가수나 방송인으로 활동 중이다.

졌지만, 이제는 그저 안도감만 느껴졌다. 오늘날까지도 아이들의 파스타가 잘 익었는지 씹어볼 때마다, 또는 내 손에 묻은 땅콩버터를 볼 때마다, 예전이라면 그럴 때 느꼈을 괴로움이, 나를 진정시키기 위해 했어야 할 보상 행위들이, 건너뛰어야 했을 식사들이 희미하게 떠오른다. 그건 마치 오래전의 아주 잘못된 관계를 회상하는 일과 같았고, 나는 이제 더 이상 거기에 머물러 있지 않다는 감각에 안도한다. 더 이상 하루에 수백 번씩 손을 씻지 않는다는 것, 또는 종일 운동을 하지 않는다는 것, 또는 늘 추위를 느끼거나 늘 음식에 관해 생각하지 않는다는 것, 내 인생을 병원이라는 배수구에 흘려버리지 않았다는 것을 생각할 때 안도감이 드는 것처럼. 그리고 이건 나만을 위한 일이 아니다. 나는 섭식장애와 관련하여 내 아이들이 안고 살아야 할 가족의 유산을 아주 잘 의식하고 있고, 그 고리를 끊을 가장 좋은 방법은 내가 우리 가족에게 과거의 그림자를 드리우지 않는 일임을 알고 있다.

나는 오랫동안 이 장을 쓰는 데 저항감을 느꼈다. 이야기의 결말로는 너무 밋밋하고 전형적인 영화의 결말처럼 느껴졌기 때문이다. "수십 년을 앓다가 아이를 가지면서 완전히 회복되다!" 아이들은 섭식장애의 치료제가 아니며, 내 아이들이 나를 치료한 것도 아니다. (만약 뭔가가 나를 치료했다면, 그 공은 영화 〈스페이스 볼〉에 돌리고 싶다.) 그것은 시간이었다. 스스로 뜬 자멸적 자기 파괴의 따가운 스웨터가 다 자란 나에게 더 이상 맞지 않았고, 거식증의 파편들을 붙잡고 늘어지는 것이 나를 특별하게 만든다거나, 마약을 잔뜩 하는 것이 나를 재미있는 사람으로 만들어준다는 믿음도 사라졌다. 나는 정말로 벗어나기를 원했지만, 내 몸과 인생의 필요 외에 나를 거기서 확 잡아당겨 끌어내줄 뭔가가 필요했다. 나 스스로 내 몸과 인생을 소중히 여긴 적은 없었기 때문이었다. 나를 확 끌어당기는 일을 내 아이들이 해주었다. 마침내 내게도 그럴 만큼 충분히 소중한 뭔가가 생긴 것이다.

쌍둥이들이 어렸을 때 나는 마이클 로젠의 《곰 사냥을 떠나자》를 자주 읽어줬다. 곰을 찾으러 가면서 높은 풀밭과 강 같은 장해물을 끊임없이 만나는 가족에 관한 이야기를 담은 책이다. 아이들은 우리가 다 함께 노래하듯 읽었던 대목을 가장 좋아했는데, 그건 바로 가족이 힘을 합쳐 장해물을 극복하는 내용이었다. "위로 넘어갈 수가 없어 / 밑으로도 갈 수가 없네 / 아, 아니지! / 헤치고 지나가면 되겠네!" 나는 거식증을 마약으로 바꿔치기함으로써 우회적으로 회복을 노렸지만, 그렇게는 되지 않았다. 처음에는 그 방법이 통하는 듯했다. 그러나 그건 그저 내가 자신을 속인 것일 뿐이었다. 나는 정면으로 뚫고 지나가야만 했다.

나는 결코 완전히 회복될 거라고 생각하지 않았다. 그게 가능한 일이라는 걸 믿을 수가 없었다. 음식을 두고 아무런 불안도 느끼지 않는다고? 친구와 만나기로 한 식당의 메뉴를 구글에서 검색해보지도 않고 약속을 잡는다고? 장바구니에 담기 전에 칼로리와 탄수화물 함량을 확인하지 않는다고? 그러는 사람이 대체 누구란 말이야? 나는 '평범하게' 먹고 싶다고 곧잘 말했지만, 그건 내 미래를 구축하기에는 아주 허술한 토대로 드러났다. '평범'이라는 말은 사람마다 다른 의미를 지니며, 나는 1992년 그날의 체육 시간에 이를 알았어야 했다. 내게는 비키니를 입고 일광욕 의자에 기대앉아 아무런 고민 없이 프링글스 캔 뚜껑을 열고 충분하다 싶을 때까지 만족스럽게 먹을 수 있는 여자 친구들이 몇 명 있었다. 하지만 그들보다 압도적으로 많은 수는 탄수화물을 피하는 여자들, 설탕을 피하는 여자들, 단 걸 좀 먹으면 지나치다 싶을 정도로 수선을 피우는 여자들('으아, 초콜릿! 내 트레이너한테는 말하지 마, 하하'), '아침에는 그냥 배가 고프지 않은' 여자들, '점심을 먹으면 피곤해지는' 여자들, '밀가루/유제품/글루텐은 못 먹는' 여자들, 이들과 정반대인 면을 부각시켜 자신을 정의하는 여자들(트위터 프로필: '치즈를 항상 먹음'), 거식증의 가장자리를 맴돌지만 가까스로 그 안으로 들어가지는 않으면서 심란하게 아파 보이는 것이 아니라 멋지게 말라 보이는 여자들, '오후 4시 이후로는 절대 먹지 않는' 여자들, 다른 음식인 척하는 음식(콜리플라워라이스,* 코제티**)을 먹는 여자들,

---

* 콜리플라워를 갈아서 쌀 대신 먹는 것.

'단식'하는 여자들, '디톡스'하는 여자들, 폭식하는 여자들, 굶는 여자들, 음식을 그냥 너무 많이 생각하는, 너무 많은 여자들이다. 음식 생각을 너무 많이 하는 것이 너무 많은 여자에게 일반적인 일인 이유는, 너무 많은 여자가 음식을 통해 자신의 감정을 표현하고 자신을 평가하도록 배웠기 때문이다.

나는 이를 햇빛이 차단된 나의 좁고 작은 지하 벙커에 머무를 핑계로 삼았을 수도 있었다. 하, 다른 사람도 다 그렇게 생각한다면 내가 왜 바뀌어야 해? 아니면 이런 현실에 난폭하게 반응하면서, 신문을 펼치면 독자에게 체중을 줄이도록 독려하는 기사가 빠지는 날이 없는 이 다이어트 문화에서 사는 게 얼마나 끔찍한 일인지를 전하는 데 내 인생을 바쳤을 수도 있다. 하지만 나는 그러지 않았다. 내 인생이, 거식증에 반응하든 그에 맞서든 어떤 식으로도 거식증에 의해 정의되는 것을 원치 않았기 때문이다. 또한 어디서나 볼 수 있는 체중을 줄이라는 독려가, 결코 나를 표적으로 한 것이 아니며, 그것을 개인적인 메시지로 받아들이는 것은 내 머리가 갈색인데 텔레비전에 금발을 위한 샴푸 광고가 나온다고 분개하는 것만큼이나 어리석은 일이라는 것을 나조차도 이해하고 있었다. 서구 사회에는 저체중인 사람보다 과체중인 사람이 많으니 텔레비전에 칼로리 셰이크보다 다이어트 콜라 광고

** 주키니 호박을 가늘게 썰어 스파게티 면처럼 활용한 것.

가 더 많이 나오는 것은 필연적인 일이다. 이는 모든 사람이 마르고 싶어 한다는 거식증적 사고를 지지하는 것처럼 보이므로, 거식증에서 회복하려 노력하고 있을 때는 이런 환경이 곤란을 초래할 수 있다. 하지만 어느 시점엔가 나를 둘러싼 그리고 우리 모두를 둘러싼 소음을 불행하게 살 수밖에 없는 핑계로 활용하지 않겠다는 결정을 내려야만 했다. 그것이 언제나 쉽진 않았고, 지금도 그렇다. 하지만 그것은 나와 모든 여자들이 자신을 위해 내려야만 하는 선택이다.

회복은 '평범하게' 먹는 것을 의미하지 않는다. 누군가는 단식을 하고, 누군가는 5 대 2 다이어트나 주스 다이어트 같은 걸 하고 있음을 모두가 아는 지금, 평범하게 먹는다는 것이 무엇을 의미하든 말이다. 그것은 칼로리가 더 적은 요거트를 사겠다고 그걸 파는 훨씬 더 먼 슈퍼마켓에 가지 않는 것을 의미한다. 친구에게 저녁 초대를 받았을 때나 출장이나 휴가를 떠나게 되었을 때도 공포감에 압도되지 않는 것을 의미한다. 시차증으로 기진맥진한 상태로 호텔에서 몸을 질질 끌고 나가, 30킬로미터 거리에 있는 비건 카페에 가는 것이 아니라 그냥 길 건너에 있는 식당에서 아무거나 먹는 것이다. 그것은 식욕을 부끄러워하지 않는 것을 의미하며, 또한 식욕에 집착적으로 초점을 맞추지 않는 것을 의미한다. 음식이 자신의 감정을 정의하지 않는 것, 또한 음식을 통해 자신을 정의하지 않는 것이다. 그것은 내가 먹었거나 먹을 음식을 끊임없이 상쇄하려 하지 않는 것, 뇌가 내 죄를 합산하는 거대한 계산기처럼 느껴지지 않는 것을 의미한다. 잠에서 깨는 순간부터 그날 내가 무엇을 먹을지 알고 있는 것이 아니라 그때그때 자연스럽게 먹을 수 있는 것이다. 이 모든 게 의미하는 것은 바로 자유다.

내 뇌에는 아직도 음식을 먹는 나를 저지하려 드는 뭔가가 있다. 체중을 줄이려 해서가 아니라, 내게 음식을 역겨워 보이게 만들려던 30년 전 내면의 목소리가 아직도 거기 있어서다. 대부분 나는 그 목소리를 걸러낸다. 또 어떤 때는 그 목소리가 새로운 어떤 음식을 구토가 날 것 같은 뭔가로 만들기 전에 다른 음식을 먹음으로써 피한다. 그 목소리는 나를 마르게 하려는 것이 아니라 내가 음식을 즐기는 것을, 다시 말해 쾌락을 느끼는 것을 막고자 한다는 걸 이제는 안다. 말 그대로 기쁨을 죽이려는 것이다. 나는 처음에는 굶기로, 이어서 마약으로 내 기쁨을 죽이며 오랜 세월을 보냈는데, 이제 더는 그러지 않으려 한다. 영원히 마르지 않는 삶의 교훈이 담긴 〈리썰 웨폰〉의 대사를 인용하자면, 난 그따위 짓을 하기엔 너무 늙었기 때문이다.

2022년에 나는 병원4를 찾아갔다. 마지막으로 가본 지 27년이 지난 시점이었다. 나는 여러 해 동안 그곳에 관해 생각하는 것을 삼갔지만, 정문이 가까워지자 곧바로 모든 게 고스란히 떠올랐다. 재입원을 위해 눈물범벅이지만 무표정한 얼굴로 부모님과 함께 차를 타고 거기로 가던 일, 외출 허락을 받으면 신문과 복권을 사러 다른 이들과 함께 가곤 했던 길모퉁이의 신문가판대, 끝없이 이어지는 오후에 기숙사 창에서 내다보던 풍경. 병원 부지에는 내가 마지막으로 갔을 때보다 더 많은 건물이 서 있었는데, 암울한 빅토리아풍 건물들 사이로 첨단 의료시설이 더 많아져 전체적으로 훨씬 세련되어 보였다. 하지만 섭식장애 병동의 위치를 포함해 변함없는 것도 아주 많았다. 나는 간호사들과 다른 환자들과 함께 수차례 걸었던 길을 따라 그 병동을 향해 걸었고, 마침내 문을 열었다.

GCSE 시험 결과를 확인했던 공중전화 박스는 식료품 보관 찬장이 되어 있었고, 나보다 나이 많은 이들에게 쿨해 보이고 싶어서 가서 앉아 있곤 했던 흡연실은 이제 테라피실로 변해 있었다. 내가 제럴딘과 앨리와 함께 썼던 기숙사 방은 지금은 그룹 테라피실이다. 하지만 정말이지 과거로 한 걸음 디딘 것만으로 30년을 거슬러 오른 느낌이었다. 간호사 스테이션은 같은 곳에 있었는데, 그 주위로 해골 같은 여자들이 레깅스나 조거를 입고 어슬렁거리면서 모두들 꼭 내가 그랬듯이 내일 누가 근무하는지, 누가 점심 식사를 감독할지를 알아내려 애쓰고 있었다. 한 명은 꼭 제럴딘이 그랬던 것처럼 두 팔로 자기 몸을 감싸고 바닥을 응시하고 있었다. 또 다른 한 명은 이쪽으로 걸어갔다 저쪽으로 걸어가기를 반복했다.

먹지 못하는 여자들

한때 내가 알았던 아주 많은 이들이 그랬던 것처럼. 아무것도 변한 게 없다. 똑같은 병이 계속 반복되고 있다.

병동 책임자인 세라 맥거번은 자기 사무실에 있었는데, 내가 입원 중일 때는 침실이었던 방이 그의 사무실이었다. 병동은 최근 침대 수를 줄였다. 입원이 필요한 사람이 줄어서가 아니며, 반대로 대기자 명단에 있는 환자 수는 더 늘었고 환자들의 신체적 상태는 어느 때보다 더 나빴다. 하지만 코로나19 때문에 병동의 사회적 거리를 유지하기 위해 침대 수를 줄인 것이다. 맥거번은 3년째 거기서 일하고 있었는데, 우리는 내가 입원했던 시절에 관한 이야기를 나눴다. 그는 환자들이 세 시간에 걸쳐 식사를 했다던 그 시절 이야기를 들었다며 웃었다. 그때의 실수에서 교훈을 얻어 지금은 식사 시간을 엄격히 제한한다고 했다. 맥거번은 내가 있던 시절 이후로 또 무엇이 달라졌는지 알아보도록 병동을 둘러보는 동안 동행해 주었다. 식당은 예전과 똑같았지만, 지금은 병원 주방에서 가져온 미지근한 음식을 주는 게 아니라 음식을 조리할 수 있는 주방이 있었다. 그날의 메뉴를 보니 환자 각자에게 다른 식사를 제공한다는 걸 알 수 있었다. 콜리플라워 치즈나 콩을 얹은 토스트처럼 긴 선택 목록에서 각자가 고른 것을 주었고, 비건 음식을 선택할 수도 있었다. 맥거번이 내게 들려준 말에 따르면, 환자들에게 스스로 안전하다고 느끼는 음식을 먹도록 가르칠 수 있으면, 계속 음식을 먹을 가능성이 더 크다는 것이 의사들의 생각이라고 한다. 또한 그는 내게, 곧 섭식장애 병동을 대대적으로 새단장한 병원3으로 다시 옮길 예정이라고 말했다. 거식증에 걸린 것은 범죄가 아니며 따라서 환자들이 감옥에 있는 것처럼 느껴져서는 안 되므로, 지금 병원3에 있는 것과 같은 더 좋은 개인 병실이 필요하다는 합의가 이뤄졌기 때문이었다. 거기서는 환자들이 자신의 존엄을 느낄 수 있도록 모두에게 욕실이 딸린 개인 병실을 제공한다고 했다. 내가 병원3에 있던 시절의 기숙사 모습이 떠올랐다. 우리가 먹고 자던 그 역겹고 커다란 방, 테사가 테이블을 쾅쾅 내리치며 고함을 질러대던 곳. 마치 빅토리아 시대의 정신병원을 되돌아보는 느낌이었다.

우리는 먹지 않는 것 외에 운동이나 게워내기 등 거식증의 다른 요소에 관해서도 이야기했는데, 맥거번은 운동이 여전히 가장 흔히 보이는 증상이라고 했다. 내가 그랬던 것처럼 다들 몰래 팔벌려뛰기를 하고 방안을 걸어 다니고 다리를 흔든다는 것이다. 우리는 또 거식증과 자폐스펙트럼장애가 함께 나타나는 현상에 관해서도 약간 이야기를 나누었는데, 맥거번은 때로 환자들이 체중이 불면 자폐스펙트럼장애 증상이 완화되는 때도 있고, 그렇지 않은 때도 있다며 예측은 할 수 없다고 했다.

맥거번과 함께 복도를 걷는 동안, 한때 내가 알았던 환자들의 유령이 덫에 걸린 채 지독한 외로움을 느끼며 내 옆에서 함께 어기적어기적 걷고 있는 것 같았다. 내 앞으로 성큼성큼 걸어가는 니키 휴스도 보이는 듯했다. 자기 병을 내보이는 것을 거부했던 니키는 빠르고 힘찬 걸음으로 걸어가더니 자기 병실이었던 방의 문을 열고는 사라졌다. 나는 우리가 식사 후에 앉아 있곤 하던 휴게실에 가서 창밖 나무들을 바라봤다. 입원해 있는 동안 나는 몇 시간씩 그 창을 내다보며 시간을 보냈다. 풀죽은 마음으로 현실 세계를 내다보며 그 세계를 원하는 동시에 두려워했고, 그 안에 갇혀 있으면서 또한 안전하다고 느꼈다.

맥거번은 내게 거식증을 앓는 동안 어떤 생각을 했느냐고 물었고, 나는 다른 사람이 나보다 더 적게 먹거나 더 많이 운동한다는 생각을 참을 수 없었다고 말했다. 불안한 마음으로 그날 먹은 모든 것의 합계를 내면서 울고 또 울었던 밤들에 대해서도 이야기했다. 가장 두려웠던 건 이후의 순간들, 먹고 난 후, 운동을 하지 않은 후, 내 체중이 얼마나 나가는지 본 후의 순간들이었다고. 사람들은 그런 감정에 어떻게 대처할까? 나는 대처할 수 없었다. 그래서 다리를 흔들고 팔벌려 뛰기를 한 것은 그 감정을 더는 느끼지 않기 위함이었다고. 맥거번은 고개를 끄덕였다.

"환자들이 서로 비슷하게 생각한다는 것이 내게는 아주 흥미로워요. 사람들은 거식증이 단지 소셜미디어나 신체 이미지에 관한 것이라고 생각하지만 그렇지 않아요. 궁극적으로 거식증은 사고 패턴에 관한 것이죠." 맥거번이 말했다. 달리 말하면 거식증은 불행과 불안에 관한 것이며, 그것이 신체 이미지를 통해 표현되는 것일 뿐이다.

나는 그곳에 오래 있지 않았다. 맥거번은 바빴고 돌봐야 할 환자들과 각종 업무가 많았다. 병동을 나서면서 나는 내가 이 병동에 살았던 모든 시간을 통틀어 나 스스로 그곳을 걸어 나온 것이 이때가 처음이란 걸 깨달았다. 간호사나 부모님과 동행하지 않고 오직 나 혼자서. 그리고 나는 차에 올라 집으로 갔다.

내가 처음 입원한 후로 30년이 지났다. 그러니 암울한 아날로그 시대에 내가 했던 경험과 오늘날 젊은 거식증 환자들의 경험 사이에서 공통점을 찾는 건 어니스트 섀클턴과 일론 머스크 사이에서 공통점을 찾는 일과 비슷할 것이다. 확실히 다른 점들이 몇 가지 있다. 나는 다이어트 잡지와 에어로빅 수업에 집착했다면 그들은 인스타그램을 보고 셀카를 찍는 데 몇 시간씩 쓴다. 하지만 현재 거식증을 앓는 여자들과 이야기를 나눠보면, 그들은 감정과 사고 과정에서 과거의 나와 거의 다르지 않다. 이는 한 사람이 걸린 수두와 다른 사람의 수두에 공통점이 많은 것과 비슷한 이치다. 어느 젊은 여성은 내게 자기가 먹기를 그만둔 이유는 자기가 반에서 최초로 브라를 해야 하는 아이였던 것이 너무 창피했기 때문이라고 말했다. 다이어트로 가슴을 줄일 수 있다고 생각한 것이다. 또

먹지 못하는 여자들

다른 사람은 아버지가 가족을 버리고 다른 여자에게 갔는데, 자기가 아프면 아버지가 돌아올 거라고 생각했다고 말했다. 또 한 사람은 어머니가 언제나 하루에 한 끼만 먹었고, 딸이 거식증으로 입원한 후에도 그 습관을 바꾸기를 거부했다고 했다.

어느 어두운 겨울날 오후, 최근에 퇴원했다는 스물두 살의 데이지와 만났다. 나는 데이지에게 왜 먹기를 그만두었는지 그 이유를 아느냐고 물었다. "정말 부모님을 비난할 마음은 없지만, 때때로 두 분이 이런 말을 했던 건 기억해요. '난 네가 자라지 않았으면 좋겠어, 영원히 내 손을 잡고 그냥 나의 작은 딸로 머무르면 좋겠어.'" 나도 그 느낌을 안다. 성장하는 건 정말 어려웠다. 10대에는 분노의 배출구가 필요하고 부모와 싸우기도 해야 하며, 그것은 성장의 일부다. 하지만 나는 화내는 것을, 특히 부모님에게 화를 내는 것을 정말로 어려워했다. 아무 문제도 없이 완벽한 아이이고 싶었다. 그러다 거식증에 걸리자 나는 부모님에게 정말 깊이 화가 났는데, 거의 거식증이 화를 낼 핑계가 된 것 같았다. 왜냐하면 속으로 나 자신에게 "이건 내가 아니라 그 병이야"라고 말할 수 있었기 때문이다. 지금 생각하면 나는 화를 낼 방법이 필요했고, 섭식장애를 앓는 것이 화낼 최적의 선택지로 모습을 드러냈던 것이 아닌가 싶다.

거식증은 사람마다 다른 형태를 띠지만 그 병 자체의 핵심은 변하지 않으며, 그 병을 둘러싼 생활과 기술과 사회가 아무리 변해도 그 통통한 검은 뱀은 전혀 개의치 않고 유유히 미끄러져 지나간다. 빌제포르타 이후 천 년이 넘게 지났고, 사회의 발전과 페미니즘의 진보에도 불구하고, 아이든 어른이든 너무나 많은 여성이 여전히 어른 여자로 살아가야 한다는 미래와 그에 수반하는 감정이나 기대 같은 것에 끔찍한 두려움을 느낀다. 그리고 여전히 그들이 두려움을 겉으로 표현할 수 있는 거의 유일한 방법은 자신의 몸에 벌을 가하는 것뿐이다. 그리고 이 행위는 그때그때 사회적 분위기에 따라 둔감하게 오해받거나 잘못된 방식으로 타당성을 인정받는다.

어머니들이 갑자기 굶기 시작한 딸을 어떻게 해야 할지 나에게 조언을 구할 때 내가 하는 말은 항상 똑같다. 가능한 한 빨리 전문가의 도움을 받고, 스스로 딸의 간병인이 되지는 말라는 것이다. 딸과의 관계가 순전히 거식증을 중심으로 돌아가게 하지 말고, 음식 앞에서 경찰 노릇을 하려 들면 안 된다고. 부모로서 자녀를 구하고 싶은 마음은 백번 이해하지만, 이 경우에는 딸을 다른 사람에게 맡겨야 구할 수 있고 그래야 계속 그 아이의 엄마로 남을 수 있다고. 그것은 실패가 아니다. 그건 단지 딸이, 그 이전의 수많은 다른 여자들처럼 병에 걸린 것을 의미할 뿐이다.

더 전반적인 관점에서, 지난 몇십 년 동안 나는 왜 아직도 그렇게 많은 여자아이가 어른이 되는 일을 그토록 힘들어하는지, 여자아이라는 존재와 성인 여자라는 존재가 의미하는 바를 두고 왜 아직도 그렇게 끔찍한 메시지들을 받고 있는지 많이 생각해보았다. 우리가 항상 세상을 바꿀 수는 없고 여자아이들을 위해 모든 잠재적 영향력을 막아줄 수도 없다. 하지만 그들에게 있는 그대로의 세상에 대처할 여러 도구를 마련해줄 수는 있다. 나는 우리가 여자아이들에게 성장하는 과정에서 필요한 일들을 더 잘 설명해주기를 바란다. 브라와 생리뿐 아니라, 우리가 착한 여자아이는 그러는 거 아니라고 말하는 그 모든 일들을 말이다. 성장한다는 것은 덩치가 더 커지고, 배가 더 고파지며, 냄새도 더 나고, 땀이 더 많이 나며, 기름기도 더 많아지고, 여드름도 많아지며, 성적인 흥분도 더 많이 느끼고, 분노도 더 많아지는 걸 의미한다는 것, 겉으로 그렇게 보이지 않더라도 모든 사람이 그 과정을 겪는다는 것 그리고 그 일은 지나가고 삶은 더 나아진다는 것을. 나는 우리가 그들에게 완벽해질 필요가 없다고 말해주기를, 그러니까 때로는 사람들을, 심지어 부모님을 실망시키기도 하겠지만, 그래도 괜찮다고 말해주기를 바란다. 그리고 그들이 거부와 외로움, 상실, 실망, 부당함, 고통을 경험하게 되겠지만, 그 역시 지극히 자연스러운 것이며 수치스러운 일이 아님을 말해주면 좋겠다. 영화나 텔레비전에서 보는 것과 달리, 남자아이들이라고 모두 아무 여자아이에게나 필사적으로

들이대지는 않는다는 것, 어느 시점에서는 어떤 남자아이가 자기를 거부할 수도 있다는 것, 성적인 거부는 고통스럽지만 그게 그들에게 뭔가 잘못된 게 있다는 뜻은 아니며, 그건 남자아이들도 그냥 인간이고 그들 역시 그냥 인간이라는 뜻일 뿐이라고, 그들에게 말해주면 좋겠다. 성장은 곧 자유를 의미하는데, 젊은 사람들에게 자유는 아주 무서울 수 있다. 모든 젊은이가 늦게까지 밖에서 시간을 보내며 섹스를 하고 담배를 피우고 술을 마시기를 갈망하는 것은 아니다. 어떤 이들은 집에서 부모와 함께 영화를 보고, 침대에 누워 책을 읽다가 10시에는 잠을 자고 싶어 하는데, 그런 자기 행동이 잘못된 것 같다는 느낌이 드는 것은 자기 외모가 잘못되었다고 느끼는 것만큼 불안을 자아낼 수 있다. 나는 우리가 그들에게, 모두가 다른 속도와 다른 방식으로 성장하며, 마치 단 한 가지 성장 방식만 존재하는 것처럼 보이지만 결코 그런 건 없다고 말해주면 좋겠다. 또 사람들이 여자의 외모에 관해 말을 많이 하는 것은 사실이며, 예쁘고 날씬한 이들의 삶이 어떤 면에서는 쉬울 수도 있지만, 그들이 그게 자기가 내보일 수 있는 모든 것이라 생각한다면 그런 사람의 삶은 그리 쉽지 않을 것이며, 만약 이와 다른 주장을 하는 사람이 있다면 그는 뭔가를 팔려는 속셈이라는 것도 우리가 말해주면 좋겠다. 또 여자아이들에게 몸은 그들이 어떤 존재인지를 외적으로 보여주는 수단이 아니라고 말해주면 좋겠다. 남의 눈을 즐겁

먹지 못하는 여자들

게 하고 예쁜 사람이 되는 것은 그들이 할 일이 아니라고, 그들이 누군가를(그게 설령 자기 부모라도) 실망시키거나 화나게 한다고 해서 세상이 끝나지는 않으며, 용서받기 위해 또는 화를 내기 위해 자신을 아프게 만들 필요는 없다고, 아니 사실은 아프게 만들지 않는 게 훨씬 낫다고, 왜냐하면 아프다는 것은 자신에게나 주변 사람들에게 정말로 지루한 일이기 때문이라고 말해주면 좋겠다. 또한 남들에게 소리 높여 말하기 위해 자신을 작게 만들 필요는 없으며, 자신이 어떤 사람이라는 것에 관해 자신에게 들려줄 이야기는 정말로 신중하게 선택해야 한다고 말해주기를 바란다. 왜냐하면 그것은 정말로 **선택할 수 있는 일**이며, 그 선택을 잘못하면 자신을 설명하는 최악의 해설자가 될 수도 있기 때문이다. 그들이 얼마나 강한 사람인지를 숨길 필요가 없다는 것 그리고 강하기 때문에 외적인 영향력에 속수무책으로 휘둘리는 희생자들이 아니라는 것, 그들이 인스타그램보다 강하고, 패션모델보다 강하며, 다이어트 문화보다 더 강하다는 걸 말해주면 좋겠다. 단지 다른 사람들이, 그게 자기 부모라도 착하고 어린 여자아이라며 칭찬한다고 해서, 착하고 어린 여자아이여야만 사랑받는다는 의미는 아니라는 걸 말해주면 좋겠다. 그리고 그들은 다른 사람들이 그들로 인식하는 존재가 아닐 뿐 아니라, 다른 사람들이 자기를 어떻게 인식할 거라고 스스로 짐작하는 그 존재도 결코 아니라는 것 역시 말해주면 좋겠다.

어떤 10대도 아직은 자기가 어떤 사람인지 모르며, 지금은 자신이 아무것도 아니라는 느낌이 드는 것이 매우 자연스러우며 언젠가는 그것도 변하리라는 것, 그러나 그 변화는 스스로 자신에게 친절할 때만 일어난다는 것도 말해주면 좋겠다. 누구도 단 하나의 정체성만을 지니지는 않았으며 누구나 항상 변하기 때문에, 단 하나의 정체성에 자신을 고정할 필요가 없다는 것도 말해주면 좋겠다. 나는 우리가, 여자아이로 존재하는 데는 무수히 다양한 방식이 있다는 이야기를 여자아이들에게 더 확실히 전달하기를 바라고, 여자 어른으로 존재하는 방식도 무수히 많음을 더 잘 확신시켜주기를 바란다. 그리고 무엇보다, 우리, 어른인 여자들이 이 모든 말을 우리 스스로 정확하게 믿기를, 자기비난을 멈추기를, 말하기도 전에 사과하는 것을 그만두기를, 신체에 대한 불안을 통해 자기회의를 표현하는 것을 멈추기를, 남자의 승인이 궁극적인 인정이라고 믿기를 그만두고, 남자들에게보다 여자들에게 더 비판적으로 구는 일을 멈추기를 바란다. 왜냐하면, 젊은 세대는 우리에게서 배우는데, 우리가 저런 일들을 그만두지 않는다면 도대체 어떻게 그들이 자기혐오를 멈출 수 있겠는가? 그리고 완벽해지려고 굶는 것은 얼굴색을 주황으로 바꾸려고 자기 얼굴에 주먹질을 하는 것만큼 말도 안 되는 짓이라는 것을 말해주면 좋겠다. 그런데 우리는 그런 말을 하지 않는다. 충분히는 하지 않는다. 아직은 말이다.

병원4에 다녀오고 몇 주 후, 나는 두 살 된 딸과 함께 런던에서 내가 가장 좋아하는 거리에 갔다. 우리는 책을 좀 사고 윈도우쇼핑을 했으며, 딸에게 입힐 스웨터 하나와 내 바지 몇 벌을 샀다. 그러다 아직 정오도 안 되었는데 슬슬 배가 고파져 그리스 식당에 갔다. 예전에 점심은 내가 가장 쉽게 거르는 식사였으며, 20대 때도 자주 점심으로 채소만 먹고는 오후가 반 정도 지났을 때 완전히 탈진하고 그 이유를 궁금해하곤 했다. 더 이상 늘 반쯤 기아 상태여서 머릿속에는 음식 생각밖에 없는 채로 살지 않아도 된다는 게 정말 좋다. 삶에는 훨씬 많은 것이 있다. 그리스 식당 메뉴판에는 요리 옆에 칼로리 수치가 적혀 있었지만 나는 쳐다보지 않았고(회복하겠다고 결심한 뒤로 세상의 아주 많은 것에 눈을 감은 것처럼, 그 숫자들에도 눈을 감았다) 정확히 내가 먹고 싶은 음식을 주문했다. 아직도 내가 가짜 인생을 사는 척 연기하고 있고 거식증에 걸린 자아가 진짜 내 알맹이라는 느낌이 들 때가 있는데, 그게 가장 나답다고 느껴질 때여서거나, 아니면 내가 나에 관해 가장 많이 생각할 때여서인지도 모르겠다. 나는 점심에 곁들일 와인 한 잔을 주문했다. 평소라면 결코 하지 않는 일이지만 그냥 그러고 싶었고, 그래서 그렇게 했다. 지금은 정오다. 병원의 여자아이들은 점심 식탁에 앉아 누가 음식을 가장 많이 받았고 누가 가장 적게 받았는지, 누가 가장자리 조각을 받고 누가 가운데 조각을 받았는지 알아내려고 접시들을 빙 둘러볼 것이다. 나는 콩과 샐러드, 피타빵이 쌓여 있는 내 접시를 내려다보고, 제 몫의 할루미 치즈 조각을 들고 즐겁게 놀고 있는 내 딸을 바라본다. 나는 때로 병원의 단순함을 그리워하고, 병원에서 만난 여자들을, 특히 몇 달씩 내 곁에서 잠을 잤지만 나중에 신문 부고란에서 마주치게 된 이들을 자주 생각한다. 그들은 왜? 우리는 왜? 우리가 뭘 그렇게 나쁜 짓을 했기에? 그 추위와 막막함과 외로움, 팔딱대는 심장과 기진맥진함, 운동과 죄책감에서 자유로워졌다는 것이 아직도 매시간 불가사의하다. 거기서 해방되기는 했지만, 그날들은 내 뇌에 영원히 남을 것이고, 회복하기는 했지만, 그 분열은 완전히 복구되지 않을 것이다. 그러니 나는 언제나 나 자신의 한쪽 옆으로 살짝 비켜선 채, 내가 가진 삶을 바라보면서 가지지 못한 삶에 관해 생각할 것이다. 얼굴에 후무스를 잔뜩 묻힌 딸을 쳐다보았다. 처음 병에 걸린 이후, 지금 여기에 오기까지 30년이 걸렸다. 정확히 30년이다. 나는 과거와 현재와 미래를 위해 잔을 들었고, 내 앞에 놓인 음식을 먹었다.

감사의 말

내게는 그때부터 지금까지 고마운 분이 아주 많습니다. 과거의 분들부터 시작할게요.

무엇보다 나의 가족에게 고맙고, 또한 나 때문에 겪어야 했던 일들과 지금도 계속 겪고 있는 일들에 대해(네, 여러분이 몰랐지만 이 책에서 알게 된 모든 일에 대해서도) 깊은 사과의 마음을 전합니다. 지옥에서 온 10대 아이처럼 굴었던 것에 죄송하고, 그래도, 심지어 어느 날에는 몸에 일곱 군데나 피어싱을 하고 왔던 날에도(이 책에서 그 이야기는 하지 않았지만요) 나를 결코 포기하지 않으신 것에 말로 다 할 수 없는 고마움을 느낍니다. 가족이 없었다면 지금 나는 여기에 없었을 거예요.

응원과 친절함으로 큰 변화를 만들어주신 나의 훌륭한 선생님들도 고맙습니다. 고돌핀 앤드 래티머 스쿨의 패멀라

샤들록 선생님, MPW(Mander Portman Woodward)의 알레스테어 보그와 데이비드 베인브리지 선생님, CCSS(Cambridge Centre for Sixth-form Studies)의 찰리 리치, 알리 레이크, 베레니스 슈라이너 선생님께 감사드립니다.

그리고 나를 돌봐주었던 훌륭한 간호사들, 마리, 애니타, 테레사, 조슬린, 제럴딘, 니콜라, 에마, 앤마리, 클레어, 줄리, 셰릴, 글래디스에게도 너무나 늦은 감사 인사를 전합니다. 솔직히 나는 여러분이 어떻게 그렇게 할 수 있었는지 도저히 알 수 없지만, 아무튼 내게 해준 일들에 더할 수 없이 큰 고마움을 느끼고 있어요.

내 인생을 구해준 의사 선생님들, 처음부터 나와 함께해주셨고 지금도 여전히 함께인 닥터 조지스 케이, 누구인지는 본인이 가장 잘 아실 JF, 내게 기적을 선사한 재닛 트레저 교수님께 감사드립니다.

병원에서 만났던, 어리거나 젊거나 나이 든 모든 여자들과 남자들에게도 감사합니다. 그때 우리는 너무 아픈 상태여서 서로에게 얼마나 중요한 존재인지 알지 못했지요. 지금은 잘 알아요. 고맙습니다.

이제 현재 감사드릴 분들 차례네요.

마침내 이 책을 쓰기로 결심했을 때, 나는 분명 이 이야기가 그냥 나만의 이야기는 아니기를 바랐습니다. 이건 너무나 많은 여자의 이야기이며, 특히 병원에서 함께 지냈던 이들

먹지 못하는 여자들

을 이 책에 반드시 포함시키고 싶었습니다. 나를 믿고 당신들의 이야기를 들려준 앨리슨, 글렌과 샐리 구디, 제럴딘과 어맨다에게 크나큰 감사를 드립니다. 이 책을 쓰기 위해 여러분과 함께했던 시간은 내 마음속에 영원히 남을 거예요. 우리는 30년이 지난 지금까지도 서로에게 힘이 되어주고 있네요.

너그럽게 통찰을 나눠주시고, 우리 인생의 가장 개인적인 경험에 관한 이야기까지 쓰도록 허락해주시고, 언제나 그렇듯 든든하게 나를 응원해주신 어머니께 감사합니다.

트레저 교수님께도 다시 감사드립니다. 모든 것에 고마워요.

나의 끝없는 질문에 답하느라 너무나도 소중한 시간을 내어주신 모든 의사 선생님들과 전문가 선생님들, 조지스 케이 박사님, 허버트 레이시 교수님, 애그니스 에이턴 박사님, 케이트 찬투리아 박사님, 제롬 브린 교수님, 다샤 니콜스 박사님, 페니 닐드 박사님, 스텔라 오맬리, 세라 맥거번, 크리스토퍼 페어번 교수님, 아나스타시스 스필리아디스, 샐리 백센데일 박사님, 데이비드 럭님께 감사드립니다.

나를 둘러싼 경이로운 여성 팀에게도 고마운 마음을 전합니다. 나의 에이전트 조지아 개럿, 편집자 루이스 헤인스[4th Estate(영국)]와 에밀리 그래프와 민디 마크스[Simon & Schuster(미국)] 그리고 이들을 도와준 아너 스프레클리, 미아 콜러런, 박하나, 앰버 벌린슨, 마틴 브라이언트에게도 감사합니다. 내가 도를 넘지 않도록 막아서 나를 지켜준 것 그리고 나의 고집스러운 방식들을 관대히 받아준 것에 여러분 모두에게 감사드립니다.

사려 깊은 제안을 해주고, 초기 원고를 편집하고, 왓츠앱으로 기운 나게 하는 수많은 말들을 보내줌으로써 이 책에 크게 기여해준 모든 분, 캐럴 밀러, 데이비드 배딜, 돌리 배딜, 데비 헤이튼, 재니스 터너, 수재너 러스틴, 조니 프리들랜드, 어멜리아 젠틀맨, 마리나 하이드, 헬렌 루이스, 세라 디텀, 캐서린 베넷, 존 해리스, 소니아 소다, 레이철 쿡, 이소벨 몽고메리, 라파엘 베어, 트레버 필립스, 로라 크레이크, 애덤 필립스에게도 감사를 전합니다.

그리고 늘 그렇듯 앤디에게, 우리의 개 아서에게, 우리 아이들 펠릭스와 맥스와 베티에게도 감사합니다. 당신들은 아주 길고 긴 터널 끝에서 나를 맞이해준 밝은 빛이에요.

먹지 못하는 여자들

후주

들어가는 말

1 NHS, https://patient.info/mental-health/eating-disorders/anorexia-nervosa

2 'Incidence of anorexia nervosa in young people in the UK and Ireland: a national surveillance study', Hristina Petkova and more, *BMJ volume 9*, Issue 10, 25 July 2019

3 'NHS unable to treat every child with eating disorder as cases soar', Andrew Gregory, *Guardian*, 5 January 2022

4 'One in five young women have self-harmed, study reveals', Denis Campbell, *Guardian*, 4 June 2019

5 'Thousands of girls as young as 11 in England hiding signs of "deep distress"', Andrew Gregory, *Guardian*, 28 February 2022

6 Ibid.

1장

1 *Holy Anorexia*, Rudolph M. Bell, University of Chicago Press, 1985

2 *Fasting Girls: The History of Anorexia Nervosa*, Joan Jacobs Brumberg,

Vintage, 2000

3   'TV Review: "Karen Carpenter Story": Close to Her', Terry Atkinson, *Los Angeles Times*, 31 December 1988

4   'Experts Warn Netflix's "To The Bone" May Be Potentially Harmful For Audiences', Mat Whitehead, *Huffington Post*, 13 July 2017

5   'Trigger Warnings Are Trivially Helpful at Reducing Negative Affect, Intrusive Thoughts, and Avoidance', Mevagh Sanson, Deryn Strange and Maryanne Garry, *Clinical Psychological Science*, 4 March 2019

3장

1   *Holy Anorexia*, Rudolph M. Bell, University of Chicago Press, 1985

2   *On atrophy of the stomach and on the nervous affections of the digestive organs*, Samuel Fenwick, J. A. Churchill, 1880

3   *The Golden Cage: The Enigma of Anorexia Nervosa*, Hilde Bruch, Harvard University Press, 1978

4   'Anorexia nervosa and a bearded female saint', J. Hubert Lacey, *British Medical Journal*, 18-25 December 1982

5   'Prevalence of Eating Disorders: A Comparison of Western and Non-Western Countries', Maria Makino, Koji Tsuboi and Lorraine Dennerstein, *Medscape General Medicine*, 27 September 2004

6   'Ethnic differences in eating disorder prevalence, risk factors, and predictive effects of risk factors among young women', Zhen Hadassah Cheng, Victoria L. Perko, Leada Fuller-Marashi, Jeff M. Gau and Eric Stice, *Eating Behaviors*, January 2019

7   'Ethnicity and differential access to care for eating disorder symptoms', Anne E. Becker, Debra L. Franko, Alexandra Speck, David B. Herzog, *International Journal of Eating Disorders*, March 2003

8   'Race, Ethnicity and Eating Disorder Recognition by Peers', Margarita Sala, Mae Lynn Reyes-Rodríguez, Cynthia M. Bulik and

Anna Bardone-Cone, *Eating Disorders: The Journal of Treatment & Prevention*, 2013

9   'The Relationship Between Eating Disorders and Socioeconomic Status: It's Not What You Think', Pat Gibbons, *Nutrition Noteworthy*, 2001

10 'Altered serotonin activity in anorexia nervosa after long-term weight restoration. Does elevated cerebrospinal fluid 5-hydroxyindoleacetic acid level correlate with rigid and obsessive behavior?', W. H. Kaye, H. E. Gwirtsman, D. T. George, M. H. Ebert, *General Psychiatry*, June 1991

11 Ibid.

12 'New insights into symptoms and neurocircuit function of anorexia nervosa', W. H. Kaye, J. L. Fudge, M. Paulus, *Nature Reviews Neuroscience*, July 2009

13 'The 5-HT2A-1438G/A polymorphism in anorexia nervosa: a combined analysis of 316 trios from six European centres', P. Gorwood, J. Adès, L. Bellodi, E. Cellini, D. A. Collier, D. Di Bella ... & J. Treasure, *Molecular Psychiatry*, 2002

14 'Amphetamine induced dopamine release increases anxiety in individuals recovered from anorexia nervosa', Ursula F. Bailer, Rajesh Narendran, W. Gordon Frankle, Michael L. Himes, Vikas Duvvuri, Chester A. Mathis, Walter H. Kaye, *International Journal of Eating Disorders*, March 2012

15 'Dopamine in anorexia: a systematic review', Dimitrios Kontis, Eirini Theochari, *Behavioural Pharmacology*, September 2012

16 'Personality Profiles in Eating Disorders', Drew Westen PhD and Jennifer Harnden-Fischer PhD, *American Journal of Psychiatry*, 1 April 2001

17 'The influence of school on whether girls develop eating disorders',

Helen Bould, Bianca De Stavola, Cecilia Magnusson, Nadia Micali, Henrik Dal, Jonathan Evans, Christina Dalman, Glyn Lewis, *International Journal of Epidemiology*, Volume 45, Issue 2, April 2016

18 'The Inter-relationships Between Vegetarianism and Eating Disorders Among Females', Anna M. Bardone-Cone et al, *Journal of the Academy of Nutrition and Dietetics*, 19 July 2012

19 'Puberty Starts Earlier Than It Used To. No One Knows Why', Azeen Ghorayshi, *New York Times*, 19 May 2022

4장

1 *Fasting Girls: The History of Anorexia Nervosa*, Joan Jacobs Brumberg, Vintage, 2000

2 'Eating Disorders in Schizophrenia: Implications for Research and Management', Youssef Kouidrat, Ali Amad, Jean-Daniel Lalau and Gwenole Loas, *Schizophrenia Research and Treatment*, November 2014

3 'Hippocampal volume, function and related molecular activity in anorexia nervosa: A scoping review', Johanna Keeler, Olivia Patsalos, Sandrine Thuret, Stefan Ehrlich, Kate Tchanturia, Hubertus Himmerich, Janet Treasure, *Expert Review of Clinical Pharmacology*, November 2020

7장

1 *The Golden Cage: The Enigma of Anorexia Nervosa*, Hilde Bruch, Harvard University Press, 1978

2 'The Fall of the Schizophrenogenic Mother', Anne Harrington, *Lancet*, 7 April 2012

3 'Three-quarters of mothers now in work, figures reveal', Phillip Inman, *Guardian*, 24 October 2019

4 'Despite challenges at home and work, most working moms and

dads say being employed is what's best for them', Juliana Menasce Horowitz, *Pew Research Center*, 12 September 2019

5   'Women in the Work Force', George Guilder, *Atlantic*, September 1986

6   'Anorexia nervosa and a bearded female saint', J. Hubert Lacey, *British Medical Journal*, 18-25 December 1982

7   'Some girls want out', Hilary Mantel, *London Review of Books*, 4 March 2004

8   'Why do so many teenage girls want to change gender?' Emma Hartley, *Prospect*, April 2020

9   https://tavistockandportman.nhs.uk/about-us/news/stories/gender-identity-development-service-referrals-2019-20-same-2018-19/

10 'Thousands of girls as young as 11 in England hiding signs of "deep distress"', Andrew Gregory, *Guardian*, 28 February 2022

11 E.g. 'Systematic Review: Overlap Between Eating, Autism Spectrum, and Attention-Deficit/Hyperactivity Disorder', Kathrin Nickel, Simon Maier, Dominique Endres, Andreas Joos, Viktoria Maier, Ludger Tebartz van Elst and Almut Zeeck, *Frontiers in Psychiatry*, 10 October 2019, and 'Elevated rates of autism and other neurodevelopmental and psychiatric diagnoses, and autistic traits in transgender and gender-diverse individuals', Varun Warrier, David M. Greenberg, Elizabeth Weir, Clara Buckingham, Paula Smith, Meng-Chuan Lai, Carrie Allison and Simon Baron-Cohen, *Nature Communications*, 7 August 2020

12 'Young people with features of gender dysphoria: Demographics and associated difficulties', Vicky Holt, Elin Skagerberg and Michael Dunsford, Clinical Child Psychology and Psychiatry, *The Tavistock and Portman Trust*, January 2016

13 'Gender Identity, Sexual Orientation and Eating-Related Pathology

in a National Sample of College Students', Elizabeth W. Diemer, Julia D. Grant, Melissa A. Munn-Chernoff, David A. Patterson, Alexis E. Duncan, *Journal of Adolescent Health*, 28 April 2015

14 'Disordered Weight Management Behaviors, Nonprescription Steroid Use, and Weight Perception in Transgender Youth', Carly E. Guss, David N. Williams, Sari L. Reisner, S. Bryn Austin, Sabra L. Katz-Wise, *Journal of Adolescent Health*, 1 January 2017

15 나는 성별불쾌감과 섭식장애의 중첩에 관해 그리고 젊은이의 성별불쾌감이 거식증이 그런 것처럼 불안이나 불만감의 표현일 수 있는지 질문하기 위해 스톤월Stonewall, 머메이즈Mermaids, 모자이크 트러스트Mosaic Trust, 태비스톡과 포틀랜드 트러스트Tavistock and Portland Trust를 포함하여 영국의 LGBT와 트랜스 젊은이들을 위한 다수의 기관에 연락을 취했다. 그러나 단 한 곳도 나와 이야기하려 하지 않았다.

16 E.g. 'Body dissatisfaction and disordered eating in trans people: A systematic review of the literature', Bethany Alice Jones, Emma Haycraft, Sarah Murjan, Jon Arcelus, *International Review of Psychiatry*, 30 November 2015

17 https://mermaidsuk.org.uk/news/statement-in-response-to-mail-on-sunday-and-sunday-times-coverage-of-dfe-guidance

18 Statement in response to coverage of Dfe guidance in the Mail on Sunday

19 'Toys Are More Divided by Gender Now Than They Were 50 Years Ago', Elizabeth Sweet, *Atlantic*, 9 December 2014

20 'The Gender Marketing of Toys: an Analysis of Color and Type of Toy on the Disney Store Website', Carol J. Auster & Claire S. Mansbach, *Sex Roles* 67, 2012

21 *Females*, Andrea Long Chu, Verso, 2019

22 'A lot of gay men are gay men as a consolation prize because they couldn't be a woman' - Interview with Juno Dawson, by Matt Cain,

Attitude magazine, summer 2017

23 'Detransitioners should sue the NHS', Sam Ashworth-Hayes, *Critic*, 30 June 2022

24 'Gender dysphoria in children: puberty blockers study draws further criticism', Deborah Cohen and Hannah Barnes, *BMJ*, 20 September 2019

25 Gender dysphoria treatment, nhs.uk.

26 'Doctors Debate Whether Trans Teens Need Therapy Before Hormones', Azeen Ghorayshi, *New York Times*, 13 January 2022

27 File on 4, Radio 4, 26 November 2019

28 'The "Natal female" question', A. Hutchinson and M. Midgen, *womansplaceuk.org*, 17 February 2020

10장

1 'Suicides linked to acne drug Roaccutane as regulator reopens inquiry', Sarah Marsh, *Guardian*, 27 December 2019

2 'Fritha Goodey', Michael Coveney, *Guardian*, 10 September 2004

3 'Suicide actress "terrified of failure"', Luke Leitch and Justin Davenport, *Evening Standard*, 8 September 2004

4 'Fritha Goodey', Di Trevis, *Independent*, 13 September 2004

12장

1 'Doctors get right to force-feed anorexic patients', Glenda Cooper, *Independent*, 6 August 1997

13장

1 'NHS manager preyed on clinic's patients, inquiry finds', Rachel Williams, *Guardian*, 17 July 2008

16장

1 'The Link Between Alcoholism and Eating Disorders', Lisa R. Lilenfeld PhD and Walter H. Kaye MD, *Alcohol Health and Research World*, 1996

17장

1 https://gids.nhs.uk/puberty-and-physical-intervention
2 'Short-term outcomes of pubertal suppression in a selected cohort of 12 to 15 year old young people with persistent gender dysphoria in the UK', Polly Carmichael, Gary Butler, Una Masic, Tim J. Cole, Bianca L. De Stavola, Sarah Davidson, Elin M. Skageberg, Sophie Khadr, Russell M. Viner, *PLS One*, 2 February 2021
3 'Buying time or arresting development? The dilemma of administering hormone blockers in trans children and adolescents', Guido Giovanardi, *Porto Biomedical Journal*, 5 July 2017

18장

1 'Victoria Beckham leaves fans in disbelief as she reveals her favourite meal is salt on wholegrain toast', Lydia Spencer-Elliott, *Daily Mail*, 29 September 2021

19장

1 'Analysis of Neurodevelopmental Disorders in Offspring of Mothers with Eating Disorders in Sweden', Ängla Mantel et al, *JAMA Network Open*, 18 January 2022

옮긴이 **정지인**

번역하는 사람. 《경험은 어떻게 유전자에 새겨지는가》, 《자연에 이름 붙이기》, 《물고기는 존재하지 않는다》, 《우울할 땐 뇌과학》, 《욕구들》, 《마음의 중심이 무너지다》, 《불행은 어떻게 질병으로 이어지는가》, 《내 아들은 조현병입니다》 등을 번역했다.

먹지 못하는 여자들

초판 1쇄 펴낸날 2024년 1월 30일

지은이 해들리 프리먼
옮긴이 정지인
펴낸이 이은정

제작 제이오
디자인 형태와내용사이
조판 김경진
교정교열 백도라지

펴낸곳 도서출판 아몬드
출판등록 2021년 2월 23일 제2021-000045호
주소 (우 10416) 경기도 고양시 일산동구 강송로 156
전화 031-922-2103 팩스 031-5176-0311
전자우편 almondbook@naver.com
페이스북 /almondbook2021 인스타그램 @almondbook

ⓒ아몬드 2024
ISBN 979-11-92465-15-9 (03180)

Good Girls